獨協埼玉中学校

〈収録内容〉

2024年度 ……………… 第1回（算・理
第2回（算・理

2023年度 ……………… 第1回（算・理・社・国）
第2回（算・理・社・国）

※第1回国語の大問二は、問題に使用された作品の著作権者が二次使用の許可を出していないため問題を掲載しておりません。

2022年度 ……………… 第1回（算・理・社・国）
第2回（算・理・社・国）

DL 2021年度 ……………… 第1回（算・理・社・国）

DL 2020年度 ……………… 第1回（算・理・社・国）

DL 2019年度 ……………… 第1回（算・理・社・国）

便利なDLコンテンツは右のQRコードから

解答用紙　過去年度　国語の問題は紙面に掲載　⇒

※データのダウンロードは2025年3月末日まで。
※データへのアクセスには、右記のパスワードの入力が必要となります。 ⇒ 634427

〈合格最低点〉

	第1回	第2回
2024年度	163点／151点	162点／151点
2023年度	180点／166点	177点／164点
2022年度	169点／150点	180点／162点
2021年度	160点／144点	143点／124点
2020年度	141点／136点	149点／125点
2019年度	147点／128点	140点／124点

※点数は、男子／女子

本書の特長

実戦力がつく入試過去問題集

▶ 問題 …………… 実際の入試問題を見やすく再編集。

▶ 解答用紙 …… 実戦対応仕様で収録。

▶ 解答解説 …… 詳しくわかりやすい解説には、難易度の目安がわかる「基本・重要・やや難」の分類マーク付き（下記参照）。各科末尾には合格へと導く「ワンポイントアドバイス」を配置。採点に便利な配点つき。

入試に役立つ分類マーク

基本 確実な得点源！
受験生の 90％以上が正解できるような基礎的、かつ平易な問題。
何度もくり返して学習し、ケアレスミスも防げるようにしておこう。

重要 受験生なら何としても正解したい！
入試では典型的な問題で、長年にわたり、多くの学校でよく出題される問題。
各単元の内容理解を深めるのにも役立てよう。

やや難 これが解ければ合格に近づく！
受験生にとっては、かなり手ごたえのある問題。
合格者の正解率が低い場合もあるので、あきらめずにじっくりと取り組んでみよう。

合格への対策、実力錬成のための内容が充実

▶ 各科目の出題傾向の分析、合否を分けた問題の確認で、入試対策を強化！

▶ その他、学校紹介、過去問の効果的な使い方など、学習意欲を高める要素が満載！

解答用紙ダウンロード 解答用紙はプリントアウトしてご利用いただけます。弊社ＨＰの商品詳細ページよりダウンロードしてください。トビラのＱＲコードからアクセス可。

UD FONT 見やすく読みまちがえにくいユニバーサルデザインフォントを採用しています。

獨協埼玉中学校

生徒数　511名
〒343-0037
埼玉県越谷市恩間新田寺前316
☎048-977-5441
東武スカイツリーラインせんげん台駅
バス7分

進学重視型カリキュラムの導入で多様な進路実現をサポート 充実した理想的教育環境

URL	http://www.dokkyo-saitama.ed.jp/

環境

緑豊かな理想的教育環境

約８万㎡の広大な敷地に、近代的な施設を備えた校舎が建っている。ロッカールームを完備した普通教室、視聴覚室やLL教室などがある２階建ての特別教室棟、６万冊以上の蔵書がある図書館棟、パソコン42台完備のコンピュータ室などのほか、中学校舎には、自習室や多目的ホールなどがある。また、第２体育館はバスケットコート２面のメインアリーナ、トレーニング室、講義室を備えている。生徒が所有するchromebookは、Wi-Fi環境の整う校内で、どこでも使用が可能となっている。

カリキュラム

個性・進路に応じた多様な自由選択制

６ヵ年一貫教育の私学ならではの視点から、中学を、自分の目で見て確認する「知的土台」づくりの３年間、高校を、基礎固めから進路を目指した充実を図る３年間と位置づけている。

中学では、語学教育を重視し外国人と日本人教師による授業を行い、５ラウンドシステムによる授業展開を行っている。２年次には、国内での疑似留学体験を実施し、学外の施設を利用し、教員、スタッフすべて外国人という環境の中、「英語で過ごす３日間」を全員で体験する。

体育祭

高校では１年次は、基礎学力に重点を置いたカリキュラム編成。２年次に文・理に分かれ、３年次には、生徒の個性と自主性に対応した５コース制をとり、進学重視型のカリキュラムになっている。適性や進路により生ずる生徒の学習に対する多様な要求を満たすため、選択教科、学習内容、配当時間等を配慮し、希望実現に向けて一定限度内で自由に科目選択をすることが可能だ。したがって、国公立・私立すべての大学受験に対応できる。

学校生活

感動が友情を育てる蛙鳴祭と体育祭

全校をあげて取り組む蛙鳴祭（学校祭）や体育祭、球技大会など、年間を通して行われる多彩な学校行事は、生徒会が中心になって運営している。そのほか、毎年夏休みを利用して、希望者を対象にアメリカなどで語学研修・ホームステイも実施している。

クラブ活動は、学校生活をより充実させる貴重な時間となっており、現在高校では同好会も含め26のクラブがある。

進路

生徒の約２割が併設大学に進学

ほぼ全員が進学希望で、その約２割が併設大学に進学。獨協大学、獨協医科大学への推薦入学は、校内成績や出席状況などの条件を満たした上で推薦され、大学の推薦入学試験を受けた後、入学が許可される。また、大学の推薦入試を受験しながら、他大も受験することができる併願推薦の制度もある。国公立大学やGMARCH、成成明学獨國武など。

語学教育を特に重視

ひとこと

入試対策部からのメッセージ

本校の行事・委員会活動等は生徒主体で運営されています。公式Twitterでは、中学・高校のそれぞれの「広報係」の生徒たちが生徒目線で学校の様子を週1回の更新頻度でツイートしています。授業の様子、部活動・同好会の活動状況、行事の実施状況など、校内の様子を生徒主体で発信していますので、本校に興味・関心のある方はぜひフォローをお願いいたします。

2024年度入試要項

試験日　1/11（第１回）　1/12（第２回）
1/17（第３回）

試験科目　国・算・理・社
※帰国子女は国・算＋面接（英語・日本語）

2024年度	募集定員	受験者数	合格者数	競争率
第１回	50/50	613/479	420/351	1.5/1.4
第２回	20/20	166/126	86/80	1.9/1.6
第３回	10/10	111/65	70/28	1.6/2.3

※人数はすべて男子/女子
※第１回は武蔵浦和会場での試験あり

過去問の効果的な使い方

① **はじめに**　ここでは，受験生のみなさんが，ご家庭で過去問を利用される場合の，一般的な活用法を説明していきます。もし，塾に通われていたり，家庭教師の指導のもとで学習されていたりする場合は，その先生方の指示にしたがって，過去問を活用してください。その理由は，通常，塾のカリキュラムや家庭教師の指導計画の中に過去問学習が含まれており，どの時期から，どのように過去問を活用するのか，という具体的な方法がそれぞれの場合で異なるからです。

② **目的**　言うまでもなく，志望校の入学試験に合格することが，過去問学習の第一の目的です。そのためには，それぞれの志望校の入試問題について，どのようなレベルのどのような分野の問題が何問，出題されているのかを確認し，近年の出題傾向を探り，合格点を得るための試行錯誤をして，各校の入学試験について自分なりの感触を得ることが必要になります。過去問学習は，このための重要な過程であり，合格に向けて，新たに実力を養成していく機会なのです。

③ **開始時期**　過去問との取り組みは，通常，全分野の学習が一通り終了した時期，すなわち6年生の7月から8月にかけて始まります。しかし，各分野の基本が身についていない場合や，反対に短期間で過去問学習をこなせるだけの実力がある場合は，9月以降が過去問学習の開始時期になります。

④ **活用法**　各年度の入試問題を全問マスターしよう，と思う必要はありません。完璧を目標にすると挫折しやすいものです。できるかぎり多くの問題を解けるにこしたことはありませんが，それよりも重要なのは，現実に各志望校に合格するために，どの問題が解けなければいけないか，どの問題は解けなくてもよいか，という眼力を養うことです。

算数

どの問題を解き，どの問題は解けなくてもよいのかを見極めるには相当の実力が必要になりますし，この段階にいきなり到達するのは容易ではないので，この前段階の一般的な過去問学習法，活用法を2つの場合に分けて説明します。

☆偏差値がほぼ55以上ある場合

掲載順の通り，新しい年度から順に年度ごとに3年度分以上，解いていきます。

ポイント1…問題集に直接書き込んで解くのではなく，各問題の計算法や解き方を，明快にわかるように意識してノートに書き記す。

ポイント2…答えの正誤を点検し，解けなかった問題に印をつける。特に，解説の **基本** **重要** がついている問題で解けなかった問題をよく復習する。

ポイント3…1回目にできなかった問題を解き直す。同様に，2回目，3回目，…と解けなければいけない問題を解き直す。

ポイント4…難問を解く必要はなく，基本をおろそかにしないこと。

☆偏差値が50前後かそれ以下の場合

ポイント1～4以外に，志望校の出題内容で「計算問題・一行問題」の比重が大きい場合，これらの問題をまず優先してマスターするとか，例えば，大問②までをマスターしてしまうとよいでしょう。

理科

理科は1から順番に解くことにほとんど意味はありません。理科は，性格の違う4つの分野が合わさった科目です。また，同じ分野でも単なる知識問題なのか，あるいは実験や観察の考察問題なのかによってもかかる時間がずいぶんちがいます。記述，計算，描図など，出題形式もさまざまです。ですから，解く順番の上手，下手で，10点以上の差がつくこともあります。

過去問を解き始める時も，はじめに1回分の試験問題の全体を見通して，解く順番を決めましょう。得意分野から解くのもよいでしょう。短時間で解けそうな問題を見つけて手をつけるのも効果的です。くれぐれも，難問に時間を取られすぎないように，わからない問題はスキップして，早めに全体を解き終えることを意識しましょう。

社会

社会は1から順番に解いていってかまいません。ただし，時間のかかりそうな，「地形図の読み取り」，「統計の読み取り」，「計算が必要な問題」，「字数の多い論述問題」などは後回しにするのが賢明です。また，3分野(地理・歴史・政治)の中で極端に得意，不得意がある受験生は，得意分野から手をつけるべきです。

過去問を解くときは，試験時間を有効に活用できるよう，時間は常に意識しなければなりません。ただし，時間に追われて雑にならないようにする注意が必要です。“誤っているもの”を選ぶ設問なのに“正しいもの”を選んでしまった，“すべて選びなさい”という設問なのに一つしか選ばなかったなどが致命的なミスになってしまいます。問題文の“正しいもの”，“誤っているもの”，“一つ選び”，“すべて選び”などに下線を引いて，一つ一つ確認しながら問題を解くとよいでしょう。

過去問を解き終わったら，自己採点し，受験生自身でふり返りをしましょう。できなかった問題については，なぜできなかったのかについての分析が必要です。例えば，「知識が必要な問題」ができなかったのか，「問題文や資料から判断する問題」ができなかったのかで，これから取り組むべきことも大きく異なってくるはずです。また，正解できた問題も，「勘で解いた」，「確信が持てない」といったときはふり返りが必要です。問題集の解説を読んでも納得がいかないときは，塾の先生などに質問をして，理解するようにしましょう。

国語

過去問に取り組む一番の目的は，志望校の傾向をつかみ，本番でどのように入試問題と向かい合うべきか考えることです。素材文の傾向，設問の傾向，問題数の傾向など，十分に研究していきましょう。

取り組む際は，まず解答用紙を確認しましょう。漢字や語句問題の量，記述問題の種類や量などが，解答用紙を見て，わかります。次に，ページをめくり，問題用紙全体を確認しましょう。どのような問題配列になっているのか，問題の難度はどの程度か，などを確認して，どの問題から取り組むべきかを判断するとよいでしょう。

一般的に「漢字」→「語句問題」→「読解問題」という形で取り組むと，効率よく時間を使うことができます。

また，解答用紙は，必ず，実際の大きさのものを使用しましょう。字数指定のない記述問題などは，解答欄の大きさから，書く量を考えていきましょう。

算数 出題傾向の分析と 合格への対策

●出題傾向と内容

近年の出題数は，第1回，第2回ともに大問数が4題で，小問数にして20題前後である。基礎力を問われるごく基本的な問題と難問奇問は出題されていないが，さまざまな分野の問題が組み合わされた応用問題がバランスよく出題されている。

問題内容は，第1回，第2回とも，「図形」，「割合」，「速さ」，「数の性質」，「場合の数」，「数列・規則性」など，多くの分野から出題されている。複雑な計算が必要な問題は少なくなり，基礎力を確かめる出題意図が見られる一方で，長文も出題され，応用力を試される。また，理論的に考えさせる問題が出題され，思考力を問われる問題も出題される。

✔学習のポイント

基礎力をつけたあと，応用問題に対応できるように訓練しておく必要がある。基本問題を解ける力を確実につけたあとに，応用問題に挑戦していこう。

●2025年度の予想と対策

基礎力を試す出題とともに，応用問題の多いこの傾向は来年も変わらないとみられる。このレベルの問題は確実に対応できるように，基礎力を十分身につけたら，様々な問題を数多く解いて，応用力をつけておくことが重要である。「数の性質」や「規則性・数列」の応用問題にも対応するためには，類似問題を数多く解いて柔軟な思考力や応用力を養っておきたい。基本を重視したうえで，過去問レベルの問題を日常的に解いて慣れ親しんでおくことが必要である。この学習の積み重ねで，本校の問題に対応できる力が身につくはずである。

▼年度別出題内容分類表

※　よく出ている順に☆，◎，○の３段階で示してあります。

出題内容			2022年		2023年		2024年	
			1回	2回	1回	2回	1回	2回
数と計算		四則計算	○	○	○	○	○	○
数と計算		概数・単位の換算		○				
数と計算		数の性質	○	☆	○	○	○	☆
数と計算		演算記号				○		
図形		平面図形	☆	☆	○	☆		☆
図形		立体図形	◎	☆	◎	○	◎	
図形		面積	○			○		○
図形		体積と容積	○	◎	◎		◎	
図形		縮図と拡大図	◎					◎
図形		図形や点の移動						
速さ		三公式と比	◎	☆		○	○	○
速さ	文章題	旅人算						
速さ	文章題	流水算						
速さ	文章題	通過算・時計算			☆		☆	☆
割合		割合と比	☆	☆	○	○	☆	☆
割合	文章題	相当算・還元算						
割合	文章題	倍数算						
割合	文章題	分配算						
割合	文章題	仕事算・ニュートン算						
文字と式								
2量の関係(比例・反比例)					☆			
統計・表とグラフ				○		☆		
場合の数・確からしさ			◎			○	☆	☆
数列・規則性			○	☆	◎	○	◎	
論理・推理・集合			○					
その他の文章題		和差・平均算	◎	○			◎	○
その他の文章題		つるかめ・過不足・差集め算		○				
その他の文章題		消去・年令算			◎			
その他の文章題		植木・方陣算						

獨協埼玉中学校

算数 ――グラフで見る最近３ヶ年の傾向――

最近３ヶ年に出題されたすべての問題を内容別に分類・集計し，全体に対して何パーセントくらいの割合になっているかを示しました。

（網かけ）…… 50 校の平均　　（黒）…… 獨協埼玉中学校

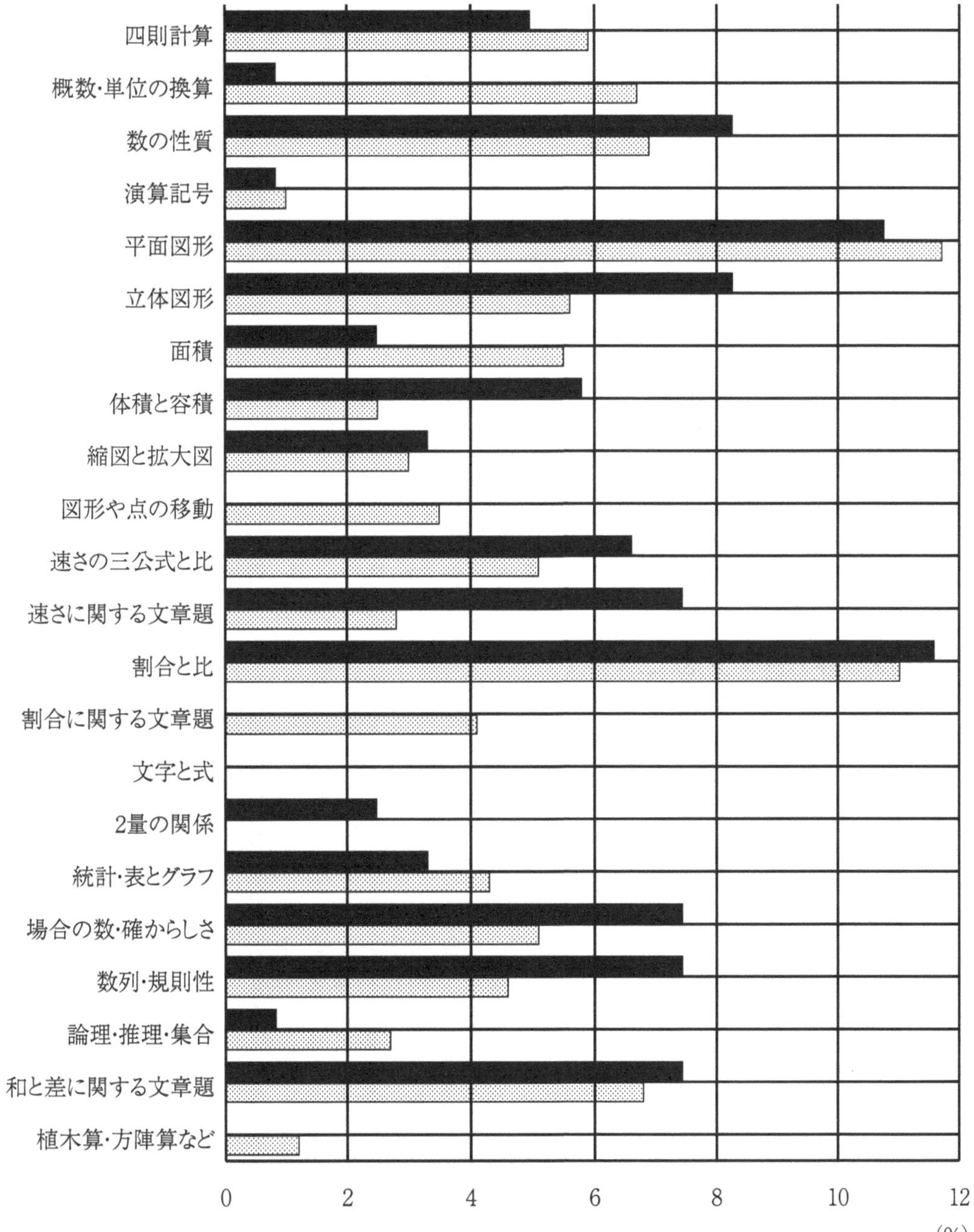

理科　出題傾向の分析と合格への対策

●出題傾向と内容

試験時間は30分，満点は70点，第1回，第2回ともに大問数は3題で，1は各単元からの1問1答である。小問数は22～25問である。

基本的な知識や考え方を問う問題が多い。ただし実験や観察をからめて出題されるため，与えられた条件を読みちがえないようにすることが大切になってくる。

今年度の計算問題は，第1回ではばね1問，地学分野1問，第2回では生物分野と化学分野の2問出題された。第1回・第2回ともに，グラフの作図が出題された。

学習のポイント

基本的な知識は弱い分野がないようにしっかりと身につけよう。日頃から図や表グラフを書くようにして，慣れておこう。

●2025年度の予想と対策

1が小問集合となり様々な分野から出題される可能性がある。今後、生物・地学分野を中心に，環境問題や気象・天体現象など時事に関わる出題が続くと考えられる。

化学分野では水溶液と気体の性質，中和反応と発熱の出題傾向が高く，計算問題の出題も多い。物理分野は振り子，電流，密度と浮力などは出題されやすいのでしっかり演習しておこう。化学・物理分野の計算問題は，基本問題を中心に万全にしておこう。

長い問題文と表やグラフから答えを導き出す形式の出題やグラフを書く問題にも対応できるように，長い問題文や資料・実験のデータから記述する練習をしておこう。

▼年度別出題内容分類表

※　よく出ている順に☆，◎，○の３段階で示してあります。

出題内容		2022年		2023年		2024年	
		1回	2回	1回	2回	1回	2回
生物	植物		◎	○	○	○	○
	動物	☆	◎	○	☆	○	
	人体			○		○	☆
	生物総合						
天体・気象・地形	星と星座	☆			○		
	地球と太陽・月		◎		○		
	気象		☆	◎	◎	○	
	流水・地層・岩石	○				☆	○
	天体・気象・地形の総合						
物質と変化	水溶液の性質・物質との反応	☆		◎	○	○	☆
	気体の発生・性質		☆		○		○
	ものの溶け方			○	☆	○	
	燃焼						
	金属の性質			○		○	
	物質の状態変化	○		○			
	物質と変化の総合						
熱・光・音	熱の伝わり方					○	
	光の性質						
	音の性質						
	熱・光・音の総合						
力のはたらき	ばね					☆	
	てこ・てんびん・滑車・輪軸	○		○	○		
	物体の運動	○					○
	浮力と密度・圧力	○		☆			
	力のはたらきの総合						
電流	回路と電流		◎				○
	電流のはたらき・電磁石				○		
	電流の総合						
実験・観察			○	○	☆	◎	◎
環境と時事／その他		○	☆	○		○	○

獨協埼玉中学校

理科 ──グラフで見る最近3ヶ年の傾向──

最近3ヶ年に出題されたすべての問題を内容別に分類・集計し，全体に対して何パーセントくらいの割合になっているかを示しました。

……50校の平均　　……獨協埼玉中学校

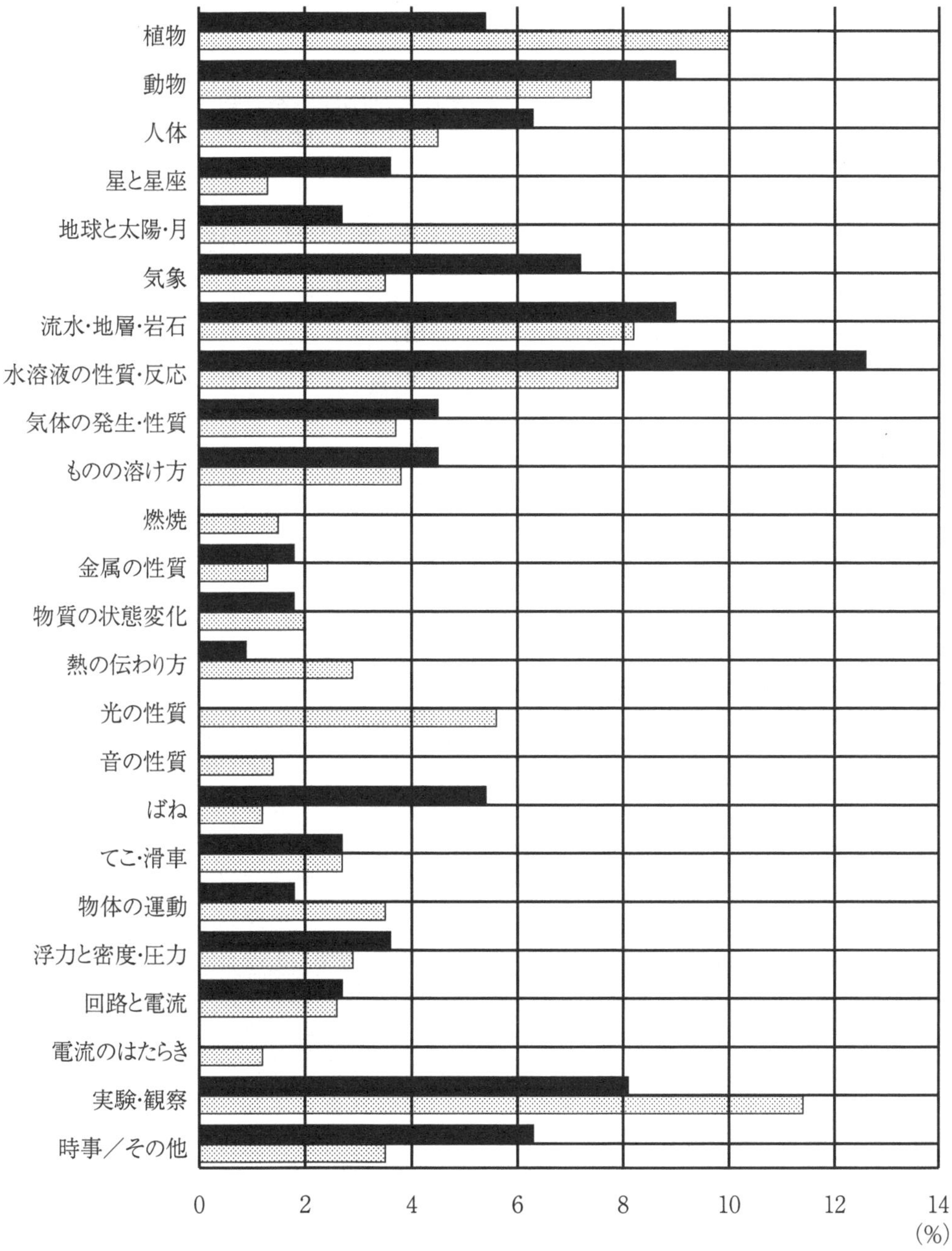

社会　出題傾向の分析と合格への対策

●出題傾向と内容

今年度も，第1回，第2回ともに大問数が3題で，小問数は記述問題3問を含む計約30問程度と例年通りである。また，各分野から偏りなく出題されている。

地理は，地形図の読み取りや日本各地の国土と自然，運輸・通信，商業などに関する重要事項が出題された。歴史は，古代から現代までの政治・経済・社会・宗教・外交の主な出来事について通史的に問われていた。政治は，政治のしくみを中心に，地方自治，憲法・基本的人権，国民生活，そして，時事問題などが出題された。また，各分野の大問の中に，他分野と融合された総合問題も出された。

学習のポイント

地理：地図の見方を身につけよう。歴史：重要事項と人物を中心に歴史の流れを整理しよう。政治：憲法，政治，国際社会のしくみを理解しよう。

●2025年度の予想と対策

地理は，地形図の読み取り問題にできるだけ多く取り組み，各都道府県の位置，自然・運輸・商業などの特徴をとらえておこう。

歴史は，政治史を中心に，古代から現代までの流れを重要事項と人物をおさえながら，因果関係と歴史の流れなどを考察・整理しよう。

政治は，憲法・基本的人権，政治のしくみ，国際社会と平和などを中心に学習を進めよう。また，時事問題に備えて，日ごろからインターネットの報道に関心をもち，主要な内外の出来事を考察してまとめておこう。

記述問題に対しては，重要事項に関するテーマを決め，観点を立てて30字～50字程度の文章にまとめる練習をしておくとよい。

▼年度別出題内容分類表

※　よく出ている順に☆，◎，○の３段階で示してあります。

出題内容			2022年		2023年		2024年	
			1回	2回	1回	2回	1回	2回
地理	日本の地理	地図の見方	☆	☆	◎	◎	◎	◎
		日本の国土と自然	☆	☆	☆	☆	☆	☆
		人口・土地利用・資源	○	○				○
		農業					○	○
		水産業				○	○	○
		工業						
		運輸・通信・貿易		○		○		
		商業・経済一般	○	○				
	公害・環境問題				○			
	世界の地理				○			
日本の歴史	時代別	原始から平安時代	◎	◎	◎	◎	◎	◎
		鎌倉・室町時代	○	○	○	◎	◎	◎
		安土桃山・江戸時代	◎	◎	◎	◎	◎	◎
		明治時代から現代	☆	☆	☆	☆	◎	☆
	テーマ別	政治・法律	☆	☆	☆	☆	☆	☆
		経済・社会・技術	◎	☆	◎	◎	◎	☆
		文化・宗教・教育	○	○	○	○	○	○
		外交	○	◎	○	◎	○	◎
政治	憲法の原理・基本的人権			◎	◎	○	○	◎
	政治のしくみと働き		☆	☆	☆	☆	☆	☆
	地方自治			○			◎	◎
	国民生活と福祉		○		◎		◎	○
	国際社会と平和		☆				○	○
時事問題			◎	○	○		◎	◎
その他			○	○		○	○	◎

獨協埼玉中学校

社会 ——グラフで見る最近3ヶ年の傾向——

最近3ヶ年に出題されたすべての問題を内容別に分類・集計し，全体に対して何パーセントくらいの割合になっているかを示しました。

……50校の平均　　……獨協埼玉中学校

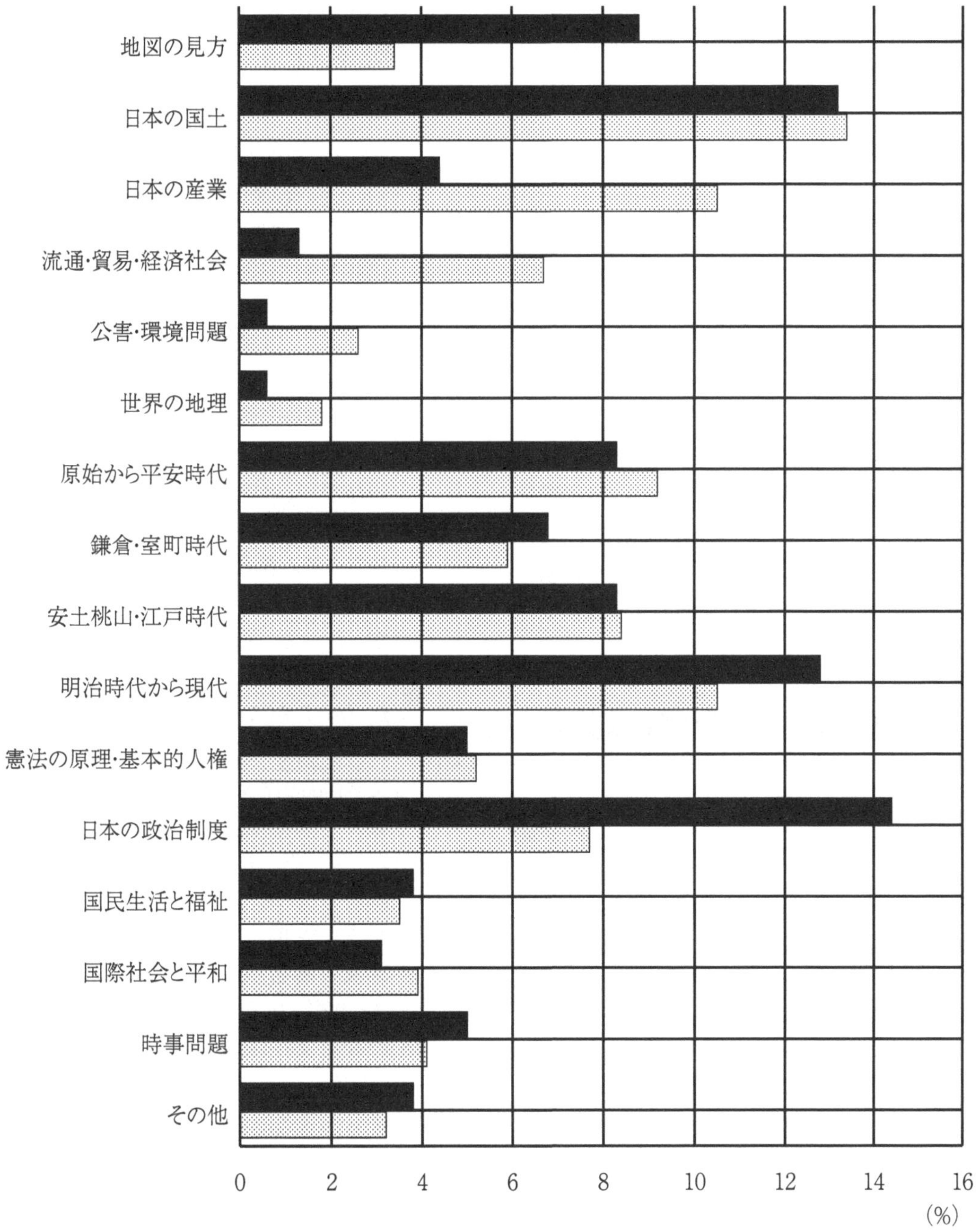

国語 出題傾向の分析と合格への対策

●出題傾向と内容

今年度の大問数は第1回・第2回とも3題で，そのうち1題が漢字の読み書きを中心とした知識問題であった。長文の種類は，一つが小説，もう一つが評論であった。

知識問題で問われる漢字の問題のレベルは標準的なものから，少々難しいものも出題されている。

読解問題では，心情や文章の細部の読み取り，接続語の空欄補充の出題が多く，解答形式は記号選択が多いが，記述式の問題も増えている。

全体として，標準的で選択肢も練られており，正確な読解力と確かな記述力が求められている。

✔学習のポイント

やや難しいレベルの漢字をおさえよう！
文脈の照応関係をおさえて内容をとらえよう！選択肢の適否を正しく判断する要領をつかもう！

●2025年度の予想と対策

知識問題1題に長文問題2題(小説・評論)という出題形式は今後も続くと思われる。

漢字の読みや意味，反対語・類義語，四字熟語などについて，やや難しいレベルの問題に取り組もう。小説は，人物相互の関係や出来事の背景の設定に目を向け，物語の展開にともなう人物の心情の変化をつかむようにしよう。

評論は，筆者の主張，その論拠をつかみ，反論を予想したり，自分なりの考えを述べたりしよう。

四択問題は，それぞれの選択肢の共通点や相違点をおさえるようにしよう。

記述問題は，論ずる観点を立て，盛り込む内容を整理してから記述するようにしよう。

▼年度別出題内容分類表

※　よく出ている順に☆，◎，○の３段階で示してあります。

出題内容			2022年		2023年		2024年	
			1回	2回	1回	2回	1回	2回
内容の分類	読解	主題・表題の読み取り	○	○	○	○		○
		要旨・大意の読み取り	◎	◎	◎	◎	◎	◎
		心情・情景の読み取り	◎	◎	◎	◎	◎	◎
		論理展開・段落構成の読み取り				○	○	○
		文章の細部の読み取り	◎	◎	◎	◎	◎	◎
		指示語の問題	○	○	○	○		
		接続語の問題	○	○	○		○	○
		空欄補充の問題	◎	◎	◎	◎	◎	◎
	知識	ことばの意味	○	○	○	○	○	
		同類語・反対語	○		○			
		ことわざ・慣用句・四字熟語	○	○	○	○	○	○
		漢字の読み書き	◎	◎	◎	◎	◎	◎
		筆順・画数・部首						
		文と文節						
		ことばの用法・品詞						
		かなづかい						
		表現技法						
		文学作品と作者						
		敬語						
	表現	短文作成						
		記述力・表現力	◎	◎	◎	◎	◎	◎
文の種類		論説文・説明文	○	○	○	○	○	○
		記録文・報告文						
		物語・小説・伝記	○	○	○	○	○	○
		随筆・紀行文・日記						
		詩(その解説も含む)						
		短歌・俳句(その解説も含む)						
		その他						

獨協埼玉中学校

国語 ——グラフで見る最近３ヶ年の傾向——

最近３ヶ年に出題されたすべての問題を内容別に分類・集計し，全体に対して何パーセントくらいの割合になっているかを示しました。

▒……50校の平均　■……獨協埼玉中学校

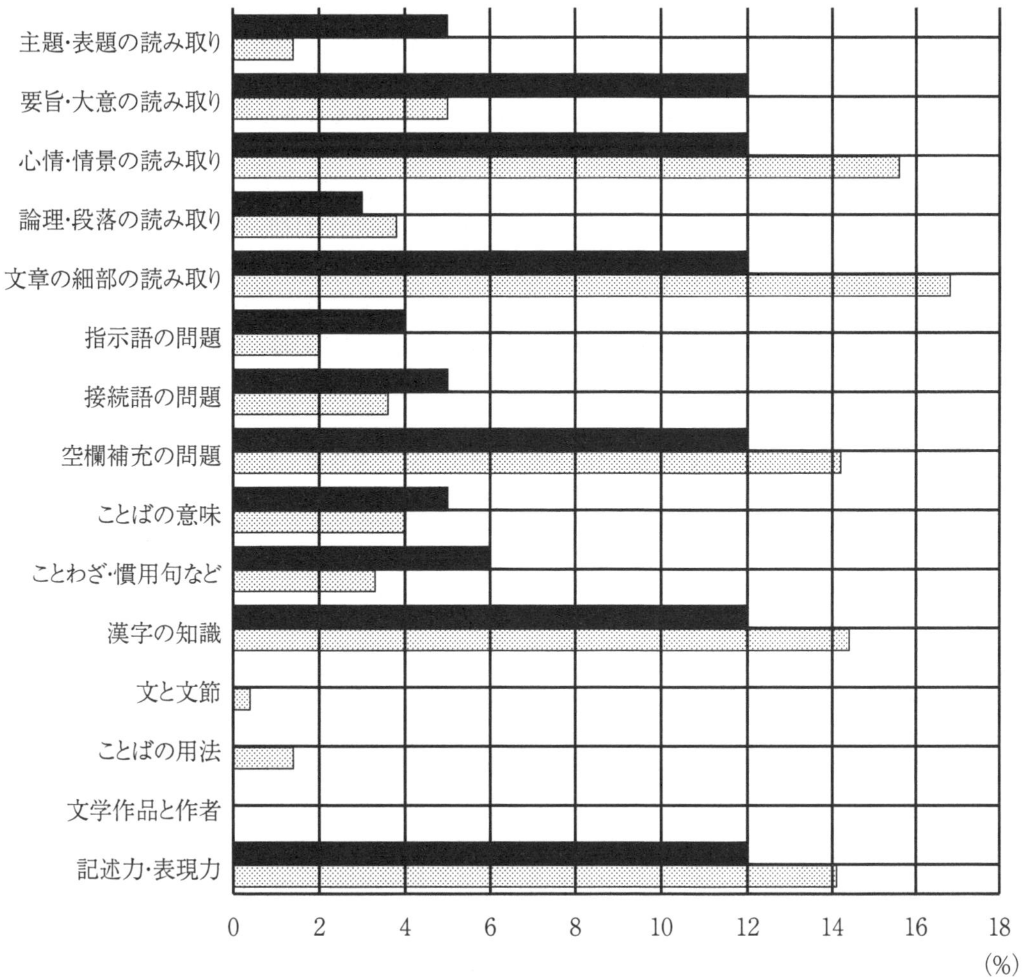

	論説文 説明文	物語·小説 伝記	随筆·紀行 文·日記	詩 (その解説)	短歌·俳句 (その解説)
獨協埼玉 中学校	50.0%	50.0%	0%	0%	0%
50校の平均	47.0%	45.0%	8.0%	0%	0%

2024年度　合否の鍵はこの問題だ!!

(第1回)

算　数　2 (1)

8つのそれぞれの辺に1個ずつ点が増えていくので，点は8個ずつ増加することがわかれば，解説のように100を超えるまで実際に書き出して答えることもできる(実際，13番目くらいであればそれほど苦ではないと思われる)。ただ，それでは初めて1000個より多くなるのは何番目かという問題だと時間がかかってしまう。

□番目の点の個数はいくつであろうか。1番目は6，2番目は$6+8=14$，3番目は$14+8=6+8+8$，…と考えていくと，□番目の点の個数は$6+8\times(\square-1)$と表せることがわかる。これを用いれば100番目の個数も1000番目の個数もすぐ計算できるし，初めて1000より多くなるときも，10000より多くなる時も書き出すことなく算出することができる。

②についても，解説では20番目まで書き出して足し算したが，□番目の個数である$6+8\times(\square-1)$を使用して計算することもできる。1番目は6個，2番目は$6+8\times(2-1)$個，3番目は$6+8\times(3-1)$個，…，20番目は$6+8\times(20-1)$個なので，これらの合計は$6+6+8\times1+6+8\times2+\cdots+6+8\times19=6\times20+8\times1+8\times2+\cdots+8\times19=120+8\times(1+2+\cdots+19)$と表せる。$1+2+3+\cdots+19=190$であることを用いれば，20番目までの点の個数は$120+8\times190=1640$(個)となる。あるいは，1番目は6個，20番目は$6+8\times19=158$(個)，1番目と20番目の合計は164個。2番目は14個，19番目は$6+8\times18=150$(個)，2番目と19番目の合計は164個。このように，3番目と18番目の合計，4番目と17番目の合計，…，10番目と11番目の合計，すべて164個であることから，$164\times10=1640$(個)と求めることもできる。

このように，□番目の点の個数を表すことができれば書き出さずに解答することができる。

社　会　2 (8)

本校は記述問題も出題される。基本的な知識事項の丸暗記だけでは対応できない「思考力」が試される問題が多いといえる。自分自身で持っている知識をいかに活用したり，組み合わせたりするかという視点が大切になる。このような力は一朝一夕では身につかないものなので，日々の継続的なトレーニングの積み重ねが不可欠となってくる。また自身で作成した記述答案を添削してもらいながら，解答のポイントをおさえる訓練を行うことが望ましい。設問が変わっても，「記述問題で評価される答案を作成するには」という視点は汎用性があるといえる。

2(8)の設問は，以上のような出題傾向を象徴している問題であり，過去問演習等で対策してきた受験生とそうでない受験生とではっきり差がつくことが予想される。「幕末開国後の金貨流出の理由」について説明させる問題であるが，一定時間内に正確にできるかどうかがポイントとなる。本校の社会の問題は全体的に設問数が多く，この問題に必要以上に時間を割いてしまうと，制限時間切れになってしまう危険性もある。このような形式の問題に不慣れな受験生にとっては負担のある設問であろう。リード文を解読・解釈する力や答案内容の論理の一貫性や説得力も採点のポイントとなる。

この設問の配点が他の設問と比べて高いわけではないが，合格ラインに到達するためにはこのような問題で確実に得点することが求められ，「合否を左右する設問」といっても過言ではない。

理科 2

ばねの実験の問題である。2種類のばねAとばねBに5g，10g，15gのおもりをつるした時の長さの表が与えられている。ばねの伸びとおもりの重さが比例するので表から何gで何cm伸びるかを読み取り，それぞれの自然長を算出する。(1)ではばねの長さとおもりの重さの関係をグラフに表す出題である。(2)では作成したグラフから2つのばねが同じ長さになるときのおもりの重さを考える出題で，グラフが正確に書かれていれば正解を導き出すことができる。(5)(6) は表から反比例の関係を読み取る。(7)では1辺の長さ×1辺の長さがばねの本数になっていることからと伸びとの関係を考える問題である。

表で与えられたデータから2つの量の関係を読み取り計算する練習をしておこう。

国語 二 問八，三 問一 a

二 問八 ★合否を分けるポイント（この設問がなぜ合否を分けるのか？）

文章の内容を正しく読み取った上で，問題の文の細かい部分と照らし合わせながら検討し，正誤を判断する必要がある。また，「適当でないもの」を選ぶ問題であるため，注意が必要である。

★この「解答」では合格できない！

（×）ア →傍線部⑥を含む段落の「伝統校だけあって，……環境のちがいを意識せざるをえなかった」の部分の内容が，選択肢の文に合致している。

（×）ウ →傍線部⑥を含む段落の「憧れて入学したものの，……自分はこの学校にふさわしくないのではないか」の部分の内容が，選択肢の文に合致している。

（×）エ →「英会話部は……」で始まる段落と，「二年生までにはどうにか……」で始まる段落の内容が，選択肢の文に合致している。

★こう書けば合格だ！

（○）イ →弓子が入った中学校は「毎日礼拝があ」るような学校であったが，選択肢の文の「宗教的な習慣が合わない」という内容は，文章中からは読み取れない。

三 問一 a ★ 合否を分けるポイント（この設問がなぜ合否を分けるのか？）

読解問題のほかに，漢字などの知識問題を確実に得点する必要があるため。

★この「解答」では合格できない！

（×）ア →「服用」の「服」は〝薬や茶をのむ〟という意味。二重傍線部の「服」は〝身につけるきもの〟という意味なので合わない。

（×）ウ →「着服」の「服」は〝自分のものとする〟という意味。二重傍線部の「服」は〝身につけるきもの〟という意味なので合わない。

（×）エ →「服従」の「服」は〝つき従う〟という意味。二重傍線部の「服」は〝身につけるきもの〟という意味なので合わない。

★こう書けば合格だ！

（○）イ →「服飾」の「服」は〝身につけるきもの〟という意味。二重傍線部の「服」は〝身につけるきもの〟という意味なので合う。

MEMO

大切なことはメモしておこうネ！

2024年度

入　試　問　題

2024年度

2024年度

獨協埼玉中学校入試問題（第１回）

【算　数】（50分）　＜満点：100点＞

【注意】　1．定規，分度器は使用してはいけません。

1　次の各問に答えなさい。

(1)　$\left(2-1.5+\frac{1}{8}\right)\div 0.25\times\frac{4}{5}$ を計算しなさい。

(2)　2.7㎞の道のりを時速30㎞の速さで進んだとき，かかる時間は何分何秒ですか。

(3)　大中小３つのさいころを同時に投げたとき，小のさいころの目が１でした。３つのさいころの目の和が偶数《ぐうすう》になるのは何通りですか。

(4)　太郎さんは１本100円のえんぴつを，花子さんは１本80円のえんぴつを買いました。花子さんの買った本数は太郎さんより４本少なく，代金は520円安くなりました。太郎さんが買ったえんぴつの本数を答えなさい。

(5)　ある分数に，$5\frac{5}{14}$ をかけても $2\frac{8}{21}$ をかけても整数になります。その分数のうち最も小さい数を求めなさい。

(6)　５人のうち，ある３人の平均体重は50kgで，残りの２人の平均体重は，５人の平均体重より4.5kgだけ重いことが分かりました。５人の平均体重は何kgですか。

(7)　図のように２㎝だけ離れた平行な２本の直線上に１㎝の間隔《かんかく》で点が並んでいます。この７つの点から３つを選んで頂点とした三角形をつくります。このとき，次の各問に答えなさい。

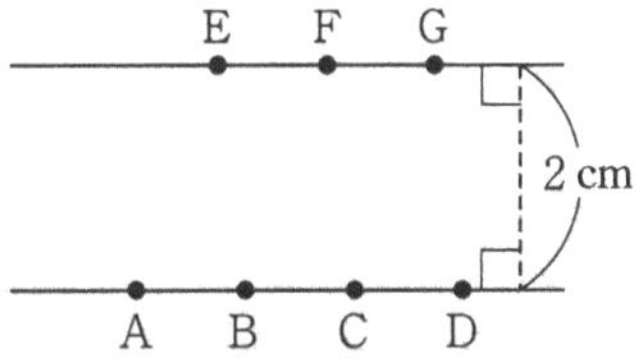

①　面積が１㎠である三角形は何個つくることができますか。

②　三角形は全部で何個つくることができますか。

2　次の各問に答えなさい。

(1)　次のページの各図は，正方形に２つの正三角形を組み合わせた図形です。ある規則にしたがって点をうちます。４番目以降もこの規則にしたがって点をうちます。このとき，次の各問に答えなさい。

①　点の個数が初めて100個より多くなるのは何番目の図形ですか。

②　１番目から20番目までの図形の点の個数の合計は何個ですか。

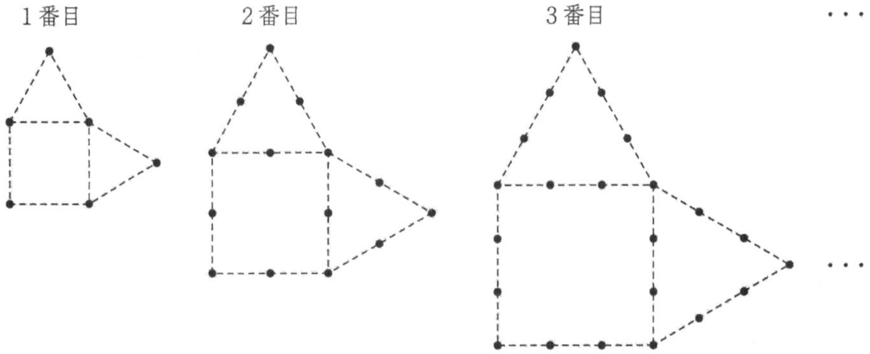

⑵　下の展開図①，②を組み立ててできる立体の体積をそれぞれ求めなさい。
ただ，マス目は１辺の長さが１㎝の正方形です。

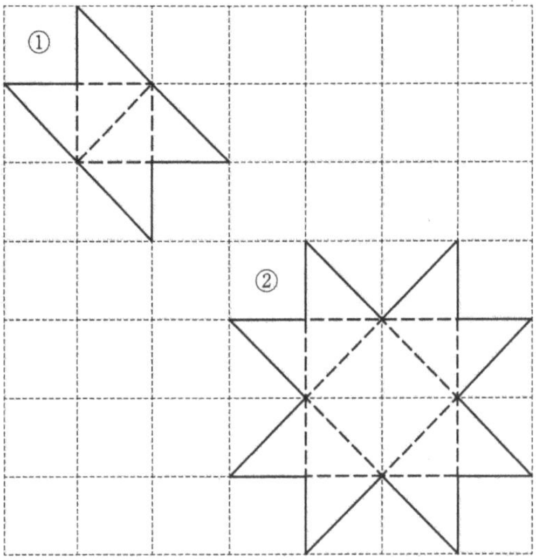

3　ある店では５ｇごとのポップコーンの量り売りをしています。通常は５ｇで７円です。このとき，次の各問に答えなさい。ただし，消費税は考えないものとします。

⑴　１月はセールを実施し，ポップコーンを20％引きの値段で販売します。300ｇのポップコーンを購入するとき，支払い金額はいくらですか。

⑵　２月はキャンペーンを実施し，ポップコーンの量を20％増量で販売します。つまり，100ｇの金額で120ｇを受けとることができるキャンペーンです。支払い金額が630円となるとき，受けとるポップコーンは何ｇですか。

⑶　１月のセールと２月のキャンペーンでは，受けとるポップコーンの量が同じでも支払い金額は異なります。支払い金額が等しくなるのは，キャンペーンにおけるポップコーンの量が何％増量のときですか。

4 電車Ｘが東から西へ，電車Ｙが西から車へ進んでいます。今，2つの電車はＡ地点で先頭がすれ違い始め，12秒後に電車Ｙの最後尾がＡ地点を通過しました。電車Ｘと電車Ｙの速さの比は３：２で，速さは常に一定とします。電車Ｘの長さは250m，電車Ｙの長さは200mです。このとき，次の各問に答えなさい。

⑴ 電車Ｘと電車Ｙの速さはそれぞれ秒速何mですか。

⑵ 電車Ｘと電車Ｙの最後尾同士がすれ違うのは，Ａ地点から東または西に何mの地点ですか。

⑶ Ｂ地点はＡ地点よりも東にある地点とします。Ｂ地点では，電車Ｘの先頭が通過してから電車Ｙの最後尾が通過するまでちょうど18秒かかりました。Ａ地点とＢ地点の距離は何mですか。

【理　科】（30分）　＜満点：70点＞

1　以下の各問いに答えなさい。

⑴　次の①～③による影響が最も大きいものを，ア～ウの説明のうちからそれぞれ選び，記号で答えなさい。

①　伝導　　②　対流　　③　放射

ア　エアコンの冷房《ぼう》は風向きを上向きにすることで，部屋全体が涼《すず》しくなりやすい。

イ　電子レンジを使用すれば，食べ物が温められる。

ウ　火で熱したフライパンは火が触れていない部分も熱くなっている。

⑵　６月ごろから７月上旬にかけて，日本列島に長雨を降らせる原因となる前線の種類はどれですか。次のア～オから１つ選び，記号で答えなさい。

ア　停たい前線　　イ　温暖前線　　ウ　寒冷前線

エ　閉そく前線　　オ　湿《しつ》じゅん前線

⑶　昆《こん》虫に共通する特徴《ちょう》として正しいものを次のア～オからすべて選び，記号で答えなさい。

ア　外骨格をもち，脱《だっ》皮を行い成長する。

イ　からだは頭部・胸部・腹部の３つに分かれている。

ウ　あしは頭部・胸部・腹部の各部分に１対ずつ存在している。

エ　胸部に肺をもち，呼吸を行っている。

オ　複眼という小さな目が集まった構造をもつ。

⑷　子葉に栄養分を貯蔵する種子を無はい乳種子といいます。次の①～⑥の植物の組み合わせのうち，無はい乳種子のものを１つ選び，番号で答えなさい。

①　イネ・エンドウ　　②　イネ・トウモロコシ

③　イネ・ナズナ　　④　エンドウ・トウモロコシ

⑤　エンドウ・ナズナ　　⑥　トウモロコシ・ナズナ

⑸　次のア～カは，顕微《けんび》鏡の操作を説明したものです。正しい操作順に並び替《か》え，その順に記号を書きなさい。

ア　接眼レンズをのぞきながら，調節ネジを使って対物レンズとプレパラートを遠ざけて，ピントを合わせる。

イ　接眼レンズを顕微鏡に取り付ける。

ウ　調節ネジを使って，対物レンズとプレパラートをなるべく近付ける。

エ　２～３種類の倍率の対物レンズを顕微鏡に取り付ける。

オ　対物レンズを低倍率のものにし，視野全体が明るくなるように，反射鏡の向きを調節する。

カ　プレパラートをステージの上に正しく置き，クリップで固定する。

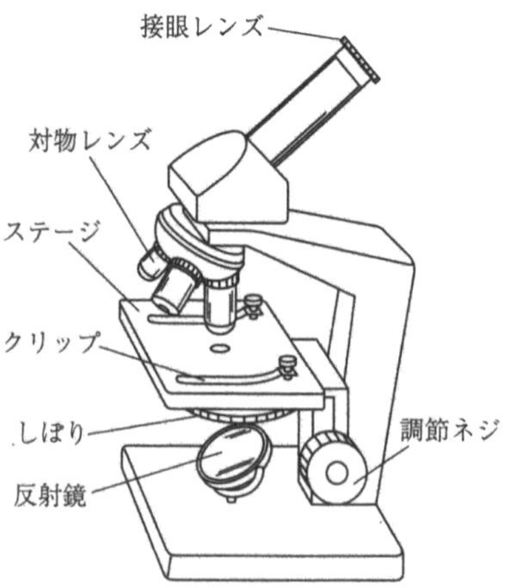

⑹　眼には「ひとみ」・「網膜《もうまく》」・「レンズ」・「角膜」・「ガラス体」などの空間や構造が存在しています。光が入る順に5つの空間や構造を並べたとき，3番目と5番目に通過する組み合わせはどれですか。正しいものを次のア～コから1つ選び，記号で答えなさい。

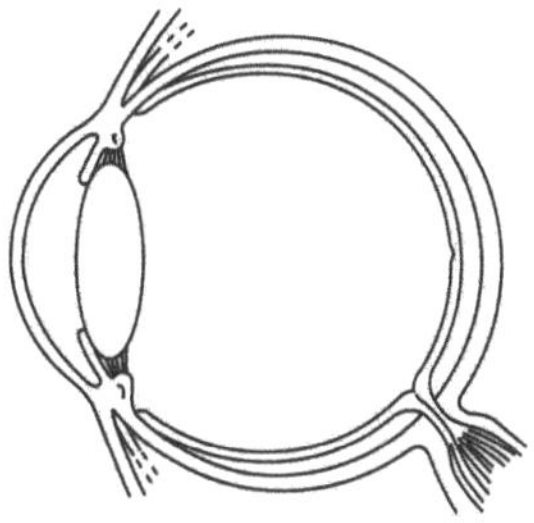

	3番目	5番目
ア	ひとみ	ガラス体
イ	ひとみ	レンズ
ウ	網膜	ひとみ
エ	網膜	角膜
オ	レンズ	網膜
カ	レンズ	ガラス体
キ	角膜	レンズ
ク	角膜	ひとみ
ケ	ガラス体	角膜
コ	ガラス体	網膜

⑺　太郎さんは，以下の方法でミョウバンの結晶を作りました。[A] および [B] に入る語句を答えなさい。

1．お湯に「ミョウバン」を限界まで溶《と》かし，[A] 水溶液とします。

2．[A] 水溶液を徐々に冷やしていくことで，ミョウバンを [B] させ固体のミョウバンをつくります。

3．タネとなる形の整った結晶を選び，再び [A] 水溶液を作って，
「タネ結晶を入れる」→「徐々《じょじょ》に冷やす」→「成長したタネ結晶を取り出す」→
「[A] 水溶液を作る」→「タネ結晶を入れる」→「徐々に冷やす」→「…」
を繰《く》り返します。

4．上記のように結晶成長を促《うなが》すことで，大きく美しいミョウバン結晶ができ上がります。

⑻　ある小学6年生が「マスクを衣服やバッグなどに留めるマグネットクリップ『テリッパ』を発明し，特許を取得した」と報じられました。この発明品は，磁石に付く性質をもつ金属を利用しています。次のア～エから磁石に付かない金属をすべて選び，記号で答えなさい。

ア　金　　イ　銀

ウ　銅　　エ　鉄

⑼　いくつかの物質が混ざり合っているものを混合物といいます。混合物を次のア～オからすべて選び，記号で答えなさい。

ア　石油（原油）　　イ　水（純水）

ウ　ブドウ糖（グルコース）　　エ　食塩（塩化ナトリウム）

オ　ステンレス

2 ばねを使って，つるしたおもりの重さとばね全体の長さを調べる実験をしました。問題を解くうえで，おもり以外の重さは考えなくてよいものとします。

【実験１】

図１のように，元の長さや伸びやすさの異なるばねＡとばねＢに，おもりをつり下げて静止したときの，ばね全体の長さとおもりの重さを調べたところ，表１のようになりました。

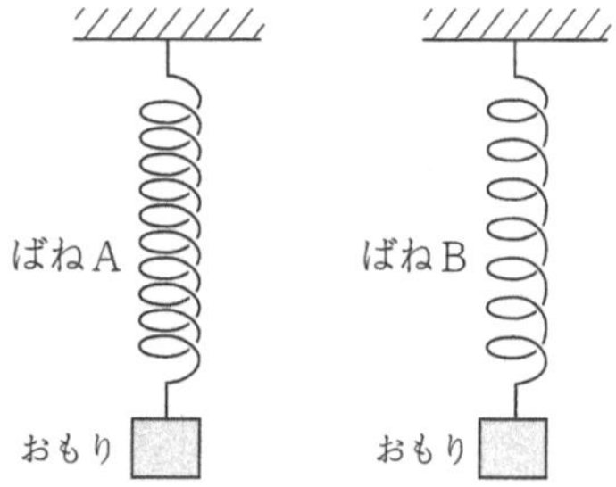

図１

おもりの重さ［g］	5	10	15
ばねＡの全体の長さ　［cm］	27.5	30	32.5
ばねＢの全体の長さ　［cm］	20	25	30

表１

(1) 縦軸《じく》がばね全体の長さ，横軸がおもりの重さを表すグラフを，ばねＡ，Ｂそれぞれについて解答欄《らん》に作図しなさい。その際，ＡやＢと書き加え，ばねＡのグラフとばねＢのグラフを見分けられるように作図をしなさい。ただし，25ｇまではばねＡ，Ｂともに一定の規則で伸びるものとします。

(2) おもりの重さが7.5ｇのとき，ばねＢの全体の長さを求めなさい。

【実験２】

図２のように，ばねＡとばねＢを棒でつなぎ，中心におもりをつるしたところ，棒は水平になって静止しました。

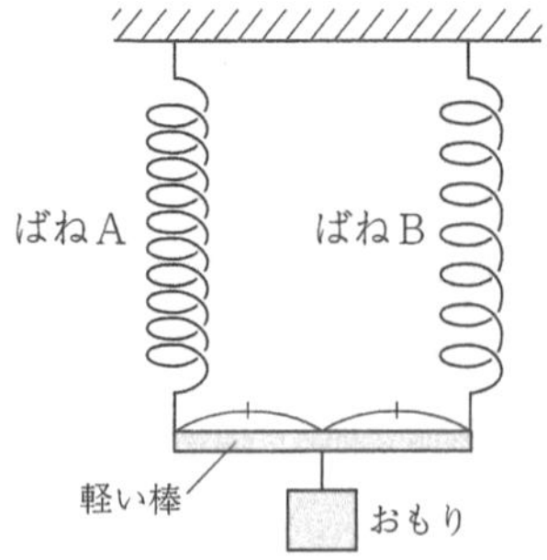

図２

(3) ばねＡとばねＢの全体の長さは何㎝で静止しているか求めなさい。

(4) つるしたおもりの重さは何ｇか求めなさい。

【実験３】

ばねＢを棒１cmごとに等間隔《かく》で１本ずつつなぎ，中心に30ｇのおもりをつるしたところ，棒は水平になって静止しました。図３は棒が２cmのときと３cmのときをそれぞれ表しています。そのときの，棒の長さとばねＢの伸びは表２のようになりました。

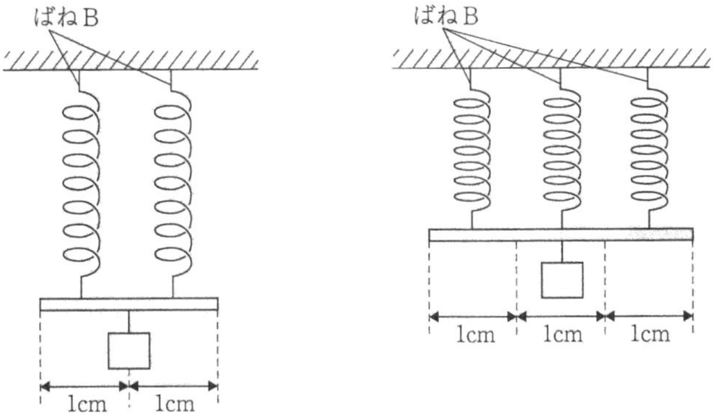

棒が２cm のとき　　棒が３cm のとき

図３

棒の長さ　［cm］	1	2	3	4	5
ばねＢの伸び［cm］	30	15	10	7.5	6

表２

⑸　棒の長さが６cmのとき，ばねＢの伸びは何cmになるか求めなさい。

⑹　ばねＢの伸びが２cmになるとき，棒の長さは何cmになるか求めなさい。

【実験４】

正方形の軽い板１cm^2ごとに，等間隔で１本ずつ，新たなばねＣをつなぎ，100ｇのおもりを板の中心につるしたところ，板は水平になって静止しました。そのときの板の１辺の長さとばねＣの伸びの関係は表３のようになりました。次のページの図４は１辺が３cmのとき，横から見たようすと，上から見たようすを表しています。

板の１辺の長さ［cm］	1	2	3	4
ばねＣの伸び　［cm］	72	18	8	4.5

表３

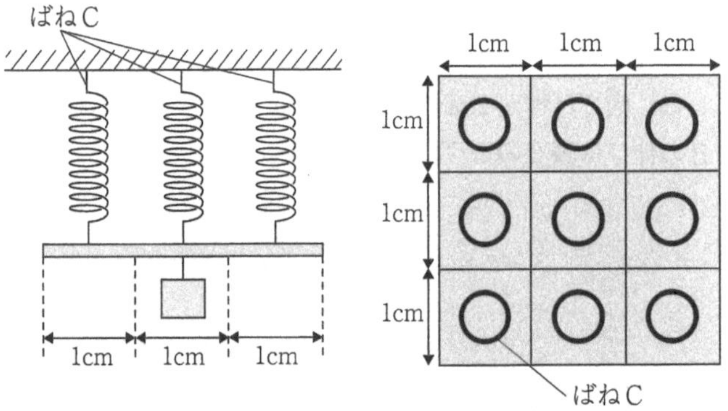

（a）横から見たようす　　（b）上から見たようす

図４

⑺　板の１辺の長さが６cmのとき，ばねCの伸びは何cmになるか求めなさい。

3　太郎さんは夏休みの自由研究で，地震《しん》の仕組みを調べることにしました。 2023年に日本で起きた地震について，気象庁のホームページで調べていたところ，2023年５月５日に，石川県珠洲《すず》市周辺で大きな地震が起きていたことを知りました。

まず，気象庁のホームページにのっていた図に注目しました（図１）。

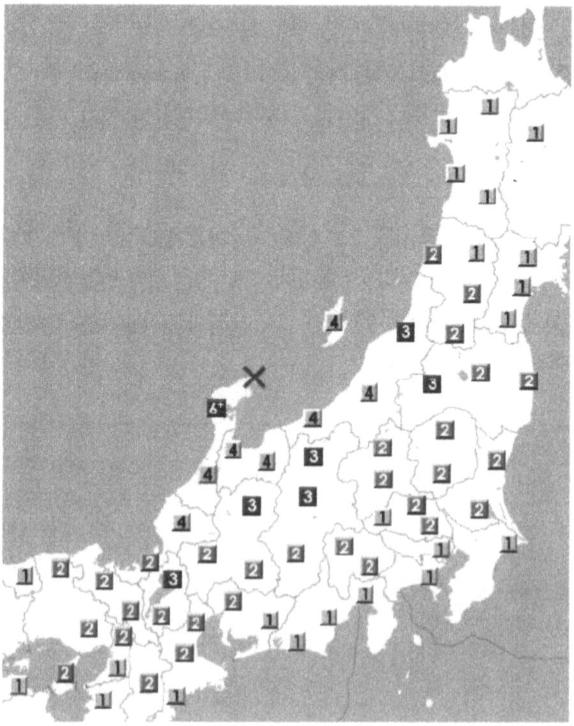

図１
（気象庁ホームページより抜粋《ばっすい》、一部改変）

⑴　前のページの図１の数字は何を表したものですか。次のア～エから１つ選び，記号で答えなさい。
　ア　震度　　イ　震央　　ウ　震源　　エ　マグニチュード

⑵　次の説明文は，⑴の語句の意味を説明したものです。空白部分 ［　　］ に10字以上18字以内の文を加えて，文章を完成させなさい。なお，説明文の意味が通るように，加えることとします。
　説明文：この数字は，［　　　］です。

⑶　図１の×は何を表したものですか。⑴のア～エから１つ選び，記号で答えなさい。

　図２は，3種類の別の地震（Ａ～Ｃ）について，図１と同じ情報を表したものです。これを見て太郎さんは，地震によって数字の大きさや分布が異なるということに気がつきました。

図２

⑷　Ａ～Ｃの各地震で，数字の大きさや分布が異なるのはなぜですか。次のア～エからすべて選び，記号で答えなさい。
　ア　Ａ～Ｃの各地震が起きた深さがちがうから。
　イ　Ａ～Ｃの各地震がおきるときのエネルギーの大きさがちがうから。
　ウ　Ａ～Ｃの地表の岩石の種類がちがうから。
　エ　Ａ～Ｃの各地震が起きた時期がちがうから。

⑸　図２の各地震の中で，最も深い位置で地震が発生したのはどれですか。Ａ～Ｃから１つ選び，記号で答えなさい。

太郎さんは，5月５日の地震について，より拡大した図（図３）を見つけました。

⑹　図１や図２で学んだことをもとにして，5月５日の地震はどのような深さで起きた地震と考えられますか。次のア～エから１つ選び，記号で答えなさい。
　ア　最大の数字が6^+なので，浅い位置で起きた地震
　イ　最大の数字が6^+なので，深い位置で起きた地震
　ウ　同じ大きさの数字の分布がせまいので，浅い位置で起きた地震
　エ　同じ大きさの数字の分布がせまいので，深い位置で起きた地震

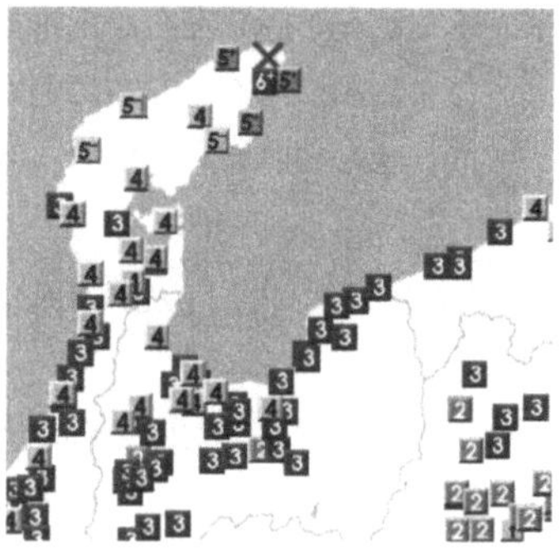

図３
（気象庁ホームページより抜粋、一部改変）

太郎さんは，日本で地震が発生しやすい理由を調べてみました。すると，気象庁のホームページに次のような図がありました（図４）。これによると，日本は４種類の「プレート」が互《たが》いに動いている場所です。図の２つの矢印は，陸のプレートから見たときの，海のプレートが動く向きと速さを表しています。例えば，太平洋プレート上にあるハワイ島は年間８㎝の速さで日本に近づいていくことになります。そうしたプレートの動きによって，日本の地下では，地層や岩ばんに力が加わっていることが分かります。

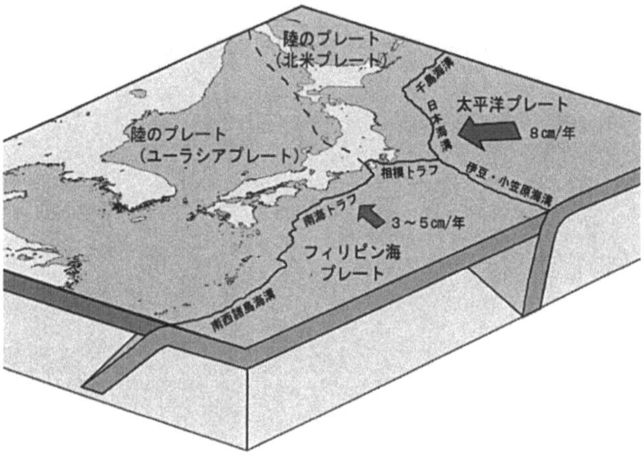

図４
（気象庁ホームページより抜粋、一部改変）

⑺　日本からハワイ島までの距離を6400㎞とすると，ハワイ島が日本まで移動するには何年かかりますか。式や考え方を示した上，正しい答えを次のア～エから１つ選び，記号で答えなさい。なお，プレートの動く速さや向きは変わらないものとし，ハワイ島は日本に向かって真っすぐ移動するものとします。

ア　80万年　　　イ　800万年

ウ　8000万年　　エ　８億年

⑻　太郎さんは，5月５日の地震について，台所で再現することにしました。実験方法として，最もふさわしいものを，次のア～エから選び，記号で答えなさい。

ア　こんにゃくを左右から押したところ，真ん中で曲がって盛り上がった。

イ　せんべいを左右から押したところ，中央付近にヒビが入って割れた。

ウ　こんにゃくを左右に引っ張ったところ，伸びて真ん中が薄《うす》くなった。

エ　せんべいを左右に引っ張ったところ，持っている部分にヒビが入って割れた。

これらのことから，太郎さんは５月５日に発生した地震がどのようなものか，考えてみました。

⑼　次の文章は，太郎さんが考えた５月５日の地震の仕組みです。①～③に入る文章をア・イまたはア～ウからそれぞれ選び，記号で答えなさい。

「この地震は，①が働き，②の岩ばんが，③ことによって発生した。」

① ア　左右から押される力　　イ　左右から引っ張られる力
② ア　地下の浅い位置　　　　イ　地下の深い位置
③ ア　割れた　　　　　　　　イ　曲がって盛り上がった
　 ウ　伸びて薄くなった

【社　会】（30分）　＜満点：70点＞

1　次の文章を読んで，各問いに答えなさい。

2023年５月，Ｇ７サミット（主要国首脳会議）が**a**広島県**b**広島市で開催された。サミットは，国際社会が直面する政治や経済，気候変動など，さまざまなテーマについて各国のリーダーなどが意見を交わす国際会議である。日本では，これまでに東京都や沖縄県，洞《とう》爺《や》湖がある（　1　），志摩半島がある（　2　）などでサミットが開かれた。広島市でのサミットをふくめると，日本でのサミット開催は７回目となる。

⑴　下線部**a**について，あとの問いに答えなさい。

①　次の**A**～**D**でしめした図は，広島県がふくまれる中国地方の，ア～エのいずれかの分布図である（黒い点がその位置をあらわしている。問題作成上，一部の島をのぞいている）。**C**に当てはまるものとして正しいものを，次の**ア**～**エ**のうちから１つ選び，記号で答えなさい。

ア．県庁所在地　**イ**．火力発電所　**ウ**．政令指定都市　**エ**．新幹線の駅

②　広島県は，かき類の養殖がさかんである。次の表は，都道府県別の海面漁業・養殖業生産量（令和４年）のうち，かき類の上位５都道府県をまとめたものである。表中の空欄（**X**）にあてはまる都道府県名を答えなさい。

単位：100トン

1位	広島	968
2位	（　**X**　）	257
3位	岡山	147
4位	兵庫	98
5位	岩手	60

〔農林水産省ＨＰより作成〕

③　関東地方から広島県のある瀬戸内海の沿岸をふくんで九州地方北部まで，帯のように連なる工業地帯・地域のことを何というか，6文字で答えなさい。

⑵　次の地形図は，広島県北東部の庄原《しょうばら》市《し》東城町《とうじょうちょう》とその周辺をしめしたものである。この地形図に関して，あとの問いに答えなさい。

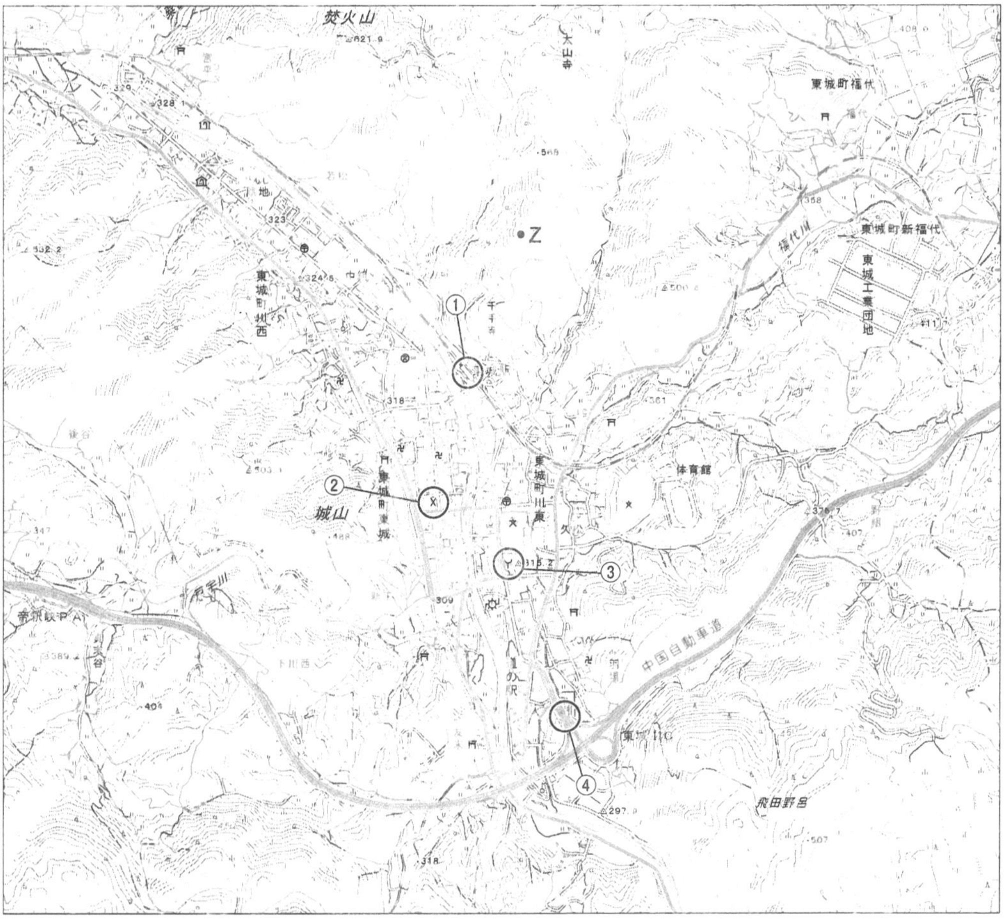

〔電子地形図　25000分の１（2023年７月ダウンロード）より作成〕

①　地図中の地点**Z**の標高として正しいものを，次の**ア**～**エ**のうちから１つ選び，記号で答えなさい。

ア．510m

イ．520m

ウ．530m

エ．540m

②　次のページの**写真E・F**は，地図中の①～④のいずれかの地点で撮影したものである。写真と撮影地点の組み合わせとして正しいものを，あとの**ア**～**カ**のうちから１つ選び，記号で答えなさい。

写真Ｅ

写真Ｆ

	写真Ｅ	写真Ｆ
ア	②	①
イ	②	③
ウ	②	④
エ	③	①
オ	③	②
カ	③	④

③　小学生のＡさんのおじいさんは，地形図でしめした地域に住んでいる。下の文章は，Ａさんとおじいさんが，地形図中のまちを散歩している時の会話である。会話中の空欄（**あ**）・（**い**）に入る語句として正しいものを，次の**ア**～**カ**より１つずつ選び，記号で答えなさい。

おじいさん：このまちは，「城山」があるように，昔お城があってさかえた町なんだよ。ほかにも，山で鉄がとれて，さかえていたこともあるんだよ。

Ａさん　　：お酒をつくっている蔵《くら》があったり，和菓子屋さんや着物を売っているお店があったりして，歴史を感じるね。

おじいさん：昭和のころは，もっと人が多くてにぎわっていたけれど，人口が少なくなるとともに，飲食店や旅館などの（　**あ**　）のお店は少なくなっているよ。それから最近は，インターネットで買い物をする人も増えたから，文房具店や（　**い**　）は少なくなってきているね。

Ａさん　　：じゃあ，このまちでの生活はとても不便になっているの？

おじいさん：ここ数年で，大きな道路沿いにスーパーマーケットやドラッグストア，コンビニエンスストアができて，ふだんの生活でこまることはないよ。中国自動車道があって，広島市内や大阪市方面とつながっているから，お店に商品が運びやすいようだよ。

ア．クリーニング店
イ．第一次産業
ウ．本屋
エ．美容室
オ．サービス業
カ．病院

④　次の**写真Ｇ**と**写真Ｈ**は，地形図中の畑の周辺で撮影したものである。写真から，畑のまわりに細いワイヤーのようなものが，はりめぐらされていることが分かる。これはある問題に対しての対策である。あとの**資料**も参考にしながら，なぜこのようにしているのか，この問題をあきらかにしながら，説明しなさい。

写真Ｇ

写真Ｈ

資料

【農作物の被害額（全国）】

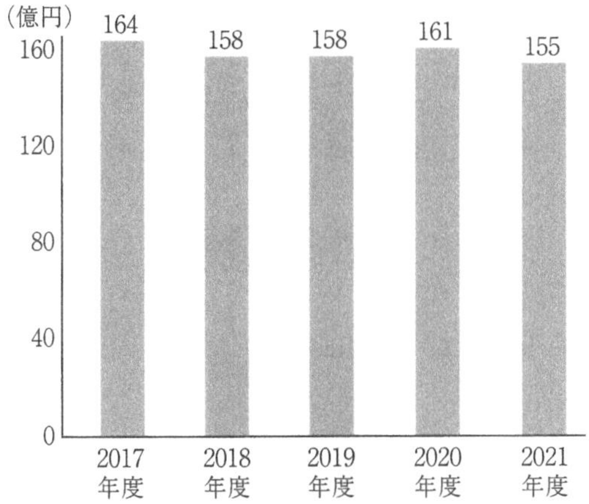

〔農林水産省ＨＰより作成〕

【現地の農家の人の話】
いろいろな対策をしています。写真にあるワイヤーは、夜の間、電気が通るようになっています。うちの地域だけでなく、全国的に困っているようです。

⑶　下線部ｂについて，広島市のように，川が河口付近に土砂を積もらせてできた土地を何というか，答えなさい。

⑷　文中の空欄（１）・（２）にあてはまる都道府県名をそれぞれ答えなさい。

2　次の文章を読んで，各問いに答えなさい。

現在の高知県にあたる ａ土佐国は，日本の誕生から ｂ推古天皇の時代までを記した古事記の国産《くにう》みの神話のなかで，土佐国建依別《たけよりわけ》とよばれ，雄々《おお》しい男の国とされている。

ｃ律令政治が本格的におこなわれた奈良・ｄ平安時代は，現在の高知市の東にある南国《なんこく》市の比江《ひえ》に国司が都から派遣され，土佐の政治と文化の中心であった。また，室町時代には ｅ細川氏が土佐国の守護代となり，さらに戦国時代に（　１　）氏が土佐を統一して政治を行った。

その後，関ヶ原の合戦で西軍に味方して敗れた（　１　）氏に代わり，山内氏が土佐の国主《こくしゅ》として入国すると，土佐藩の ｆ城下町として高知市の辺りの地域が発展していった。ｇ幕末には坂本龍馬など多くの志士《しし》が登場し，明治時代になると（　2　）などが自由民権運動を起こし，「自由は土佐の山間より」とうたわれるようになった。また，高知県には，実業家の岩崎弥太郎や思想家の幸徳秋水，h第二次世界大戦後，内閣総理大臣となった吉田茂など数多くの偉人がいる。

⑴　下線部aについて，読み方をひらがなで答えなさい。

⑵　下線部bについて，この時代の文化について述べた文X・Yと，代表的な文化財Ⅰ・Ⅱの組合せとして正しいものを，次のア～エのうちから１つ選び，記号で答えなさい。

X　日本で最初の仏教文化がおこった。この文化には，遠くインド・西アジア・ギリシャなどの文化の影響がみられる。
Y　遣唐使によって唐の文化がもたらされたため，唐の影響を強く受けた。

Ⅰ

Ⅱ

ア．X－Ⅰ　　イ．X－Ⅱ　　ウ．Y－Ⅰ　　エ．Y－Ⅱ

⑶　下線部cについて，この政治のしくみについて述べた文として正しいものを，次のア～エのうちから１つ選び，記号で答えなさい。

ア．神祇官が決めた政策にもとづいて，神祇官の下に置かれた八省が実際の政治を行った。

イ．地方は国・郡・里に分け，郡司には主に都から派遣された豪族が任命された。

ウ．朝廷は毎年戸籍をつくり，それにもとづいて田をあたえた。

エ．農民は，稲を地方の役所に納める租など，さまざまな税を負担した。

⑷　下線部dについて，赴任《ふにん》先である土佐国から平安京の自宅に帰るまでの様子をかな文字で書いた，『土佐日記』の作者は誰か。

⑸　下線部eについて，細川氏と山名氏が争った応仁の乱について述べた文X・Yについて，その正誤の組合せとして正しいものを，次のア～エのうちから１つ選び，記号で答えなさい。

X　応仁の乱は約10年も続き，京都は焼け野原になった。
Y　戦乱を逃れて地方に行った公家や僧らによって，京都の文化が地方に広まった。

ア．X　正　Y　正　　イ．X　正　Y　誤

ウ．X　誤　Y　正　　エ．X　誤　Y　誤

⑹　空欄（１）に入る語句として正しいものを，次の**ア**～**エ**のうちから１つ選び，記号で答えなさい。

ア．伊達　　　**イ**．織田

ウ．長宗我部　**エ**．島津

⑺　下線部**f**について，Ⅲの城を中心に発達した町の位置として正しいものを，次の**ア**～**エ**のうちから１つ選び，記号で答えなさい。

Ⅲ

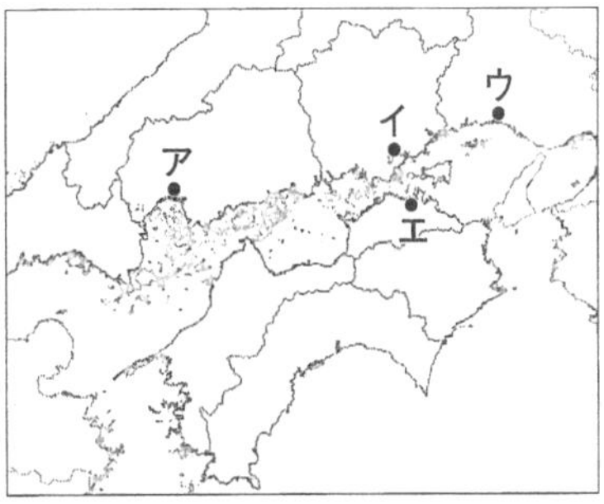

⑻　下線部**g**について，次の**《貿易の開始による影響》**を読んで，下線部のような状況になったのはなぜか，また，それに対して幕府はどのように対応したのか，説明しなさい。

《貿易の開始による影響》

１．最も重要な輸出品であった生糸は，値上がりした。

２．大量生産された安い綿糸や綿織物が大量に輸入されたため，国内の綿織物業が成り立たなくなった。

３．日本の小判が大量に国外に持ち出された。

⑼　空欄（２）に入る人名として正しいものを，次の**ア**～**エ**のうちから１つ選び，記号で答えなさい。

ア．岩倉具視　　**イ**．伊藤博文

ウ．大久保利通　**エ**．板垣退助

⑽　下線部**h**について，あとの問いに答えなさい。

①　第二次世界大戦前のできごとについて述べた文として正しくないものを，次の**ア**～**エ**のうちから１つ選び，記号で答えなさい。

ア．政治や社会のしくみを変えようとする人々を取りしまるために，治安維持法が定められた。

イ．満25歳以上の男子に選挙権を与える普通選挙法が定められた。

ウ．政府は国家総動員法を定めると，議会の承認がなくても戦争に必要な物資や人を，思い通りに動かせるようになった。

エ．北京に近い柳条湖で日中両軍が衝突したことをきっかけに，全面的な日中戦争となった。

②　次の**ア**～**エ**は第二次世界大戦後のできごとである。年代を古い順に並びかえたときに，３番目の出来事として正しいものを，次の**ア**～**エ**のうちから１つ選び，記号で答えなさい。

ア．日ソ共同宣言が調印され，日本が国際連合に加盟した。

イ．日本国憲法が施行された。

ウ．沖縄が日本に返還された。

エ．サンフランシスコ平和条約が調印された。

3　次の文章を読んで，各問いに答えなさい。

国連は，世界人口が2022年末に（　1　）億人を超えたと報告した。2050年には100億人を超えると予測されている。こうした急激な人口増加は「人口爆発」とよばれ，おもに（　2　）国で起こっており，a食料やエネルギー資源の不足や環境問題の悪化などが心配されている。今後，「人口爆発」にくわえ，世界全体の高齢化も新たな課題となると予測されている。

日本の最大の課題は，少子高齢化の進行である。2005年以降，高齢化率は主要な先進国中で１位であり，外国人をのぞく日本の人口の減少は2011年から続いている。
b2023年１月のデータでは，47c都道府県の全てで，日本人人口が前年を下回ったことが初めて確認された。これを受けd政府は「e少子化，人口減少はわが国の社会経済や社会保障にかかわる重要な問題だ。…（中略）…f働き方改革などによりg女性やh高齢者などの就労《しゅうろう》を最大限促進《そくしん》するとともに，その能力を発揮《はっき》できるよう」取り組みを進めるという声明を出した。

⑴　空欄（１）に入る数字として正しいものを，次のア～エのうちから１つ選び，記号で答えなさい。

ア．60　　イ．70　　ウ．80　　エ．90

⑵　空欄（２）に入る語句を漢字４文字で答えなさい。

⑶　下線部aについて，こうした国際的課題に対応するために，ＳＤＧｓへの取り組みが国際的に進められている。ＳＤＧｓという言葉の意味として正しいものを，次のア～エのうちから１つ選び，記号で答えなさい。

ア．「国際の平和と安全に主要な責任を持つ」こと

イ．「全ての人々が可能な最高の健康水準に到達する」こと

ウ．「文化振興を通し，戦争を二度と起こさない」こと

エ．「持続可能な開発目標」のこと

⑷　下線部bについて，このデータとは住民基本台帳のことであり，ふるさと納税制度や地方自治を管轄《かんかつ》する省庁によって作成された。この省庁名を答えなさい。

⑸　下線部cについて，都道府県の議会や議員について述べた文章として正しいものを，次のア～エのうちから１つ選び，記号で答えなさい。

ア．多くの議会は，二院制となっている。

イ．18歳以上の日本国民であれば，どこに住んでいても被選挙権を有する。

ウ．議長は，議員の中から知事により決定される。

エ．議会の主な仕事に，条例の制定や改正がある。

⑹　下線部dについて，政府や国際機関とは異なる立場で，経済・社会・医療・人権などの様々な国際問題に取り組む民間団体を何というか。アルファベット３文字で答えなさい。

⑺　下線部eについて，少子化や人口減少が社会保障にかかわる重大な問題といえる理由を，社会保障とは何かを明らかにした上で説明しなさい。

⑻　下線部fについて，働き方改革は女性や高齢者に限らない内容を含んでいる。その内容として正しくないものを，次のア～エのうちから１つ選び，記号で答えなさい。

ア．ワーク・ライフ・バランスの整備　　イ．在宅勤務の推進

ウ．マイナンバーカードの促進　　エ．男性の育休取得の促進

⑼　下線部gについて，日本において女性参政権が付与《ふよ》された年を西暦で答えなさい。

⑽　下線部ｈについて，次のグラフは，仕事をしていて収入のある高齢者を対象とした国のアンケート結果をまとめたものである。このグラフについての説明として正しいものを，次のア～エのうちから１つ選び，記号で答えなさい。

【高齢者が仕事をしている理由（性・年齢別）】

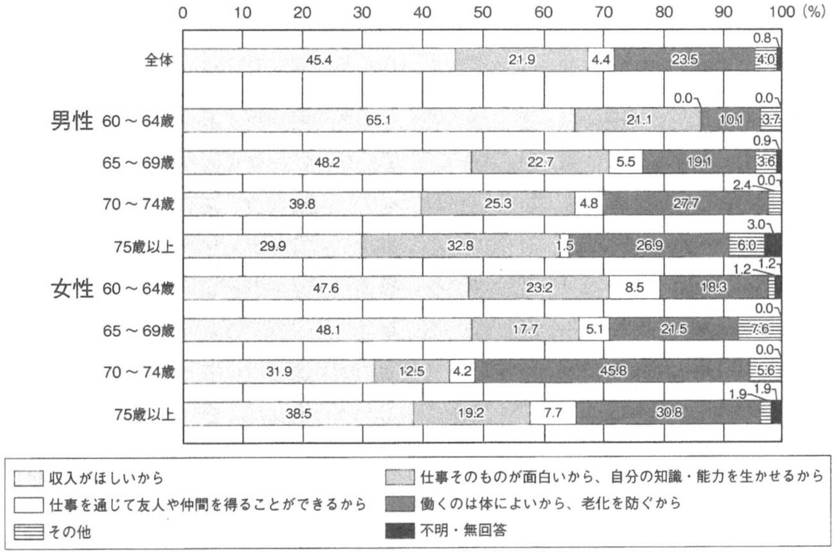

〔『令和２年版高齢社会白書』のデータに一部加筆して作成〕

ア．男性は年齢が上がるに従《したが》い収入目的の割合が減っていくが，女性は必ずしも減らない。

イ．どの年代も女性より男性の方が，健康や老化予防を目的にしている。

ウ．健康目的で働く男女が，年々増加している。

エ．仕事の面白さや知識・能力を生かすより，友人や仲間づくりが求められている。

問六　傍線部⑤「こんなナレーション」とありますが、この引用部分の内容を説明したものとして最も適当なものを、次の中から一つ選び、記号で答えなさい。

ア　「じぶんらしさ」にこだわるべきで、人はそれがなければ安心感や満足感を得ることができない。

イ　理想のじぶんの姿と実際のじぶんの姿との間にずれがあるとき、そこに独自性があるとはいえない。

ウ　「じぶんらしさ」を追求すると新しいじぶんに出会えるが、理想は高くなる一方なので意味がない。

エ　無理のない無防備な姿でいればよいので、じぶんのイメージ通りでいようと意識する必要はない。

問七　空欄 A ・ B にあてはまる言葉として適当なものを、それぞれ次の中から一つずつ選び、記号で答えなさい。

A　ア　可能性　イ　人間性　ウ　固有性　エ　公共性

B　ア　自然体　イ　個性的　ウ　世間体　エ　発展的

問八　傍線部⑥「どんな服も制服であるようにみえてくる」とありますが、その理由として最も適当なものを、次の中から一つ選び、記号で答えなさい。

ア　「～らしい服」を着ることによって、じぶんの役割や職業にたいする愛着がわくから。

イ　なんとなく着ていても、その人の社会的な立場がしぜんと服にあらわれているから。

ウ　好きな服を選ぶと、制服の変形と同じように「じぶんらしさ」を表現できるから。

エ　じぶんの特徴を人に示すために、あえてわかりやすい服を選ぶようにしているから。

問九　次の一文を本文に戻すとき、最も適当なところを本文中の 1 ～ 4 から一つ選び、記号で答えなさい。

が、ここでは、従順か反抗かといった杓子《しゃくし》定規《じょうぎ》な見方ではなく、もう少し別の角度から制服へのもつれた思いについて考えてみよう。

問十　本文で述べられている「制服」についての説明として最も適当なものを、次の中から一つ選び、記号で答えなさい。

ア　年代を問わず着るもので、とても心地よい服装だから誰しも「ずっと着ていたい」と思っている。

イ　着た人に社会的な意味を与える役割があるが、それはイメージにすぎないため不確実であるともいえる。

ウ　規範のなかに人々をしぼりつけるための服であり、アイデンティティを失わせるという悪い面もある。

エ　その人の独自性を隠すことにより、いつも同じ存在でいなければならないという考えから解放する。

い。制服という拘束服に反発する気分はよくわかる。けれども、ひとがふつうに着ている服が、おかあさんらしい服であったり、サラリーマンらしい服であったり、老人らしい服であったりするのをみていると、ぼくには⑥どんな服も制服であるようにみえてくる。だいいち、変形の学生服にしたって、一目でわかるくらい明確な特徴があるのだから、それも抵抗の制服だといえるのだ。こうして制服とその変形という問題一つとっても、けっこうこみいった問題があることがわかる。

同じように、個人を匿名の《属性》へと還元するという意味で、制服は一種の「疎外《そがい》」のマークでもあるが、同時にそのようにして個人を、つねに同じ存在でいなければならないというエ《同一性》の枠から外してくれるという意味で、ひとをつかのま解放してくれる（あるいは緩めてくれる）装置でもあるのだ。

（鷲田清一『ちぐはぐな身体　ファッションって何？』による）

〈注〉※１　おざなり……いいかげんなこと。
※２　うがった見方……表面に出ていない、ほんとうの姿をとらえようとすること。深読みすること。
※３　顰蹙を買う……ある言動により他人から嫌がられたり、軽べつされたりする。
※４　族……ここでは、暴走族のこと。
※５　DCブランド……一九八〇年代に日本国内で社会的に流行した、日本のファッションブランドの総称。
※６　「青い鳥」幻想……現実には存在しない幻想を追い求めること。
※７　揶揄……からかって面白おかしく扱うこと。

問一　二重傍線部ａ「服」、ｂ「布」と同じ意味で使われているものを、それぞれ次の中から一つずつ選び、記号で答えなさい。

ａ　制服
ア　服用　イ　服飾　ウ　着服　エ　服従

ｂ　配布
ア　毛布　イ　布団　ウ　湿布　エ　公布

問二　傍線部①「制服には意外に心地いい面分あることも、ひそかに体験してもいる」とありますが、この具体例として適当でないものを、次の中から一つ選び、記号で答えなさい。

ア　わたしのことを知らなくても、制服を着たら、わたしがその学校の生徒だということがわかる。
イ　どんな服を着るか毎日考えるのは大変だけれど、学校の制服があれば、考える必要がない。
ウ　他の学校との制服のデザインの差を楽しんだり、着くずしてじぶんの個性を楽しんだりすることができる。
エ　じぶんらしさを表現したくないときに、学校の制服を着ると、目立たないので安心感がある。

問三　傍線部②「服装についての訓練」とありますが、具体的に何の「訓練」を指していますか。本文中から十字以内で書き抜きなさい。

問四　傍線部③「人間類型」とありますが、これと同じ意味で使われている言葉を、本文中の波線部**ア**～**エ**から一つ選び、記号で答えなさい。

問五　傍線部④「いまの時代の雰囲気」とありますが、ここではどのような雰囲気のことを指していますか。本文中の表現を使い、四十字以内で具体的に説明しなさい。（句読点含む）

告のけたたましい言葉づかいをまねしていえば、「個性的でなければならない」、「じぶんらしくなければならない」という強迫《きょうはく》観念に多くのひとが憑《つ》かれていた時代をへて、人びとはいま、どうもそういう強迫観念に疲れだしているようにみえる。「ここではない別の場所にいれば、じぶんはこんなではなかったはずだ、じぶんにはもっと別の可能性があったはずだ」といった思い、それに駆られて、あるいはそういう物語に拉《ら》致《ち》されて、人びとがそれぞれの「イ〈わたし〉探しゲーム」にぐいぐいのめり込んでいったのが、八〇年代のカルチャーであり、ファッション狂騒曲《きょうそうきょく》であった。じぶんはまだおのれの素質、おのれの秘められた可能性を十分に展開しきっていない、じぶんはまだ本来の場所にたどり着いていない、じぶんにはまだじぶんの知らないじぶんがある、その真のじぶんに出会わねばならない……といった強迫的な物語のことである。ぼくらの時代の※6「青い鳥」幻想《げんそう》だ。そしてそれにもうあきてしまった、疲れてしまったというのが、どうも④いまの時代の雰囲気のようになっている。

[4]

ぼくが数年前に見たヴィム・ヴェンダース監督の映画『都市とモードのビデオノート』は、まるでそういう現代人を※7揶揄《やゆ》するかのように、⑤こんなナレーションとともにはじまった。

　きみは、どこに住もうと、どんな仕事をし何を話そうと、何を食べ、何を着ようと、どんなイメージを見ようと、どう生きようと、どんなきみもきみだ。独自性《アイデンティティ》――人間の、物の、場所の、独自性。身ぶるいする、いやな言葉だ、安らぎや満足の響きが隠れている〝独自性〟。じぶんの場、じぶんの価値を問い、じぶんがだれか、〝独自性〟を問う。じぶんたちのイメージをつくり、それにじぶんたちを似せる。それが〝独自性〟か？　つくったイメージとじぶんたちとの一致が？

〔中略〕

　ぼくらがいま無意識に選択し、着用しているものに含まれている意味というものを考えるとき、ぼくはついこのヴェンダースの言葉をおもいだす。じぶんの［ A ］にこだわるというより、むしろじぶんを適度にゆるめておくことのできる服。そういう服をぼくらは制服というものにひそかに求めだしているのかもしれない。制服を着ると、ひとの存在がその（社会的な）ウ《属性》に還元《かんげん》されてしまう。そうすることで、ひとは「だれ」として現れなくてもすむ。人格としての固有性をゆるめることのできる服とは、そのなかに隠れることができる服である。そう考えると、現在の制服も、人びとによって、人格の拘束《こうそく》とか画一化などといった視点からではなく、むしろ制服こそが〝［ B ］〟という感覚で受けとめられだしているのかもしれない。これは注目しておいていいことだ。

　ぼくらは制服を着ることでも、いかがわしい存在になることができる。制服のなかに隠れることができるからだ。これまでみてきたことからもあきらかなように、制服はぼくらを閉じ込める、とは単純にいえなたいなとおもう。が、①制服には意外に心地いい面があることも、ひそかに体験してもいる。

この本のはじめのところで書いたように、ぼくらにとってじぶんの全身はじかには見えない。つまり、じぶんの全身はイメージとして想像するしかないものなので、とても心もとない。そんななかで、ぼくらはもらった贈り物の箱をがらがら揺さぶって中身を推測《すいそく》するように、じぶんの外見をさまざまに加工することで、そのイメージを揺さぶり、じぶんがだれか、じぶんには何ができ、何ができないかを、身をもっておぼえてゆくのであった。そういうときに、一義的な社会的意味と行動の規範《きはん》が明示された制服は、社会のなかの個人としてのじぶんに確定したイメージを与えてくれる。服が自由すぎて、選択の幅《はば》がすこぶる大きくなると、じぶんを確定する枠組《わくぐみ》がゆるくなりすぎて、かえって落ちつかない。制服のほうが選択に迷わなくてかえって楽なのだ。おとなになって、じぶんはこのブランド、この会社の服というふうに決めてしまうと、毎シーズン、買い物が楽なのと同じだ（もちろん、自由な服だと、毎日どんな服を着ていくか、それを決めるためにいろいろなことを考えるので、ファッション感覚はきたえられる。この点、制服だと、②服装についての訓練が※1おざなりになって、卒業してから苦労する）。

そうすると、イメージさえよければ、制服のほうがいいという気持ちになるのも当然だ。実際、かわいい制服にあこがれる少女がいっぱいいるし、制服がすてきだからという理由で受験生が殺到《さっとう》する高校もあるくらいだ。ちょっと※2うがった見方をすると、これには、単純に「あの服かわいい」といった気分だけでなく、おとなの〈女〉になることの拒絶という、入り組んだ感情もはたらいているのかもしれない。あるいは、他の高校との微妙な差異を楽しむ遊びの感覚も作用しているかもしれない。

1

他方ではもちろん、学校から配b布された制服を、おとながじぶんたちをかれらの規範のなかに強引に収容するための囚人服《しゅうじんふく》のように感じて、それを見えない細部で徹底的にくずすというきつい抵抗もある。従順であることの拒絶であり、おとなの※3顰蹙《ひんしゅく》を買うことにこそみずからのアイデンティティを懸《か》ける「不良」や「※4族」の精神は、多かれ少なかれ、だれのうちでも蠢《うごめ》きだしているものだ。

2

僕らは日によって、じぶんをぐっと押し出したいときもあれば、できるだけめだたないようにじぶんを隠し、他人の視線を避けていたいときだってある。一日のなかでも、じぶんをぐっと引き締《し》めたいときもあれば、だらんと緩《ゆる》んだままでいたいときだってある。そのとき、じぶんがそのなかに隠れる服として、制服というのはとても心地いいものだ。じぶんがア「だれ」であるかを隠して、匿名《とくめい》の③人間類型のなかに埋没《まいぼつ》してしまうというやりかただ。

3

とりわけ、八〇年代に※5ＤＣブランドが流行したときのように、だれもじぶんと他人との微妙なテイストの差異をことこまかに表現したがった時代、ＪＲや私鉄の車両に吊《つ》り下げられたファッション雑誌の広

問七　空欄 A にあてはまる言葉として最も適当なものを、次の中から一つ選び、記号で答えなさい。

ア　素早く　　イ　ぎこちなく

ウ　念入りに　　エ　こっそりと

問八　傍線部⑥「居心地の悪さを感じるようになった」とありますが、その理由として適当でないものを、次の中から一つ選び、記号で答えなさい。

ア　中学校の同級生との育った環境の違いを感じたから。

イ　中学校での宗教的な習慣が合わないと気付いたから。

ウ　中学校を受験しか理由がくだらないものに思えてきたから。

エ　中学校の伝統的な校風による予想外の面が見えてきたから。

問九　傍線部⑦「いてもたってもいられなくなることがあった」とありますが、その理由として最も適当なものを、次の中から一つ選び、記号で答えなさい。

ア　本来は真剣に祈りをささげるべき時間なのに、ほかの悩みに気をとられていたから。

イ　軽い気持ちでグチを言ってしまったが、本当はいけないことだとわかっていたから。

ウ　居心地の悪い学校の中で、上辺だけでの友だち付き合いをしてしまっていたから。

エ　周囲と比べて取りえが何も無いことを自覚し、このままでいいのかとあせっていたから。

問十　傍線部⑧「そんな弓子とは裏腹に、太二は絶好調だった」とありますが、弓子と太二のどのような点が「裏腹」ですか。説明として最も適当なものを、次の中から一つ選び、記号で答えなさい。

ア　弓子は中学で悩みが絶えないが、太二は順調にテニスの腕前を上げている点。

イ　弓子は高校に進学できるかわからないが、太二は地元の中学に行くことが決まっている点。

ウ　弓子はテニスの試合を見に行くほど興味を持てないが、太二はテニスを楽しんでいる点。

エ　弓子は将来の夢が定まらないが、太二は将来の夢への道を確実に進んでいる点。

問十一　本文の内容を説明したものとして最も適当なものを、次の中から一つ選び、記号で答えなさい。

ア　弓子はかつて家族と仲が良かったが、中学受験を反対されたことがきっかけで距離が開き、冷たい態度をとっている。

イ　弓子の父は散歩中に家族を待たせたり、弓子に対して大声でどなったりと、家族を振り回している。

ウ　弓子の母は父の味方をするときもあるが、いそがしい弓子に気をつかって用事を頼む回数を減らしている。

エ　太二は弓子が中学で友だち作りに苦戦している姿を反面教師にして、中学では部活に集中しようと決めている。

三　次の文章を読み、後の問いに答えなさい。なお、作問の都合上、本文を一部改変してあります。

ａ制服は、だれもがはやく脱《ぬ》ぎたいとおもっている。夕方になるとはやく終業時間にならないかなとおもい、最上学年になるとはやく卒業し

――いったい、どこでまちがったのだろう？　父の言うとおり、地元の第一中学校に進んでおけばよかったのだろうか？　いや、それならそれで、やはり不満を抱えていたにちがいない。（　c　）、わたしはどこに行ったところで、うまくやっていけなかったのだ。

そして、気がつくと、弓子は消しゴムで数学の解答を消していたのだった。

（佐川光晴『大きくなる日』による）

問一　傍線部①「太二は大好物のトンカツにもほとんど箸をつけていなかった」とありますが、その理由として最も適当なものを、次の中から一つ選び、記号で答えなさい。

ア　母と同じように、父の帰りを待ってから夕飯を食べようと思っていたから。
イ　父が帰ってくれば弓子をしかるだろうと思い、食べる気になれないでいたから。
ウ　父の怒っている様子が恐ろしく、思わず手を止めてしまったから。
エ　弓子と父の言い合いが始まり、食事をとるどころではなくなったから。

問二　空欄（a）～（c）にあてはまる言葉を、それぞれ次の中から一つずつ選び、記号で答えなさい。ただし、同じ記号は一度しか使えないものとします。

ア　ただし　　イ　また　　ウ　そして
エ　つまり　　オ　あるいは

問三　傍線部②「かつて弓子が言ったことは」とありますが、それは何ですか。本文中から探し、はじめの五字を書き抜きなさい。（句読点含む）

問四　傍線部③「おどろいた」とありますが、このように感じたのはなぜですか。三十～三十五字で説明しなさい。（句読点含む）

問五　傍線部④「こんなに追い込まれた状況」とありますが、どのような状況ですか。最も適当なものを、次の中から一つ選び、記号で答えなさい。

ア　弓子がしばらく家族と出かけておらず、一人ぼっちになっている状況。
イ　弓子と父の関係が悪化し、自分から中学校での悩みを打ち明けられずにいる状況。
ウ　弓子の高等部への進学が危うくなり、担任から進路変更をすすめられている状況。
エ　弓子の成績の悪化を父親に知られ、勉強不足を責められている状況。

問六　傍線部⑤「母にかばってもらえないのは当然だった」とありますが、この説明として最も適当なものを、次の中から一つ選び、記号で答えなさい。

ア　中学生になったとたん家事を手伝うのをいやがるようになった弓子が、自分の幼い振る舞いを思い出してあきれている。
イ　学校がいそがしいふりをして母に甘えていた弓子が、自分の気持ちを母に理解してほしいと感じている。
ウ　勉強を優先するため家事を手伝わずにいたのに成績が下がってしまった弓子が、自分が悪いと認めている。
エ　もう母は自分の味方をしてくれないのだと気づいた弓子が、今までの自分のいいかげんな行いをくやんでいる。

弓子は中学に入学したときのことを思い出していた。

入学すると毎日礼拝《れいはい》があり、弓子もおごそかなきもちで祈りをささげた。クリスチャンになるつもりはなかったが、伝統ある学校の一員になれたことが誇《ほこ》らしかった。開校当初からのセーラー服が有名で、弓子は毎晩［ A ］プリーツスカートにアイロンをかけた。バスと電車を乗り継いでの通学の途中には、男子学生や男性サラリーマンたちからうるさいほど目をむけられたが、弓子はまんざらでもなかった。部活は英会話部にはいった。中等部だけでなく高等部の先輩たちとも仲良くなり、弓子は地元の中学校ではけっして味わえない理知的でおだやかな学園生活に満足感をえていた。

ところが、弓子はしだいに⑥居心地の悪さを感じるようになった。伝統校だけあって、祖母、母と三代にわたって学んでいる子もいたし、帰国子女も少なくない。弓子だって母にきちんとしつけられてきたし、友だちともふつうにつきあえていた。ただ、やはり裕福《ゆうふく》な家庭の子が多いので、なにかと育ってきた環境のちがいを意識せざるをえなかった。憧《あこが》れて入学したものの、それは地元の同級生たちに対して優越感《ゆうえつかん》にひたりたかっただけではないのか。自分はこの学校にふさわしくないのではないか。

そうしたひけ目を感じているせいで、礼拝のあとでは、「ついていけないよねえ」と、友だちとこっそりグチを言いあってしまう。一種の息抜きだが、弓子はうしろめたさの意識にかられて、⑦いてもたってもいられなくなることがあった。そうかといって熱心に祈りをささげたいわけでもない。英会話にしても、上達するにつれて、かえって自分には他人にかたれるほどの経験も意見もないのが自覚されて情けなくなった。

英会話部は毎年学園祭でミュージカルを上演する。歌もダンスも本格的で、連日汗ビッショリになって練習を積み、講堂での本番にのぞむ。満員の観客をまえにして、プレッシャーをはねのけて熱演するのだから、幕が下りたあとは部員たちが抱きあって涙にくれる。弓子も達成感にひたったが、その一方で、ここは自分がいるべき場所ではないのではないだろうかとの疑問がわくのをおさえられなかった。

二年生まではどうにかこらえていたが、三年生になるとさらにやりきれなさがつのった。大学受験をみすえて、高等部に進むまえから勉強に没頭する子もいれば、部活動に熱中する子もいて、弓子は同級生たちの勢いに圧倒された。国語の先生になるという目標をあきらめてはいなかったが、このままではとても教壇《きょうだん》に立って授業をすることなどできそうにない。

⑧そんな弓子とは裏腹に、太二は絶好調だった。テニスの腕前をぐんぐんあげて、去年の秋には市民大会小学四年生の部で優勝した。五年生になった今年は六年生とも互角以上に戦っているとのことで、父と母もよく太二の試合の応援に行っていた。弓子も一度さそわれたが、いいかげんな返事をすると、それきり声をかけてもらえなくなった。太二は当然のように地元の第一中学校に進むつもりでいて、将来の目標はテニスで世界一のプレーヤーになることだという。

弓子は、両親に自分のことも気にかけてほしかった。しかし、これまで学校についてきかれるたびにイヤな顔を見せてきたし、学園祭や体育祭にもこなくていいと言っておきながら、いまさら悩みを聞いてほしいとは言えなかった。

（　a　）、②かつて弓子が言ったことばをひきあいにだして、娘をにらみつけてきた。

「私立も公立も関係ない。勉強する気がないなら、高校なんか行かずに働きに出ろ！」

　父はバス停から家までの百メートルほどの道を怒りをたぎらせながら歩いてきたのだろう。弓子の頭に、夜道をぐいぐい歩く父の姿がうかんだ。

　子どものころ、家族四人でよく散歩をした。川ぞいの土手を歩くのだが、父の歩き方はとてもゆっくりで、おまけにすぐ立ちどまる。道ばたの草花に見いったり、空を見あげたり、とつぜんラジオ体操をはじめたこともあった。みんなが先に行ってしまっても、父は自分の世界にはいったままで、なかなか歩きだそうとしなかった。

「おとうさ～ん。はやく～、きてよ～」と太二がかわいい声で呼ぶたびに、弓子はしあわせなきもちになった。

　だから、スーツをきて革靴《かわぐつ》をはいた父が大股《おおまた》で歩いているのを見かけたときは③おどろいた。私立の中高一貫校に入学して一ヵ月がすぎたころで、先生から始業まえの学習をすすめられて、弓子はそれまでより三十分早い六時二十分に家を出た。そしてバスの窓からふと外に目をやると、駅へとつづく舗道《ほどう》を父が猛烈《もうれつ》な勢いで歩いている。家ではいつものん気にしているので、こんなにパワフルな父の姿は見たことがなかった。

　以前住んでいたマンションから駅までは二キロ以上あったが、弓子が小学五年生の秋に完成した新築の家は駅まで一キロあるかないかだった。父が朝は駅まで歩くようになったのは知っていたが、まさかこんなに全力で歩いているとはおもってもみなかった。

（　b　）、弓子は父を見かけたことを家族の誰にも話さなかった。そのころにはもう、母とも父ともあまり口をきかなくなっていたからだ。

――最後に家族四人で土手を散歩したのは、いったい何年まえだろう？

　弓子は、④こんなに追い込まれた状況にもかかわらず、むかしのことをおもいだしている自分がふしぎだった。母が父のうしろに立っているのは、娘をかばうつもりはないという無言の意思表示なのだろう。

　小学生のとき、弓子はよく家の手伝いをした。母が看護師をしているため、洗濯物をとりこむのは弓子の役目だったし、夕方五時すぎに母が帰ってくると一緒に晩ごはんのしたくをした。太二の面倒も、どれだけ見たかわからない。たいへんだとおもうこともあったが、「弓ちゃん、ありがとう」と母に感謝されるのがなによりうれしかった。

　ところが中学生になったとたん、弓子は家事をしなくなった。通学に片道一時間以上かかるうえに部活もあるため、平日は帰宅が午後七時をすぎるし、週末も予習や復習でいそがしい。母もそれがわかっているので、たまにしか用を頼んでこなかったが、弓子はわざとらしくため息をついた。それなのに成績が落ちているというのだから、⑤母にかばってもらえないのは当然だった。

　弓子は、泣こうとおもえばすぐに泣き出せるとおもった。とりみだすのだって、わけもない。それだけの不安とさみしさは、すでに胸いっぱいにつまっていた。

【省略部分の内容】

【国　語】（五〇分）〈満点：一〇〇点〉

一　次のⅠ・Ⅱの問いに答えなさい。

Ⅰ　次の傍線部の漢字はひらがなに、カタカナは漢字に改めなさい。

①　山の頂から美しい景色を見る。

②　自転車で日本を縦断する。

③　事態を深刻にとらえる。

④　友人にアナバの温泉を教える。

⑤　怒りで顔をコウチョウさせる。

⑥　事件を公平にサバく。

Ⅱ　次のことわざについて、空欄にあてはまる文字をそれぞれ漢字で答えなさい。

①　弘法にも（　　）の誤り

②　石の上にも（　　）年

③　三人寄れば（　　）殊の知恵

④　百（　　）は一見にしかず

二　次の文章を読み、後の問いに答えなさい。

中学三年生の弓子は、前日、母親と担任の先生との三者面談に行った。弓子は三年生になってから成績が悪化したため、高等部にすすめない可能性がある。しかし成績が下がった本当の理由は、弓子がテスト中に自分の解答をわざと消し、まちがった解答を書いたからだった。そのことを、弓子は誰にも言っていない。

「もっと勉強がしたいから、中学受験をさせてください。そう言ったのは、弓子、おまえだよな」

弓子は、父の声の強さにたじろぎながらも、視線はそらさなかった。

むかいあって立つ娘と父親のあいだには夕食がならんだテーブルがあり、イスにすわった弟の太二《たいじ》が箸《はし》を持ったままかたまっている。

三泊四日での海外出張から帰ってきたばかりなので、父はワイシャツにスラックスという姿でダイニングルームの入り口に立っていた。ネクタイをゆるめ、ワイシャツの一番うえのボタンをはずした首元に汗が光っているのは、暑さのせいばかりではなく、父が全身で怒っているためだと弓子はおもった。

土曜日の午後八時すぎで、弓子は夕飯を食べおえて自分の茶碗や皿を流しにはこんだところだった。①太二は大好物のトンカツにもほとんど箸をつけていなかった。母は、父が帰ってきてから一緒に食べると言うので、弓子はひとりでトンカツをほおばり、豆腐とワカメの味噌汁を飲み、ごはんをおかわりした。ポテトサラダとキャベツの千切りも残さず食べた。

父からは十分ほどまえに電話があり、受話器をとった母によると駅に着いたところだという。太二は事情を知っているらしく、とたんに箸が動かなくなった。弓子だって、父が帰ってきたらどうなるかはわかっているのに、なぜかおなかがすいてしかたがなかった。

予想していたとおり、父は玄関にはいるなり、「弓子」と大声で呼んだ。

「おとうさん、おちついてください」

むかえに出た母がなだめても、父の怒りはおさまる気配がなかった。足音を立ててダイニングルームにはいってくると、父は旅行カバンを床にたたきつけた。

2024年度

獨協埼玉中学校入試問題（第２回）

【算　数】（50分）　＜満点：100点＞

【注意】　1．定規，分度器は使用してはいけません。

$\boxed{1}$　次の各問に答えなさい。

⑴　$1\frac{7}{9}\times\frac{3}{4}+12\div4\frac{1}{2}$ を計算しなさい。

⑵　分速80ｍの速さで１時間35分歩きました。進んだ道のりは何ｍですか。

⑶　あるクラスの男子23名の平均身長は159㎝，女子17名の平均身長は151㎝です。このクラスの平均身長は何㎝ですか。

⑷　$\boxed{1}$，$\boxed{2}$，$\boxed{3}$，$\boxed{4}$の４枚のカードを並べて４けたの整数をつくるとき，何通りできますか。

⑸　水に24ｇの食塩を加えて12％の食塩水を作りました。このとき，何ｇの食塩水ができましたか。

⑹　次の図の三角形DEFは三角形ABCの拡大図です。

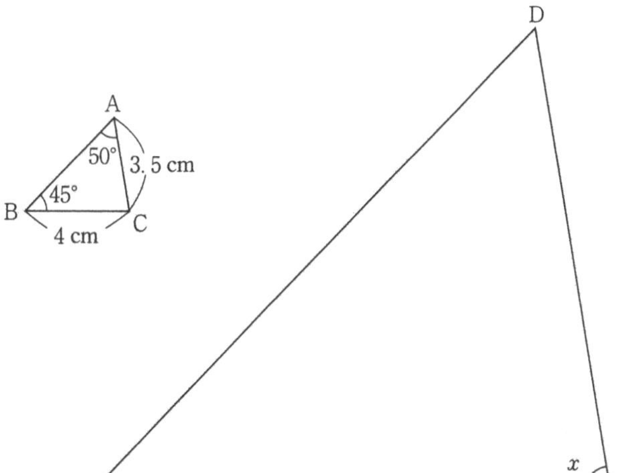

このとき，次の各問に答えなさい。

①　辺DFの長さを求めなさい。

②　角 x の大きさを求めなさい。

⑺　右の図は，１辺８㎝の正方形と１辺を直径とする半円２つを組み合わせたものです。斜線の部分の面積を求めなさい。
ただし，円周率は3.14とします。

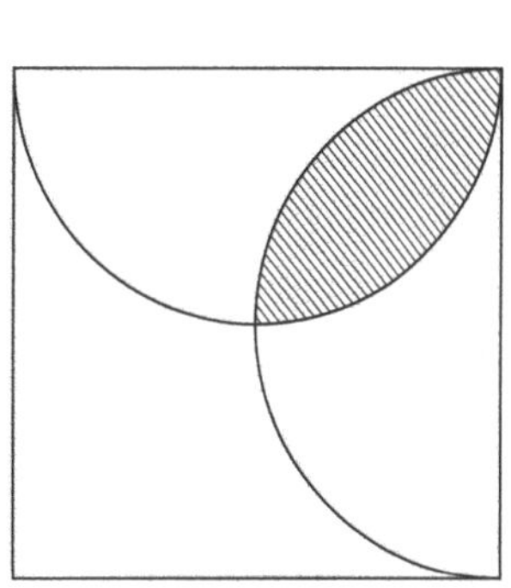

2 次の各問に答えなさい。

⑴ 以下の会話を読んで，下の問に答えなさい。

太郎さん：今年は2024年だね。2024の約数ってたくさんありそうだね。

花子さん：小さい順に考えると，1，2，4，8，…となるね。

太郎さん：8の次は何だろう。

花子さん：2024を8で割ると［ア］だから，［ア］の約数を調べてみよう。

太郎さん：そういえば，算数の授業で，「3桁《けた》の整数のうち，百の位の数と一の位の数の和が一桁で，その数が十の位となっている整数は11の倍数である」というのを習ったよ。

花子さん：その性質を使うと，例えば891は11の倍数になるね。じゃあ［ア］も11の倍数になるから約数を考えてみると，1と［ア］のほかに11と［イ］があるね。

太郎さん：あとは計算すれば，2024の約数をすべて求めることができるよ。

① ［ア］，［イ］に当てはまる整数を答えなさい。

② 2024の約数の個数を求めなさい。

⑵ 次の各問に答えなさい。

① 次の図の立方体において，点Aから点Bまで辺を通るときの最短経路は何通りですか。

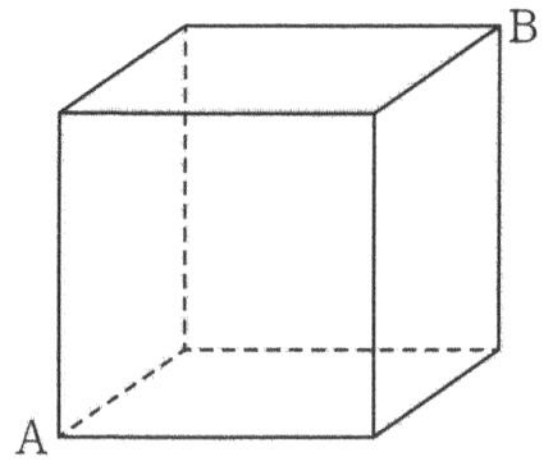

② 次の図は同じ立方体を3個つなげたものです。点Cから点Dまで辺を通るときの最短経路は何通りですか。

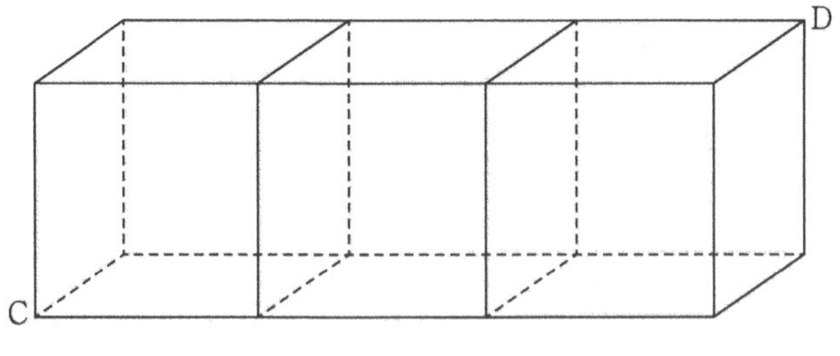

3 ある鉄道会社では，次のページの表のように区間ABの運賃が3種類あります。

このとき，次の各問に答えなさい。

⑴ 割引運賃の切符1枚の金額を答えなさい。

⑵ 通常運賃の切符30枚分の金額で，割引運賃の切符は最大何枚買えますか。

⑶ 定期券を購入する方が安くなるのは，1か月間に何回以上乗車する場合ですか。

表

切符	通常運賃	１枚 440 円（片道）
	割引運賃	通常運賃の２割引きをして一の位を切り上げた金額 ただし，前日までに購入するものとし，割引きは１枚当たりの切符に適用
定期券		通常運賃の切符 60 枚分の金額を３割引きした金額 ただし，１か月間何回でも乗車可能

4　ある学校では特別な時計を教室に置くことにしました。その時計は１日の授業時間に合わせたもので，次のような規則で動きます。

①　毎日９：00に長針と短針はともにＰの位置にあります。

②　長針は１回の授業（45分間）で１周します。

③　短針は１回の授業で円周の６分の１ずつ進み，短針が指している場所がそのとき何時間目であるかを表しています。（図１では２時間目が始まって何分か経過した時間を表しています。）

④　休み時間（15分間）と昼休み（45分間）の間，両方の針は止まっていて，授業が始まると再び動き出します。

⑤　両方の針はともに右回りに動き，その間速さはそれぞれ一定です。

また，この学校では図２のような時間で授業が行われます。このとき，次の各問に答えなさい。

⑴　授業中，長針と短針は１分間にそれぞれ何度動きますか。

⑵　１日の授業が始まって，長針と短針が２回目に重なるのは，何時間目の授業の開始何分後か答えなさい。ただし，９：00は除くものとします。

⑶　５時間目の途中で短針だけが止まってしまい，長針だけが動いて５時間目が終わりました。そのときの長針と短針の間の角は図３のようになっていました。時計の短針が止まったときの時刻を求めなさい。

図１

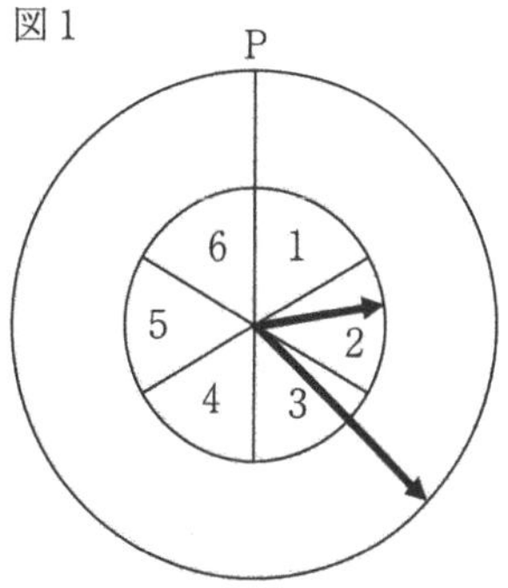

図２

１時間目	９：00～９：45
休み時間	９：45～10：00
２時間目	10：00～10：45
休み時間	10：45～11：00
３時間目	11：00～11：45
休み時間	11：45～12：00
４時間目	12：00～12：45
昼休み	12：45～13：30
５時間目	13：30～14：15
休み時間	14：15～14：30
６時間目	14：30～15：15

図３

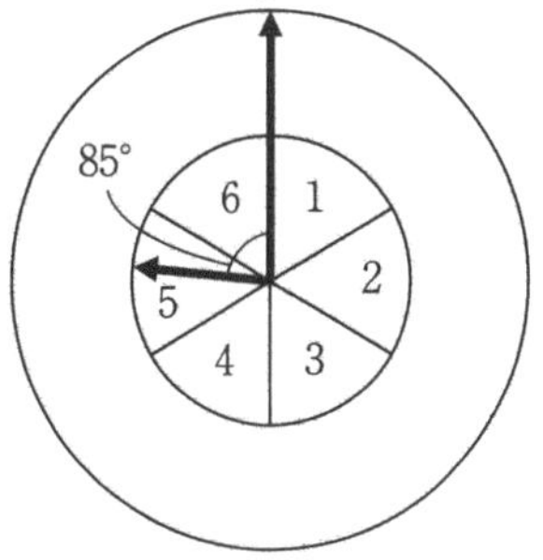

【理　科】（30分）　＜満点：70点＞

1　次の各問い(1)～(6)に答えなさい。

(1)　下図は，豆電球１個と乾《かん》電池１個でつくった回路です。あとの問い①～③にあてはまるものをア～クからすべて選び，記号で答えなさい。ただし，ア～クは下図で使用したものと同じ豆電球，同じ乾電池を１～２個使ってつくった回路で，豆電球や乾電池は新品を使用したものとします。

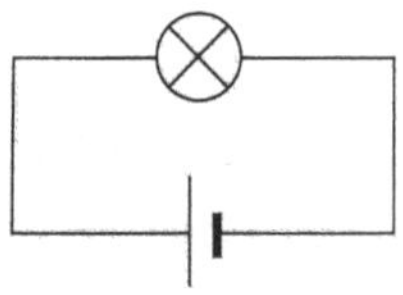

①　上図の豆電球より，明るく豆電球が光る回路

②　上図の豆電球より，長く豆電球が光り続ける回路

③　上図の豆電球に対して，明るさと光り続ける時間がともに同じになる回路

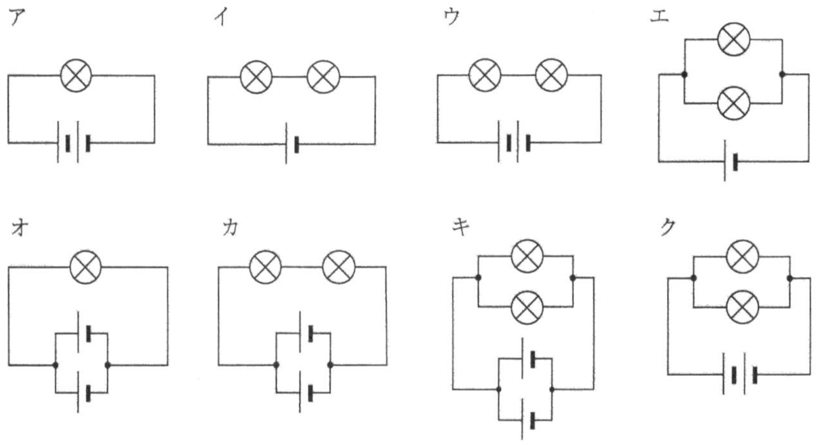

(2)　振《ふ》り子が１往復するのにかかる時間の説明として，適切なものを次のア～カから２つ選び，記号で答えなさい。

ア　おもりを重くすると，１往復するのにかかる時間は短くなる。

イ　おもりを重くすると，１往復するのにかかる時間は長くなる。

ウ　おもりを重くしても，１往復するのにかかる時間は変わらない。

エ　振り子の長さを長くすると，１往復するのにかかる時間は長くなる。

オ　振り子の長さを長くすると，１往復するのにかかる時間は短くなる。

カ　振り子の長さを長くしても，１往復するのにかかる時間は変わらない。

(3)　次のページの表は，いろいろな気体の密度［g／L］を示したものです。次の文章の空欄《らん》（A）～（D）にあてはまる語句として正しいものを，あとのア～クからそれぞれ１つずつ選び，記号で答えなさい。

気体	密度［g/L］
水素	0.089
アンモニア	0.77
窒《ちっ》素	1.25
空気	1.29

気体	密度［g/L］
酸素	1.43
塩化水素	1.64
二酸化炭素	1.97
塩素	3.21

水素やアンモニアのように，空気より密度の値が小さい気体は，空気より（　A　）性質がある。一方，塩化水素や塩素のように，空気より密度の値が大きい気体は，空気より（　B　）性質がある。水素や酸素は水に溶《と》けにくい性質があるので，気体の集め方は（　C　）が適している。また，塩化水素や塩素は，水に溶ける性質があるので，気体の集め方は（　D　）が適している。

ア　重い　　イ　軽い　　ウ　沸《ふっ》点が高い　　エ　沸点が低い

オ　燃える　　カ　水上置換《かん》法　　キ　上方置換法　　ク　下方置換法

⑷　下図は14種類の生物を，A～Mのグループに分類したものです。

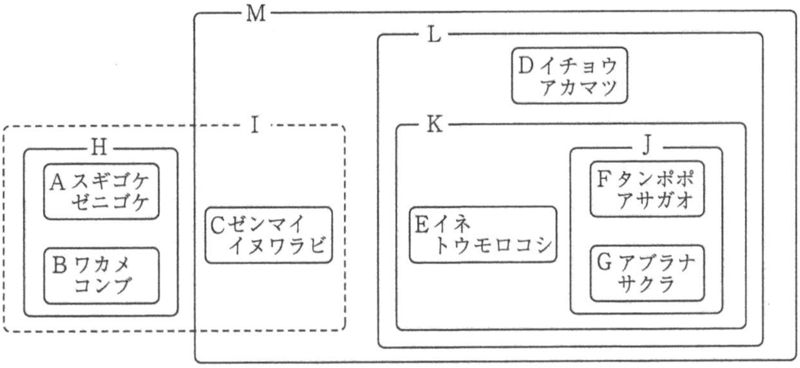

次の①・②にあてはまる生物のグループを，図のA～Mからそれぞれ１つずつ選び，記号で答えなさい。

①　花に子房《ぼう》がない

②　維《い》管束をもつ

⑸　約46億年前，宇宙のガスや塵《ちり》がぶつかったり，合体をくり返したりして太陽系の天体がつくられました。地球のような天体を惑《わく》星，冥《めい》王星のような惑星よりも小さな天体を準惑星，惑星や純惑星を周《まわ》る天体を衛星といいます。火星と木星の間には小惑星と呼ばれる小さな天体が数多く存在しています。JAXA（宇宙航空研究開発機構）が2014年に打ち上げた探査機「はやぶさ２」は，2020年に小惑星リュウグウから採取したサンプルを地球に届けました。以下の問い①・②に答えなさい。

①　「はやぶさ２」が，小惑星リュウグウの探査を行った主な目的として考えられるものはどれですか。次のア～エから１つ選び，記号で答えなさい。

ア　知的生命体の調査をするため。

イ　太陽系が生まれたころの岩石や水を調査するため。

ウ　宇宙ステーションを建設するため。

エ　火星に居住地を建設するため。

② 約800万年前，小惑星リュウグウは火屋と木星の間の小惑星帯を通る軌《き》道から別の軌道に変化したことがわかっています。変化前と変化後のリュウグウの軌道を図中のア～エから1つずつ選び，記号で答えなさい。ただし図中の点線は太陽から近い順に4番目までの惑星の軌道を示しています。

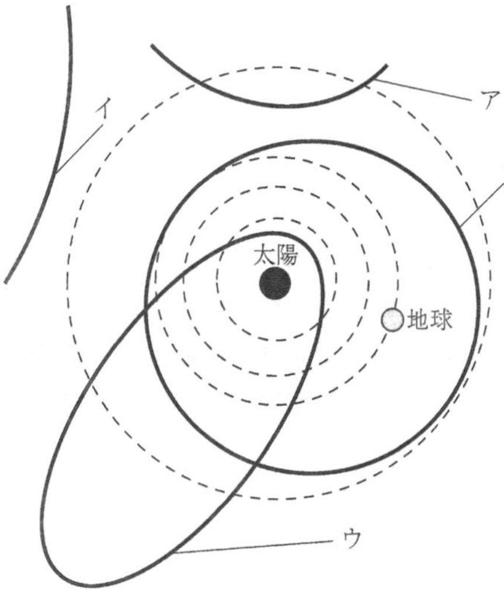

(6) サンゴとアンモナイトの化石について，以下の問いに答えなさい。

① サンゴの化石が発見された場所は，当時どのような環境だったと考えることができますか。次のア～カから1つ選び，記号で答えなさい。

ア　浅くきれいなあたたかい海　　イ　深くきれいな冷たい海

ウ　流れの急な河川　　エ　流れの緩《ゆる》やかな河川

オ　湖や河口　　カ　滝《たき》の周辺

② アンモナイトの化石と同年代の地層から発見される化石はどれですか。次のア～オから1つ選び，記号で答えなさい。

ア　マンモス　　イ　恐竜《きょうりゅう》　　ウ　三葉虫

エ　ビカリア　　オ　猿《えん》人

2　次の文章を読み，各問い(1)～(6)に答えなさい。

太郎くんは，小学校の投業で消化について学び，『だ液や胃液などの消化液は，食べたものに含まれている栄養素を分解して細かくし，体内に吸収しやすくするはたらきがあること』や『消化液の中には消化酵《こう》素が含まれており，この消化酵素のはたらきによって栄養素が分解されること』がわかりました。

そこで，太郎くんは『お米を口に入れ，噛《か》んでから飲み込《こ》むまでの間にお米の中のデンプンがどのくらい分解されているのだろうか』ということを疑問に思い，以下のような実験1・2から推測しようと考えました。なお，口の中で起こるだ液の反応は次の通りです。

だ液
⇩
デンプン――→麦芽糖

実験１

太郎くんは，まず実際にだ液がデンプンを分解するかを確認するため，以下のような実験を行いました。

1．だ液を試験管に取り出し，そこに水を加えて濃《のう》度を８分の１にうすめた。この溶《よう》液をだ液希《き》釈《しゃく》液とした。

2．４本の試験管に１％デンプン溶液１mLとだ液希釈液２mLを加え，室温でそれぞれ10秒，20秒，30秒，40秒間反応させた。その後，試験管にヨウ素液を加え，溶液の色の変化を確認した。そのときの結果を，次の表１，および図１にまとめた。

表１　だ液希釈液と１％デンプン溶液の反応時間とヨウ素液を加えた後の色

反応時間	ヨウ素液を加えた後の色
10秒	濃《こ》い青紫《むらさき》色
20秒	うすい青紫色と茶褐《かっ》色が混ざったような色
30秒	茶褐色
40秒	茶褐色

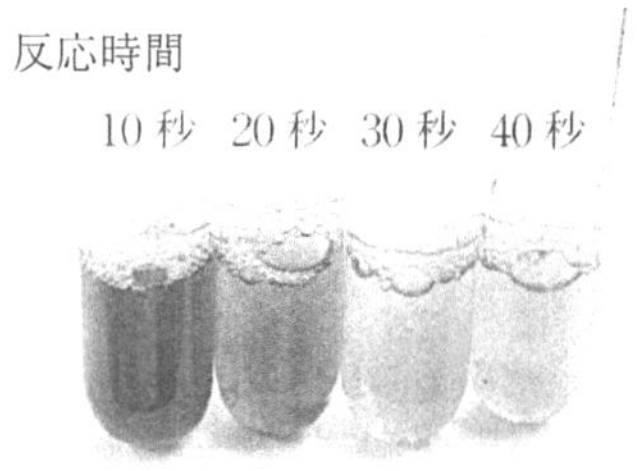

図１　反応後の溶液にヨウ素液を加えたときのようす

⑴　文中の下線部について，消化や消化酵素に関する文として正しいものを，次のア～オから２つ選び，記号で答えなさい。

ア　消化される栄養素を大きく３つに分けると，炭水化物，タンパク質，脂肪《しぼう》になる。

イ　胃液中の消化酵素は，食べた栄養素のうちタンパク質だけでなく炭水化物の消化も行う。

ウ　すい液は，栄養素のうち炭水化物のみを消化することができる。

エ　だ液に含まれている消化酵素をアミラーゼという。

オ　胆汁《たんじゅう》に含まれている消化酵素をペプシンという。

⑵　ヨウ素液の性質として正しいものを，次のア～エから１つ選び，記号で答えなさい。

ア　デンプンと反応すると，青紫色から茶褐色に変化する。

イ　デンプンと反応すると，茶褐色から青紫色に変化する。

ウ　麦芽糖と反応すると，青紫色から茶褐色に変化する。

エ　麦芽糖と反応すると，茶褐色から青紫色に変化する。

⑶　実験１の結果から分かることを，次のア～エから１つ選び，記号で答えなさい。ただし，この実験だけでは分からないものは選ばないこと。

ア　反応してから10秒後の試験管内には，デンプンはほとんど存在しない。

イ　反応してから20秒後の試験管内には，麦芽糖はできていない。

ウ　反応してから30秒後の試験管内では，だ液中の消化酵素のはたらきは失われている。

エ　反応してから40秒後の試験管内には，デンプンはほとんど存在しない。

実験２

次に太郎くんは，１％デンプン溶液１mL中のデンプンが，だ液によって完全に分解されるのにかかる時間を調べるため，以下のような実験を行いました。

1．実験１よりも反応時間をより細かく設定し，実験１と同じ手順で，1%デンプン溶液１mLとだ液希釈液２mLを反応させた。

2．ヨウ素液を加えたときの青紫色の濃さを，以下のような段階に分けて数値化した（図２）。

3．２．の数値をもとに，ヨウ素液を加えたときの青紫色の濃さと反応時間の関係をグラフにした（図３）。

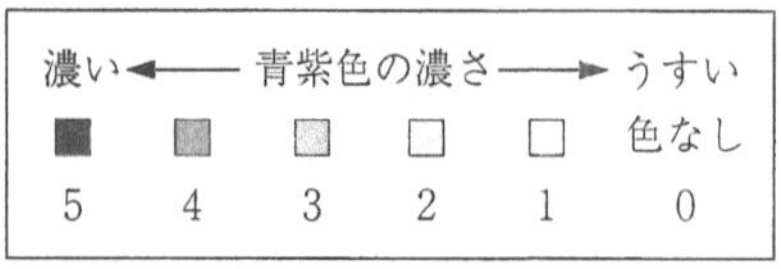

図２　ヨウ素液を加えたときの青紫色の濃さによる段階分け

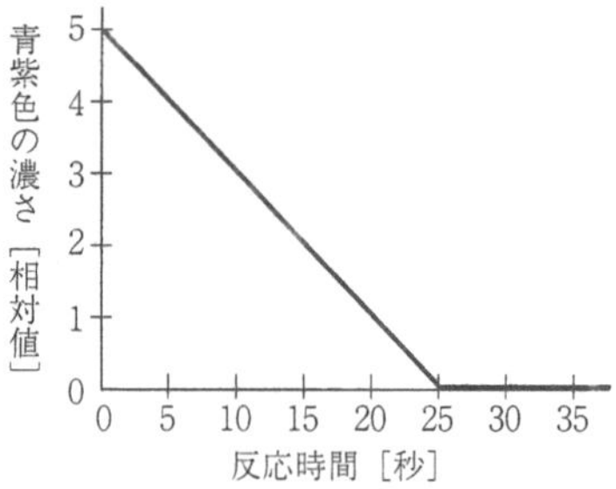

図３　図２の青紫色の濃さと反応時間の関係

⑷　実験２において，試験管内にある麦芽糖の量はどのように変化すると考えられますか。横軸《じく》を反応時間，縦軸を麦芽糖の量として解答用紙のグラフに麦芽糖の量の変化を線で書き込みなさい。なお，矢印（⇨）の位置はこの実験でできる麦芽糖の最大量とします。

⑸　次の文章は，太郎くんが実験２の結果から考察したものです。文中の空欄《らん》に適する数値を答えなさい。なお，数値が割り切れない場合には小数第５位を四捨五入し，小数第４位まで答えなさい。

> まず，この実験で使用した１％デンプン溶液１mLには，どのくらいのデンプンが含まれているかを計算してみよう！　今回使用したデンプン溶液の密度を１g / mLとして考えると，反応に使用した１mLのデンプン溶液は１ gとなる。さらに濃度が１％ということは，その溶液中にデンプンが100分の１の割合で溶《と》けていることになる。よって，今回使用した溶液に含まれているデンプンは（　ア　）gになる。
>
> 次に図３の結果をみると，この（　ア　）gのデンプンが（　イ　）秒で完全に分解されていることが分かった。ということは，今回使用しただ液希釈液は１秒間に（　ウ　）gのデンプンを分解したことになりそうだ！
>
> だ液のはたらきの強さは濃度によって変わらないと考えると，希釈液にする前のだ液は，１秒間に（　エ　）gのデンプンを分解できると考えられそうだ！
>
> ここまで分かれば，あとはお米を口に入れてから飲み込むまでに，どのくらい時間がかかっているかを計ることで，お米の中のデンプンがどのくらい分解されているか，推定できそうだ！

⑹　太郎くんがお米を口に入れてから飲み込むまでの時間を計ったところ15秒かかりました。口に入れてからすぐにお米とだ液の反応が始まるとすると，この間にお米の中のデンプンは何ｇ分解されたと推定できますか。なお，数値が割り切れない場合には小数第４位を四捨五入し，小数第３位まで答えなさい。

3　次の文章を読み，各問い⑴～⑻に答えなさい。

酸性の水溶《よう》液とアルカリ性の水溶液を混ぜると，それぞれの性質を打ち消し合う反応が起こります。この反応を中和といいます。中和が起こると，もとの水溶液に溶《と》けていた物質と異なる物質（塩《えん》という）と水ができます。また，中和には，酸性とアルカリ性の水溶液がどちらも余ることなく反応する場合と，酸性とアルカリ性のどちらかが多いため，一部しか中和されずに，どちらかが余る場合があります。

実験１

６本の試験管Ａ～Ｆに，ある濃《のう》度の塩酸を10mLずつ入れました。次に，固体の水酸化ナトリウム8.0ｇを水に溶かして100mLとした水溶液をつくりました。この水酸化ナトリウム水溶液を試験管Ａ～Ｆに2.0mLずつ増やしながら加え，よくかき混ぜました。

実験２

実験１の水溶液をそれぞれ数滴《てき》とり，リトマス紙につけて，色の変化を観察しました。

実験３

実験１の水溶液をそれぞれ加熱して，水を蒸発させた後に残った固体の重さをはかりました。
次の表は実験１～３の結果の一部をまとめたものです。

試験管	A	B	C	D	E	F
加えた水酸化ナトリウム水溶液の体積［mL］	2.0	4.0	6.0	8.0	10	12
赤色リトマス紙の色の変化	なし	なし	なし	なし	なし	青色
青色リトマス紙の色の変化	赤色	赤色	赤色	赤色	なし	なし
蒸発後に残った固体の重さ［ｇ］	①	②	③	④	1.17	⑤

⑴　塩酸に溶けている気体は何ですか。次のア～オから１つ選び，記号で答えなさい。

ア　酸素　　イ　塩素　　ウ　水素　　エ　塩化水素　　オ　二酸化炭素

⑵　水酸化ナトリウム水溶液と同じ液性を示すものを，次のア～ケから３つ選び，記号で答えなさい。

ア　アンモニア水　　イ　炭酸水　　ウ　食塩水
エ　砂糖水　　オ　石けん水　　カ　レモン汁《じる》
キ　石灰水　　ク　酢《す》　　ケ　消毒用アルコール

⑶　次のうち中和反応であるものはどれですか。次のア～エから１つ選び，記号で答えなさい。

ア　過酸化水素水に二酸化マンガンを加える。
イ　塩酸に鉄を加える。
ウ　石灰水に炭酸水を加える。
エ　水酸化ナトリウム水溶液にアルミニウムを加える。

⑷　前のページの表より，酸性とアルカリ性の水溶液がどちらも余ることなく反応した試験管はどれですか。Ａ～Ｆのうち１つ選び，記号で答えなさい。

⑸　試験管Ｅの水溶液を加熱して，水を蒸発させて残った固体について調べたところ，食塩（塩化ナトリウム）であることがわかりました。食塩の結晶《しょう》の形として正しいものを，次のア～エから１つ選び，記号で答えなさい。

ア

イ
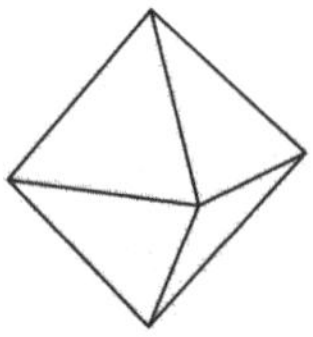

ウ
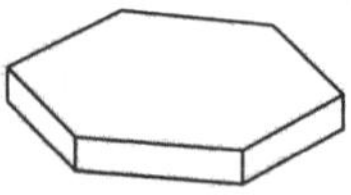

エ
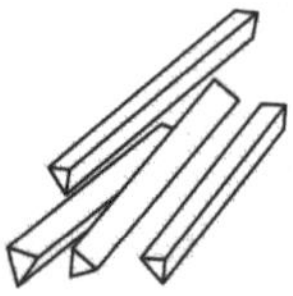

⑹　表の加えた水酸化ナトリウム水溶液の体積を横軸《じく》に，蒸発後に残った固体の重さを縦軸にしてグラフにするとどのような形になりますか。次のア～エから１つ選び，記号で答えなさい。

ア
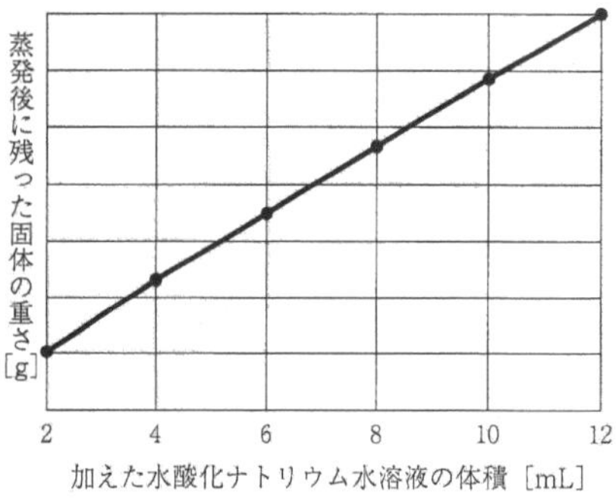

イ
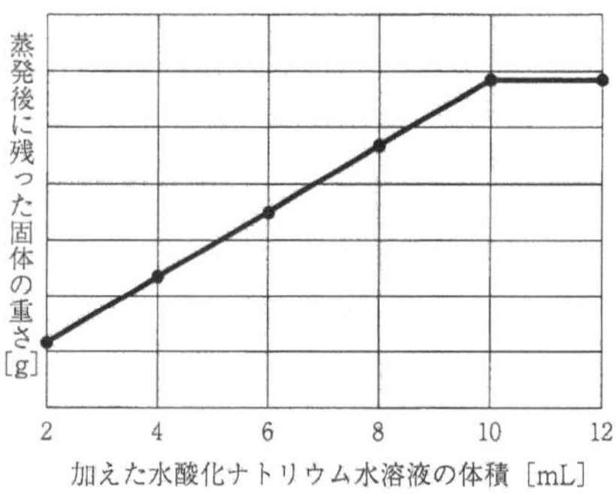

ウ
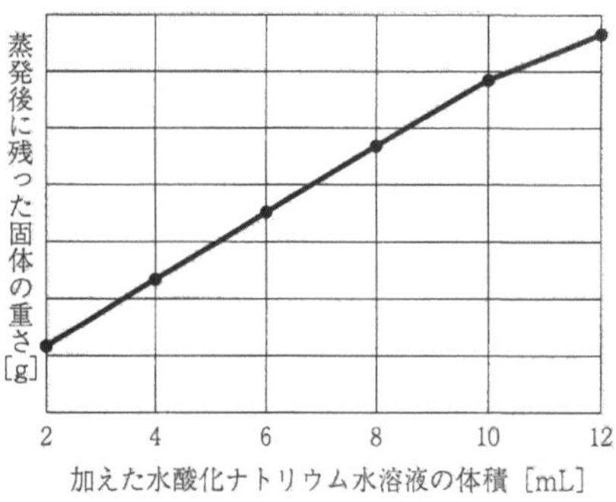

エ
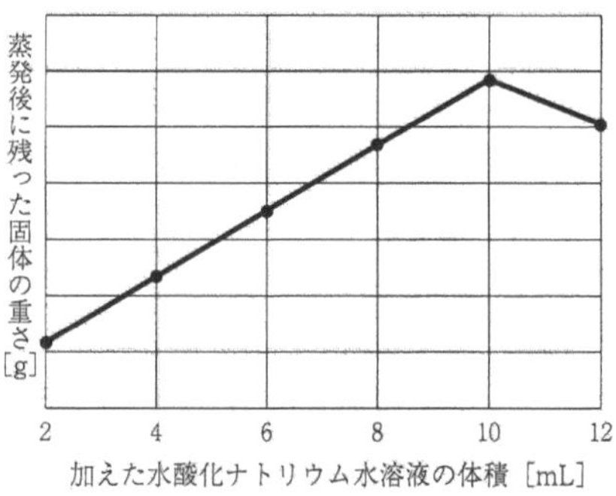

⑺　表の①，⑤にあてはまる数値を計算しなさい。ただし，答えは小数第３位を四捨五入し，小数第２位まで求めなさい。

⑻　試験管ＢとＦを混ぜた後，その水溶液を加熱して水を蒸発させると何ｇの固体が残りますか。ただし，答えは小数第３位を四捨五入し，小数第２位まで求めなさい。

【社　会】（30分）　＜満点：70点＞

1　地図１を参考にしながら，次の文章を読んで，各問いに答えなさい。

a小値賀町《おぢかちょう》は（　1　）県佐世保市《させぼし》から西へ約60km離れた，b五島列島北部に位置するc小値賀島とその周辺の小さな島々によって構成される自治体である。町のほとんどが西海《さいかい》国立公園に指定され，野崎島の集落跡《あと》は2018年には「（　1　）と天草地方の潜伏キリシタン関連遺産」の構成資産として，d世界遺産に登録されており，多くの観光資源に恵《めぐ》まれている。また，伝統的にe農業や漁業が盛んな地域でもある。

しかし，他の多くの離島と同じように，島外への進学や就職が増えたことやf交通が不便なこと，高度な医療を提供する病院がないことなどを理由に若い世代を中心とした人口減少が始まり，小値賀町の人口は1950年の10,968人をピークに，現在は2,000人あまりとなっている。

このような人口減少と少子高齢化を克服《こくふく》するために，出生率を向上《こうじょう》させるための制度の整備や，g移住者を増やすために移住希望者と町民の交流の機会を設けた。また，第一次産業をさらに発達させるために，農産物や海産物のhブランド化に努めた。その成果があがり始め，転入者が転出者よりも多い自治体となった。

地図１

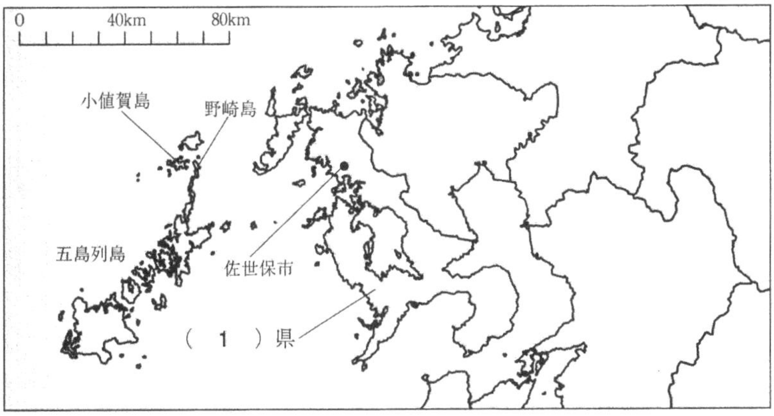

(1)　下線部aについて，あとの問いに答えなさい。

①　次のア～エの人口ピラミッドは，小値賀町，埼玉県越谷市，東京都千代田区，京都市のいずれかのものである（データは2020年）。本文を読み，小値賀町の人口ピラミッドとして正しいものを，次のア～エのうちから１つ選び，記号で答えなさい。なお，問題の都合上，各人口ピラミッドの横軸は実人数ではなく，全体に占める人口の割合を示している。

ア．

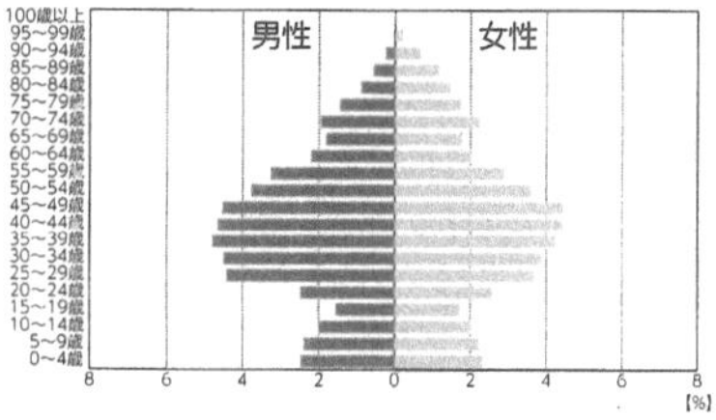

イ．

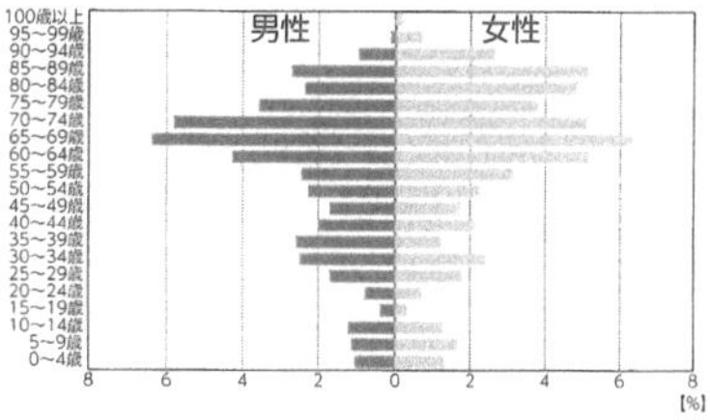

ウ.

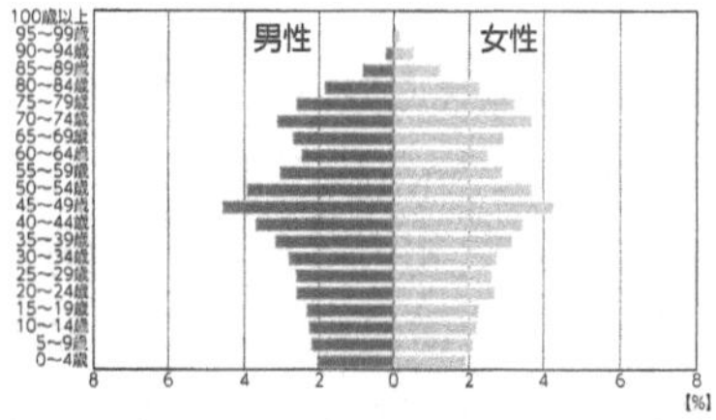

エ.

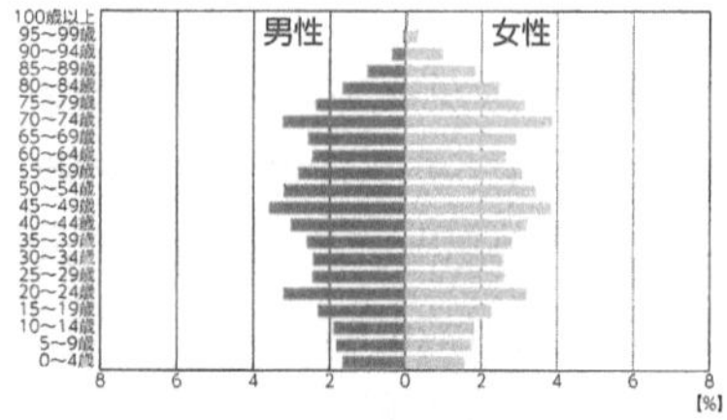

〔総務省統計局ＨＰより作成〕

② 小値賀町の特産物の一つである，らっかせいについて述べた文として正しくないものを，あとの**ア**～**エ**のうちから１つ選び，記号で答えなさい。

ア．都道府県別でみると，千葉県が生産量日本一である。

イ．らっかせいの実は，上の中で成長する。

ウ．沖縄県では，豆腐に加工されて，食べられることが多い。

エ．らっかせいが未成熟の状態で収穫されたものが，枝豆である。

⑵ 本文中の空欄（１）と，**地図１**中の空欄（１）に共通して入る地名を答えなさい。

⑶ 下線部**b**について，**地図１**から分かるように，五島列島では，山地の谷に海水が入り込んでできた，ぎざぎざとした形の海岸がみられる。この地形の名称を答えなさい。

⑷ 下線部**c**について，次の地形図は小値賀島の一部を拡大したものである。この地形図に関して，あとの問いに答えなさい。

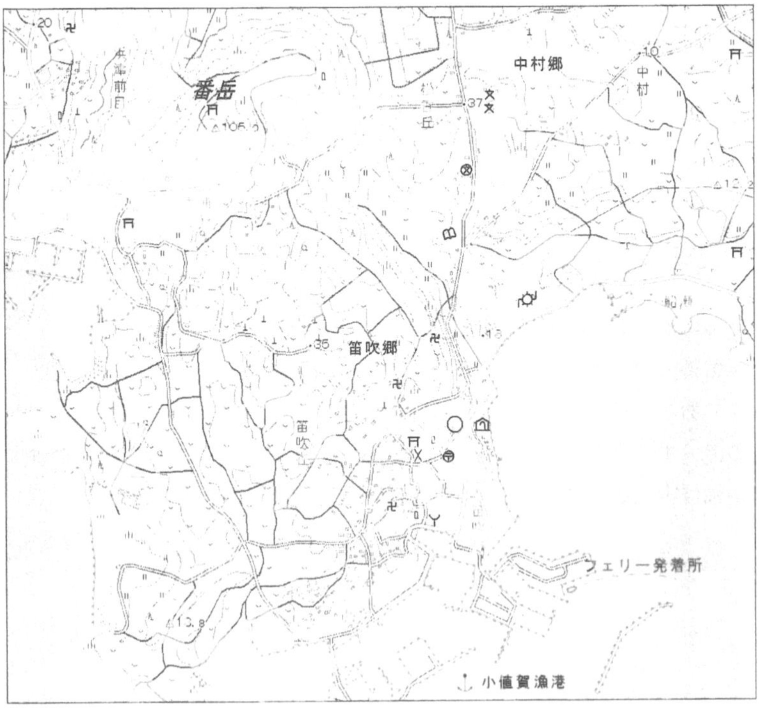

〔電子地形図　25000分の１（2023年９月ダウンロード）の一部より作成〕

① 地形図から読みとれるものとして正しいものを，次の**ア**～**エ**のうちから１つ選び，記号で答えなさい。

ア．中学校と同じ敷地《しきち》内に高等学校があり，小学校のみが離れた場所にある。

イ．町役場の南西に交番がある。

ウ．「笛吹在」の西側はほとんど田として利用されている。

エ．「番岳」の山頂付近には，寺院がある。

② フェリー発着所には，中国・四国・九州地方の中でもっとも人口の多い市へ直行するフェリーが就航している。この市の名称を答えなさい。

⑸ 下線部**d**について，県内に世界遺産がある県として正しくないものを，次の**ア**～**エ**のうちから１つ選び，記号で答えなさい。

ア．青森県

イ．群馬県

ウ．島根県

エ．愛媛県

⑹ 下線部**e**について，次の**ア**～**エ**のグラフは，北海道，北陸，関東・東山，九州の各地域のいずれかの農業産出願の割合（2021）を示している。九州を示すグラフとして正しいものを，次の**ア**～**エ**のうちから１つ選び，記号で答えなさい。なお，東山とは，山梨県と長野県の２県をさす。

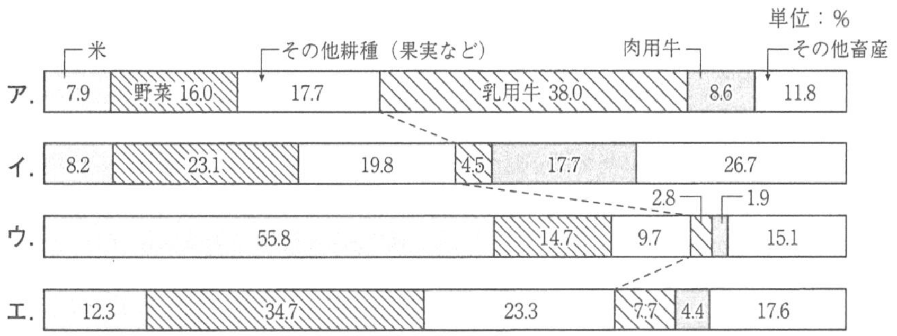

〔『日本国勢図会　2023／24』より作成〕

⑺ 下線部**f**について，小値賀島には現在でも使用することが可能な小値賀空港があるが，船便との客の取り合いもあり，2006年以降，定期的に運航される旅客便がない状態が続いている。空港には，観光客や住民の観光や出張，帰省の拠点となる役割のほかにも，様々な役割がある。本文を参考に，定期旅客便の発着以外に，小値賀空港が担《にな》うことができる役割を２つ考え，説明しなさい。

⑻ 下線部**g**について，大都市の出身者が，地方に移り住むことを何というか。次の**ア**～**エ**のうちから１つ選び，記号で答えなさい。

ア．Ｉターン

イ．Ｏターン

ウ．Ｕターン

エ．Ｖターン

⑼　下線部ｈについて，小値賀島では，子牛を育て，その子牛をブランド牛の生産地に出荷している。県名とその県で生産されるブランド牛の組み合わせとして正しくないものを，次のア～エのうちから１つ選び，記号で答えなさい。

ア．山形県－米沢牛　　イ．長野県－飛騨牛

ウ．滋賀県－近江牛　　エ．三重県－松阪牛

2　次の【カード】は江戸時代までの日本のできごと，【年表】は明治時代以降の日本のできごとに関するものである。【カード】，【年表】を読んで，各問いに答えなさい。

【カード】

カード①
将軍足利義政の弟と妻の間におこった将軍のあとつぎをめぐる対立が、守護大名を巻き込んだａ大戦乱となった。

カード②
将軍（　１　）によって学問にもとづく政治が進められ、生類憐《あわれ》みの令などの新しい法令が出された。

カード③
執権北条泰時のとき、土地に関するうったえなどが多くなったことから、51カ条からなるｂ御成敗式目が定められた。

カード④
邪馬台国の女王ｃ卑弥呼が中国に使いを送り、皇帝から金印などを授かった。

カード⑤
老中水野忠邦は幕府の財政を立て直そうと、倹約令を出してはでな生活をとりしまった。

カード⑥
元明天皇のとき、藤原京からｄ平城京に都がうつされ、市ではさまざまな各地の産物が取引された。

【年表】

年	できごと
1871	ｅ廃藩置県がおこなわれる
	↕⑦
1894	ｆ日清戦争がはじまる
	↕⑧
1919	ヴェルサイユ条約が結ばれる
	↕⑨
1931	ｇ満州事変がおこる
	↕⑩
1946	日本国憲法が公布される
	↕⑪
1972	ｈ日中共同声明が出される

⑴　下線部ａについて，この戦乱のことを何というか，答えなさい。

⑵　空欄（１）に入る人名として正しいものを，次のア～エのうちから１つ選び，記号で答えなさい。

ア．徳川家康

イ．徳川綱吉

ウ．徳川吉宗

エ．徳川慶喜

⑶　下線部ｂについて，この時代の人びとの様子について述べた文として正しくないものを，次のア～エのうちから１つ選び，記号で答えなさい。

ア．武士は堀や塀で囲まれた館をかまえ，日ごろから武芸にはげんでいた。

イ．農民のあいだでは，干鰯《ほしか》や油かすなどの金肥を使用した農業が営まれた。

ウ．人々が集まる寺社の門前などでは，月に三度おこなわれる三斎市が開かれた。

エ．宋との貿易が盛んになったことで，宋銭が全国で使われた。

⑷　下線部ｃについて，卑弥呼が使いを送った中国の王朝として正しいものを，次のア～エのうちから１つ選び，記号で答えなさい。

ア．魏　　**イ**．漢

ウ．隋　　**エ**．明

⑸　下線部ｄについて，平城京に都がうつされたのは西暦何年のことか，算用数字で答えなさい。

⑹　**【カード】**①～⑥について，古いものから年代順に正しく配列したとき，４番目にあたるものを，①～⑥のうちから１つ選び，数字で答えなさい。

⑺　下線部ｅについて，これより前におきたできごととして正しいものを，次のア～エのうちから１つ選び，記号で答えなさい。

ア．大日本帝国憲法が発布され，憲法にもとづく政治が始まった。

イ．地租改正がおこなわれ，地価の３％を現金で納めさせる税制が整った。

ウ．徴兵令が出され，満20歳以上の男子に兵役の義務が課せられた。

エ．版籍奉還によって各地の大名は土地と人民を天皇に返上した。

⑻　下線部ｆについて，次の絵画は日清戦争の風刺画である。両脇《りょうわき》の日清両国が絵画中のＡの国をとりあっている様子が見られる。日清戦争の講和条約では，Ａの国について日清両国でどのような取り決めがなされたか説明しなさい。ただし絵画中のＡの国名と日清戦争の講和条約名について明記すること。

⑼　下線部ｇについて，満州事変前後の国内のできごとに関して述べたあとの文Ｘ・Ｙについて，その正誤の組合せとして正しいものを，次のア～エのうちから１つ選び，記号で答えなさい。

> Ｘ　1931年，中国・四国地方が冷害による凶作に見まわれ，たびかさなる不況もあいまって「身売り」や「欠食児童」が問題となった。
> Ｙ　軍部の動きが活発となり，1936年には政党内閣をつくろうとした陸軍青年将校らによって東京中心部が占領される事件が起こった。

ア．Ｘ　正　Ｙ　正　　イ．Ｘ　正　Ｙ　誤　　ウ．Ｘ　誤　Ｙ　正　　エ．Ｘ　誤　Ｙ　誤

⑽　下線部ｈについて，このときの日本の内閣総理大臣として正しいものを，次のア～エのうちから１つ選び，記号で答えなさい。

ア．田中角栄　　イ．池田勇人　　ウ．岸信介　　エ．佐藤栄作

⑾　次のＸの文は**【年表】**中の⑦～⑪のどこにあてはまるか，⑦～⑪のうちから１つ選び，数字で答えなさい。

> Ｘ　関東大震災が発生し，東京を中心に大きな被害が出た。

3　次の文章を読んで，各問いに答えなさい。

2023年４月９日・23日に統一地方選挙が実施された。統一地方選挙とは，地方公共団体のａ首長とｂ地方議会の議員の投票日を，全国的に統一して行うｃ選挙のことである。今回の選挙では，東京都杉並区などで女性議員が半数以上になったり，道府県議会議員選挙での女性の当選者は316人，定数2260人に占める割合は14.0％と，いずれも過去最多を更新したりと，確実にｄ女性議員数は増えてはいるが，まだｅ８割は男性議員が占めている。

ｆ総務省のまとめによると，９の知事，41の道府県議会議員選挙などの平均投票率は，過去最低だった。選挙に関するルールを定めた（　１　）法が改正され，ｇ18歳以上が有権者となって初めての全国的な選挙は2016年のｈ参議院議員選挙で，このとき18歳。19歳の投票率は45.5％だったが，2022年の参院選では35.4％と投票率が低迷している。主権者である国民，住民の意見を政治に反映させるためにも，若者の政治参加を促《うなが》すことが大事である。

⑴　下線部ａについて，都道府県の首長の説明として正しくないものを，次のア～エのうちから１つ選び，記号で答えなさい。

ア．知事は，地方議会の議員による選挙で選ばれる。
イ．知事は，仕事を補佐する副知事を任命することができる。
ウ．知事は，地方議会が承認した予算に対して拒否権を行使することができる。
エ．知事は，地方議会から不信任決議を受けることがある。

⑵　下線部ｂについて，次の憲法の条文中の空欄（Ａ）・（Ｂ）にあてはまる語句の組み合わせとして正しいものを，次のページのア～エのうちから１つ選び，記号で答えなさい。

> 第94条　地方公共団体は，その財産を管理し，事務を処理し，及び行政を執行する権能を有し，（　Ａ　）の範囲内で（　Ｂ　）を制定することができる。

	A	B
ア	憲法	政令
イ	憲法	法律
ウ	法律	規則
エ	法律	条例

⑶　下線部ｃについて，統一地方選挙において，投票が無効となるおそれがある例として正しくないものを，次のア～エのうちから１つ選び，記号で答えなさい。

ア．候補者の氏名と自分の氏名を記入して投票した。

イ．候補者が所属している政党名を記入して投票した。

ウ．候補者一人の氏名のみを記入して投票した。

エ．投票日当日に用事があったので，代わりに家族が代筆して投票した。

⑷　下線部ｄについて，右のグラフは法改正直後の総選挙時の有権者数の全人口比をあらわしたものである。初めて男女平等の普通選挙が行われた年のグラフとして正しいものを，次のア～エのうちから１つ選び，記号で答えなさい。

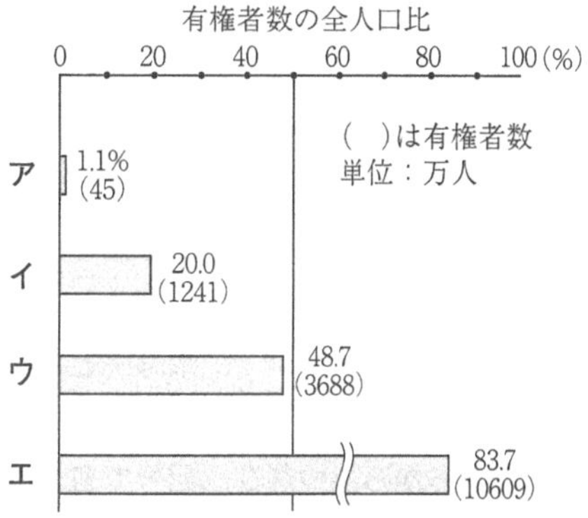

〔総務省資料より作成〕

⑸　下線部ｅについて，女性の社会進出に関するあとの問いに答えなさい。

①　次のグラフは，年額階級別労働人口比率の就業形態別内訳（男女別，2022年）である。このグラフから分かる性別による働き方の違いを２点指摘しなさい。

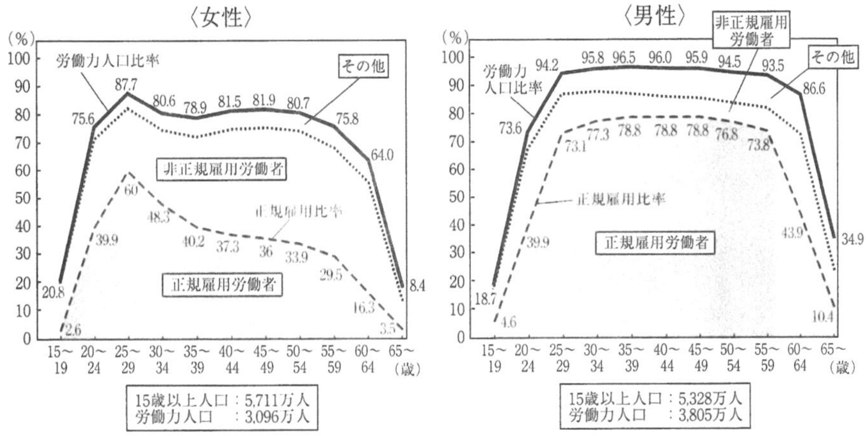

〔『令和５年版　男女共同参画白書』より作成〕

② 女性の社会進出を積極的に支援する策として正しくないものを，あとのア～エのうちから１つ選び，記号で答えなさい。

ア．業務を年齢・性別によって区別することで，それぞれが能力を発揮できる体制を整える。

イ．性別を問わず，成果をだせば管理職に登用される制度を整える。

ウ．産休・育休などで長期休暇があっても，給与を減らされることなく仕事を続けられるしくみを整える。

エ．セクシュアルハラスメント防止のための研修を行い，すべての人が働きやすい環境を整える。

⑹ 下線部ｆについて，府省の長を務めている国務大臣の任命等に関係する憲法の条文中の空欄（Ｃ）にあてはまる語句を答えなさい。

第68条 （ Ｃ ）は，国務大臣を任命する。但し，その過半数は，国会議員の中から選ばれなければならない。

⑺ 空欄（１）に入る語句を漢字４字で答えなさい。

⑻ 下線部ｇについて，2022年４月１日から，市民生活に関する基本法が改正され，成年年齢が20歳から18歳に変わり，保護者の同意を得なくても，自分の意思でさまざまな契約ができるようになった。改正された法律として正しいものを，次のア～エのうちから１つ選び，記号で答えなさい。

ア．国民投票法　　イ．労働基準法

ウ．民法　　エ．刑法

⑼ 下線部ｈについて，衆議院と参議院はすべてが対等ではなく，衆議院の議決や権限が参議院に優越するものがある。衆議院の優越が認められているものとして正しくないものを，次のア～エのうちから１つ選び，記号で答えなさい。

ア．国政調査権　　イ．内閣総理大臣の指名

ウ．条約の承認　　エ．法律の制定

ついて考えるものである。

問四　空欄 A ・ B にあてはまる言葉を、漢字一字でそれぞれ答えなさい。

問五　空欄（a）～（c）にあてはまる言葉を、それぞれ次の中から一つずつ選び、記号で答えなさい。ただし、同じ記号は一度しか使えないものとします。

ア　ところで　　イ　しかし　　ウ　または
エ　つまり　　オ　たとえば

問六　傍線部③「『そこからさきは、きかれても困るんだ』というところ」を、たとえを使って言い換えている部分はどこですか。三十～三十五字で探し、最初と最後の三字を抜き出しなさい。（句読点を含む）

問七　傍線部④「科学などはやらないで哲学をやればよさそうなものです」とありますが、これに対する筆者の考えとして、最も適当なものを、次の中から一つ選び、記号で答えなさい。

ア　科学をこえていくものが哲学であるため、科学をやるよりも哲学をやっていった方が効率がよい。
イ　科学で行き詰まることから哲学的な疑問がわいてくるので、科学をおろそかにするべきではない。
ウ　科学と哲学は別のものであるため、両方やるのではなくそれぞれの専門家が極めていく方がよい。
エ　科学はその先にある哲学の基本を支える大変重要な学問であるため、しっかりとやるべきである。

問八　傍線部⑤「科学が答えないような疑問にも、どんどん答えを出していた人」とありますが、これを言い換えた言葉を傍線部⑤より後から探し、六字で答えなさい。

問九　傍線部⑥「赤信号を青信号にする」とありますが、どうすることですか。「科学」という言葉を使い、二十～二十五字で答えなさい。（句読点を含む）

問十　空欄 C に入る表現として、最も適当なものを、次の中から一つ選び、記号で答えなさい。

ア　おちついてまわりのことにも注意しろ
イ　まえに進んだら危険である
ウ　戻ってやり直せ
エ　慎重にまえへ進め

問十一　次の選択肢のうち筆者の考えに、合致するものをA、合致しないものをBとそれぞれ答えなさい。（全て同じ記号を選んだ場合には全て不正解とします。）

ア　哲学は人生を知る上では価値があるが、学問としては価値がない。
イ　哲学と科学はもともと一つのものであったため、同じものとして考えるべきである。
ウ　どのようなことにも答えを見つけようとすることが、科学において大切なことである。
エ　哲学とは、人間がものを知るとはどのようなことかについて考えていく学問である。

えられないものなのか、それとも、科学が、それより以前の学問をのりこえて発展してきたように、科学をのりこえるもっとさきの学問があるのだろうか、という疑問もわいてくるでしょう。

つまり、ここで、人は、一つの答えにくい問いにぶつかったことをきっかけにして、「人間がものを知るとはどういうことか。その、知るということには、そこから先にはどうしても行けない、きりというものがあるのか」という問いにぶつかるのです。

哲学というのは、こういった問いに答えようとするところからはじまる学問だともいえるのです。

つまり、ものごとを知ろうという点では科学とおなじことですが、その知ろうとすることがらが、科学とは少しちがう。いまの例でいえば、知ることとか、好奇心とかいったこと自体を問題にするのが哲学です。

さきほどの例でいうと、⑥赤信号を青信号にする※4妙薬《みょうやく》が哲学なのではありません。

むしろ、赤信号になったことをあらためて問題にして、いろいろ考えてみようというのが哲学です。その結果、思いがけないところから、まえにすすむ道がみつかるかも知れないし、やっぱり人間にはまえにすすむことができないんだ、ということがわかるかも知れない。

いわば、哲学はまえにすすむか、とまるか、だけを考えるのではなく、［　C　］という、黄信号を出すものだともいえるのです。

そこで、学問の場合にかぎらず、いままで一つのことに夢中になっていた人が、なにかのきっかけで、おちついてまわりのことも考えるようになると、「あの人も哲学的になった」ということがあるぐらいです。

（吉田夏彦『なぜと問うのはなぜだろう』による）

〈注〉※1　ニュートン……イギリスの物理学者・天文学者・数学者。
※2　ボイル……イギリスの化学者・物理学者。
※3　ガリレオ……イタリアの天文学者・物理学者・哲学者。
※4　妙薬……不思議なほどよく効く薬。

問一　傍線部①「学問といえば科学しかないと考える人もあるくらいです」とありますが、その理由として最も適当なものを、次の中から一つ選び、記号で答えなさい。

ア　今の日本では、「科学」以外を学問として教えていないから。
イ　今の日本では、学問一般を指すことばが「科学」であるから。
ウ　今の日本では、「科学」を重要視する教育をしているから。
エ　今の日本では、「科学」でないものまで「科学」としているから。

問二　［　］で囲われた中にあるA～Cの文を、文章に合うように並べ替えなさい。

問三　傍線部②「どういうところで、哲学と科学とが区別されるようになってきたのでしょう」とありますが、筆者は「科学」と「哲学」をどのように区別していますか。最も適当なものを、次の中から一つ選び、記号で答えなさい。

ア　疑問を解明していくことが科学であり、解明した答えを掘り下げていくのが哲学である。
イ　科学は理論的に正しいことが明確なものであり、哲学は理論的に説明できないものである。
ウ　人間の好奇心を確実に満たすものが科学であり、好奇心を満たさないものが哲学である。
エ　科学は答えられることの限界があるものであり、哲学はその先に

す。
　好奇心をみたすために、人間は、[A]ほり[B]ほり、いろいろなことをたずねます。しかし、その質問は、つづけようによっては、きりがなくなってしまいます。
　（ a ）、「空はなぜ青くて赤くないのか」という疑問を持った人が、科学者のところに質問にいったとします。
　科学者は、親切に、いろいろと説明してくれるでしょう。そうしてそのためには、物理学の理論を持ち出してくることになります。
　（ b ）、「それでは、なぜ物理学の理論をひきあいに出して説明すれば、正しい説明になるのか」という疑問をつづけて出すとしたらどうでしょうか。
　そのとき、なお説明をつづけてくれる科学者もいるでしょうが、人によっては、「それは哲学の問題です。科学者の答えることではありません」という人もいることだと思います。
　じっさい、科学者にこういう質問をして、こういう答えをもらい、それではというので哲学を勉強するようになった人がいるのです。
　（ c ）、科学は、好奇心をみたしてくれますが、それにはかぎりがあるのです。
　科学はどんな質問をしても答えを出してくれるというものではなく、③「そこからさきは、きかれても困るんだ」というところが、科学にはかならずあるのです。
　そうして、それでもそのさきがききたいという人には、哲学が待っているというわけです。
　たとえていえば、好奇心の強い人が、科学という車にのって、いろいろな疑問についての答えをさがして行くと、ここからさきは科学的にはきいてもむだだ、という赤信号がたっているところにぶつかるところがあるのです。
　では、哲学という車にのりかえれば、そこで信号機は青を出してくれるでしょうか。かならずしも、そうとばかりはいいきれません。哲学に科学で答えられないことが答えられるとしたら、はじめから、④科学などはやらないで哲学をやればよさそうなものです。
　たとえば、※[3]ガリレオやニュートンの時代になるまえに、自然のことについてしらべていた学者、そうして、いまでは科学者のなかまには数えられない学者の中には、⑤科学が答えないような疑問にも、どんどん答えを出していた人がいました。しかし、そういう答えは空想的なものだとして、いまでは信用されなくなっています。
　つまり、赤信号の前で科学がとまるのには、それだけの意味があるのです。
　科学の成功の秘密は、なにもかも答えようとはしないで、赤信号のたっているところがあることに気がついた点にあるとさえいえるぐらいです。
　だから、むやみに赤信号の前にとびだそうとしても、話が空まわりになってしまうことが多いのです。
　科学が、哲学からわかれるまえのほらふき学者のやり方に、もういっぺんかえろうとしても、あまり意味はないことになりそうです。
　しかし、なぜ、赤信号がたっているのかしら、という疑問を持つことはできるでしょう。
　また、科学に答えられない問いというものは、どんなことをしても答

三　次の文章を読んで、後の問いに答えなさい。なお、作問の都合上、本文を一部改変してあります。

いまの日本では、科学という学問があることは、あたりまえのことになっています。小学校から始まって、大学まで、学校で教えることの大部分は、科学か、科学に関係のあることがらです。

自然現象にかんする学問、つまり物理学、化学、生物学、地学といった学問はもちろんのことですが、歴史学にしても、科学的に教えなくてはいけないと考えている学校や教師が多いようです。

こういう教育を受けているのですから、人によっては、①学問といえば科学しかないと考える人もあるくらいです。そうして、それも、考え方によっては、まちがいではありません。

さきほどものべたように、科学ということばは、もともとヨーロッパで、学問一般をさすのに使われていたことばの一つの日本語訳なのですから。

しかし、日本が科学を大はばにとりいれだしたころというのは、ヨーロッパでは※1ニュートンや※2ボイルの活躍した時代から、少し後の時代、つまり、科学と哲学とがそろそろ区別されだした時代なのです。

ですから、明治のはじめにヨーロッパの文化をとりいれる先頭にたった人は、この区別のあることを知っていました。そのために、わざわざ訳語も二つ、哲学と科学というのをこしらえたぐらいなのです。

そこで、この区別をたてたうえでの話ということになると、学問といえば科学しかないというのは、哲学は、学問としては価値がないというのとおなじことになります。しかし、はたしてそうでしょうか。

〔中略〕

もっとも、さきほどものべたように、哲学の原産地であるヨーロッパでさえ、このごろは、科学のほうを重んじて、哲学をかろんずる人が多くなってきているのです。

A　しかし、ヨーロッパでも、哲学をかろんずる人がかならずしも、哲学のことをくわしくしらべたうえで、そうしているわけではないのです。

B　じつは、哲学と科学とを、いつしかはっきり区別するようになってきたということが、はたして正しかったのかどうか、このごろになって、ヨーロッパやアメリカの学者も反省するようになってきています。

C　だから、哲学のいのちはもうながくないのだ、哲学などを学ぶのは時代おくれだ、と考える人も出てくるかも知れません。

そうして、あらためて哲学的な考え方がだいじだということをいうようになってきています。

まえにもいったように、哲学と科学とは、もともと一つのものでした。哲学も科学も、人間の好奇心をみたすために、発展させられてきたともいえるヨーロッパ派の学問です。それが一般的に、哲学とも、科学とも、よばれてきたのです。

では、②どういうところで、哲学と科学とが区別されるようになってきたのでしょう。

これについてはいろいろな考え方がありますが、この本では、いちおう、つぎのように説明するところから、話をすすめていきたいと思いま

問四　傍線部③「仲樹くんはなにも言わずついてきた」とありますが、仲樹くんが思い悩んでいたことが分かる、たとえを使った一文を、傍線部③より後から探し、はじめの五字を書き抜きなさい。

問五　空欄 B ・ C にあてはまる言葉の組み合わせとして、最も適当なものを、次の中から一つ選び、記号で答えなさい。

ア　B　守って　C　弱気
イ　B　和らげて　C　強引
ウ　B　損ねて　C　自由
エ　B　無くして　C　慎重

問六　次の一文を本文に戻すとき、最も適当なところを本文中の D ～ G から一つ選び、記号で答えなさい。

> 恥という名の水たまりからなかなか足を引っこ抜けないぼくの腕を、仲樹くんが勢いよく掴《つか》んで揺さぶった。

問七　傍線部④「さっきそう思ってしまいそうになった」とありますが、どのように思ってしまったのですか。空欄を指定字数にしたがって埋める形で、本文中の言葉を使って説明しなさい。（句読点含む）

> ぼくは、仲樹くんが Ⅰ（十五字以内） ため、 Ⅱ（三十字以内） と思ってしまった。

問八　傍線部⑤「たぶん、もめてるね」とありますが、ぼくはマレオさんの特異な行動をどのように考えていますか。空欄に当てはまる言葉を本文中から指定の字数で探し、はじめの五字を答えなさい。

> 他人に迷惑をかける行動ではあるが、それは 十六字 もので、それがマレオさんの生き方だと考えている。

問九　傍線部⑥「お父さん！」とありますが、この時の仲樹くんの気持ちとして適当でないものを、次の中から一つ選び、記号で答えなさい。

ア　町内会長からものすごい勢いで逃げる父を見て、つい応援する気持ちが湧《わ》いている。
イ　父に自分の姿を重ね、大胆な行動は他の人とトラブルを起こす原因になると思い心配している。
ウ　今までは遠くから父の姿を見るだけだったが、初めて父の行動に心を動かされている。
エ　子供のように走って逃げる父を見てあっけに取られながらも、そのような父に憧れを抱いている。

問十　この文章の登場人物に関する説明として最も適当なものを、次の中から一つ選び、記号で答えなさい。

ア　マレオさんは変わった行動をとることがあるが、それは彼のこだわりの強さの表れでもある。
イ　仲樹くんは「かわいくないほう」のマネージャーをかばうために、潔く部活をやめた。
ウ　ぼくは仲樹くんを慰めるためにヌートリアを探そうとして、別の道から帰ることを提案した。
エ　町内会長はオブジェの件でマレオさんと敵対していたが、逃走劇の末、彼を見直し始めている。

が遠ざかる。町内会長は必死に追う。仲樹くんが立ち上がり、ぼくもそれに倣《なら》った。対岸の彼らを追って走り出した。雑草で足が滑ってひどく走りにくい。十メートルも行かぬうちに息が切れ、横腹が尖《とが》った棒で突かれたみたいに痛む。マレオさんと町内会長の差がぐんぐん開いていく。ぼくはなんとか対岸の町内会長を追い抜いたが、マレオさんにも仲樹くんにも追いつけそうにない。前方から風にのって、「ははっ」という声が聞こえてきた。仲樹くんが、今日はじめて笑っている。

　仲樹くんが大きな声で叫ぶ。マレオさんが仲樹くんのほうを見た。

「⑥お父さん！」

「逃げて！」

　ぼくの目にうつるマレオさんの姿はもうとうに小さくなっていて、どんな表情で息子の声援を受け止めたのかはわからない。でも、大きく腕を上げて応じたのが見えた。

　横腹を押さえ、懸命に呼吸を整えながら、川を挟んで走り続けるマレオさんと仲樹くんを見送った。後方を振り返ると、対岸ではうなだれた町内会長がくやしそうに自分の太腿《ふともも》を叩いている。

　逃げろマレオさん。仲樹くんも。残った力を振り絞って叫ぶ。誰も辿《たど》りつけない場所まで、走れ。マレオさんは止まらない。仲樹くんもまた。いつのまにか逃げることよりも走ること自体が目的になってしまったような、ひたむきな速度を保って駆け続ける彼らに、ぼくはせいいっぱいの声援をおくり続けた。

（寺地はるな『タイムマシンに乗れないぼくたち』所収「対岸の叔父」による）

〈注〉※１　玉城くん……「ぼく」の旧友。

※２　ヌートリア……ネズミの仲間の小型哺乳類。

※３　ファンタグレープ……炭酸飲料。

問一　傍線部①「あ。えと、いただき、ます」とありますが、ここから読み取れる仲樹くんの心情として最も適当なものを、次の中から一つ選び、記号で答えなさい。

ア　ロコモコ丼を食べたことが無いため、未知の食べ物に興奮している。

イ　久しぶりに話す「ぼく」との会話に気まずさを感じ、緊張している。

ウ　食事のあとにマレオさんの所に連れていかれると思い、警戒している。

エ　目の前に出てきた料理が想像していたものと違ったため、落胆している。

問二　傍線部②「奥のテーブルの彼らは会話の合間に、何度もこちらに視線を寄こす」とありますが、この視線にはどのような思いが込められていますか。最も適当なものを、次の中から一つ選び、記号で答えなさい。

ア　仲樹くんがマレオさんの息子だということを、ばかにする思い。

イ　久しぶりに会った仲樹くんに、どう声を掛けようかと迷う思い。

ウ　関係の良くない仲樹くんに注目し、遠くからからかおうとする思い。

エ　仲樹くんが知らない大人と二人で居て大丈夫かと、心配する思い。

問三　本文中に三か所ある空欄 A に共通してあてはまる漢字一字を答えなさい。

がありいったいを紫色に染めたという。後ろの棚の商品にもかかって、べたべたになって掃除をするのがたいへんだった。

マレオさんのとった行動はけっして正しいとは言えない。子どもじみた感情の爆発。正しくないけど、間違ってもいないんじゃないだろうか。だってマレオさんはそんなふうにしか生きられない人だと思うから。

「自由に見える人は、まわりが思うより自由ではないかもしれないね」

[D]

仲樹くんはしばらくヌートリアを目で追っていたが、やがて息を吐いた。川面に落としたら小石みたいに沈んでいきそうなぐらい、重たいため息だった。

「……さっきの人たち、野球部の先輩で」

野球部には女子マネージャーが二人いる。彼女たちのことを、彼らは陰で「かわいいほうとかわいくないほう」と呼んでいた。

「みんなが、それを笑いながら言うのがなんか嫌で。一緒になって笑わないと空気読めないやつみたいに扱われるのも嫌で、ぜんぶ嫌で、それでやめた」

ほんとうに嫌で、今も嫌で、と繰り返す仲樹くんの横顔を眺めながら、ぼくは「そうか」と呟くことしかできなかった。

「やめる時も、なんでなんでってしつこく訊かれて、正直に話したらお前もしかしてあいつが好きなのかとか、[中略]わけわかんないこと言われて、そうやってすぐ恋愛みたいな話に持っていくの意味がわからないし、だから」

「そうか、うん。そうか」[E]

頷きながら、ぼくはひそかに自分を恥じた。過去の自分を。あのランキングが書かれたルーズリーフは、破り捨てられるべきものだった。「人の外見にランク付けなどするな」と、怒らなければならなかったのだ。あの教室にいた誰かが。誰か。たとえば、ぼくが。

ぼくはただ頷くことしかできずに、草の上の、仲樹くんのぐっと握りこまれたこぶしを見ている。ぼくみたいな目立たない人間でも。マレオさんみたいな変わり者でも、仲樹くんみたいな男の子でも、だから生きやすいとか、自由だなんてありえないのに、④さっきそう思ってしまいそうになった。人生になんの障害もない、なんて、決めつけようとしていた。

「ねえ、あれ」

[F] はっとして顔を上げると、対岸で町内会長がマレオさんに話しかけているのが見えた。いやあれは話しかけている、なんていう穏当《おんとう》なものじゃない。今にも噛《か》みつかんばかりに吠えている。

またオブジェの件で怒られているのかもしれない。しかしマレオさんも負けじとなにか言い返す。その声はかろうじて聞こえるが、なにを言っているかまではわからない。

「⑤たぶん、もめてるね」

「もめてます」

町内会長がマレオさんの腕を掴《つか》む。ぼくははっと息を呑《の》んだ。仲樹くんもまた。しかしマレオさんがその腕を振り払って駆け出した。

「あ、逃げてるね」

[G]「逃げてます」

おじさんのくせに、マレオさんは足が速い。みるみるうちに、その姿がかすかに震えているのに気がついたから。
　仲樹くんはそれからすごい勢いで料理を口につめこみはじめた。②奥のテーブルの彼らは会話の合間に、何度もこちらに視線を寄こす。
　もう出ようか、と耳打ちしたけど、もったいないから、と［A］を横に振る。それでも仲樹くんの「一刻もはやくここから立ち去りたい」という思いが伝わってきて、ぼくも急いで食べた。
　彼らと仲樹くんのあいだになにがあったのかはまったく知らないが、男の集団のやっかいさというものはぼくもそれなりに知っているつもりだった。彼らはいったん「自分たちの仲間ではない」と判断した相手には容赦《ようしゃ》なく冷笑《れいしょう》を浴びせる。冷笑を浴びせることによって、彼らの結束はよりいっそう強くなるのだ。自分はけっして嗤《わら》われる側に行くまいと気をひきしめ、誰かにあらたな冷笑を向ける隙《すき》を見つけることに躍起《やっき》になる。
　店を出て「来たのとは違う道で帰ろうか」と声をかけると、③仲樹くんはなにも言わずついてきた。川沿いの遊歩道を選んで歩いた。
　土手は視界を遮《さえぎ》るものが何もない。川向こうにはマレオさんの塔の先端が見えている。先端だけでもすでに景観を［B］おり、そりゃ町内会長も文句言いに来るよなと納得してしまう。
「あ」
　仲樹くんが声を上げ、川を指さした。
「※2ヌートリア」
「うそ、どこどこ」
　噂のヌートリアがついにその姿を現した。
〔中略〕
　マレオさんに「今、ヌートリアいます」とメッセージを送る。しばらく眺めていると、土手の上にマレオさんが現れた。ものすごい勢いで斜面を駆けおり、［A］を伸ばしてヌートリアを目で追っている。スケッチブックをめくり、鉛筆を走らせはじめた。
「あの人、なにしてるんですか」
「あれは、スケッチだね。オブジェにヌートリアを加えたいんだと思うよ」
「写真撮ればいいのに」
　写真を撮るとじゅうぶん見た気になっちゃうだろ、それじゃあダメなんだ、とはマレオさんの言葉だ。
「前から思ってたけど、法廷画家みたいだよね」
　仲樹くんは「法廷画家」がなんなのかわからないようだった。怪訝《けげん》そうに［A］を傾げながら、しかし聞き流すことに決めたらしい。
「あの人ぐらい［C］だと」と対岸のマレオさんを顎《あご》でしゃくる。
「生きていくの、楽かな」
「それは、どうだろうね」
　スプラッシュファンタ事件の記憶がよみがえった。
　店にやってきたマレオさんに、須賀さんがしつこく絡《から》んだせいでおこった事件だった。ぼくもその場にいたわけじゃない。岸部さんの証言によると、須賀さんは店にやってきたマレオさんに「あんたさあ、いい年して芸術がどうとか馬鹿じゃないの、ただの無職じゃないの、いい加減にしなさいよ」としつこく絡んでいたらしい。マレオさんはしばらく黙って聞いていたが、とつぜん手に持っていた※3ファンタグレープのペットボトルを振りはじめ、須賀さんに向かって噴射した。溢《あふ》れ出る泡

【国　語】（五〇分）〈満点：一〇〇点〉

一　次のⅠ・Ⅱの問いに答えなさい。

Ⅰ　次の傍線部の漢字の読みをひらがなで答えなさい。カタカナは漢字に直しなさい。

①　含有量を調べる。
②　作業が滞る。
③　六畳の部屋で寝る。
④　シュウサクとして表彰される。
⑤　ひとりジめをする。
⑥　カンソな作りの服を着る。

Ⅱ　次の傍線部の漢字として、適当なものを後の選択肢から選び、それぞれ記号で答えなさい。

①　相手のイコウを聞く。
ア　以降　イ　意向　ウ　移行
②　病気がカイホウに向かっている。
ア　介抱　イ　解法　ウ　快方
③　名画をシュウシュウする。
ア　収集　イ　修習　ウ　収拾
④　左右タイショウの建物。
ア　対象　イ　対称　ウ　対照

二　次の文章を読んで、後の問いに答えなさい。

変わり者として知られる「マレオさん」の甥《おい》である「ぼく」は、マレオさんの息子である「仲樹くん」と久しぶりに会い、昼食をとるためレストランに入った。以下はその続きの場面である。

ぼくのランチプレートと、仲樹くんのロコモコ丼が運ばれてきた。両手を合わせて「①あ。えと、いただき、ます」と呟《つぶや》く仲樹くんに、うんうん、と頷《うなず》いてみせる。いい子なんだよな、仲樹くんは。ぼくは「いただきます」と「ごちそうさま」が言える子はそれだけでみんないい子だと思ってしまう。

※1玉城くんに似ているけれども馬鹿の極みでもないし、背が高くてしかも性格の良い仲樹くんの未来にはなんの障害もない。ただ歩いていくだけで、つぎつぎとチャンスのドアが勝手に開くような、そんな人生か待っているのに違いない。

「うん。いただきます。食べよう」

ぼくも両手を合わせた時、ドアベルがけたたましく鳴った。髪を短く刈《か》った男子生徒数名が、にぎやかに入ってくる。いずれも陽に焼けていて、身体つきはたくましい。

「あれ、仲樹だ」

「ほんとだ」

「おーい、仲樹ー」

遠くから声をかけてくるが、ぼくに遠慮でもしているのか、近づいてはこない。仲樹くんが軽く頭を下げると、彼らは素早く視線を交わし、ごく短く笑った、ように見えた。大きな声でなにか話しながら、奥のテーブルに陣取る。

あれ友だち？　と訊《き》こうとしてやめた。スプーンを持つ仲樹くんの手

MEMO

大切なことはメモしておこうネ！

第1回

2024年度

解 答 と 解 説

《2024年度の配点は解答欄に掲載してあります。》

＜算数解答＞

1 (1) 2　(2) 5分24秒　(3) 18通り　(4) 10本　(5) $1\frac{17}{25}$　(6) 53kg
(7) ① 17個　② 30個

2 (1) ① 13番目　② 1640個　(2) ① $\frac{1}{3}$cm^3　② $1\frac{1}{3}$cm^3

3 (1) 336円　(2) 540g　(3) 25%増量

4 (1) 電車X 秒速25m　電車Y 秒速$16\frac{2}{3}$m　(2) A地点から西に20mの地点
(3) 60m

○配点○
1，2 各5点×12　3 (3) 10点　他 各5点×2
4 (3) 8点　他 各6点×2　計100点

＜算数解説＞

基本 1 (四則計算，速度，場合の数，差集め算，最大公約数，最小公倍数，平均算，場合の数)

(1) $\left(0.5+\frac{1}{8}\right)\times4\times\frac{4}{5}=\frac{5}{8}\times4\times\frac{4}{5}=\frac{5}{2}\times\frac{4}{5}=2$

(2) 2.7÷30＝0.09(時間)　0.09×60＝5.4(分)　0.4×60＝24(秒)より5.4(分)＝5分24秒

(3) 3つのサイコロの和が偶数になるためには大と中のサイコロの目の和が奇数になる必要がある。そのような目の組み合わせは，(大のサイコロの目，中のサイコロの目)で表すと，(2，1)，(4，1)，(6，1)，(1，2)，(3，2)，(5，2)，(2，3)，(4，3)，(6，3)，(1，4)，(3，4)，(5，4)，(2，5)，(4，5)，(6，5)，(1，6)，(3，6)，(5，6)の18(通り)

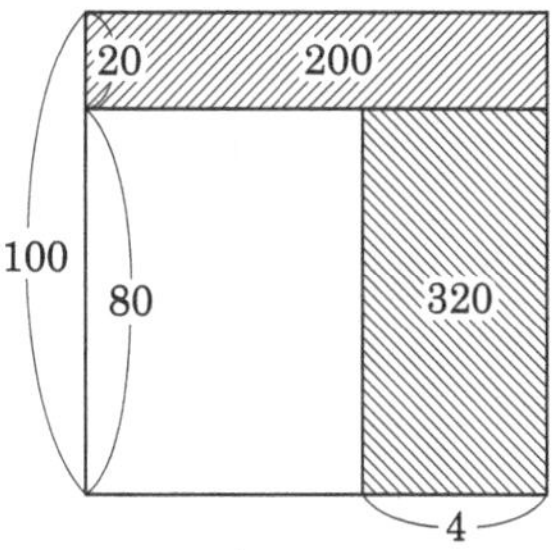

(4) 右図より，太郎さんが買った鉛筆の本数は(520－320)÷20＝10(本)

(5) ある分数を$\frac{□}{△}$とする。$\frac{□}{△}\times\frac{75}{14}$と$\frac{□}{△}\times\frac{50}{21}$が整数になるためには，□は14と21の公倍数，△は75と50の公約数である必要がある。さらに，$\frac{□}{△}$が最小になるためには□はできるだけ小さく，△はできるだけ大きくする必要がある。したがって，□は14と21の最小公倍数の42，△は75と50の最大公約数の25であり，求める分数は$\frac{42}{25}=1\frac{17}{25}$

(6) 2人の平均体重が5人の平均体重より4.5kgだけ重いことから，残りの3人の平均体重は4.5×2÷3＝3(kg)だけ5人の平均体重より軽い。3人の平均体重は50kgなので，5人の平均体重は50＋3＝53(kg)

(7) ① 面積を1cm^{2}にするためには底辺を1cmにすればよく，隣り合う2点を底辺として選べばよい。ABを底辺とするともう一つの頂点はE，F，Gの3通り選べ，BC，CDそれぞれも同様に3通りある。EFを底辺とするともう一つの頂点はA，B，C，Dの4通り選べ，FGも同様に4通りある。したがって，面積が1cm^{2}である三角形は3×3＋2×4＝17(個)

② 三角形は，(i) ABCDから2頂点を選び，EFGから1頂点を選ぶ (ii) EFGから2頂点を選び，ABCDから1頂点を選ぶ の2パターン考えられる。(i)は，ABCDから2頂点を選ぶ方法はAB，BC，CD，AC，AD，BCの6通り，EFGから1頂点を選ぶ方法は3通りなので，できる三角形は6×3＝18(個) (ii)は，EFGから2頂点を選ぶ方法はEF，FG，EGの3通り，ABCDから1頂点選ぶ方法は4通りなので，できる三角形は3×4＝12(個) (i)と(ii)あわせて，できる三角形は18＋12＝30(個)

2 (規則性，立体図形)

重要 (1) ① 8つのそれぞれの辺に1個ずつ点が増えていく。したがって，点の個数を1番目から書き出していくと，6，14，22，30，38，46，54，62，70，78，86，94，102であり，初めて100を超えるのは13番目

② 20番目までの点の個数は，6，14，22，30，38，46，54，62，70，78，86，94，102，110，118，126，134，142，150，158であり，これらの合計は1640(個)

やや難 (2) ① 組み立ててできる立体は右図の通り(右図の頂点Aと頂点Bに集まる3つの角はすべて直角)。底面が直角二等辺三角形，高さが1cmの三角すいを2つ貼り合わせた立体である。三角すいの体積は$1\times1\div2\times1\times\frac{1}{3}=\frac{1}{6}$(cm^3)なので，これを2つ貼り合わせた立体の体積は$\frac{1}{6}\times2=\frac{1}{3}$(cm^3)

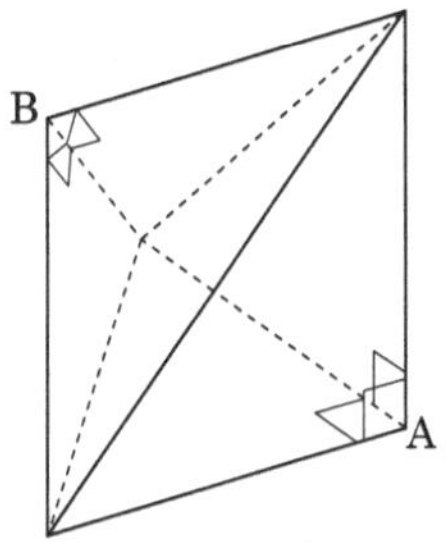

② 組み立ててできる立体は(底面の正方形を対角線で分割して考えると)①の立体を4つ合わせた立体であるので，$\frac{1}{3}\times4=1\frac{1}{3}$(cm^3)

重要 **3** (割合，小数と分数の関係)

(1) ポップコーン300gの20％引き前の金額は300÷5×7＝420(円) 20％引きすると420×(1－0.2)＝336(円)

(2) 20％増量前に受け取ることができるポップコーンは630÷7×5＝450(g) 20％増量すると450×(1＋0.2)＝540(g)

(3) 2月のキャンペーンでの増量率を△％とする。ポップコーンを50g買うとすると，1月のセールで支払う金額は50÷5×7×0.8＝56(円)，2月のセールで支払う金額は$50\div\left(1+\frac{\triangle}{100}\right)\div5\times7=70\div\left(1+\frac{\triangle}{100}\right)$ これらが等しくなるので，$56=70\div\left(1+\frac{\triangle}{100}\right)$ $\left(1+\frac{\triangle}{100}\right)=1.25$より，△＝25 したがって，25％増量

やや難 **4** (速度，通過算)

(1) 電車Yの先頭がA地点を通過してから最後尾がA地点を通過するまで12秒かかったことから，電車Yの速さは200÷12＝秒速$16\frac{2}{3}$(m) 電車Xと電車Yの速さの比は3：2なので，電車Xの速さは$16\frac{2}{3}\div2\times3$＝秒速25(m)

(2) A地点で先頭がすれ違ったとき，電車Xと電車Yの最後尾の距離は250＋200＝450(m) 電車Xと電車Yの最後尾がすれ違うのは，先頭がすれ違ってから$450\div\left(25+16\frac{2}{3}\right)=10\frac{4}{5}$(秒後) この間に電車Xは$25\times10\frac{4}{5}=270$(m)進む。これはA地点から270－250＝20(m)西の地点である。

(3) B地点はA地点よりも東にあることから，電車Xの先頭が先にB地点を通過する。電車Xの先頭がB地点を通過してからA地点を通過するまでの時間を□とすると，B地点からA地点までの距離は25×□(m) また，電車XがB地点を通過するときに電車Yは$16\frac{2}{3}$×□(m)だけA地点から西にいるので，電車Yは18秒間で25×□＋$16\frac{2}{3}$×□＋200(m)進むことになることから，18×

$16\frac{2}{3}=300=25\times□+16\frac{2}{3}\times□+200$　　$25\times□+16\frac{2}{3}\times□=100$　　$□=2\frac{2}{5}$　　したがって，A地点とB地点の距離は$25\times2\frac{2}{5}=60$(m)

★ワンポイントアドバイス★

2(2)は立体をイメージできても体積の計算は難しかったかも知れない。①は三角すいが二つくっついたものとイメージできるか，②は①の立体が4つ集まったものとイメージできるかがポイント。

＜理科解答＞

1　(1)　①　ウ　　②　ア　　③　イ　　(2)　ア　　(3)　ア，イ，オ　　(4)　⑤
(5)　イ→エ→オ→カ→ウ→ア　　(6)　オ　　(7)　A　飽和　　B　再結晶
(8)　ア，イ，ウ　　(9)　ア，オ

2　(1)　解説参照　　(2)　22.5cm　　(3)　35cm　　(4)　40g　　(5)　5cm　　(6)　15cm
(7)　(式・考え方)板の辺の長さが2倍，3倍，4倍…となるとき，ばねCの伸びは，$\frac{1}{2\times2}$倍，$\frac{1}{3\times3}$倍，$\frac{1}{4\times4}$倍…となるので，$72\times\frac{1}{6\times6}=2$(cm)　　(答え)　2cm

3　(1)　ア　　(2)　その場所のゆれの強さを表したもの　　(3)　イ　　(4)　ア，イ
(5)　C　　(6)　ウ　　(7)　(式・考え方)(6400×1000)÷0.08＝80000000(年)
(答え)　ウ　　(8)　イ　　(9)　①　ア　　②　ア　　③　ア

○配点○

1　各2点×10((1)①完答)
2　(1)・(4)　各4点×2　　(2)　2点　　(7)　5点　　他　各3点×3
3　(1)・(3)　各2点×2　　(7)　4点　　他　各3点×6((9)完答)　　計70点

＜理科解説＞

1　(小問集合)

基本　(1)　①　伝導は熱したところから順に遠いところへ円を描くように伝わることなので，ウがあてはまる。　②　対流はあたためられた空気は膨張し周りの空気より軽くなり上に移動し，冷やされた空気は周りの空気より重くなり下に移動して熱が伝わっていくことなので，アがあてはまる。　③　放射は物体の熱が電磁波の状態で四方八方に放出され，離れたところに熱が伝わる現象でイがあてはまる。

(2)　梅雨前線の事で小笠原気団とオホーツク海気団がぶつかってできる停たい前線である。

(3)　昆虫は外骨格を持ち，胸部に3対の足があり，複眼を持つ。呼吸は気管で行うのでウとエがあてはまらない。

(4)　イネやトウモロコシ，ムギなどは有はいにゅう種子で，マメ類が無はいにゅう種子である。

基本　(5)　接眼レンズ，対物レンズの順に取り付け，対物レンズは低倍率にして，反射鏡を調整する。

プレパラートを置いたのちに，対物レンズとプレパラートを近づけて，接眼レンズをのぞきながら，対物レンズとプレパラートを遠ざけてピントを合わせる。

(6)　角膜→ひとみ→レンズ→ガラス体→網膜の順に光が通過する。

重要　(7)　その温度の水に限界まで溶質をとかした水溶液を「飽和」水溶液という。飽和水溶液の温度を下げていくことによりとけきれなくなった溶質を取り出す方法を「再結晶」という。

(8)　鉄やニッケル以外は磁石につかない。

(9)　石油は炭化水素を主成分とし，硫黄や窒素などのの混ざった混合物で，ステンレスはクロムとニッケルの合金なので混合物である。

2　(力のはたらき－ばね)

(1)　表よりばねAは5gで2.5cmのびるので，自然長は27.5－2.5＝25(cm)である。ばねBは5gで5cmのびるので自然長は20－5＝15(cm)である。グラフは右図のようになる。

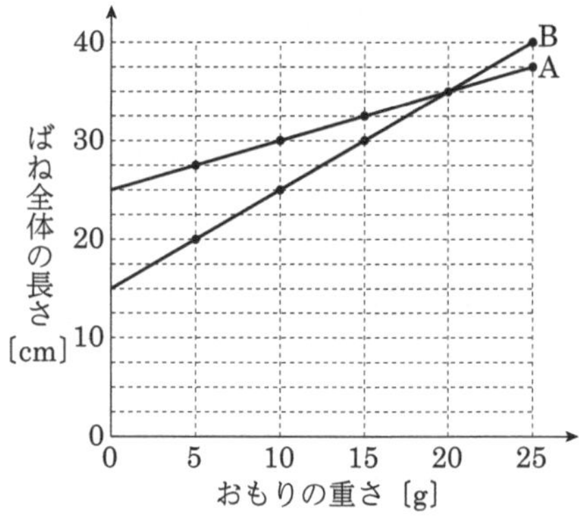

(2)　5gで5cm伸びるので7.5gで7.5cm伸びる。全体の長さは15＋7.5＝22.5(cm)である。

(3)　ばねAとばねBの長さが同じになるのは(1)のグラフより35cmである。

(4)　グラフよりばねの長さが35cmになるのはそれぞれのばねに20gのおもりをつるした時なので20＋20＝40(g)である。

(5)　表2より棒の長さとばねBの伸びは反比例し，棒の長さ×ばねBの伸び＝30となるので，6cm×ばねBの伸び＝30よりばねBの伸びは5cmとなる。

(6)　(5)と同様に棒の長さ×2(cm)＝30より棒の長さは15cmである。

(7)　板の1辺の長さが2倍になるのとばねの数は2×2＝4(倍)になるので，ばねCの伸びは，$\frac{1}{2\times2}$＝$\frac{1}{4}$(倍)になっている。1辺の長さが6cmになると72cm×$\frac{1}{6\times6}$＝2(cm)となる。

3　(天体・気象・地形－地震)

基本　(1)　震央・震源には数値はなく，マグニチュードは地震の規模を表す数値なので，数字は各地点の震度を表している。

(2)　震度は,「その場所のゆれの強さを表したもの」である。

基本　(3)　×地震の震源の真上の地点である「震央」を表している。

(4)　A～Cの各地震で震央の位置はほぼ同じであるので，震度の数値の分布の違いは震源の深さと地震の持つエネルギーの大きさの違いによると考えられる。

重要　(5)　震源が深いほどゆれが遠くまで伝わるので地震の範囲は広くなるのでCと考えられる。

(6)　同じ大きさの震度の分布がせまいので震源が浅いと考えられる。

(7)　年間8(cm)＝0.08(m)の速さなので，6400(km)＝6400×1000＝6400000(m)，6400000÷0.08(m)＝80000000(年)＝8000(万年)でウとなる。

(8)　図4より石川県珠洲市付近には左右から力が加わっていると考えられ，岩ばんは固いので，せんべいが適当なのでイがあてはまる。

重要　(9)　図4より左右から押す力が加わり，震源が浅いことから地下の浅い位置の岩ばんが割れたことによっておこったと考えられる。

★ワンポイントアドバイス★

1は知識の問題なので時間をかけずに解こう。2では表の数値からばねの伸びを計算する問題で，3は実際に起きた地震の資料から考察する問題である。いずれの問題も本文をしっかり読んで条件を把握し，知っている知識を活用して解くことが大切である。

＜社会解答＞

1　(1)　①　ア　②　宮城(県)　③　太平洋ベルト　(2)　①　ア　②　エ
③　あ　オ　い　ウ　④　野生動物が畑に入って作物をあらすため，野生動物が入ることができないようにしている。　(3)　三角州　(4)　1　北海道　2　三重(県)

2　(1)　とさ　(2)　イ　(3)　エ　(4)　紀貫之　(5)　ア　(6)　ウ　(7)　ウ
(8)　当時，日本と外国とでは，金銀の交換比率が異なっていた。幕府は金貨が大量に国外に持ち出されることを防ぐため，貨幣をつくり改めた。　(9)　エ　(10)　①　エ
②　ア

3　(1)　ウ　(2)　開発途上[発展途上]　(3)　エ　(4)　総務(省)　(5)　エ
(6)　NGO　(7)　少子化や人口減少で税負担者が減ることにより，医療や介護や子育てを社会全体で支える社会保障制度の維持が難しくなるため。　(8)　ウ　(9)　1945年
(10)　ア

○配点○

1　(2)④　4点　他　各2点×10　2　(8)　4点　他　各2点×10
3　(7)　4点　他　各2点×9　計70点

＜社会解説＞

1　**(日本の地理－「広島」を起点とした問題)**

基本　(1)　①　Aがウ，Bがエ，Dがイとなる。　②　日本のかきの水揚げ量の大部分を広島県と宮城県の2県で占めている。　③　太平洋ベルトには日本の主要工業・主要都市が集中し，人口密度も高く，交通機関の整備が進んでいる。

(2)　①　Zの上の「568」という数字と等高線の本数に注目する必要がある。　②　Eは消防署で，Fは駅である。　③　あ　サービス業は第三次産業に分類される。　い　空欄直前の「文房具店」という文言を手がかりにしたい。　④　「野生動物の侵入防止」という観点から答案を作成したい。

(3)　三角州はデルタとも呼ばれている。

やや難　(4)　1　洞爺湖は北海道南西部に位置している。　2　志摩半島は三重県東部の半島である。

2　**(日本の歴史－「高知」を起点とした問題)**

(1)　土佐は別名「土州(どしゅう)」とも呼ばれていた。

(2)　推古天皇は飛鳥時代の天皇で，Xの飛鳥文化，Ⅱの半跏思惟像と合致する。

(3)　ア　「神祇官」ではなく「太政官」である。　イ　「都から派遣」が不適。　ウ　「毎年」ではなく「6年ごと」である。

基本　(4)　紀貫之は『古今和歌集』の著者でもある。

(5)　応仁の乱以降約100年を戦国時代という。

重要　(6)　アは陸奥，イは尾張，エは薩摩を拠点としていた。

(7)　Ⅲは姫路城で兵庫県に位置している。

重要　(8)　「金銀交換比率の相違→金貨の海外流出防止」という観点を踏まえる必要がある。

(9)　アは京都出身，イは長州藩出身，ウは薩摩藩出身である。

(10)　①　エ　「柳条湖」ではなく「盧溝橋」である。　②　アは1956年，イは1947年，ウは1972年，エは1951年の出来事となる。

3　(政治－「人口」を起点とした問題)

(1)　世界全体の人口の約6割がアジア地域に住んでいる。

(2)　1960年代以降，発展途上国の人口増加率は年2%を上回る水準で推移してきた。

(3)　SDGsは2015年に国連で採択された。

基本　(4)　総務省は2001年の中央省庁再編により，自治省・郵政省・総務庁を統合して設置された。

(5)　ア　「二院制」ではなく「一院制」である。　イ　「18歳以上」が不適。　ウ　「知事により」が不適。

(6)　NGOは非政府組織の略称である。

重要　(7)　「税負担者減少→社会保障制度の維持難化」という観点を盛り込む必要がある。

(8)　ウは行政手続きの簡素化を目的とする。

(9)　第二次世界大戦前はわが国では女性に参政権が認められていなかった。

(10)　イ　「女性より男性の方が」が不適。　ウ　「年々増加している」は読み取れない。
エ　全文通して不適。

★ワンポイントアドバイス★

本格的な記述問題も出題されるので，時間配分を意識した実践トレーニングをしっかりしておこう。

<国語解答>

一　Ⅰ　①　いただき　②　じゅうだん　③　しんこく　④　穴場　⑤　紅潮
⑥　裁　Ⅱ　①　筆　②　三　③　文　④　聞

二　問一　イ　問二　a　ウ　b　ア　c　エ　問三　もっと勉強
問四　(例)　いつもゆっくり歩いていた父が，駅までの道を大股で歩いていたから。
問五　エ　問六　ウ　問七　ウ　問八　イ　問九　イ　問十　ア　問十一　ウ

三　問一　a　イ　b　エ　問二　ウ　問三　ファッション感覚　問四　ウ
問五　(例)　「じぶんらしくなければならない」という強迫観念に疲れてしまった雰囲気。
問六　エ　問七　A　ウ　B　ア　問八　イ　問九　2　問十　エ

○配点○

一　各2点×10　二　問一・問二　各2点×4　問四　6点　問十・問十一　各4点×2
他　各3点×6　三　問一　各2点×2　問四・問六・問十　各4点×3　問五　6点
他　各3点×6　計100点

＜国語解説＞

一 （漢字の読み書き，ことわざ）

Ⅰ　①　送り仮名を付けず「いただき」と読むことに注意する。　②　対義語は「横断」。　③　「深刻」は，切実で重大な様子。　④　「穴場」は，人が見のがしている良い場所，という意味。　⑤　「紅潮」は，顔に血がのぼって赤みを帯びること。　⑥　「裁判」という熟語を思い出すとよい。

Ⅱ　①　その道に長じた者にも，時には誤りや失敗があるというたとえ。　②　石の上でも三年続けて座れば暖まる，という意味から，辛抱すれば必ず成功する，という意味を表す。　③　おろかな者も三人集まって相談すれば文殊菩薩のようなよい知恵が出るものだ，という意味。　④　何度も聞くより一度実際に自分の目で見る方がまさる，という意味。

二 （小説―内容理解，接続語，空欄補充，心情理解）

問一　直後の段落に「太二は事情を知っているらしく，とたんに箸が動かなくなった」とあることに注目する。

基本　問二　a　空欄の前の事柄にあとの事柄を付け加えているので，累加の接続語が入る。　b　空欄の前の内容にあとで条件を述べてしているので，「ただし」が入る。　c　空欄の前の内容の説明や補足を空欄のあとでしているので，説明・補足の接続語が入る。。

問三　最初の父の言葉の「もっと勉強がしたいから，中学受験をさせてください」は，かつて弓子が言った言葉である。

やや難　問四　直前の「父が大股で歩いているのを見かけた」と，あとの「家ではいつものん気にしているので，こんなにパワフルな父の姿は見たことがなかった」に注目。

問五　「子どものころ，家族四人でよく散歩をした。……」から，傍線部④の直前の「……いったい何年まえだろう？」までは，弓子が昔を回想している場面である。それより前の現在の場面で，弓子がどのような状態にあったかをとらえる。

問六　傍線部⑤を含む段落全体の内容が，ウに合致している。

問七　「念入り」は，注意深くていねいであること。

問八　傍線部⑥の直後の三つの文の内容がアに　そのあとの文の内容がウに合致している。「英会話部は……」で始まる段落と，「二年生までにはどうにか……」で始まる段落の内容がエに合致している。イの内容は文章中からは読み取れない。

問九　直前の「うしろめたさの意識」に注目。

問十　傍線部⑧の前の四つの段落では，弓子が中学校生活に悩む様子が描かれている。そのような弓子とは対照的に，太二の小学校生活はうまくいっている。

重要　問十一　「母が父のうしろに立っているのは，娘をかばうつもりはないという無言の意思表示なのだろう」とあり，弓子がいそがしいとき，「母もそれがわかっているので，たまにしか用を頼んでこなかった」とある。この内容がウに合致している。

三 （論説文―漢字の意味，内容理解，空欄補充，脱文補充，要旨）

基本　問一　a　二重傍線部とイは「服」が〝身につけるきもの〟という意味で使われている。アは〝薬や茶をのむ〟という意味，ウは〝自分のものとする〟という意味，エは〝つき従う〟という意味で使われている。　b　二重傍線部とエは「布」が〝ゆきわたらせる〟という意味で使われている。他は「布」が〝ぬのや織物〟という意味で使われている。

問二　傍線部①の直後の段落の「一義的な社会的意味と行動の規範が明示された制服は，……与えてくれる」がアに，この段落の後半の内容がイに，［ 2 ］の直後の段落の内容がエに合致している。

問三　傍線部②を含む文は，直前の文を受けた内容となっている。

問四　傍線部③の前後の，制服を着ると「匿名の人間類型のなかに埋没してしまう」という内容は，〔中略〕の直後の段落の「制服を着ると，ひとの存在がその(社会的な)《属性》に還元されてしまう」という内容と同意である。

やや難　問五　傍線部④の前の「とりわけ，八〇年代に……」に続く部分に注目してまとめる。

問六　引用部分が述べているのは，「どこに住もうと，……どう生きようと，どんなきみもきみだ」ということ，つまり，無理のない無防備な姿でいれば「じぶん」であるということであり，「じぶんたちのイメージをつくり，それにじぶんたちを似せる」必要はないということである。この内容はエに合致している。

問七　問六と関連させて考える。問六で注目した引用部分の「独自性」は，Aにあてはまる「固有性」とここでは同意である。

問八　傍線部⑥の直前の「ひとがふつうに着ている服が，……老人らしい服であったりする」という内容がイに合致している。

問九　抜けている文の中の「従順」「反抗」という言葉に注目。［2］の直前の二つの段落がそれぞれ，「制服」に対する「従順」と「反抗」を表している。

重要　問十　最後の段落の内容がエに合致している。

★ワンポイントアドバイス★

細かい読み取りを必要とする読解問題が出題されている。選択式にも記述式にも，文章の内容を時間内に的確にとらえる訓練が必要。ふだんから，いろいろなジャンルの本を読むことや，語句などの基礎知識をおさえておくことが大切！

第2回

2024年度

解　答　と　解　説

《2024年度の配点は解答欄に掲載してあります。》

＜算数解答＞

1　(1)　4　(2)　7600m　(3)　155.6cm　(4)　24通り　(5)　200g
(6)　①　17.5cm　②　85度　(7)　9.12cm^2

2　(1)　①　ア　253　イ　23　②　16個　(2)　①　6通り　②　20通り

3　(1)　360円　(2)　36枚　(3)　52回以上

4　(1)　長針　8度　短針　$1\frac{1}{3}$度　(2)　3時間目の授業の開始18分後
(3)　13時56分15秒

○配点○
1，2　各5点×12　3　(3)　8点　他　各6点×2
4　(3)　8点　他　各6点×2　計100点

＜算数解説＞

基本　1　**(四則計算，速さ，平均算，場合の数，食塩水の濃度，平面図形)**

(1)　$\frac{16}{9}\times\frac{3}{4}+12\times\frac{2}{9}=\frac{4}{3}+\frac{8}{3}=\frac{12}{3}=4$

(2)　1時間35分＝95分より，80×95＝7600(m)

(3)　男子の身長の合計は23×159＝3657(cm)　女子の身長の合計は17×151＝2567(cm)
したがって，このクラスの平均身長は(3657＋2567)÷(23＋17)＝6224÷40＝155.6(cm)

(4)　千の位の選び方は4通り，百の位の選び方は残りの3通り，十の位の選び方は残りの2通り，一の位の選び方は残りの1通りなので，4×3×2×1＝24(通り)

(5)　24gの食塩で12％より，食塩水の重さは24÷0.12＝200(g)

(6)　①　辺BCが辺EFに対応し，辺ACが辺DFに対応するので，BC：EF＝AC：DF　BC：EF＝4：20＝1：5より，AC：DF＝1：5　したがって，DF＝3.5×5＝17.5(cm)

②　角xは角ACBに等しい。角ACB＝180－50－45＝85°より，角x＝85°

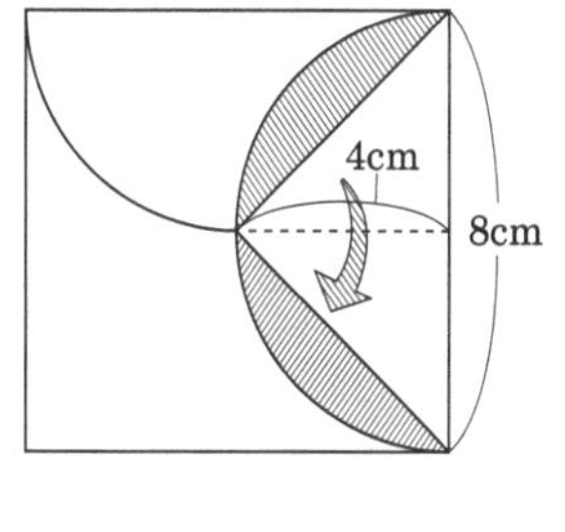

(7)　斜線の部分を右図のように変形すると，求める面積は半円から三角形を除いた面積となる。半円の面積は4×4×3.14×$\frac{1}{2}$＝25.12(cm^2)　三角形の面積は8×4÷2＝16(cm^2)
したがって，斜線の部分の面積は25.12－16＝9.12(cm^2)

2　**(約数，場合の数)**

基本　(1)　①　ア：2024÷8＝253　イ：253÷11＝23

②　①より2024＝2×2×2×11×23なので，2024の約数は1，2，4，8，11，22，23，44，46，88，92，184，253，506，1012，2024の16(個)

重要　(2)　①　点Aから点Bまで行くのに縦，横，上にそれぞれ1回ずつ移動するので，縦，横，上の移

動の順番(並べ方)だけ行き方がある。したがって，点Aから点Bまでの最短経路は3×2×1＝6(通り)

② ①同様に，点Cから点Dまで行くのに縦1回，横3回，上1回の合計5回移動するので，縦，横，横，横，上の移動の順番(並べ方)だけ行き方がある。これらの並べ方は，(横，横，横，縦，上)，(横，横，横，上，縦)，(横，横，縦，横，上)，(横，横，縦，上，横)，(横，横，上，横，縦)，(横，横，上，縦，横)，(横，縦，横，横，上)，(横，縦，横，上，横)，(横，縦，上，横，横)，(横，上，横，横，縦)，(横，上，横，縦，横)，(横，上，縦，横，横)，(縦，横，横，横，上)，(縦，横，横，上，横)，(縦，横，上，横，横)，(縦，上，横，横，横)，(上，横，横，横，縦)，(上，横，横，縦，横)，(上，横，縦，横，横)，(上，縦，横，横，横)の20(通り)

重要 **3** (割合)

(1) 440×(1－0.2)＝352(円)　一の位を切り上げて360(円)

(2) 通常運賃の切符30枚分の金額は440×30＝13200(円)　13200÷360＝36あまり240なので，割引運賃の切符は最大36枚買える。

(3) 定期券の代金は440×60×(1－0.3)＝18480(円)　18480÷360＝51あまり120なので，52回以上乗車する場合，定期券を購入する方が安くなる。

やや難 **4** (時計算)

(1) 長針：45分で1周(360°)するので，360÷45＝8°　短針：45分で1周の$\frac{1}{6}$(60°)進むので，60÷45＝$1\frac{1}{3}$°

(2) 1時間目の間では長針と短針は重ならないため，2回目に重なるのは3時間目の授業中。3時間目開始時の長針と短針の間の角度は60×2＝120°　したがって，長針と短針が2回目に重なるのは$120\div\left(8-1\frac{1}{3}\right)=18$(分)より，3時間目の授業の開始18分後

(3) 短針が止まったのは5時間目が開始してから120－85＝35°進んだ時刻であり，短針が35°進むのは授業の開始$35\div1\frac{1}{3}=26\frac{1}{4}$分後＝26分15秒後　5時間目は13：30から開始するため，短針が止まったときの時刻は13時56分15秒

★ワンポイントアドバイス★

4は変則的な時計算。長針は45分で1周する，短針は45分で$\frac{1}{6}$周することから1分間に動く角度を計算し，あとは普通の時計算と同じ考え方で重なる時間，止まった時刻を求めよう。

＜理科解答＞

1 (1) ① ア，ク　② イ，オ，カ　③ ウ，キ　(2) ウ，エ　(3) A イ　B ア　C カ　D ク　(4) ① D　② M　(5) ① イ　② 変化前 ウ　変化後 エ　(6) ① ア　② イ

2 (1) ア，エ　(2) イ　(3) エ　(4) 解説参照　(5) ア 0.01　イ 25　ウ 0.0004　エ 0.0032　(6) 0.048

3 (1) エ　(2) ア，オ，キ　(3) ウ　(4) E　(5) ア　(6) ウ　(7) ① 0.23　⑤ 1.33　(8) 1.87

○配点○

1　(3)・(4)②　各1点×6　　他　各2点×9((1)①・②・③，(2)各完答)

2　(4)・(6)　各3点×2　　他　各2点×8

3　(1)・(4)・(5)　各2点×3　　(2)　各1点×3　　他　各3点×5　　　計70点

＜理科解説＞

1　(小問集合)

重要　(1)　図のときに豆電球に流れる電流を1と考えるとそれぞれの豆電球と電池に流れる電流は下の図のようになる。

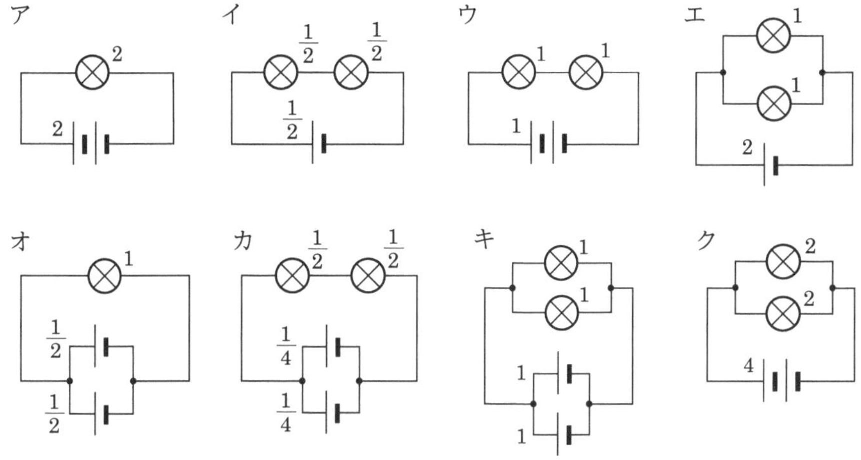

①　明るく光るのはア，クである。

②　電池が長く持つのは流れる電流が少ないイ，乾電池が2個並列なのでオは乾電池1つに流れる電流は$\frac{1}{2}$，カは乾電池1つに流れる電流は$\frac{1}{4}$になるので長く光り続ける。

③　乾電池に流れる電流が1の回路が光り続ける時間が同じになるので，ウとキである。キでは回路に流れる電流は2だが乾電池が並列なので乾電池1つに流れる電流は1である。

(2)　振り子が1往復する時間は振り子の長さだけに関係するので，ウとエがあてはまる。

(3)　水素やアンモニアは空気より軽く，塩化水素や塩素は空気より重い。水の溶けない気体は水上置換法で集めるが、水に溶けて空気より軽いアンモニアは上方置換法，空気より重い塩化水素と塩素は下方置換で集める。

(4)　①　子房がない裸子植物はイチョウ・アカマツのDグループである。　②　種子植物とシダ植物には維管束があるのでMグループである。

(5)　①　はやぶさ2の調査目的は太陽系が生まれたころの岩石や水を調査することにより，地球の水はどこから来たのか，生命を構成する有機物はどこでできたのかを解明することである。

②　りゅうぐうは表面の物質が熱の影響で赤く変化していることからウの軌道のように太陽の近くを通っていた軌道から現在のエの軌道に変化したことがわかった。

基本　(6)　①　サンゴの化石が発見された場所は現在サンゴが生息している浅くきれいなあたたかい海であることがわかる。　②　アンモナイトは中生代の示準化石で同年代の地層からは恐竜の化石が発見される。

2 (生物－動物)

基本

(1) 胃液はタンパク質のみにはたらき，すい液は3つの栄養素にはたらき，胆汁には消化酵素が含まれていないので，正しいのはアとエ。

(2) 茶褐色のヨウ素液はデンプンと反応して青紫色に変化する。

(3) 20秒ではうすい青紫色と茶褐色が混ざったような色なのでデンプンが存在している。30秒後にはデンプンは存在していないので，また消化酵素自身は変化しないので，エがあてはまる。

(4) 図3より青紫色の濃さが一定の割合で減少しているので，麦芽糖の量は一定の割合で増加し，25秒後に最大の量になると考えられるので，右図のようになると考えられる。

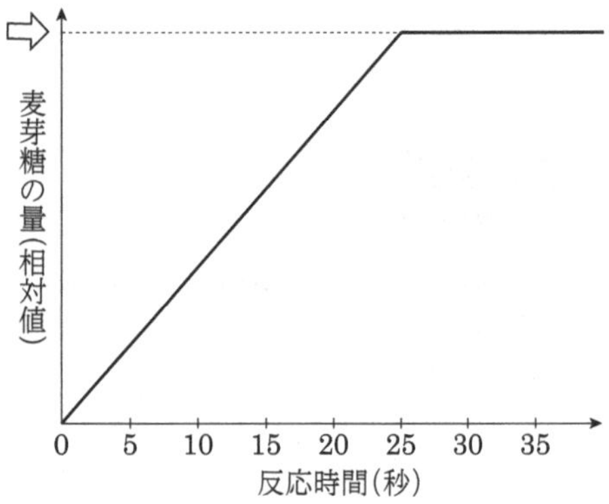

(5) ア 1gの$\frac{1}{100}$だから1(g)×$\frac{1}{100}$＝0.01(g)となる。 イ 図2のグラフより25秒で青紫色でなくなる。 ウ 0.01(g)÷25(秒)＝0.004(g)となる。 エ だ液は$\frac{1}{8}$に希釈されているので，0.004(g)×8＝0.0032(g)である。

(6) (5)エより1秒間に0.0032gのデンプンを分解するので，15秒間では0.0032×15＝0.048(g)が分解されたと推定できる。

3 (物質の変化－水溶液の性質・物質との反応)

基本

(1) 塩酸に溶けている気体は塩化水素である。

(2) 水酸化ナトリウム水溶液はアルカリ性である。あてはまるのは，アンモニア水，石けん水，石灰水である。

(3) 中和反応は酸性の水溶液とアルカリ性の水溶液の反応により起こるので，ウがあてはまる。

(4) 酸性とアルカリ性の水溶液がどちらも余ることなく反応した試験管は赤リトマス紙と青リトマス紙の反応がないEである。

(5) Eの混合液は食塩水なので，水を蒸発させて残った固体は食塩の結晶である。

(6) 水酸化ナトリウム水溶液を10mL加えたときに中性の食塩水になっており，蒸発後には塩化ナトリウムが残る。12mL加えたときには2mL分の水酸化ナトリウム水溶液中の水酸化ナトリウムの固体が残るので，蒸発後に残った固体の重さは塩化ナトリウムと水酸化ナトリウムとなるので，ウのような形になる。

やや難

(7) ① 水酸化ナトリウム水溶液10mLがこの塩酸10mLと反応して1.17gの塩化ナトリウムができるの，水酸化ナトリウム水溶液2cm^3では1.17(g)×$\frac{2(\mathrm{mL})}{10(\mathrm{mL})}$＝0.234より0.23g。

⑤ 12mL加えたときに，あまる2mL分の水酸化ナトリウム水溶液中に水酸化ナトリウムは8.0(g)×$\frac{2(\mathrm{mL})}{100(\mathrm{mL})}$＝0.16(g)が含まれるので，1.17(g)＋0.16(g)＝1.33(g)となる。

(8) 試験管BとFの中には，塩酸20mLと水酸化ナトリウム水溶液16mLが含まれている。この時水を蒸発させてできる固体は塩化ナトリウムのみである。表より水酸化ナトリウム水溶液10mLで1.17gの塩化ナトリウムができるので，1.17(g)×$\frac{16(\mathrm{mL})}{10(\mathrm{mL})}$＝1.872より1.87gとなる。

★ワンポイントアドバイス★

グラフを記述する問題では，表や文中の数値をしっかり読み取り，表の数値を記入しよう。3の実験データから計算する問題では変化する量とできる物質を把握すれば，正解を導き出せる。

＜社会解答＞

1 (1) ① イ ② エ (2) 長崎 (3) リアス海岸 (4) ① イ ② 福岡(市) (5) エ (6) イ (7) 急病人を都市部の大病院に搬送する／海産物をより新鮮な状態で島外へ出荷する (8) ア (9) イ

2 (1) 応仁の乱 (2) イ (3) イ (4) ア (5) 710年 (6) ① (7) エ (8) 下関条約では日清両国の間で朝鮮(Aの国)の独立が認められた。 (9) エ (10) ア (11) ⑨

3 (1) ア (2) エ (3) ウ (4) ウ (5) ① 男性は労働力人口比率が高く，年齢による変化が少ない。／男性は正規雇用労働者が7割を占めるが，女性は25～29歳の6割をピークに下がっている。 ② ア (6) 内閣総理大臣 (7) 公職選挙 (8) ウ (9) ア

○配点○

1 (7) 4点 他 各2点×10 2 (8) 4点 他 各2点×10

3 (5)① 4点(完答) 他 各2点×9 計70点

＜社会解説＞

1 (日本の地理－「五島列島」を起点とした問題)

基本 (1) ① アは東京都千代田区，ウは京都市，エは埼玉県越谷市となる。 ② エ 「らっかせい」ではなく大豆である。

(2) 佐世保市は長崎県の北部に位置している。

(3) リアス海岸として，三陸海岸，若狭湾なども有名である。

(4) ① ア 小中学校が同じ敷地内で，高等学校だけが離れている。 ウ 「田」ではなく畑である。 エ 「寺院」ではなく神社である。 ② 福岡市の人口は約160万人で政令指定都市のひとつである。

(5) 四国地方には世界遺産が一つもない。

重要 (6) アが北海道，ウが北陸，エが関東・東山となる。

重要 (7) 「医療」や「物流」の観点から答案をまとめていきたい。

(8) イは一度Uターン就職した若者が再び大都市に戻って就職すること，ウは地方出身者が大都市で働いた後に，自分の出身地に戻って働くこと，エは大都市を経て出身地とは全く違う地方に移住することをさす。

(9) イ 飛騨牛は岐阜県のブランドである。

2 (日本の歴史－古代～現代)

基本 (1) 応仁の乱は1467年に起こった。

重要 (2) アは初代将軍，ウは8代将軍，エは15代将軍である。

(3) イは江戸時代の説明となる。

(4) 魏志倭人伝に卑弥呼についての記述があることに注目したい。

(5) 平城京は長岡京に遷都されるまでの約70年間の都である。

(6) ④→⑥→③→①→②→⑤の順となる。

(7) アは1889年，イ・ウは1873年，エは1869年の出来事である。

重要 (8) 下関条約が日清両国の間で締結され，朝鮮の独立が明記されたことを踏まえる必要がある。

やや難 (9) X 「中国・四国地方」ではなく，東北地方である。 Y 「政党内閣をつくろうとした」が不適。

(10) イは所得倍増計画を打ち出し，ウは日米安全保障条約を改定し，エは沖縄返還を実現させた内閣である。

(11) 関東大震災は1923年に起こった。

3 (政治－「選挙」を起点とした問題)

基本 (1) ア 「地方議会による選挙」ではなく「公選」である。

重要 (2) 条例とは地方公共団体が独自に制定する法規である。

(3) ウは投票用紙への一般的な記入方法である。

(4) 男女平等の普通選挙が実現したのは第二次世界大戦終了直後である。

重要 (5) ① 「労働力人口比率」「正規雇用労働者」に着目して答案をまとめていきたい。 ② ア 「性別によって区別」が不適。

(6) 国務大臣はその在任中，内閣総理大臣の同意がなければ訴追されない。

(7) 公職選挙法は1950年に制定された。

(8) アは憲法改正手続きに関する法で，イは労働者の適正な労働条件を確保するための法で，エは罪と罰の具体的内容を規定する法である。

(9) アは議会が必要な情報の取得を目的として行うことができる調査機能で，衆参両院に等しく認められている。

★ワンポイントアドバイス★

本格的な記述問題も出題されるので，時間配分を意識した実践トレーニングをしっかりしておこう。

＜国語解答＞

一 Ⅰ ① がんゆう ② とどこお ③ ろくじょう ④ 秀作 ⑤ 占 ⑥ 簡素 Ⅱ ① イ ② ウ ③ ア ④ イ

二 問一 イ 問二 ウ 問三 首 問四 川面に落と 問五 ウ 問六 F 問七 Ⅰ (例) 背が高くてしかも性格が良い Ⅱ (例) 何の障害もない，チャンスだらけの生きやすい人生を送るだろう 問八 正しくない 問九 イ 問十 ア

三 問一 ウ 問二 C(→)A(→)B 問三 エ 問四 A 根 B 葉 問五 a オ b イ c エ 問六 ここか(～)ところ 問七 イ 問八 ほらふき学者 問九 (例) 科学では解明できないことを解明していくこと。

問十　ア　　問十一　ア　B　　イ　B　　ウ　B　　エ　A

○配点○

一　各2点×10　　二　問四・問七Ⅱ　各5点×2　　問六・問八・問十　各4点×3

他　各3点×6　　三　問四・問五　各1点×5　　問六　4点　　問九　5点

問十一　各2点×4　　他　各3点×6(問二・問六各完答)　　計100点

＜国語解説＞

一　(漢字の読み書き，同音異義語)

Ⅰ　①　「含有」は，成分として含んでいること。　②　「滞る」は，途中でつかえて進まない，という意味。　③　「畳」の訓読みは「たたみ」。　④　「秀作」は，できばえがすぐれている作品。　⑤　「占有」という熟語を思い出すとよい。　⑥　「簡素」は，むだをなくし質素なこと。

Ⅱ　①　「意向」は，心の向かう所やおもわく，という意味。　②　「快方」は，病気または傷などがよくなること。　③　「収集」は，趣味や研究のために，ある品物や資料などをいろいろと集めること。　④　「対称」は，ものとものが，互いに対応しながらつりあいを保っていること。

二　(小説—心情理解，空欄補充，慣用句，表現理解，脱文補充，内容理解，主題，人物像)

問一　冒頭のあらすじに「『伸樹くん』と久しぶりに会い」とあることに注目する。

問二　「髪を短く刈った男子生徒数名」を見たあと，「スプーンを持つ伸樹くんの手がかすかに震えている」ことから，男子生徒たちと伸樹くんの関係が良くないことがわかる。男子生徒たちは伸樹くんをからかおうとしていることが推測できる。

基本　問三　「首を横に振る」は，相手に不賛成・不満の意を表すこと。「首を伸ばす」は，ものを見るために視点を高くしようとしていること。「首を傾げる」は，不思議・疑わしいなどの思いで首を傾けること。

問四　「川面に落としたら小石みたいに沈んでいきそうなぐらい，重たいため息」をついたあと，伸樹くんが，レストランにいた男子生徒たちのことを語り始めていることに注目する。

問五　B　「損ねる」は，害する，という意味。　C　マレオさんの人柄や印象を表す言葉が入る。

問六　F　の文中に，「恥」という言葉や伸樹くんの思い切った行動が書かれていることに注意する。　F　の前の「ぼくはただ頷くことしかできずに，……なんて，決めつけようとしていた」の段落では，「ぼく」が自分に「恥」を感じていることがわかる。また，　F　の直後で「ぼく」が「はっとして顔を上げ」ていることに注目。

やや難　問七　「伸樹くんみたいな男の子」なら「生きやすい」だろうと，「ぼく」が思ってしまった部分を具体的にとらえる。

問八　「スプラッシュファンタ事件」に対する「ぼく」の評価がわかる部分を抜き出すとよい。

問九　伸樹くんは「笑って」おり，「逃げて！」と父を応援している(ア)。父の行動に好感を抱いている(ウ・エ)のであり，イのような否定的な思いを抱いているのではない。

重要　問十　「ぼく」が「正しくないけど，間違ってもいない」と評価しているように，マレオさんの変わった行動は彼の強いこだわりの表れである。このことがアに合致している。

三　(論説文—内容理解，文の整序，慣用句，空欄補充，接続語，内容理解，要旨)

問一　冒頭の二つの段落の内容がウに合致している。

問二　それぞれの文の冒頭の，逆接の「しかし」(A)，順接の「だから」(C)などに注意して，文脈をとらえる。

問三　傍線部②は問いかけの文であり，この問いに対する答えが，直後の段落から書かれている。

「科学は，好奇心をみたしてくれますが，それにはかぎりがある」「それでもそのさきがききたいという人には，哲学が待っている」に注目する。

問四　「根ほり葉ほり」は，執拗に問いただす様子。

基本　問五　a　空欄の前の内容の具体例を空欄のあとで挙げているので，「たとえば」が入る。
b　空欄の前後が逆の内容になっているので，逆接の接続語が入る。　c　空欄の前の内容の説明や補足を空欄のあとでしているので，説明・補足の接続語が入る。

問六　直後の段落で，「たとえていえば，……」と，傍線部③についてのたとえを述べていることをとらえる。

問七　二つあとの段落に「赤信号の前で科学がとまるのには，それだけの意味があるのです」とあるように，筆者は，科学で行き詰まることから哲学が始まるのであり，科学には存在意義があると考えている。

問八　「ほらふき」は，でたらめを言う人のこと。

やや難　問九　「赤信号」は疑問が解明できないこと，「青信号」は疑問を解明していくことを表している。

問十　直前の段落の内容をふまえると，アがふさわしい。

重要　問十一　ア　「哲学」が学問として価値がない，という内容は文章中には書かれていない。
イ　この文章では，「哲学」と「科学」の違いについて多く述べられており，二つを同じものとして考えるべきだという内容は文章中には書かれていない。　ウ　筆者は，「赤信号の前で科学がとまる」と考えており，エの文のようには考えていない。　エ　終わりから五つめの段落「つまり，ものごとを知ろうという点では……問題にするのが哲学です」の内容が，エの文に合致している。

★ワンポイントアドバイス★

長文の読解において，細かい理解を必要とする選択問題，記述問題が出題されている。ふだんから小説や随筆，論説文を読むことを心がけよう！　語句の意味なども，こまめに辞書を調べるなどして，基礎力をつけることが大切！

2023年度

★★★★★★★★★★★★★★★★★★★★★★★

入　試　問　題

2023年度

獨協埼玉中学校入試問題（第１回）

【算　数】（50分）　＜満点：100点＞

【注意】 定規，分度器は使用してはいけません。

1 次の各問に答えなさい。

(1)　$2\frac{1}{3}-\left\{\frac{3}{2}-(1-0.25)\right\}\times0.8\div\frac{3}{10}$ を計算しなさい。

(2)　９％の食塩水が400ｇあります。この食塩水に水を加えて，５％の食塩水を作るには，何ｇの水を加えればよいか求めなさい。

(3)　１，２，３，４，５の数の中から異なる２つの数を選んで２桁《けた》の整数を作ります。その整数が３の倍数となるのは何通りあるか求めなさい。

(4)　３つの数Ａ，Ｂ，Ｃがあり，ＡとＢ，ＢとＣ，ＣとＡの和がそれぞれ20，30，40です。このとき，Ａの値を求めなさい。

(5)　りんご５個，みかん３個を買うと代金の合計は550円でした。また，りんご３個，みかん５個を買うと代金の合計は490円でした。りんご１個の値段は何円か求めなさい。

(6)　２枚の三角定規を右の図のように重ねました。角アの大きさを求めなさい。

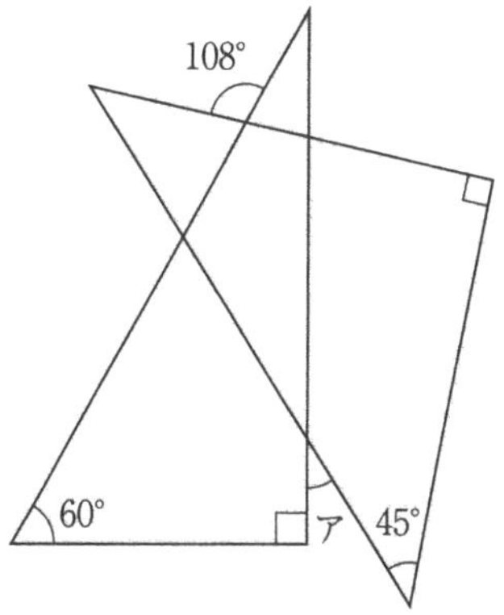

(7)　１辺の長さが１㎝の正方形を右の図のように配置した図形を直線 ℓ を軸として１回転させるとき，次の各問に答えなさい。ただし，円周率は3.14とします。

①　この立体の体積を求めなさい。

②　この立体の表面積を求めなさい。

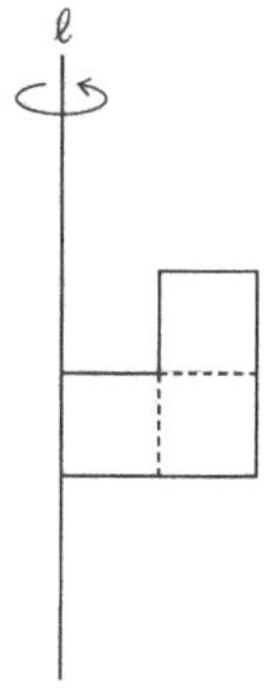

2 次の各問に答えなさい。

(1) 与えられた数に，ある操作を繰り返し行い，その結果が1となれば終わりとします。

【操作1】その数が奇数のとき，1をたす。

【操作2】その数が偶数のとき，2で割る。

例えば，与えられた数が10のとき

10→5→6→3→4→2→1

となり，6回の操作で終わります。

このとき，次の各問に答えなさい。

① 与えられた数が25のとき，何回の操作で終わるか求めなさい。

② 4回の操作で1になる数は全部で3個あります。その3個の数をすべて答えなさい。

(2) 同じ量の水を直方体A，三角柱B，円柱Cの3つの容器にそれぞれ入れると，水の高さは図のようになりました。このとき，次の各問に答えなさい。

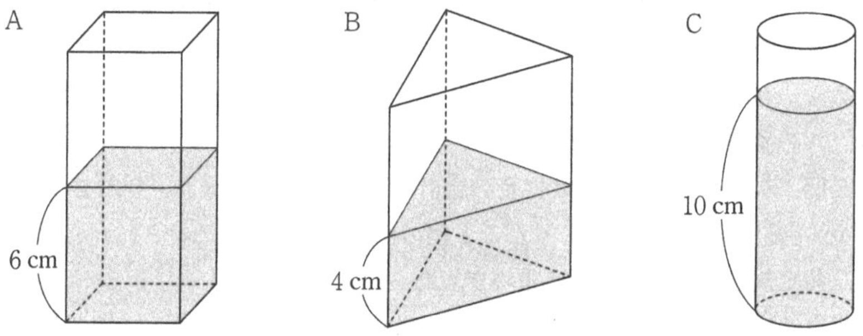

① 各容器A，B，Cの底面積の比をもっとも簡単な整数の比で答えなさい。

② 容器Cに入っている水を，容器Aと容器Bの水の高さが同じになるようにすべて移しました。このとき，容器A，Bの水の高さは何cmか答えなさい。

3 ある授業での，太郎さん，花子さん，先生の会話を読み，次の各問に答えなさい。

ただし，総額とは，本体価格と燃料費の合計とし，また総額が安い方を得と考えます。

先生：今日は，皆さんが将来どんな自動車を購入したいかを話し合ってもらいます。今回話し合ってもらうのは，ガソリン車と電気自動車の2種類についてです。

太郎：先生，自動車を選ぶのはどんな理由でもよいのですか？

先生：いいえ，どちらの自動車を選べば得をするのかを考えて選びましょう。

花子：お金がかからない方の自動車を選べばいいのね。

先生：その通りです。では，2種類の車の燃料費を見ていきましょう。

> ガソリン車：ガソリン1 ℓで15km走り，1 ℓのガソリン代は150円かかります。
> 電気自動車：電気1 kWh（キロワットアワー）で6.5km走り，1 kWhの充電は26円かかります。

太郎：ガソリンと電気では単位が異なるから比べるのが難しいや。

花子：そうね。でも，それぞれの車が1km進むのにかかる燃料費は求められそうだよ。

太郎：本当だ。ガソリン車は1km進むのに［ ア ］円かかって，電気自動車は1km進むのに

イ 円かかるね。つまり，電気自動車を選べば得するってことだ。僕は電気自動車を買うことに決めたよ。

先生：よく計算して比べられましたね。しかし，自動車は種類によって本体価格が変わります。次は自動車の本体価格も合わせて考えてみましょう。

ガソリン車の本体価格：420万円
電気自動車の本体価格：450万円

太郎：本体価格をみるとガソリン車の方が30万円も安いね。やっぱり電気自動車ではなく，ガソリン車を買うことに決めたよ。

花子：太郎さん，どれくらいの距離を走行するかによって燃料費が変わるから，このままではどちらが得かは決められないよ。

先生：花子さん，その通りですね。では年間走行距離を10,000kmとして４年間乗るとどちらが得なのか考えてみましょう。

花子：先生，わかりました。確かにそれならどちらが得なのか考えられそうです。

(1)　会話文中の ア ， イ に当てはまる数を答えなさい。

(2)　～～の部分について，どちらの車がいくら得であるか答えなさい。ただし，ガソリン・電気は使い切るものとし，また燃料ごとの価格に変動はないものとします。

(3)　車の使用期間を４年間として，年間走行距離がどのようなときにガソリン車が得で，どのようなときに電気自動車が得になるか，具体的な理由を含めて説明しなさい。

4　図のように１から８までの数字が等間隔《とうかんかく》に並んでいる時計があります。この時計の特徴《とくちょう》は以下の通りです。

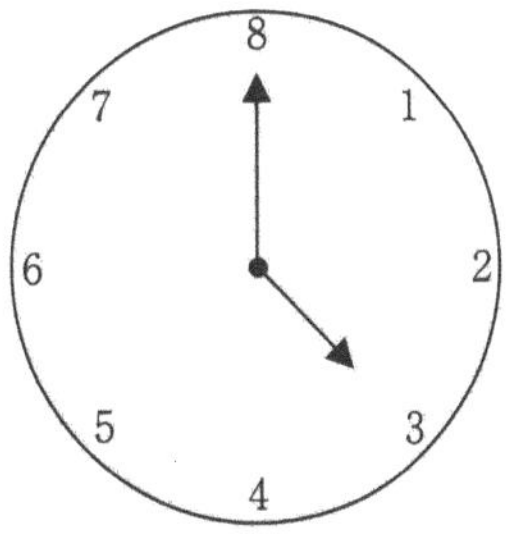

〈特徴〉

・０時から８時間ごとに時計盤《ばん》の色が 白→赤→青 へと変化し１日の時刻《じこく》を表す。

・０時のとき，短針と長針はともに８を指し，時計盤の色は白である。

・時計の短針は８時間ごとに１周する。

・時計の長針は１時間ごとに２周する。

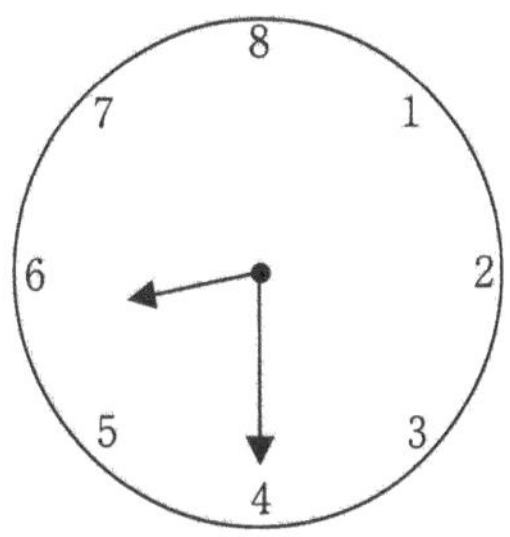

例えば，時計の針が右のような位置にあり，時計盤の色が赤のとき，この時計が示す時刻は13時45分です。

このとき，次の各問に答えなさい。

ただし，短針と長針はそれぞれ一定の速さで時計回りに進みます。

(1)　時刻が20時30分のとき，この時計盤の短針，長針を図にかきこみ，時計盤の色を答えなさい。ただし，短針と長針の長さの差が分かるようにかくこと。

⑵　右の時計の針が示す時刻を求めなさい。
ただし，時計盤の色は赤とします。

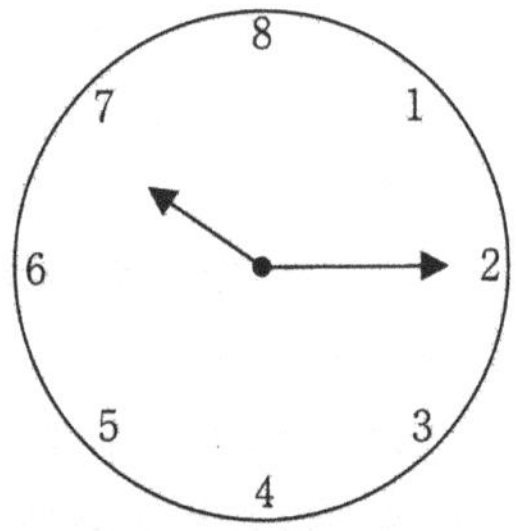

⑶　現在，短針が６，長針が８をちょうど指していて，時計盤の色は白です。ここから，短針が150度だけ進んだときの時刻を求めなさい。

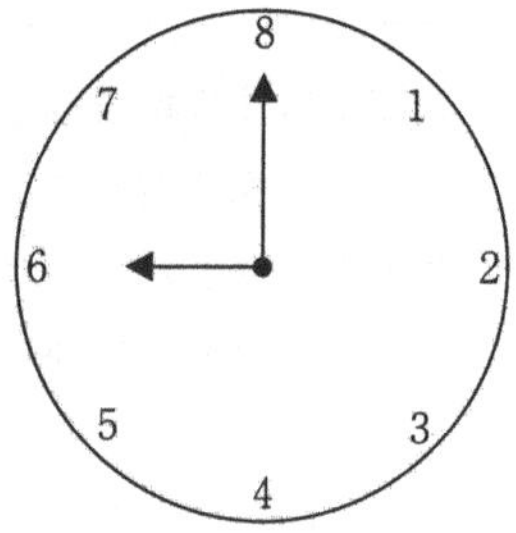

【理　科】（30分）　＜満点：70点＞

1　次の(1)～(8)の各問いに答えなさい。

(1)　作用点が支点と力点の間にあるものを，次のア～エから選び，記号で答えなさい。

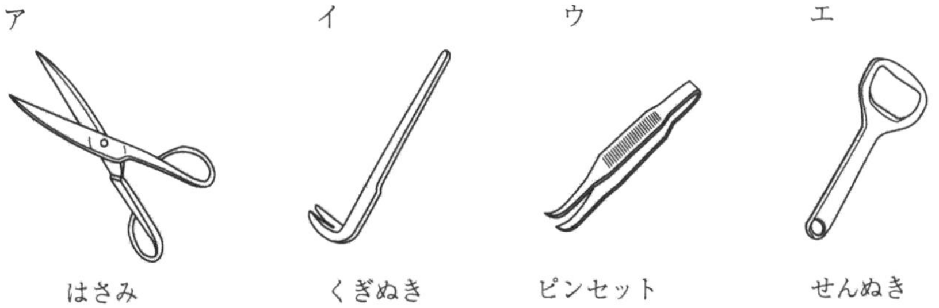

(2)　磁石につくものを次のア～カからすべて選び，記号で答えなさい。

ア　チョーク　　イ　鉄のくぎ　　ウ　アルミ缶《かん》

エ　10円玉　　　オ　消しゴム　　カ　スチール缶

(3)　次の水溶《よう》液を加熱して水を蒸発させたとき，固体が生じるものを次のア～エから選び，記号で答えなさい。

ア　炭酸水　　イ　塩酸　　ウ　砂糖水　　エ　アンモニア水

(4)　酸性とアルカリ性の強さの尺度にpH（ピーエイチ）という値があります。pHが７のときは中性，７より小さいときは酸性，７より大きいときはアルカリ性を示します。石灰水，炭酸水，食塩水について，pHが小さいものから順に並べたものを次のア～カから選び，記号で答えなさい。

ア　石灰水＜炭酸水＜食塩水　　イ　石灰水＜食塩水＜炭酸水

ウ　炭酸水＜石灰水＜食塩水　　エ　炭酸水＜食塩水＜石灰水

オ　食塩水＜石灰水＜炭酸水　　カ　食塩水＜炭酸水＜石灰水

(5)　12％の食塩水300ｇから水を蒸発させて，20％の食塩水をつくるには，水を何ｇ蒸発させればよいですか。

(6)　右図は，ヒトの耳のつくりを示したものです。次のⅠ・Ⅱの働きをする部分を，図のア～カからそれぞれ選びなさい。

Ⅰ　体の回転の向きを感じる部分

Ⅱ　音を大脳に伝える部分

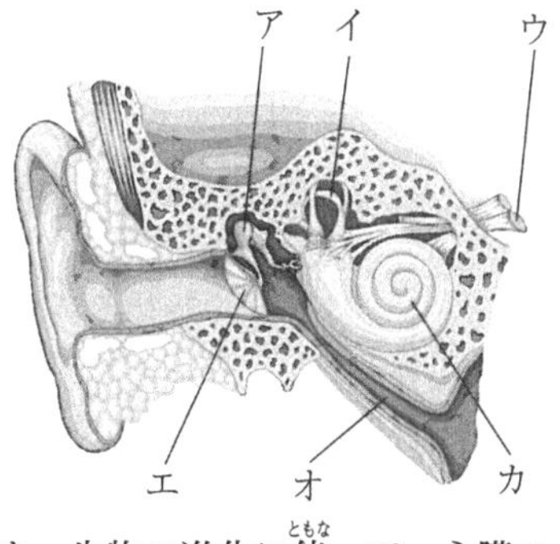

(7)　下図の①～④は，様々な生物の心臓のつくりを示したものです。生物の進化に伴《ともな》って，心臓のつくりも変化しました。心臓のつくりの変化の順番が，正しくなるように，図の①～④を並び替《か》えなさい。

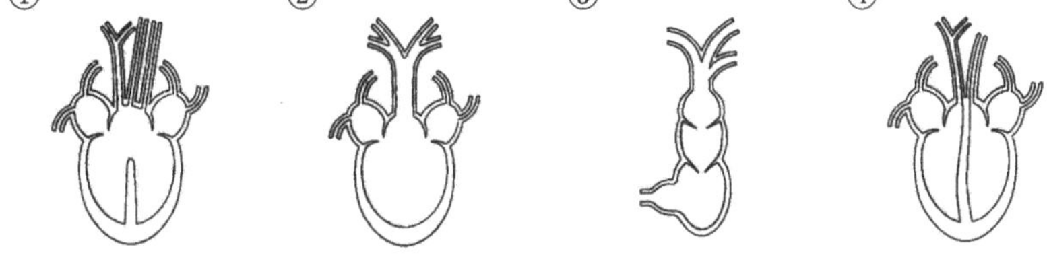

(8) 図１・２は，ある植物の茎《くき》と葉の断面図です。Ａ～Ｄの管について正しく説明した文章を，次のア～クから２つ選び，記号で答えなさい。

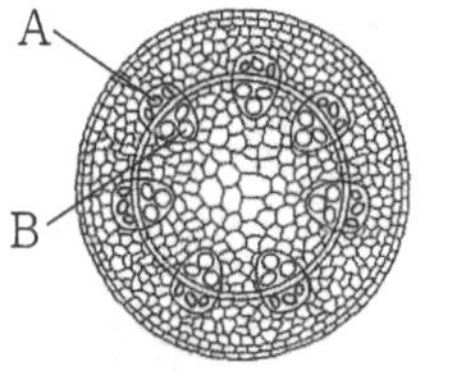

図１　茎の断面

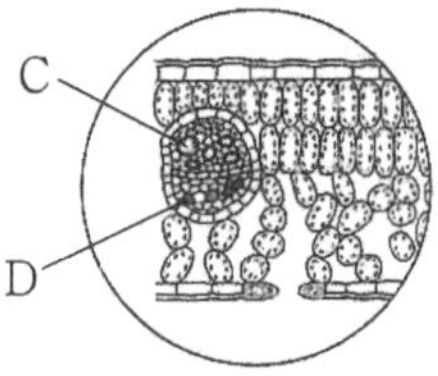

図２　葉の断面

ア　Ａ・Ｃは主に葉で作られた養分を運ぶ管である。
イ　Ａ・Ｄは主に葉で作られた養分を運ぶ管である。
ウ　Ｂ・Ｃは主に葉で作られた養分を運ぶ管である。
エ　Ｂ・Ｄは主に葉で作られた養分を運ぶ管である。
オ　Ａ・Ｃは主に根から吸収された水分などを運ぶ管である。
カ　Ａ・Ｄは主に根から吸収された水分などを運ぶ管である。
キ　Ｂ・Ｃは主に根から吸収された水分などを運ぶ管である。
ク　Ｂ・Ｄは主に根から吸収された水分などを運ぶ管である。

2　太郎君は夏祭りでスーパーボールが浮《う》いている様子を見て，浮《ふ》力について疑問を持ち，実験をして調べることにしました。

【実験１】

図１のように，同じ大きさで質量がそれぞれ10ｇ，20ｇの物体Ａ・Ｂがある。これらを水に入れると，図２のように，一方は沈《しず》み，もう一方は浮かんで静止した。物体Ａ，Ｂの形はともに直方体である。

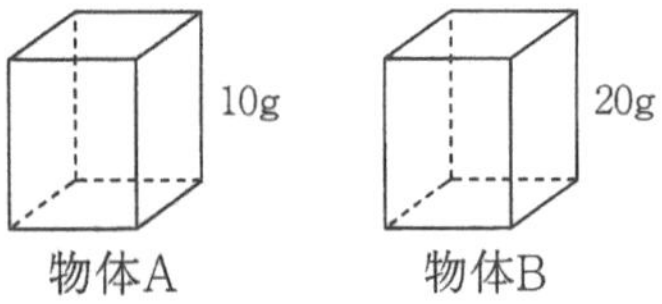

図１

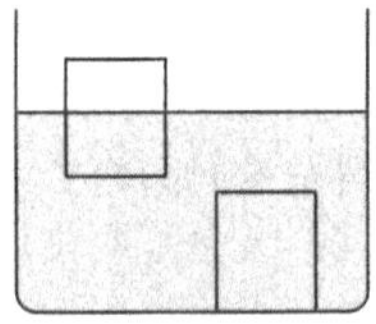

図２

【実験２】

実験１で水に沈んだ物体を図３のように，ばねばかりでつるしながら，水中に少しずつ入れていった。物体の全てが水中に入ると，ばねばかりの示す値は２ｇから変化しなかった。

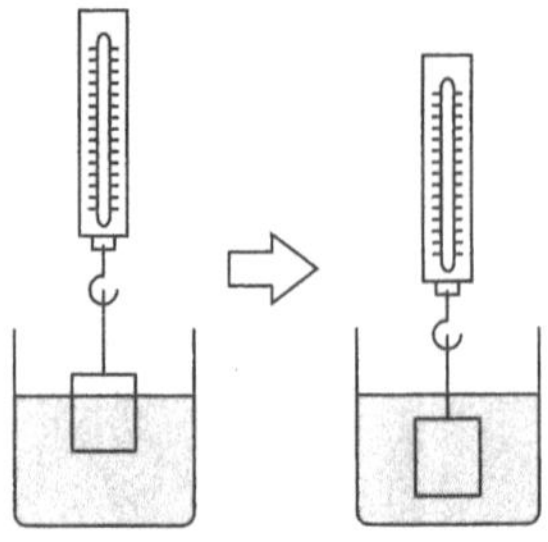

図３

【実験３】

図４のように，実験１で浮かんで静止した物体を水に浮かべてから，その物体の上面におもりを乗せたところ，物体の上面が水面と一致《ち》したところで静止した。

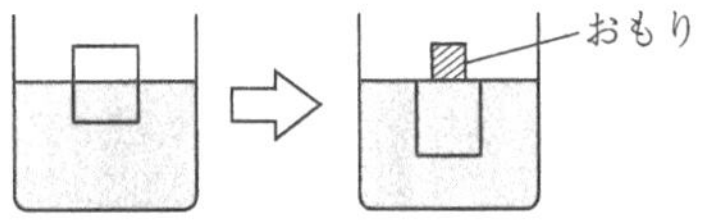

図４

【実験４】

前のページの図２の状態から水に食塩を溶《と》かしていくと，沈んでいた物体が浮かび上がり，物体A，Bともに浮かんで静止した。

(1) 浮力に関するものとして適切なものを次のア～エからすべて選び，記号で答えなさい。

ア　プールの中では体重が軽く感じられる。

イ　エレベーターが下降し始めるとき，体重が軽く感じられる。

ウ　スキー板をつければ雪に沈みにくい。

エ　浮き輪をつければ水に沈みにくい。

(2) 実験１において，水に浮かんで静止する物体はAとBのうちどちらですか。記号で答えなさい。

(3) 実験１で水に浮かんで静止している物体が受ける浮力の大きさは何ｇか求めなさい。

(4) 実験２において，物体が水中に全て入ったとき，物体にはたらく浮力の大きさは何ｇか求めなさい。

(5) 実験３で乗せたおもりは何ｇか求めなさい。

(6) 実験４において，沈んでいた物体が浮かび上がってきたときに，物体AとBにはたらく浮力の大きさはそれぞれ何ｇか求めなさい。

(7) **実験１～４の結果から**分かることは何ですか。適切なものを次のア～オからすべて選び，記号で答えなさい。

ア　同じ形の物体であれば，水に浮かぶ物体の方が受ける浮力が大きい。

イ　浮かんでいる物体にはたらく浮力は，水中よりも食塩水中の方が大きい。

ウ　物体の水中に沈んでいる体積が大きいほど物体が受ける浮力が大きい。

エ　物体の水中に沈んでいる体積が同じであれば，水中よりも食塩水中の方が物体の受ける浮力が大きい。

オ　物体が水中の深くに沈んでいるほど物体の受ける浮力が大きい。

3　太郎くんは以下の新聞記事を読み，今年の自由研究を「なぜ今年の夏は暑いのか」というテーマに決めました。あとの各問いに答えなさい。

【新聞記事】

……世界中で異常気象をもたらす「ラニーニャ現象」が昨秋から続いているとみられるからだ。ラニーニャ現象の際，南米・ペルー沖から太平洋中部にかけての赤道域では海面水温が平年より低くなる一方，太平洋西部の水温は高くなる。日本の南の海上では水蒸気量が多くなり，積乱雲の発生が増加。この影響《えいきょう》で上空のチベット高気圧の張り出しが強まり，偏《へん》西風は通常より北を流れる。……

（朝日新聞，2022年６月28日　朝刊　東京本社　より一部抜粋《ばっすい》）

太郎くんは，ラニーニャ現象が発生している時の海面水温の図を探しました。３つの図のうち，１つだけがラニーニャ現象発生時の様子を示している事が分かりました。

ア

赤道

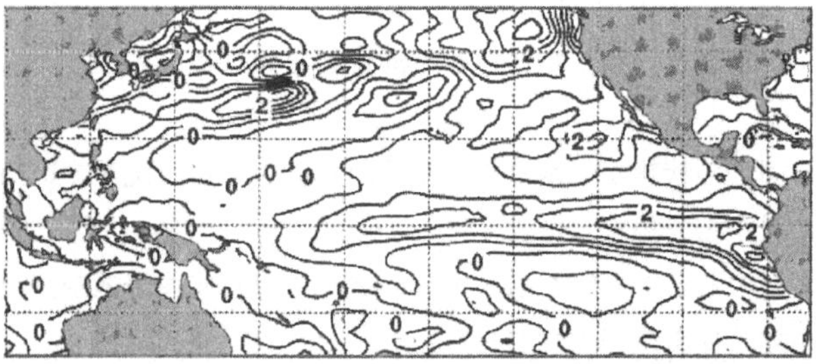

イ

赤道

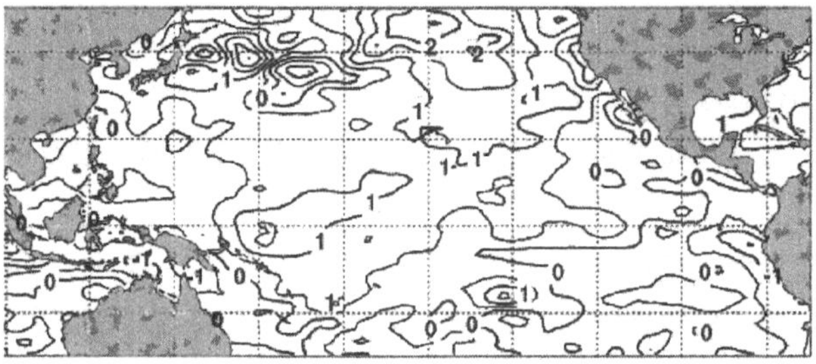

ウ

赤道

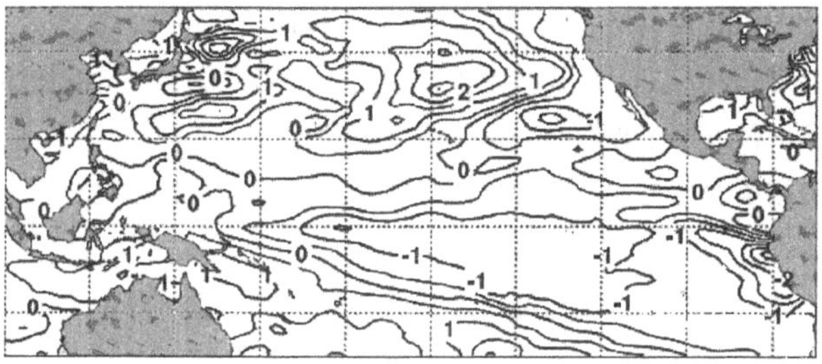

(1)　上の図ア～ウのうち，ラニーニャ現象の発生を示しているのはどの図ですか。ア～ウのいずれかに○をしなさい。また，選んだ図について，赤道付近の範《はん》囲で平年よりも１度以上海面水温が低くなっているところを鉛《えん》筆でていねいに塗《ぬ》りなさい。

(2)　新聞記事の下線部について，ラニーニャ現象が発生している時，日本の南の海上で積乱雲が多く発生するそうです。積乱雲は，次のどの写真ですか。ア～エから選び，記号で答えなさい。

ア

イ

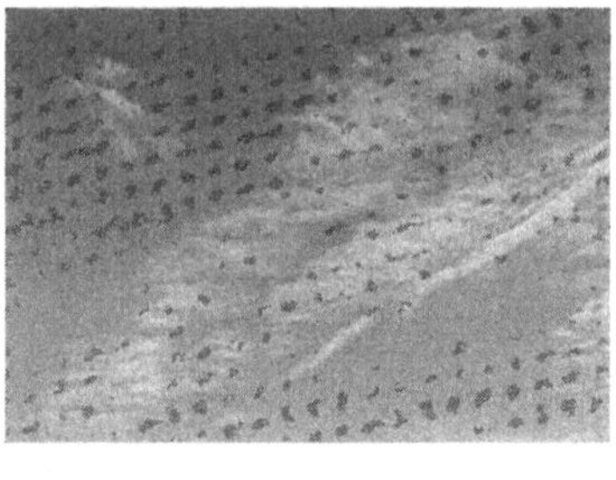

ウ

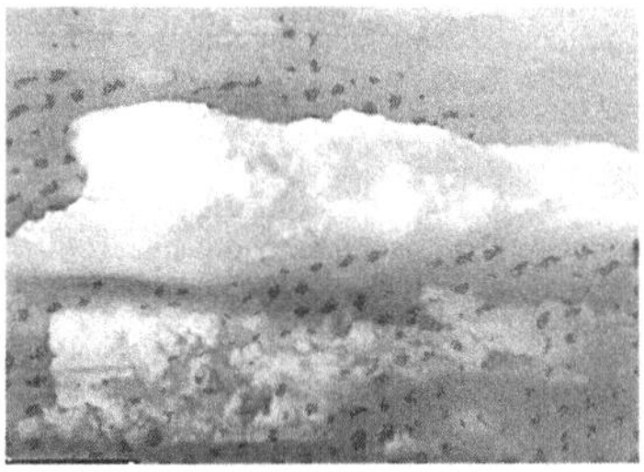

エ

太郎くんは新聞記事の下線部について，太平洋西部の水温が高くなるとなぜ積乱雲が多く発生するのか，２つの仮説（Ａ・Ｂ）を立てました。

仮説Ａ「水蒸気量増加説」
① 海水温か高くなると海水がたくさん蒸発する。
② 空気中の水蒸気の量が増えると雲ができやすくなる。

仮説Ｂ「気温低下説」
① 海水温か高くなると上昇《しょう》気流がおこる。
② 空気が上昇すると，その空気の温度が下がって雲ができやすくなる。

仮説Ａが正しいのかを確かめるために，実験を行いました。

【実験】

〈方法〉

① ２つのビーカーに同じ量の水を入れ，１つだけラップでふたをする。３日間日なたにおき，水の減り方を調べる。

〈日なたにおく〉

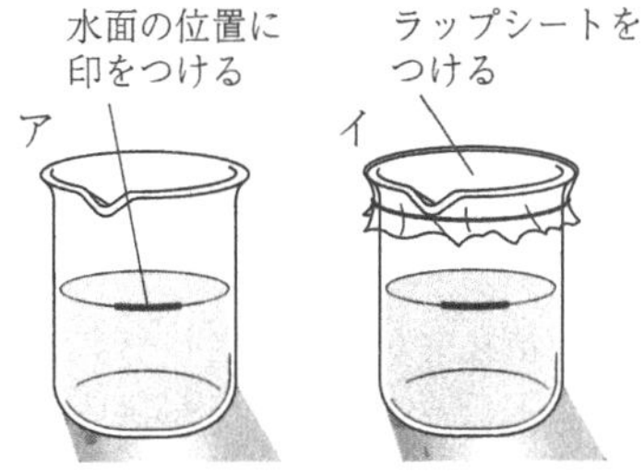

② ①と同じようにビーカーを用意する。日かげで３日間実験を行い，水の減り方を調べる。

〈日かげにおく〉

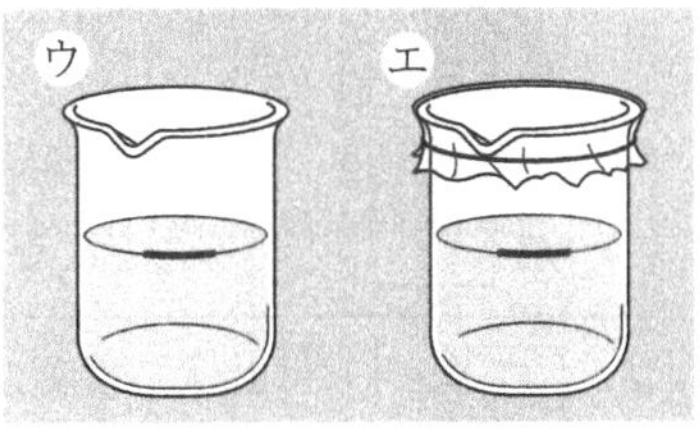

(3) ア～エのビーカーの中で，水の減り方があまり変らなかったのは，どのビーカーとどのビーカーの組み合わせですか。①～⑥の番号で答えなさい。

① アとイ　② アとウ
③ アとエ　④ イとウ
⑤ イとエ　⑥ ウとエ

太郎くんは，仮説Ｂについて，右の図を用いて考えてみました。このグラフは，空気中１m^{3}あたりに含むことができる水蒸気の量（飽《ほう》和《わ》水蒸気量）が，気温の変化によってどのように変化するかを示しています。

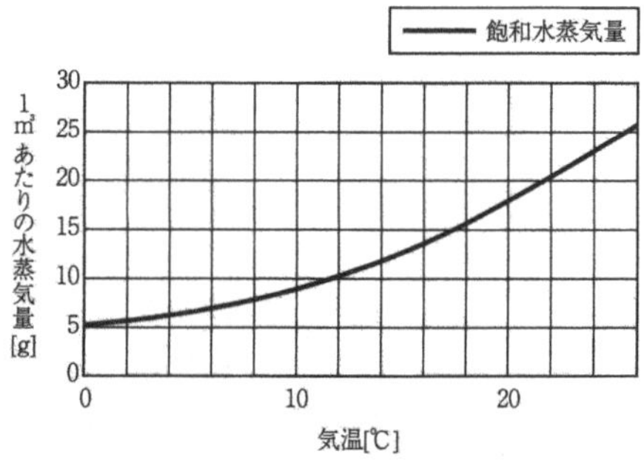

【考えたこと】

ある空気のかたまり「空気Ｃ」が海の上にあったとします。この空気Ｃは，気温20℃ で，１m^{3}あたりに水蒸気を10ｇ含んでいるとします。この空気Ｃの変化について考えてみました。

(4) 解答用紙のグラフに空気Ｃを示す点を記しなさい。

(5) この空気Ｃが，仮説Ｂに従って変化したとすると，右の図ではどちらの点に向かって変化しますか。ア～オから選び，記号で答えなさい。なお，海水温が上がっても空気Ｃの気温は上がらないものとします。

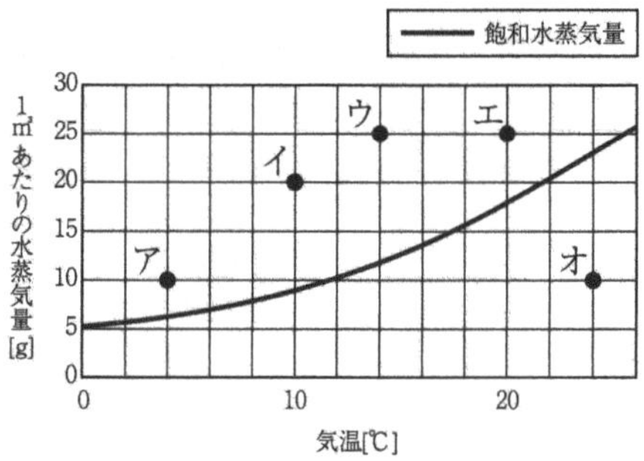

(6) 空気Ｃが仮説Ｂに従って変化したとすると，気温何℃で雲が発生し始めますか。

(7) 実験の結果やグラフから考えたことをまとめてみたとき，仮説Ａと仮説Ｂは正しいと判断できますか。次のア～エより選び，記号で答えなさい。

ア 仮説Ａだけが正しい。

イ 仮説Ｂだけが正しい。

ウ 仮説Ａ・仮説Ｂのどちらも正しい。

エ 仮説Ａ・仮説Ｂのどちらも正しくない。

積乱雲がなぜ発生しやすかったのか理解した太郎くんは，最後に日本周辺の気圧について考えてみました。そして，なぜ2022年の夏が暑かったのか，自分の考えをまとめました。

【太郎くんの結論】

今年は日本の南の海上で積乱雲が多く発生しました。つまり，この場所では，周囲から空気を受け取っているので，普《ふ》段の年よりも気圧が［ア］ということになります。一方，日本周辺では，南の海上に向かって空気が吹《ふ》きだしていることになるので普段の年よりも気圧が［イ］ということになります。そのため天気が良くて暑くなったと考えました。

(8) ［ア］・［イ］に入る言葉の組み合わせを選び，①～④の番号で答えなさい。

		ア	
		低い	高い
イ	低い	①	②
	高い	③	④

【社　会】（30分）　＜満点：70点＞

1　次の文章を読んで，各問いに答えなさい。

中部地方は，太平洋に面した地域を中心とする東海，日本アルプスの山々をふくむ中央高地，a日本海に面した地域を中心とする（　1　）の３つの地域に分けられる。

（　1　）には，日本海につき出た石川県からなる（　2　）半島があり，b新潟県の沖合には佐渡島がある。中央高地では，冷涼な気候をいかした野菜の抑制栽培や，c長野盆地でのりんご，d甲府盆地でのぶどうやももなど，さまざまな農業がみられる。東海では，e工業がさかんで，特にf愛知県は都道府県別工業生産額で長年上位をしめている。

(1)　下線部aについて，下の円グラフは，図１中の各地点で観測された，漂着《ひょうちゃく》ペットボトルの製造国を推定してまとめたものである（平成28年調査）。円グラフ①～③は，図１中の観測地点①～③と対応している。円グラフ中のXに当てはまる国名を答えなさい。ただし，正式国名でなくてよい。

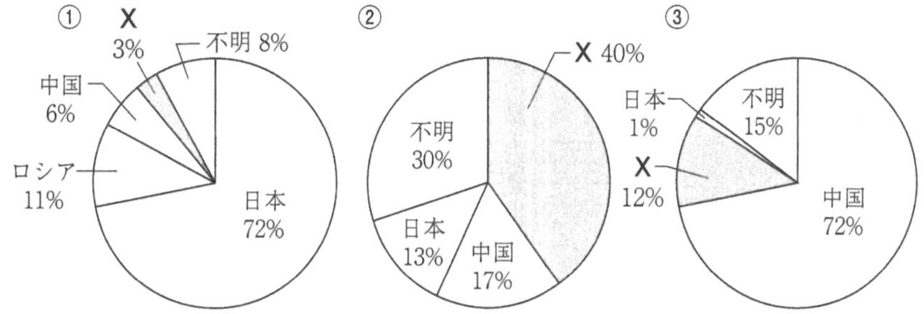

〔環境省資料　プラスチックを取り巻く国内外の状況　より作成〕

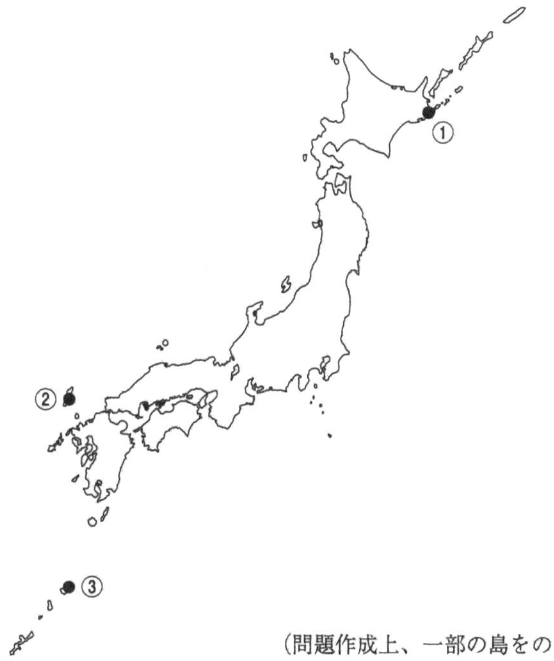

（問題作成上、一部の島をのぞいている。）

図１

(2)　空欄（１）・（２）に入る語句をそれぞれ答えなさい。

(3)　下線部ｂについて，都道府県名と島名の組み合わせとして正しくないものを，次のア～エのうちから１つ選び，記号で答えなさい。

ア．東京都－沖ノ鳥島　　**イ**．兵庫県－小豆島

ウ．鹿児島県－屋久島　　**エ**．沖縄県－与那国島

(4)　下線部ｃについて，あとの問いに答えなさい。

①　長野県と接する県として正しくないものを，次のア～エのうちから１つ選び，記号で答えなさい。

ア．栃木県　　**イ**．群馬県　　**ウ**．富山県　　**エ**．静岡県

②　次のＡ～Ｃの雨温図は，図２で示した長野県内のＸ～Ｚのいずれかの地点で観測されたものである。Ａ～Ｃの雨温図が，Ｘ～Ｚのどこで観測されたものかについて話し合っている小学生のれんさんとひまりさんの会話を読んで，会話文中の下線部の内容が正しくないものを，ア～エのうちから１つ選び，記号で答えなさい。

図２

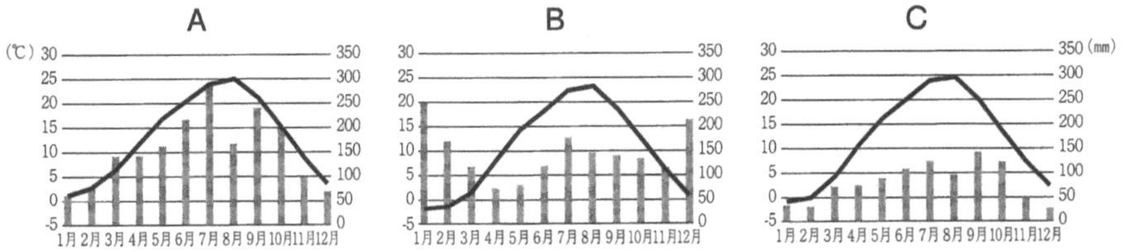

〔気象庁ＨＰ　より作成〕

れんさん：長野県は、たてに長い県だから、同じ県の中でも気候の特色がずいぶん変わるんだね。

ひまりさん：そうだね。**ア**Ａは、７月の降水量がＡ～Ｃの中でもっとも多くて、冬は夏と比べると降水量が少ないね。

れんさん：**イ**Ｂは、１月の気温が０度を下回っているし降水量が多いから、雪がとても多い地域なのではないかな。

ひまりさん：Ｂは、学校でならった新潟市のような日本海側の気候の雨温図に似ていると思う。

れんさん：**ウ**Ｃは、Ａ～Ｃの中で年降水量が一番少ないね。Ｘ～Ｚのうちでもっとも内陸で、海からの湿った風が届きにくい地域なのかな。

ということは、**エ** **A** は **X**、**B** は **Z**、**C** は **Y** で観測された雨温図ということだね。

ひまりさん

(5) 下線部ｄについて，甲府盆地などでみられ，中央部は日当たりと水はけがよく果樹栽培がさかんな，川が山から平地に出たところに土砂をつもらせてできた地形を何というか，答えなさい。

(6) 下線部ｅについて，工業が発展すると公害が発生することがある。四大公害病の一つで，1960年ごろ三重県伊勢湾周辺で発生した亜硫酸ガスを原因とする公害病を何というか，答えなさい。

(7) 下線部ｆについて，次の地形図は愛知県海部郡飛島村周辺をしめしたものである。この地形図に関して，あとの問いに答えなさい。　　　　（編集の都合で85％に縮小してあります。）

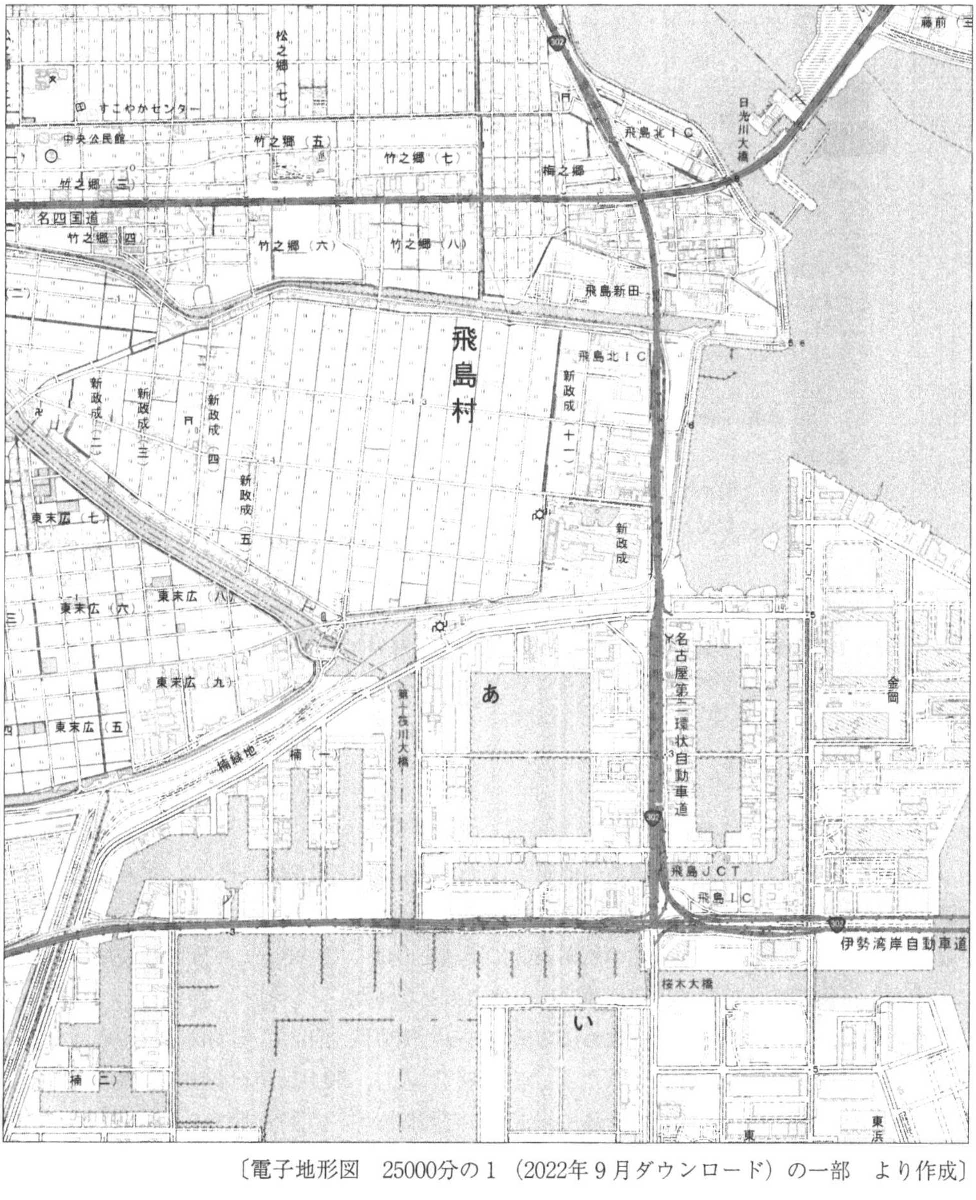

〔電子地形図　25000分の１（2022年９月ダウンロード）の一部　より作成〕

① 前のページの地形図から読みとれるものとして正しくないものを，次の**ア**～**オ**のうちから２つ選び，記号で答えなさい。

ア．村役場の北には，高等学校がある。

イ．村の大部分は，畑と広葉樹林からなる。

ウ．村の中には，発電所・変電所がある。

エ．村の中には，自然災害伝承碑がある。

オ．この地形図中に，鉄道の駅はない。

② 次の写真は，地形図中の**あ**・**い**周辺の空中写真を拡大したものである。写真から，海水面に何かがういていることが分かる。これは何か，写真とこれを商品としてとりあつかっている会社の【社長さんのお話】を参考に答えなさい。また，これを海水面にうかせて保管している理由を答えなさい。

あ

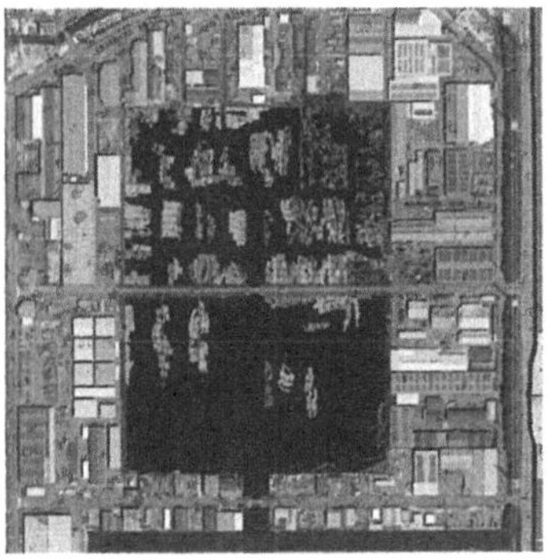

い

〔地理院地図　より作成〕

【社長さんのお話】

この商品のおもな輸入先は、アメリカ合衆国とカナダです。同じようなものは、秋田県や奈良県など国内にもありますが、値段が高いので海外からのものをとりあつかっています。近年は、賃金の安い海外で加工してから輸入することが増え、水面にうかせて保管する量は減ってきています。

2 次の文章を読んで，各問いに答えなさい。

山形県の遺跡の約（　1　）年前の地層からは山形県最古の土器の一つが，また，山形県の別の遺跡からは国内最大級の土偶「（　2　）の女神」が出土している。

出《で》羽国《わのくに》は，現在の山形県から北の秋田県側に領域をのばしていき，$_a$平安時代後期になると清原氏が台頭し，後三年合戦の後は奥州藤原氏の勢力下となった。

鎌倉時代に入ると，奥州藤原氏攻《ぜ》めに功績《こうせき》のあった関東武士団が，出羽国各地の荘園などの年貢を取り立てる（　3　）に任命された。$_b$室町時代に入り，最上《もがみ》氏が出羽国の$_c$戦国大名として勢力を拡大した。江戸時代に入り山形藩や米沢藩などが置かれ，江戸と地方を結ぶ$_d$交通路の開設により「最上紅花《べにばな》」などの特産品が運ばれると，酒田港はにぎわった。

e 明治４年の廃藩置県により山形藩などの藩は７県に置き換《お》えられ，その後現在の山形県が誕生した。酒田港は，f 昭和に入ると最上川と港との工事が実施《じっし》され，新しく生まれ変わったが，第四次（　4　）戦争をきっかけとする第一次石油危機は，県内の工場に強い衝撃《しょうげき》を与えた。

⑴　空欄（１）に入る語句として正しいものを，次の**ア**～**エ**のうちから１つ選び，記号で答えなさい。

ア．100　　**イ**．1,000　　**ウ**．１万　　**エ**．100万

⑵　空欄（２）に入る語句として正しいものを，次の**ア**～**エ**のうちから１つ選び，記号で答えなさい。

ア．旧石器　　**イ**．縄文　　**ウ**．弥生　　**エ**．古墳

⑶　下線部ａについて，11世紀後半，東国の武士を率いて東北地方で起こった豪族の争いをしずめた人物として正しいものを，次の**ア**～**エ**のうちから１つ選び，記号で答えなさい。

ア．源義家　　**イ**．源義仲　　**ウ**．源義経　　**エ**．源頼朝

⑷　空欄（３）に入る語句を答えなさい。

⑸　下線部ｂについて，室町時代から現代に伝わる文化として正しくないものを，次の**ア**～**エ**のうちから１つ選び，記号で答えなさい。

ア．能

イ．生け花

ウ．枯山水

エ．歌舞伎

⑹　下線部ｃについて，次の**史料**のように，戦国大名が自分の国を支配するためにつくったきまりを何というか，答えなさい。

史料

一　勝手にほかの国から嫁《よめ》をもらったり、婿《むこ》を迎えたり、娘を嫁にやったりすることは今後禁止する。（今川氏の『今川仮名目録』）

一　あらかじめ許可を得ずに他国へ贈《おく》り物や手紙を送ることは一切禁止する。

（武田氏の『甲州法度之次第《こうしゅうはっとのしだい》』）

(7) 下線部dについて，江戸時代の交通について述べた文として正しくないものを，次のア～エのうちから1つ選び，記号で答えなさい。

ア．幕府は，江戸の日本橋を起点とする五街道を定めた。

イ．飛脚《ひきゃく》とよばれる手紙などを運ぶ人によって，通信が発達した。

ウ．樽廻船《たるかいせん》は，江戸と大阪の間を定期的に往復した。

エ．日本海側でつくられた米は，関門海峡《かんもんかいきょう》を通って江戸に運ぶ東廻《ひがしまわ》り航路で運ばれた。

(8) 下線部eについて，あとの問いに答えなさい。

① 明治時代のできごとに関して述べた次の文Ⅰ～Ⅲについて，古いものから年代順に正しく配列したものを，次のア～カのうちから1つ選び，記号で答えなさい。

Ⅰ 天皇が国民に与えるという形で，大日本帝国憲法が発布された。

Ⅱ 日清戦争後には，労働者は団結して労働組合をつくるようになった。

Ⅲ 日本が韓国を併合して日本の植民地にすると，土地を取り上げられた朝鮮の農民のなかには日本に移住する者もいた。

ア．Ⅰ－Ⅱ－Ⅲ　イ．Ⅰ－Ⅲ－Ⅱ　ウ．Ⅱ－Ⅰ－Ⅲ

エ．Ⅱ－Ⅲ－Ⅰ　オ．Ⅲ－Ⅰ－Ⅱ　カ．Ⅲ－Ⅱ－Ⅰ

② 次の**史料**は青鞜社《せいとうしゃ》が明治から大正にかけて発行した婦人月刊誌『青鞜』の一部である。**史料**を読み，下線部はどのようなことを意味しているか，筆者である「私」が誰かを明らかにして説明しなさい。

史料

元始、女性は実に太陽であった。真正の人であった。今、女性は月である。他によって生き、他の光によって輝《かがや》く、病人のような蒼《あお》白い顔の月である。……私たちは隠《かく》されてしまったわが太陽を今や取り戻さねばならない。……もはや女性は月ではない。其日、女性はやはり元始の太陽である。真正の人である。

(9) 下線部fについて，昭和時代の人々の生活について述べた文として正しいものを，次のア～エのうちから1つ選び，記号で答えなさい。

ア．世界恐慌《きょうこう》によってアメリカ向けの生糸の輸出が増えたため，農家の生活は苦しくなった。

イ．国家総動員法によって，政府は議会の承認がなくても，物資や人を動かせるようになった。

ウ．戦争中，空襲がはげしくなると，地方に住んでいた児童は，都市に疎開《そかい》した。

エ．戦争中は，戦争相手の言葉が理解できるように，英語やアルファベットをすすんで使うようになった。

(10) 空欄（４）に入る語句を答えなさい。

3 次の文章を読んで，各問いに答えなさい。

2022年4月，a厚生労働省は，大人の代わりに家族の介護《かいご》や世話を日常的に行っている（　1　）が，小学6年生の15人に1人，大学3年生は16人に1人いることを公表した。前年に調べた中高生を含め，家族のb介護や世話をしているこどもたちはc学校を欠席したり，遅刻しがちになるなどの傾向がみられた。（　1　）の認知度はまだ低く，本人が自覚していないケースも少なくない。

小学生が求める支援《しえん》として「勉強を教えてほしい」「話をきいてほしい」という意見があった。一方，大学生では「学費の支援」「進路や d 就職などの相談」も目立った。年代に応じて，どのような助けを必要としているか，客観的に状況を把握《はあく》することが必要である。そして，社会全体の問題として e 支援のしくみをつくるとともに，こどもの様子や変化を見逃さないよう，関心をもつことが大切である。

(1)　下線部 a について，あとの問いに答えなさい。

①　厚生労働省の仕事として正しくないものを，次のア～エのうちから１つ選び，記号で答えなさい。

ア．外国から輸入される食品の検査をする。

イ．仕事をするのに必要な技術などを学ぶため，職業訓練を実施する。

ウ．国宝・重要文化財に指定し，文化財の保存を図る。

エ．生活が苦しくて困っている人を助ける制度を活用し，自立を手助けする。

②　厚生労働省や文部科学省などがこれまで別々に行ってきたこどものための政策をまとめて行うために，2023年４月に設置されることが決まった庁を答えなさい。

(2)　空欄（１）に入る語句をカタカナで答えなさい。

(3)　下線部 b について，あとの問いに答えなさい。

①　介護保険は，憲法第25条を具体化した社会保障制度のひとつである。憲法第25条が保障している「健康で文化的な最低限度の生活を営む権利」を何というか，答えなさい。

②　次のグラフは，「平均寿命」と健康上の問題がなく日常生活を送ることができる期間をあらわす「健康寿命」の推移を表している。このグラフに関する説明文Ａ～Ｃの正誤の組み合わせとして正しいものを，あとの**ア**～**ク**のうちから１つ選び，記号で答えなさい。

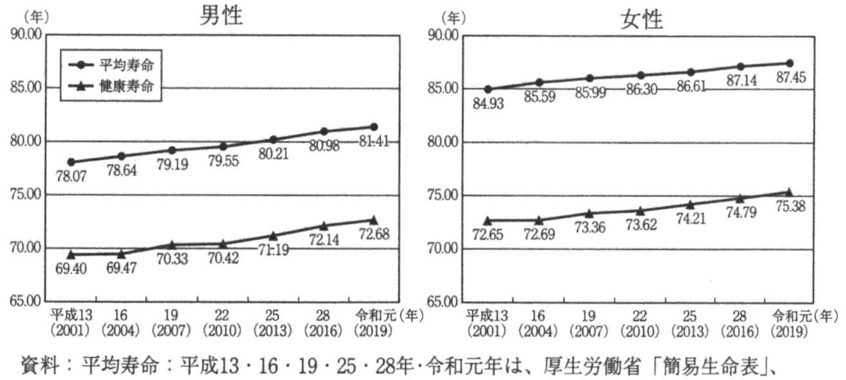

資料：平均寿命：平成13・16・19・25・28年・令和元年は、厚生労働省「簡易生命表」、
平成22年は「完全生命表」
健康寿命：厚生労働省「第16回健康日本21（第二次）推進専門委員会資料」

〔『令和４年版　高齢社会白書』より作成〕

Ａ　2019年の男女を比較すると，男性の方が「平均寿命」が長い。
Ｂ　2001年と2019年を比較すると，男女ともに，「平均寿命」が延びている。
Ｃ　2019年の男女を比較すると，男性の方が「平均寿命」と「健康寿命」の差が大きい。

ア．Ａ：正　Ｂ：正　Ｃ：正　　**イ**．Ａ：正　Ｂ：正　Ｃ：誤

ウ．Ａ：正　Ｂ：誤　Ｃ：誤　　エ．Ａ：正　Ｂ：誤　Ｃ：正
オ．Ａ：誤　Ｂ：正　Ｃ：正　　カ．Ａ：誤　Ｂ：誤　Ｃ：誤
キ．Ａ：誤　Ｂ：誤　Ｃ：正　　ク．Ａ：誤　Ｂ：正　Ｃ：誤

③　「平均寿命」と「健康寿命」の差が大きくなることで生じる問題を，２つ具体的に説明しなさい。

(4)　下線部ｃについて，こどもたちには，社会権のひとつとして「教育を受ける権利」が保障されている。社会権に含まれるものとして正しいものを，次のア～エのうちから１つ選び，記号で答えなさい。

ア．思想・良心の自由　　イ．勤労の権利　　ウ．選挙権　　エ．裁判を受ける権利

(5)　下線部ｄについて，１日８時間以内，１週間40時間以内など，働く人たちの権利を守るために，労働条件の最低基準を定めた法律を何というか，答えなさい。

(6)　下線部ｅについて，2020年に，埼玉県は介護などをする人を社会で支えるための条例を制定した。このことに関連して，あとの問いに答えなさい。

①　条例を制定した地方議会に関する文として正しくないものを，次のア～エのうちから１つ選び，記号で答えなさい。

ア．地方議会は一院制である。
イ．議員の被選挙権は満30歳以上である。
ウ．議員の任期は４年である。
エ．地方議会は，首長に対して不信任の議決を行うことができる。

②　住民は，地方公共団体に対して条例の制定を請求することができる。必要な署名数Ｘ・Ｙ，請求先Ａ～Ｄから正しいものを，それぞれ１つずつ選び，記号で答えなさい。

〈署名数〉
Ｘ．有権者の50分の１以上　　Ｙ．有権者の３分の１以上
〈請求先〉
Ａ．首長　　Ｂ．選挙管理委員会　　Ｃ．監査委員　　Ｄ．人事委員会

ア　自分の体を道具のように変形できたら、人間はもっと高い能力を身につけることができる。

イ　私たちは気がつかないうちに、道具を自分の体に組み込み、自分の体の一部のように使っていることがある。

ウ　機械化しやすい工程に機械を入れることは、労働者の仕事がなくなることにつながるため、するべきではない。

エ　機械に合わせて働くと、夜勤が続いてしまう人が出てくるため、社会生活に合わせることができるよう交代制にする必要がある。

問一　空欄（ａ）～（ｃ）に当てはまる言葉を、次の選択肢から選び、それぞれ記号で答えなさい。
ア　たとえば　　イ　つまり　　ウ　もし
エ　あるいは　　オ　ところが

問二　傍線部①「まずうまくゆかない」とありますが、なぜですか。その理由を説明したものとして最も適当なものを、次の選択肢から選び、記号で答えなさい。
ア　小さな子供は、はさみで紙を切る方法を理解することができないから。
イ　ハサミの使い方を教えるには、切り絵作者くらいの技術がないと難しいから。
ウ　ハサミを使い慣れた人は、自然とハサミの構造に合った使い方をしているから。
エ　まずは子供に、ハサミを使えるようになりたいと思わせないといけないから。

問三　傍線部②「それ」が指すものを、本文中より探し一語で抜き出しなさい。

問四　空欄 Ｉ に入る表現として、最も適当なものを次の選択肢から選び、記号で答えなさい。
ア　ハサミに使われている
イ　ハサミを使いこなしている
ウ　ハサミに使い古されている
エ　ハサミを使い切れない

問五　傍線部③「機械になるとなかなかそうはゆきません」とありますが、「機械」の場合はどうなってしまうと筆者は述べていますか。適当でないものを次の選択肢から一つ選び、記号で答えなさい。
ア　機械の使い方は道具よりも複雑であるため、しっかりと使い方を学んでからでないと機械を使うことができなくなってしまう。
イ　機械は社会的な生産組織に組みこまれることがあるため、機械の構造に合わせて私たちがはたらくことになってしまう。
ウ　大規模な工場機械であると道具のように持ち運ぶことは不可能になるため、私たちが機械のもとへ通っていくことになってしまう。
エ　機械は道具よりも私たちの生活を助けるものであるため、その多くの要求に従わないと使いこなせないものとなってしまう。

問六　傍線部④「機械の能力を最大限に発揮しなければ合理的ではないでしょう」とありますが、「機械の能力を最大限に発揮」するとどのような問題が起こりますか。本文中より探し、九字で抜き出しなさい。

問七　傍線部⑤「機械が要求する労働の質」とありますが、それに当てはまるものを次の選択肢からすべて選び、記号で答えなさい。
ア　熟練　　イ　単純　　ウ　複雑　　エ　部分　　オ　創意

問八　傍線部⑥「人間の利点が人間自身にはね返り、マイナスに転化する」とありますが、どういうことですか。「道具」または「機械」という言葉を使い、三十～四十字で答えなさい。（句読点を含みます。）

問九　空欄 Ⅱ ・ Ⅲ に当てはまる語を、それぞれ漢字一字で答えなさい。

問十　本文の内容と一致するものを、次の選択肢から一つ選び、記号で答えなさい。

さらにいえば機械を不可欠の要素として組みこんだ産業主義的な制度[※6]が要求するリズムに合わせなければなりません。これは人間のリズムの破壊です。

　機械は人間とちがって生体的なリズムをもちません。人間には生体時計があって、だいだい昼間活動して夜休息するよう、からだのリズムができている。ところが機械によっては、とめることができない機械があります。多くの装置産業の機械はそうです。溶鉱炉《ようこうろ》のようなものですと、朝労働者が出勤をしてきて、労働開始と同時に火を入れる、そして八時間労働して帰るときに火を落とすとすれば、溶鉱炉は温まるひまもないでしょう。溶鉱炉は絶えず燃やし続けなければならない。つまり二四時間操業ということになります。そこで人間が交代して、機械を動かし続けますが、そうなると人間の生体時計が狂ってしまうという問題が起こります。

　生体時計はある程度なれによる調整が可能ですから、文明が発達すると人間のなかでも夜型がふえてきます。生体のリズムが人工化されてくる。しかし夜勤が毎日続くと、日中を中心に動いている社会生活と合わない不都合が出てきます。そこで夜勤の時間を少しずつずらすということになります。交代することは、社会生活を考えれば意味がありますが、生体時計の面からみれば、せっかくなれたリズムをまた変えてしまい、生体時計が狂ってしまう。生理的にも心理的にもいろいろな障害を引き起こします。パイロットとか、スチュワーデス[※7]とか、航空関係者にも起こっている大きな問題です。

　機械化にともなうもう一つの問題は、⑤機械が要求する労働の質です。機械の発達は、しだいに熟練労働を不要にします。単純労働ですむ場面が多くなる。機械がある種の質の労働を要求し、人間がそれに従う。一部の複雑労働はますます高度になりますが、多くの複雑労働が単純労働に変えられてゆく。単純労働はふつう部分労働でもありますから、熟練も創意も必要とせず、労働の意味は、労働の部分化とともに微分化[※8]されて、無意味に近づいてゆきます。

　機械による疎外は、産業革命[※9]以後顕著《けんちょ》になった問題ですが、すでにのべたようにこの構造は、道具の使用にも潜在していました。つまりこれは、⑥人間の利点が人間自身にはね返り、マイナスに転化するという問題です。生産力の爆発的な増大による資源の枯渇《こかつ》・環境破壊なども、人間がきずいてきた文明の［Ⅱ］所が［Ⅲ］所に転ずる臨界点[※10]に達したことを示しています。この自己矛盾は、人間の能力に課せられた最大の難問といえるでしょう。

（市川浩『〈身〉の構造』より）

〈注〉
※1　随時……その時々。
※2　潜在……表面に表れず隠れていること。
※3　疎外……仲間外れ。近づけないこと。
※4　償却……使った費用のうめ合わせをすること。
※5　中岡哲郎……技術史学者。
※6　産業主義的な制度……工場や機械などによる生産が経済の中心となる制度。
※7　スチュワーデス……客室乗務員。
※8　微分化……非常に細かく分けること。
※9　産業革命……手工業から機械工業への産業上の変化。
※10　臨界点……物質が、ある状態から別の状態へ変化する境目。

は、ほとんどメガネをかけていることを意識しません。だからこそメガネをかけていながら、「メガネはどこへ行った、どこへ行った」と大騒ぎをしたりする（笑）。それくらい身体化してしまいます。

　われわれが手元に置いて自由に使ったり、使わなかったりする道具の場合には、われわれはふつう道具の身体化という面だけを意識します。ところがハサミの使い方を教えようとすると大変むつかしい、という事実が典型的に示すように、われわれはハサミの構造に合った指の動かし方をしています。逆にいえば、われわれは［Ⅰ］。用具の構造とか論理があって、それにのっとらなければ用具は使えない。無意識のうちにわれわれは用具の構造に身をそわせ、用具に組みこまれているという側面があります。身のまわりの道具の場合には、われわれは、これをほとんど意識しません。しかし金づちやナイフを使う場合、われわれは無意識に柄《え》の方を握ります。金づちの頭やナイフの刃を握る人はいない。金づちの頭を握って釘を打つことはできないわけではありませんが、うまくゆきません。われわれは金づちの構造によって柄を握るよう強制されています。金づちによって命令され、支配されているといってもいい。ただ手もとにある身のまわりの道具の場合には、われわれが道具を自由にするという組みこみの自由の方が、組みこまれの強制力より大きくみえるところから、道具に支配され、組みこまれていることに気づかないだけです。

　ところが、③機械になるとなかなかそうはゆきません。機械には説明書がついていますが、説明書というのは実に厄介《やっかい》なもので、読んでもよくわからない。最初機械を使うときは、一所懸命頭で理解し、説明書の説明（実は命令）どおり操作します。だんだんなれてくると、くたびれたオンボロ自動車をだましだまし運転するなんていったりしますね。そのようにわれわれの方が機械に自分をそわせなければならない。ましてそれが大規模な工場機械になると、これは社会的な生産組織・経済組織のなかに組みこまれていますから、二重の意味でわれわれの自由になりません。われわれの方が機械のところへかよってゆき、機械の構造に合わせてわれわれがはたらきます。これは道具の場合にもすでに潜在※2していたことですが、社会的な生産組織に組みこまれ、個人の手元において自由にできない大規模な生産機械の場合には、組織や機械による支配の面が、より強く出てきます。つまり〈機械による疎外※3〉です。

〔中略〕

　われわれは、人間の能力を拡大し、人間の労働を楽にするために機械をつくったはずであるのに、逆に人間が機械によって支配される事態が起こっています。たとえば生産システムのうち、まず比較的機械化しやすい工程に機械を入れるとしましょう。するとそこで働いていた人間が余る。その人間を機械が入った工程の前後へ配置すれば、労働が楽になるはずです。ところがそれでは経営の合理化にはつながらないから、配置転換するか、首を切るということになります。

　それだけではない。人間がやっていた一つの作業の流れがあります。そこへ機械を入れたとき、人間の作業の流れに機械の流れを合わせれば、問題はないはずです。しかし機械を入れる目的はそれではありません。機械の償却《しょうきゃく》※4がありますから、④機械の能力を最大限に発揮しなければ合理的ではないでしょう。そこで中岡哲郎※5さんが指摘しておられるように、機械が導入されることによって前後の人間の手作業の部分の流れもスピード・アップされます。人間のリズムを機械のリズムに合わせ、

【国　語】（五〇分）〈満点：一〇〇点〉

一　次のⅠ・Ⅱの問いに答えなさい。

Ⅰ　次の傍線部の漢字の読みをひらがなで答えなさい。カタカナは漢字に直しなさい。

①　素晴らしさに驚嘆する。
②　幕末の志士。
③　思いどおりに操る。
④　危険をカイヒする。
⑤　生地をサイダンする。
⑥　土手にソう道。

Ⅱ　次の空欄に例にならって漢字を入れ、それぞれ四つの熟語を完成させなさい。

【例】
写↓
一→［生］→糸
↓身

①
具↓
場→［　］→格
↓宿

②
素↓
正→［　］→感
↓立

③
身↓
紀→［　］→日
↓気

④
本↓
大→［　］→目
↓口

二　※問題に使用された作品の著作権者が二次使用の許可を出していないため、問題を掲載しておりません。

（出典：木内昇『茗荷谷の猫』所収「スペインタイルの家」より）

三　次の文章を読んで、後の問いに答えなさい。（問題の作成上、一部改変した箇所があります。）

ハサミというのは便利なものです。われわれは無意識に手もとにあるハサミを取り上げて自由に使いこなします。なかでも切り絵作者のハサミの動きは、まるで生きもののように魔術的でさえあります。（　ａ　）子供にハサミの使い方を教えようとすると、①まずうまくゆかない。子供は紙をハサミの刃の間にはさみ込んでしまうのがおちです。まさにハサミは使いようだな、と痛感します。（　ｂ　）われわれは長い修練の結果、ハサミを持ったとたん、無意識のうちに刃と刃をすり合わせるよう力を配分しているのです。ハシの使い方も同じですね。

用具（道具や機械の両方を合わせて「用具」と呼ぶことにします）を使うことによって、われわれは用具のはたらきを身のはたらきのうちに組みこみ、身のはたらきを拡大・強化してゆきます。こうした用具の仲だちによって、人間は高度の技術文明をきずいてきました。力の弱い裸のサルは、用具を身にまとうことによって比類のない力を獲得《かくとく》したといえるでしょう。

用具は、われわれのからだの外のものです。だからこそ用具の構造とはたらきを、人間の身体の構造とはたらきから分離して、自由に変形し、精練することができます。（　ｃ　）自分自身のからだを変形するのであれば、大した能力はもてないにちがいありません。自分から離れた存在だからこそ、②それを変形し、発展させ、自由にとりかえ、身に接続したり切りはなしたりできます。

こうしてわれわれは、※1随時《ずいじ》用具を身に組みこみ、身体化します。服を着たり、メガネをかけたり、靴をはいたり……。メガネをかけている人

MEMO

大切なことはメモしておこうネ！

2023年度

獨協埼玉中学校入試問題（第２回）

【算　数】（50分）　＜満点：100点＞

【注意】 定規，分度器は使用してはいけません。

1 次の各問に答えなさい。

(1) $\left(4\frac{2}{3}-2\frac{1}{4}\right)\div\frac{1}{6}\times 2$ を計算しなさい。

(2) ０より大きい２つの整数Ａ，Ｂについて，$A*B=\frac{B-A}{A\times B}$ とします。このとき，

$(2*3)+(3*4)+(4*5)$ を計算しなさい。

ただし，ＡはＢより小さい整数とします。

(3) あるお店では，黒・赤・青・黄・緑の５種類のボールペンを売っています。黒を含む異なる３色を自由に選んで，３種類のボールペンを買う場合，色の組合せは全部で何通りですか。

(4) ５％の食塩水Ａと，９％の食塩水Ｂを混ぜたところ，６％の食塩水が800ｇできました。食塩水Ａを何ｇ混ぜましたか。

(5) Ａ地点からＢ地点を通り，Ｃ地点まで行きます。Ｂ地点までは時速30㎞で進み，残りを時速40㎞で進んだところ，全部で２時間15分かかりました。Ａ地点からＣ地点までの道のりが84㎞であるとき，Ａ地点からＢ地点までの道のりは何㎞か求めなさい。

(6) 図のように，1辺が１㎝の正方形がすきまなく６個並んでいます。このとき，次の各問に答えなさい。

① アの角は何度ですか。

② 斜線部分の三角形の面積を求めなさい。

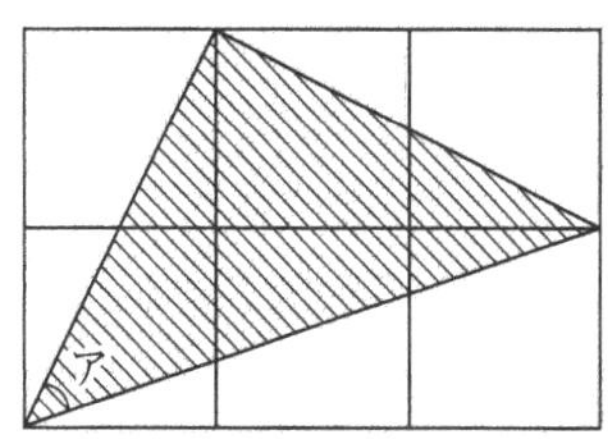

(7) 図１のような，底面が６㎝の正方形で高さが12㎝である正四角柱の容器いっぱいに水が入っています。この容器を傾けて水を捨てたところ，図２のようになりました。容器に残った水の体積を求めなさい。

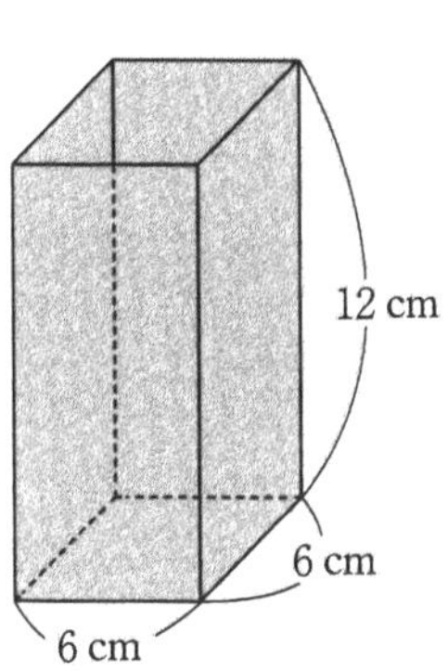

図１

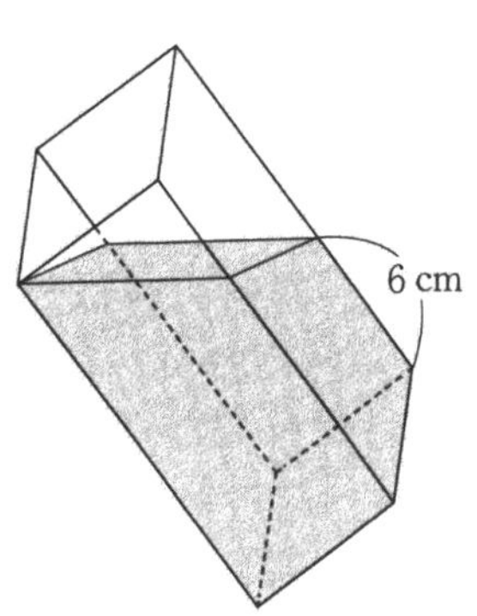

図２

2 次の各問に答えなさい。

(1) あるドーナツ店では，ドーナツが１箱に５個人った商品Ａと１箱に７個入った商品Ｂの２種類が販売されています。このとき，次の各問に答えなさい。

① 次の個数のドーナツをちょうど買う場合，商品Ａと商品Ｂをそれぞれ何箱ずつ買えばよいか答えなさい。

(i) 24個

(ii) 33個

② 75個のドーナツをちょうど買う場合，商品Ａと商品Ｂの買い方の組合せは何通りありますか。ただし，買う商品が１種類であってもよいものとします。

(2) 次の３つの規則にしたがって，数を並べます。

【規則Ⅰ】 最初の数は１

【規則Ⅱ】 ２番目の数は２

【規則Ⅲ】 ３番目以降の数は直前の２つの数の和

したがって，

１，２，３，５，８，13，…

のようになります。

このとき，次の各問に答えなさい。

① 12番目の数を答えなさい。

② 2023番目の数を４で割った余りを答えなさい。

3 ミツバチの巣の断面は，同じ大きさの正六角形を敷《し》きつめたような構造であることが知られています。以下の太郎さんと花子さんの会話を読んで，次の各問に答えなさい。

太郎「ミツバチの巣はなぜ正六角形が敷きつめられているのかな？なぜ正三角形や正五角形ではないのだろう。」

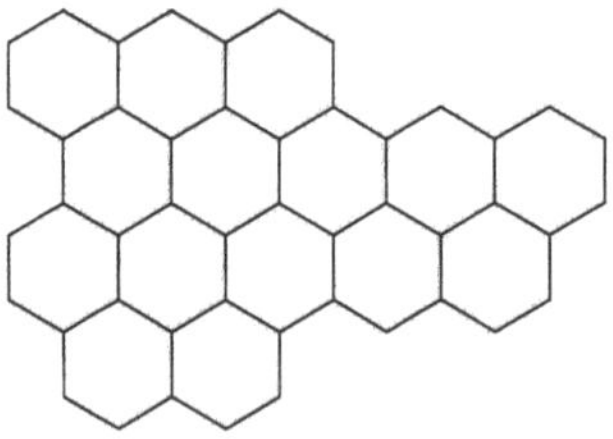

花子「断面図を見ると，正六角形がすき間なく並んでいることがわかるね。正五角形だとすき間なく並べることができないよ。」

太郎「そうか。正五角形は１つの内角が［ ア ］度だから，その角をいくつか合わせて360度にならないのですき間ができてしまうんだね。」

花子「正六角形の他にも正三角形や［ イ ］だったらすき間なく並べることができるよ。」

太郎「そうすると，ミツバチが正六角形を選んだ理由は他にもありそうだね。」

花子「ミツバチの巣は，“蜜《みつ》ろう”という物質でできているんだけど，蜜ろうはとても貴重なものだと本で読んだことがあるよ。それからミツバチは巣にできるだけたくさんの蜜を貯《た》めておけるように工夫してるんだって。」

太郎「正三角形や［ イ ］ではなく，正六角形を選んだヒントがそこにありそうだね。」

花子「巣を作るのに必要な蜜ろうの量を，正六角形の周の長さと考えて，周の長さが等しい正三角形と面積を比較してみましょう。」

太郎「わかりやすいように周の長さが６㎝の正六角形と正三角形で面積の比を求めてみると，

ウ だから，同じ蜜ろうの量からできるスペースは正六角形の方が広くなり，蜜がたくさん貯められることがわかるね。」

(1) ア にあてはまる数を答えなさい。

(2) イ にあてはまる正多角形を答えなさい。

(3) ウ にあてはまる比を最も簡単な整数の比で答えなさい。

4 花子さんの家では，１台のスマートフォンを花子さんと弟の太郎さんの２人で使用しています。ある週のスマートフォンの総利用時間とそのうちの動画視聴時間を調べました。この週について，図１はスマートフォン総利用時間の内訳を，図２はスマートフォン利用時間のうちの動画視聴時間の占《し》める割合を表したグラフです。また，スマートフォンの総利用時間は200分間で，「花子さん１人だけ」についての動画視聴時間は16分間です。

このとき，次の各問に答えなさい。

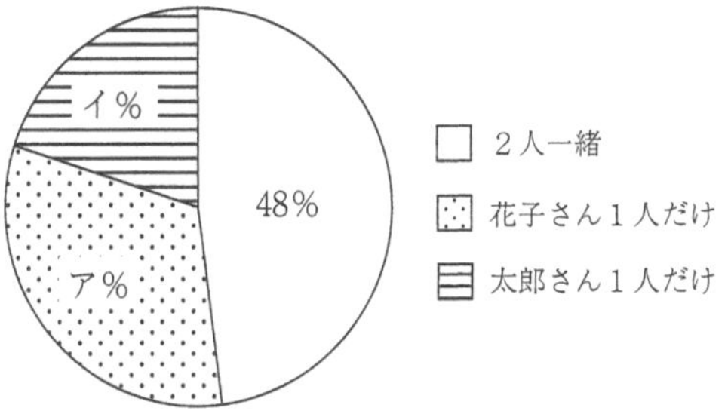

図１　スマートフォン総利用時間（200分間）の内訳

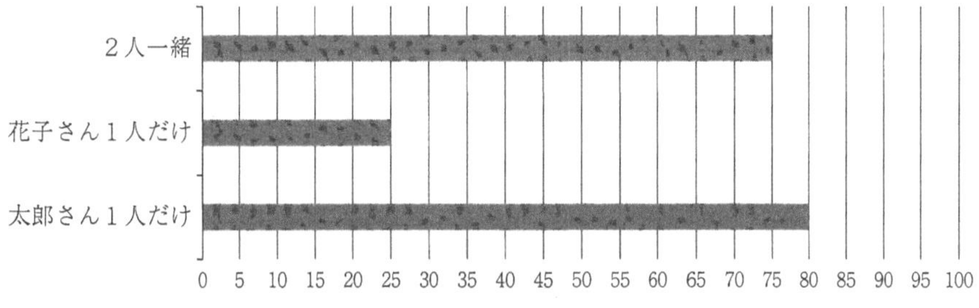

図２　スマートフォン利用時間のうちの動画視聴時間の占める割合（％）

(1) 「２人一緒」について，次の①，②に答えなさい。

① スマートフォン利用時間は何分間か求めなさい。

② 動画視聴時間は何分間か求めなさい。

(2) 図１における，ア，イにあてはまる数をそれぞれ求めなさい。

(3) この週の総動画視聴時間のうち，「２人一緒」についての動画視聴時間の割合は何％ですか。ただし，総動画視聴時間とは，この週の動画視聴時間の合計とします。

【理　科】（30分）　＜満点：70点＞

1　次の(1)～(10)の各問いに答えなさい。

(1)　右図のように，２つのおもりを重さの無視できる棒《ぼう》とひもでつるしたところ，棒やおもりは止まったままでした。

①　ＡＢ間の長さは何㎝か答えなさい。

②　図のおもりの代わりに，Ａにつるしたおもりが30ｇのとき，棒やおもりが止まったままであるためには，Ｃにつるすおもりは何ｇであればよいか答えなさい。

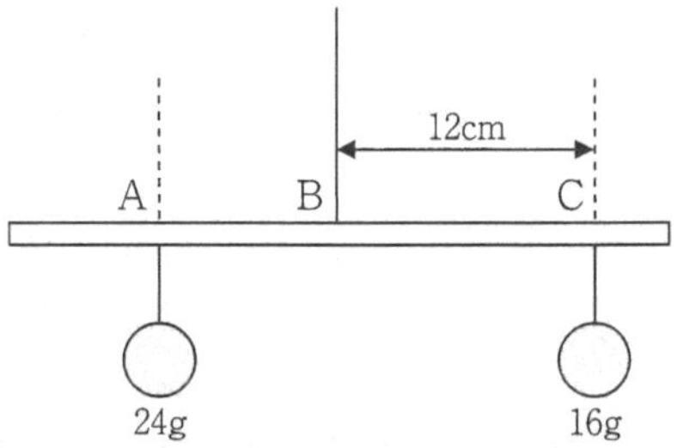

(2)　右図のように，コイルに電池をつなぐとコイルは電磁石となりました。

①　電磁石のＮ極は，ＡとＢのどちらか記号で答えなさい。

②　電磁石の磁力を強くするためにはどうすればよいですか。以下のア～オのうち適切なものをすべて選び，記号で答えなさい。

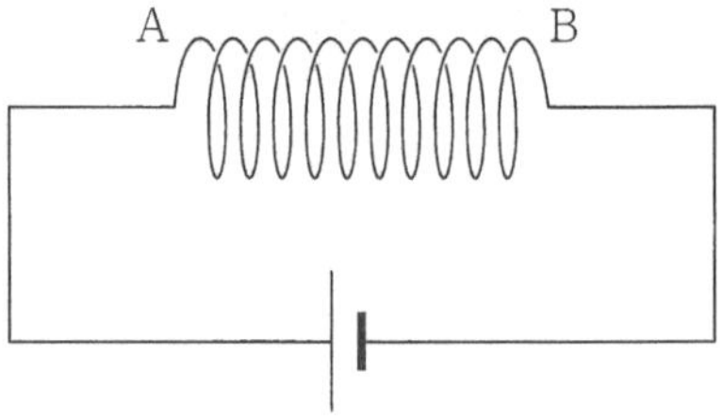

ア　電池の向きを逆向きにする　　　イ　コイルの巻き数を増やす
ウ　コイルの内部に鉄芯《しん》を入れる　　エ　電池を２個直列につなぐ
オ　電池を２個並列につなぐ

(3)　二酸化炭素について述べた文として，正しいものを次のア～エからすべて選び，記号で答えなさい。

ア　空気より重い気体である。
イ　水に少し溶けて，水溶《よう》液はアルカリ性を示す。
ウ　ヒトの吸う息とはく息で，割合が変わらない気体である。
エ　石灰水に通すと白くにごる。

(4)　下図の色々な向きの矢印は，動物や植物が，生活する上で出し入れするいくつかの種類の物質の移動を表したものになります。ただし，１本の矢印が１種類だけでなく，２種類以上の物質を示す場合もあります。水に溶けると，青色リトマス紙を赤色に変える特徴をもつ気体の移動を示す矢印を，ア～オの中から全て選び，記号で答えなさい。ただし，昼に起こる物質の移動を考えるものとします。

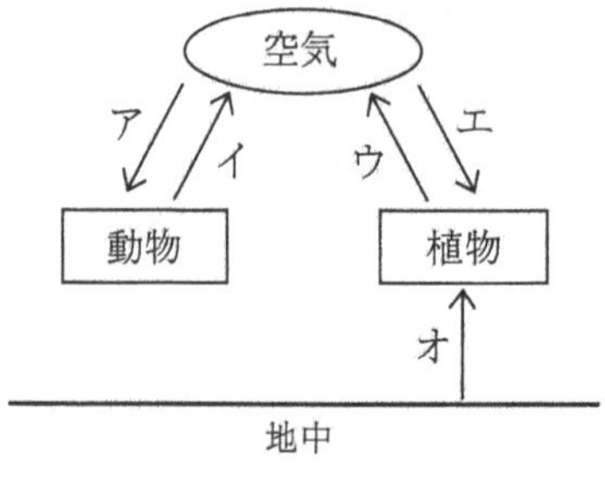

⑸　夏によく見られ，激しい雨を降らせる雲の特徴《ちょう》として当てはまるものを，次のア～エから１つ選び，記号で答えなさい。

ア　空の高いところに細い糸のように広がっている。

イ　地表近くから高いところにかけて，むくむくと伸びている。

ウ　小さなかたまりになっており，ひつじの群れのように見える。

エ　太陽の光をあまり通さず，空全体を広くおおっている。

⑹　日本に接近する台風について述べた文として正しいものを，次のア～オからすべて選び，記号で答えなさい。

ア　台風の多くは春に発生する。

イ　台風の中心の気圧は，周りの気圧よりも低い。

ウ　台風の中心は最も激しい雨が降る。

エ　台風の渦は時計回りに回っている。

オ　台風が通過した場所は気温が上がり，晴れになりやすい。

⑺　冬のある日の午後10時に南の空を見上げると，オリオン座の一部であるベテルギウスが下の図の位置にありました。この日から１ヵ月後の午後７時に南の空を見上げると，ベテルギウスはどの位置にありますか。次のア～カから１つ選び，記号で答えなさい。ただし，図の点線は15°おきに引かれています。

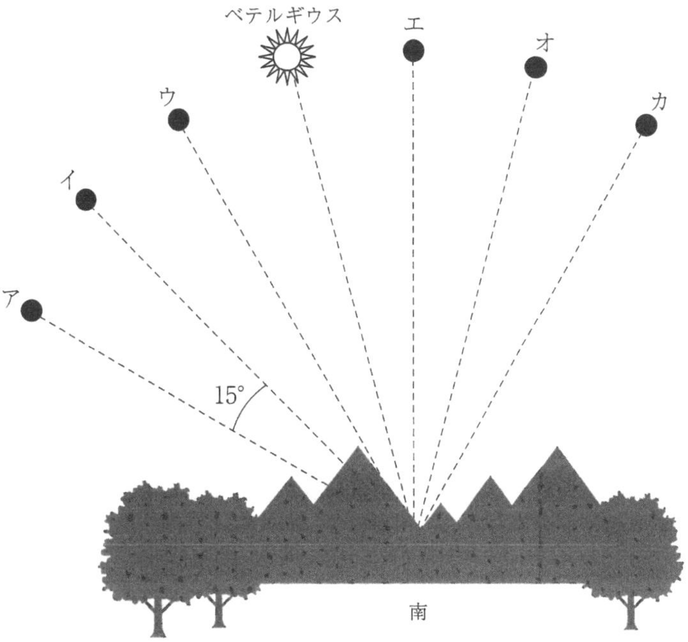

⑻　満月から次の満月まで30日かかったとき，新月の日から満月が見える日はおよそ何日後になりますか。最も当てはまるものを，次のア～オから１つ選び，記号で答えなさい。

ア　８日後　　イ　10日後　　ウ　15日後

エ　23日後　　オ　28日後

2 次の文章を読み，(1)，(2)の各問いに答えなさい。

獨協埼玉中学校には水を引いてイネを植える『実習田』という『水田』を持っています。『水田』に水が張られると，ミジンコやミカヅキモのような微小なプランクトンが発生し，それを餌《えさ》とする水生昆虫やタニシやドジョウ，それらを食べるザリガニが姿を現します。畦《あぜ》ではバッタ等の昆虫やそれらを食べるカエルやトカゲ，さらにそれらを食べるモグラも見られ，サギをはじめとする野鳥も飛来します。このように『水田』では多種多様な生物が生息しています。

(1) 下線の微小なプランクトンを観察するためにプレパラートを作成し，図１の鏡筒《とう》上下式顕微《けんび》鏡を用いて観察しました。

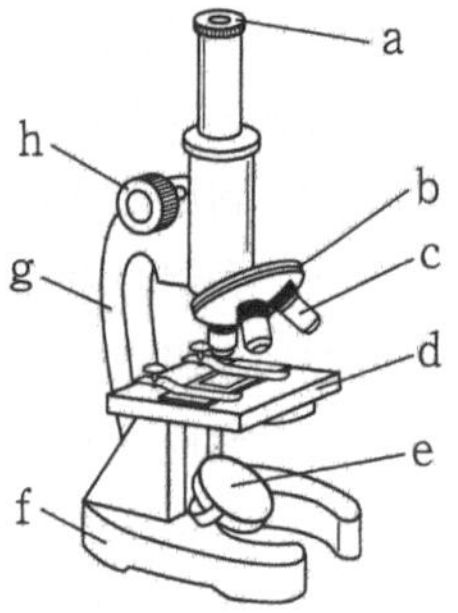

図１

① 図１の顕微鏡の使用手順を示した文中の空欄《らん》〔１〕～〔５〕には図１のａ～ｈを，空欄《らん》〔❶〕～〔❹〕には適当な組み合わせの選択肢をア～カから選び，記号で答えなさい。

〔使用手順〕

1．直射日光の当たらない，明るい，水平な台上におく。

2．〔　１　〕を取り付けた後に〔　２　〕を取り付ける。

3．接眼レンズをのぞきながら〔　３　〕を動かし，視野全体が最も明るくなるようにする。

4．最初は視野の〔　❶　〕い低倍率で観察する。

5．〔　❷　〕から見ながらプレパラートと対物レンズを〔　❸　〕，次に接眼レンズをのぞきながら，それらを〔　❹　〕るように〔　４　〕をまわしてピントを合わせる。

6．適当な像がみつかれば，〔　５　〕をまわして高倍率に切りかえる。

	❶	❷	❸	❹
ア	広	真上	近づけ	遠ざけ
イ	広	真横	遠ざけ	近づけ
ウ	広	真横	近づけ	遠ざけ
エ	狭《せま》	真横	遠ざけ	近づけ
オ	狭	真上	近づけ	遠ざけ
カ	狭	真上	遠ざけ	近づけ

② 倍率を150倍にして観察した時，図２のようにミカヅキモが20個体，視野の中に均等に観察することができました。倍率を600倍にあげて観察した時，理論上，視野の中には何個体のミカヅキモが観察されますか。数字で答えなさい。

図２

③　ミカヅキモが図３のように視野の左下に見えました。これを視野の中央に移動して観察するには，プレパラートをどの向きに移動すればよいですか。次のア～エから選び，記号で答えなさい。

ア　右上　　イ　右下

ウ　左上　　エ　左下

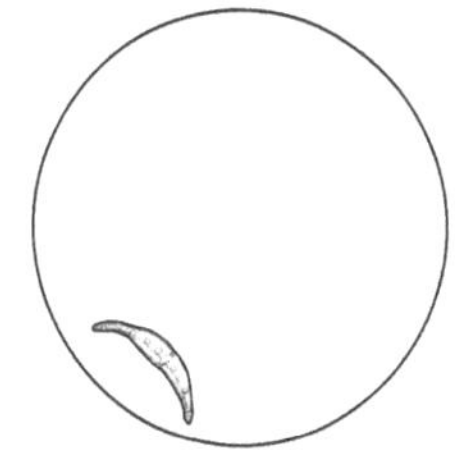

図３

(2)　水田に現れた生物Ⅰ～Ⅷをからだのつくりや生活のしかたなどの特徴によって，A～Oに分け下表にまとめました。例えば，分け方❶はからだをつくる細胞の数の違いで分けられ，Aは細胞が１つでからだがつくられている単細胞生物，Bは多くの細胞でからだがつくられている多細胞生物です。分け方❹は体温の変化のしかたによって分けられ，Gは外界の温度が変わると体温が変わる変温動物，Hは外界の温度が変わっても体温が一定に保たれる恒温動物です。

<table>
<tr><td rowspan="2"></td><td>Ⅰ</td><td>Ⅱ</td><td>Ⅲ</td><td>Ⅳ</td><td>Ⅴ</td><td>Ⅵ</td><td>Ⅶ</td><td>Ⅷ</td></tr>
<tr><td>ミカヅキモ</td><td>ザリガニ</td><td>バッタ</td><td>ドジョウ</td><td>カエル</td><td>トカゲ</td><td>サギ</td><td>モグラ</td></tr>
<tr><td>分け方❶</td><td>A</td><td colspan="7">B</td></tr>
<tr><td>分け方❷</td><td colspan="3">C</td><td colspan="5">D</td></tr>
<tr><td>分け方❸</td><td colspan="3" rowspan="4"></td><td colspan="4">E</td><td>F</td></tr>
<tr><td>分け方❹</td><td colspan="3">G</td><td colspan="2">H</td></tr>
<tr><td>分け方❺</td><td>I</td><td>J</td><td colspan="3">K</td></tr>
<tr><td>分け方❻</td><td>L</td><td>M</td><td>L</td><td>N</td><td>O</td></tr>
</table>

①　分け方❷はからだのつくりで分けられています。Dの５種類の生物をCの３種類の生物に対してその特徴から何動物と呼びますか。

②　分け方❸は，どのような基準によって分けられたものですか。次のア～オからもっとも適当なものを１つ選び，記号で答えなさい。

ア　卵が石灰質の殻《から》で包まれているか，寒天状のものでおおわれているか。

イ　親が子の世話をするか，しないか。

ウ　４本足で歩くか，つばさで飛ぶか。

エ　陸上でうまれるか，水中でうまれるか。

オ　母体内である程度育ってからうまれるか，うまれないか。

③　分け方❺は，呼吸のしかたで分けられている。Jにあてはまる生物の特徴を説明した以下の文章の空欄に適語を入れなさい。

『子（幼生）はえらと（　　　）で呼吸し，親は肺と（　　　）で呼吸する。』

④　分け方❻は，からだの表面の様子で分けられている。このうちMにあてはまる生物のからだの表面の様子はあることに役立っているが，それは何ですか。次のア～オからもっとも適当なものを１つ選び，記号で答えなさい。

ア　血液の運搬《ぱん》　　イ　体色の変化（擬態《ぎたい》）　　ウ　呼吸　　エ　産卵　　オ　冬眠

3 下の表は，ブドウ糖と硝《しょう》酸カリウムについて，水の量と水温を変えながら，それぞれを水に溶《と》かすことのできる最大量を記録した結果です。これについて以下の各問いに答えなさい。

表１　各量、各温度の水に溶かせるブドウ糖の量［g］

水の量[g] ＼ 水温[℃]	0	20	40	60
50	10	12	15	20
100	20	24	①	40
150	30	36	45	60

表２　各温度、各量の水に溶かせる硝酸カリウムの量［g］

水の量[g] ＼ 水温[℃]	0	20	40	60
50	6	16	32	②
100	12	32	64	110
150	18	48	96	165

(1) 表１・表２の空欄《らん》①・②に当てはまると考えられる数値を答えなさい。

(2) 下の図１は，食塩を用いて，表１・２と同様の実験を100ｇの水を用いて行ったときの結果を●印とそれを結ぶ曲線で示したグラフです。図１を参考に，ブドウ糖は▲印，硝酸カリウムは○印を用いてグラフを作成しなさい。ただし，解答用紙には予《あらかじ》め食塩についてのグラフが記入されているので，ブドウ糖と硝酸カリウムについてのグラフは，そこに加えて記入すること。

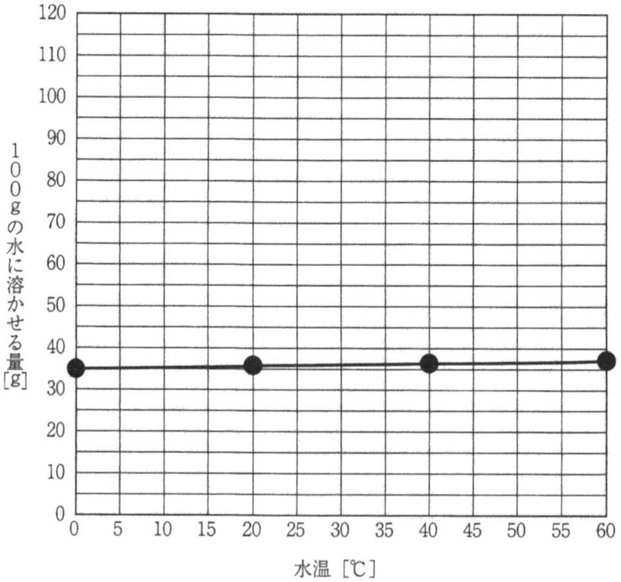

図１　100ｇの水に溶かせる食塩の量と水温の関係

(3) ブドウ糖，硝酸カリウム，食塩それぞれを，80℃，100ｇの水に溶かす場合，溶ける量が多いと考えられるものから順に左から並べたものを以下のア～エから選び，記号で答えなさい。

ア　ブドウ糖・硝酸カリウム・食塩　　イ　硝酸カリウム・ブドウ貌・食塩

ウ　硝酸カリウム・食塩・ブドウ糖　　エ　食塩・硝酸カリウム・ブドウ糖

⑷　ブドウ糖の，20℃での飽和《ほうわ》水溶《よう》液の濃度《のうど》に最も近いものを以下のア～オから選び，記号で答えなさい。

ア　12%　　イ　15%　　ウ　19%　　エ　24%　　オ　30%

⑸　20℃，100ｇの水に，24ｇのブドウ糖と32ｇの硝酸カリウムの両方を加えてよく混ぜたときに起こる現象の記述として適当なものを以下のア～エから選び，記号で答えなさい。

ア　溶解させることのできる量は互いの影響《えいきょう》を受けないため，ブドウ糖も硝酸カリウムも全て溶ける。

イ　ブドウ糖と硝酸カリウムは半分ずつしか溶けなくなり，およそ12ｇのブドウ糖と５ｇの硝酸カリウムが溶け残る。

ウ　硝酸カリウムはブドウ糖よりも溶解しやすいため，ほぼ全て溶けるが，ブドウ糖はほとんど溶けなくなる。

エ　ブドウ糖も硝酸カリウムも溶け残るが，加えた量に対しての溶け残る割合は，ブドウ糖の方が高い。

⑹　60℃の硝酸カリウムの飽和水溶液50ｇを40℃まで冷却すると，何ｇの硝酸カリウムが結晶として現れますか。答えが割り切れない場合には小数第一位を四捨五入して，整数で答えなさい。

⑺　20℃の各水溶液に，図２のように電池と豆電球をつなぐと，硝酸カリウム，食塩の水溶液には電気が通り，ブドウ糖水溶液には電気が通らないことがわかりました。表３は，同様にして身の回りや実験室にある様々な水溶液に電気が通るかどうかを調べた結果をまとめたものです。この結果から考察できることとして適当なものを１つ選び，記号で答えなさい。

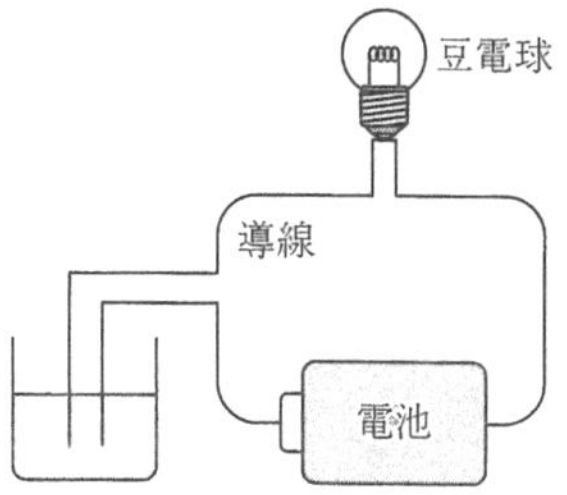

図２

表３

水溶液	電気が通ったか
硝酸カリウム水溶液	通った
食塩水	通った
ブドウ糖水溶液	通らなかった
塩酸	通った
石灰水	通った
デンプン水溶液	通らなかった
水酸化ナトリウム水溶液	通った
食酢《す》	通った
アルコール水溶液	通らなかった
炭酸水	通った

ア　溶質が気体である水溶液は，電気を通さない。

イ　溶質が固体である水溶液は，電気を通す。

ウ　酸性やアルカリ性を示す水溶液は電気を通す。

エ　中性を示す液体は電気を通さない。

【社　会】（30分）　＜満点：70点＞

1　次の文章を読んで，各問いに答えなさい。

約25万人が暮らす a函館《はこだて》市は，（　1　）市，旭川市についで，b北海道で３番目に人口が多い自治体である。函館は c天然の良港であったこともあり，日米修好通商条約が結ばれた際には，新潟，神奈川，兵庫，長崎とともに開港地として選ばれ，国際貿易港として，にぎわい始めた。また，ポーツマス条約の締結《ていけつ》後は，d漁業の基地としての繁栄《はんえい》が，造船業などの関連工業の発展につながり，1935年の国勢調査までは道内で最も人口の多い自治体であり続けた。第二次世界大戦後も人口が増加し続けたが，1973年に起きた（　2　）によって，漁業や造船業にもかげりが見え始め，1980年以降は，e人口も減少に転じている。

一方で，1988年には北海道と青森県を結ぶ（　3　）トンネルが開通し，さらに2016年には f北海道新幹線が開業し，本州から函館市へのアクセスが向上した。観光資源と g気候にめぐまれ，観光都市としても有名である函館市は，北海道新幹線の開業初年度には過去最高の年間560万人もの観光客が訪れた。

(1)　下線部ａについて，次のページの地形図は函館市周辺をしめしたものである。この地形図に関して，あとの問いに答えなさい。

①　地形図に関する説明文として正しいものを，次のア～エのうちから１つ選び，記号で答えなさい。

ア．地形図中のＡの地域内にある三角点の標高によると，この地域が干拓によって，つくられたことがわかる。

イ．「元町公園」から見て，「函館漁港」は北西にあたる。

ウ．古くから発展した地域であるため，幅がせまく，迷路のように入り組んだ道路が多くみられる。

エ．「函館山」には針葉樹林が見られ，広葉樹林は見られない。

※編集の都合で90％に縮小してあります。

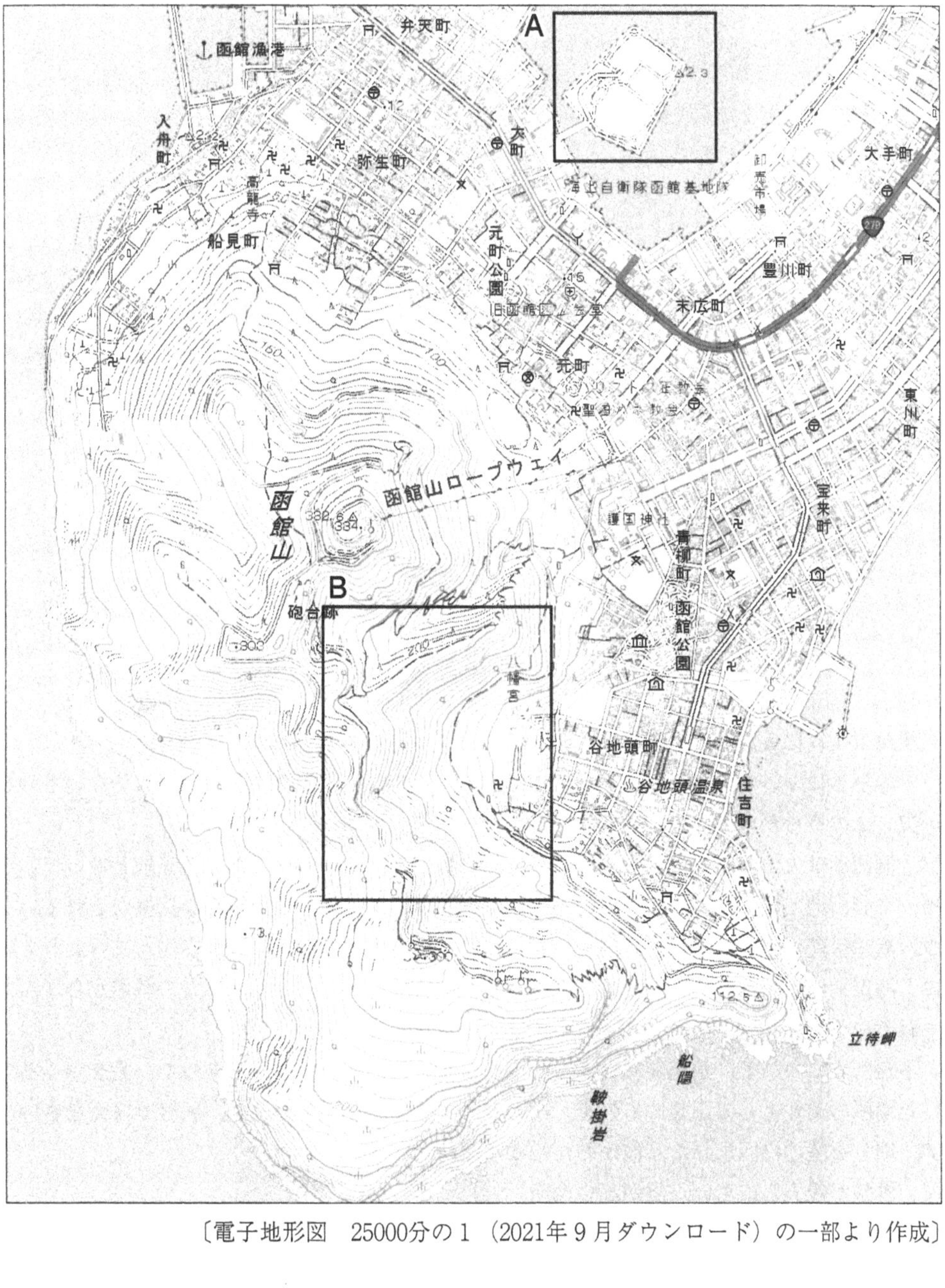

〔電子地形図　25000分の１（2021年９月ダウンロード）の一部より作成〕

② 次のページの傾斜量《けいしゃりょう》図《ず》のうち，地形図中のＢの範囲を表すものとして正しいものを，あとの**ア**～**エ**のうちから１つ選び，記号で答えなさい。なお，傾斜量図とは地表面のかたむきの量を算出し，その大きさを白黒の濃淡で表現したもので，白いほど傾斜が緩やか，黒いほど急であることを意味している。

ア．

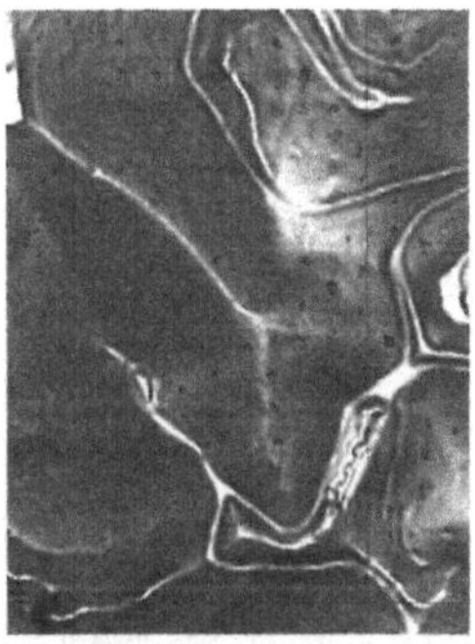

イ．

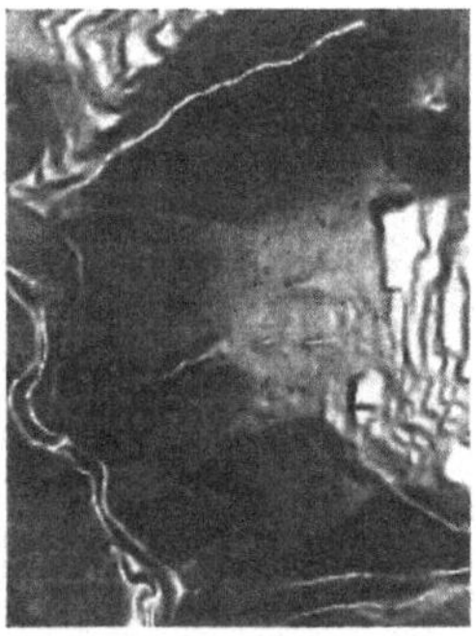

ウ．

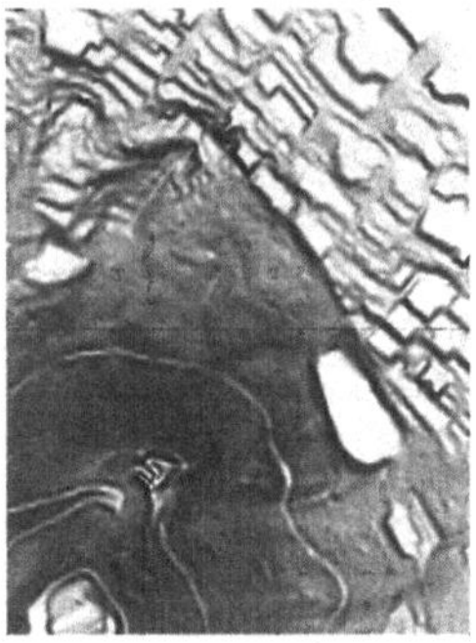

エ．

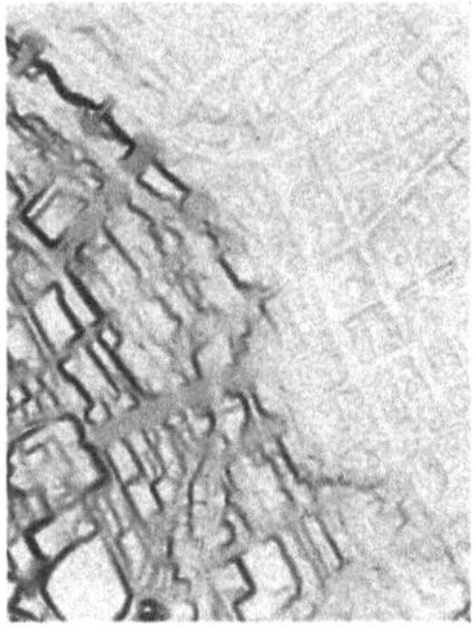

(2) 空欄（１）に入る地名を答えなさい。

(3) 下線部ｂについて，北海道の自然環境と産業について説明した文として正しくないものを，次のア～エのうちから１つ選び，記号で答えなさい。

ア．洞爺湖は火山の噴火によって形成されたカルデラ湖で，温泉のある観光地となっている。

イ．夕張山地では，かつて，多くの石炭が採掘されたが，現在は大規模な採掘がされていない。

ウ．夏に濃霧がよく発生し，気温が上がりにくい根釧台地では，酪農がさかんに行われている。

エ．泥炭地の広がる石狩平野では，稲作が行なわれておらず，じゃがいもの栽培がさかんに行われている。

(4) 下線部ｃについて，函館港はもともと港をつくるのに向いた地形であった。港をつくるのに向いた場所の条件として正しいものを，次のア～エのうちから１つ選び，記号で答えなさい。

ア．周りを陸地に囲まれた，波がおだやかな場所

イ．外敵が侵入しにくい，波が高い場所

ウ．海水の透明度が高く，遠浅な場所

エ．強い風が吹く日が多く，さえぎるものがない場所

(5) 下線部ｄについて，次のページの円グラフは海面漁業漁獲量の上位４道県である北海道・宮城県・茨城県・長崎県のいずれかの魚種別漁獲量（2019年）の割合を示したものである。北海道を表すものとして正しいものを，あとのア～エのうちから１つ選び，記号で答えなさい。

ア.

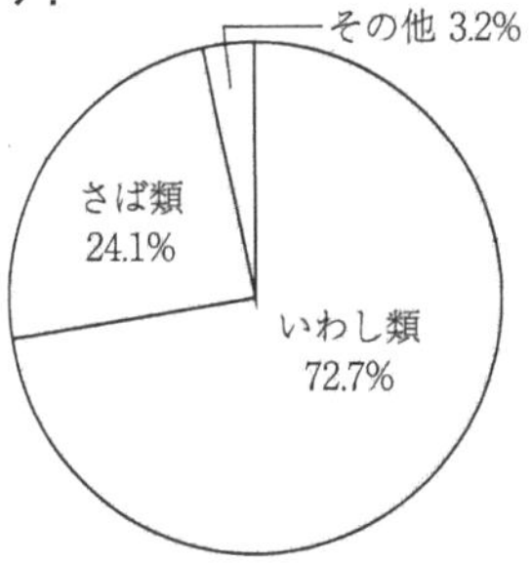

イ.

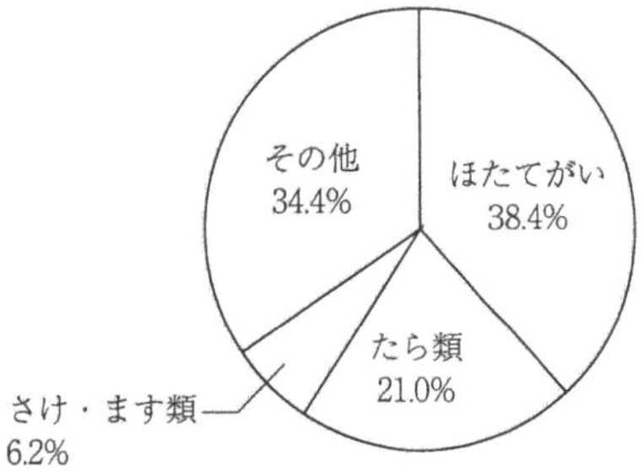

ウ.

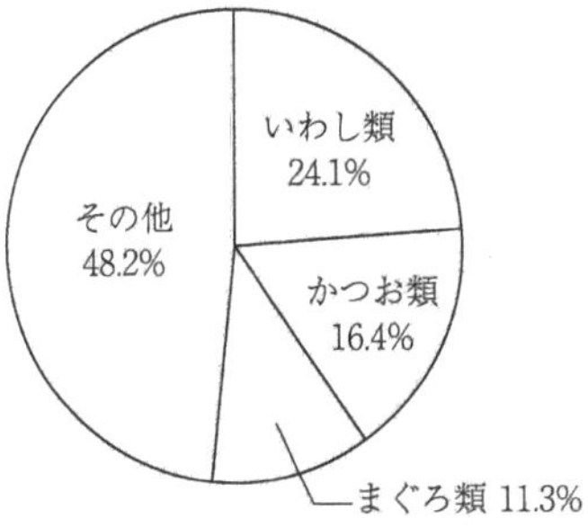

エ.

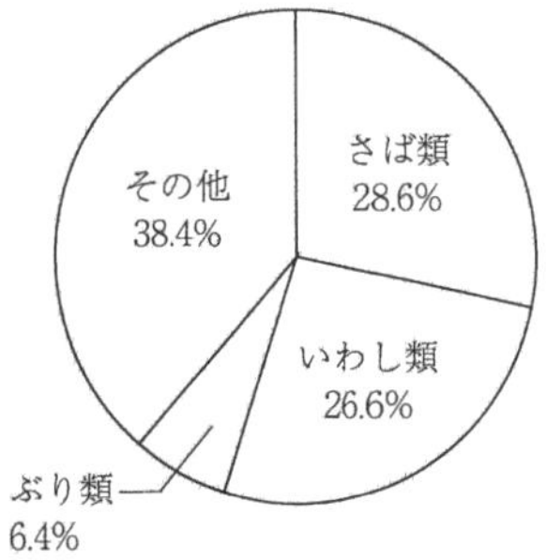

〔令和元年　漁業・養殖業生産統計調査より作成〕

(6)　空欄（**２**）に入る語句を漢字で答えなさい。

(7)　下線部**e**について，大幅な人口減少が地方のまちや生活におよぼすと考えられる影響を２つ，具体的に述べなさい。

(8)　空欄（**３**）に入る語句を答えなさい。

(9)　下線部**f**について，東北・北海道新幹線の主要駅を示した路線図として正しいものを，次の**ア**～**エ**のうちから１つ選び，記号で答えなさい。

ア.

イ.

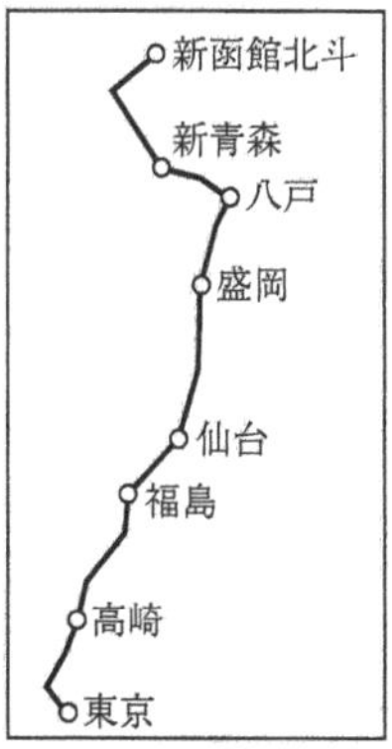

ウ.

エ.

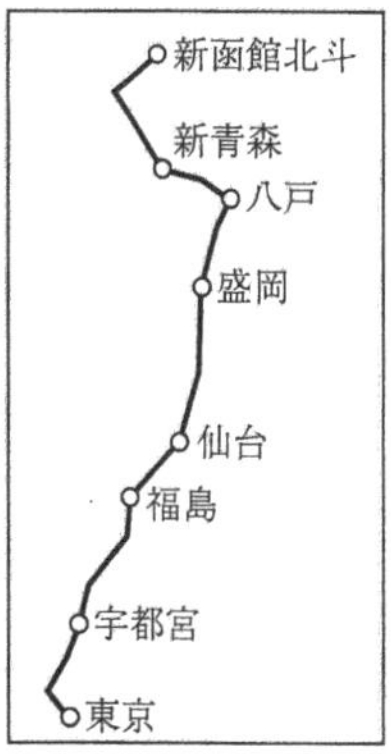

(10)　下線部**g**について，函館市は沖合《おきあい》を流れる津軽暖流の影響で，道内では比較的温暖で降雪の少ない気候になっている。津軽暖流は日本海側を流れる，ある海流から枝分かれした海流である。この海流の名称を答えなさい。

2　次の【カード】は中国と日本の関係について書かれたもの，【年表】は明治時代以降の日本のできごとに関するものである。【カード】，【年表】を読んで，各問いに答えなさい。

【カード】

カード①
隋が中国を統一すると、朝廷は朝鮮の国ぐにになならって、607年に遣隋使として（　1　）を派遣《はけん》した。

カード②
幕府は外国との貿易を制限し、清・オランダとはａ長崎を通じて外交・交易をおこなった。

カード③
遣唐使の持ち帰った情報などをもとに、ｂ天皇の命令によって唐の長安にならった平城京がつくられた。

カード④
琉球王国は明と密接な関係をきずき、（　2　）は朝鮮や日本の商人も行き来する大きな港となった。

カード⑤
ハリスは、清がイギリスとの戦争に敗れたことなどを述べ、幕府にｃ貿易の開始をせまった。

カード⑥
宋から帰国した僧である（　3　）によって伝えられた臨済宗は、幕府の保護《ほご》を受け発展した。

【年表】

年	できごと
1889年	大日本帝国憲法が発布される
	↕⑦
1902年	イギリスとのあいだに日英同盟が結ばれる
	↕⑧
1918年	ｅ富山県の女性が米屋に押しかける事件が発生する
	↕⑨
1923年	関東大震災が発生する
	↕⑩
1945年	ポツダム宣言が受諾《じゅだく》される
	↕ｆ
ｇ1972年	沖縄が日本に復帰する

(1)　空欄（１）に入る人名を答えなさい。

(2)　下線部ａについて，オランダとの外交･貿易のために使われた長崎にある人工島を何というか，答えなさい。

(3)　下線部ｂについて，次のページの**史料**は奈良時代に出された天皇の命令である。**史料**の内容に関する説明Ｗ・Ｘと，**史料**の命令を出した人物に関する説明Ｙ・Ｚについて，正しいものの組み合わせを，あとの**ア**～**エ**のうちから１つ選び，記号で答えなさい。

史料

天平十五年（743年）冬十月十五日、聖武天皇が詔《みことのり》を出され、「ここに天平十五年十月十五日、菩薩《ぼさつ》の大願《たいがん》を立てて、盧舎那仏《るしゃなぶつ》の金銅《こんどう》像一体の鋳造《ちゅうぞう》を開始しようと思う。国中の銅のすべてを使って仏像を鋳《い》て、大きな山をけずって平地をつくって仏殿を建立《こんりゅう》し、その徳《とく》を広く世界におよぼして、私の仏へのささげものとしよう。そしてすべての民も同じように仏像の利益《りやく》を受けて、一緒に悟《さと》りを開くようにさせよう。」と

＊作問にあたり一部改編『続日本紀』

Ｗ．この**史料**は大仏をつくるように命令している。
Ｘ．この**史料**は国分寺・国分尼寺をつくるように命令している。
Ｙ．この**史料**の命令を出したのは聖武天皇である。
Ｚ．この**史料**の命令を出したのは天武天皇である。

ア．Ｗ・Ｙ　**イ**．Ｗ・Ｚ　**ウ**．Ｘ・Ｙ　**エ**．Ｘ・Ｚ

⑷ 空欄（２）に入る港の名称として正しいものを，次の**ア**～**エ**のうちから１つ選び，記号で答えなさい。

ア．酒田　**イ**．堺　**ウ**．博多　**エ**．那覇

⑸ 下線部ｃについて，日米修好通商条約と同様の条約を結んで，日本が貿易を開始した国として正しくないものを，次の**ア**～**エ**のうちから１つ選び，記号で答えなさい。

ア．イギリス　**イ**．フランス　**ウ**．ロシア　**エ**．ドイツ

⑹ 空欄（３）に入る人名を答えなさい。

⑺ **【カード】**①～⑥について，古いものから年代順に正しく並べたとき，５番目にあたるものを，①～⑥のうちから１つ選び，数字で答えなさい。

⑻ 下線部ｅについて，このような民衆の動きは1918年７月以降，新聞報道などによって全国に広がった。なぜ全国でこのような暴動《ぼうどう》事件が起こったのか，この全国的な暴動《ぼうどう》事件の名称を明らかにし，**グラフ**からわかる当時の家計の状況にふれて説明しなさい。

グラフ　物価・米価・賃金の変化

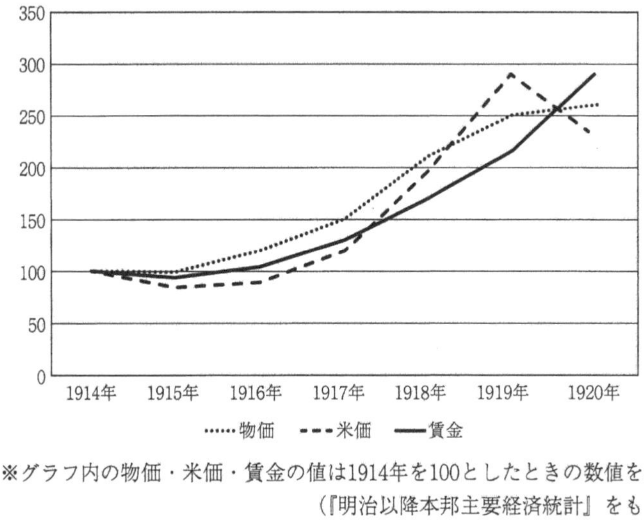

※グラフ内の物価・米価・賃金の値は1914年を100としたときの数値を示す

（『明治以降本邦主要経済統計』をもとに作成）

(9)　ｆの時期に起きたできごととして正しくないものを，次の**ア**～**エ**のうちから１つ選び，記号で答えなさい。

ア．大戦の講和《こうわ》条約としてサンフランシスコ平和条約が結ばれる。

イ．アジア地域で初めてとなる東京オリンピックが開催される。

ウ．平和主義などを原則とする日本国憲法が施行される。

エ．アメリカでの株価の暴落《ぼうらく》をきっかけに世界恐慌が起きる。

(10)　下線部ｇについて，この年に日本が国交を結んだ国として正しいものを，次の**ア**～**エ**のうちから１つ選び，記号で答えなさい。

ア．中華人民共和国　　**イ**．アメリカ合衆国　　**ウ**．ソビエト連邦　　**エ**．大韓民国

(11)　次のＸの文は**【年表】**中の⑦～⑩のどこにあてはまるか，⑦～⑩のうちから１つ選び，数字で答えなさい。

Ｘ　２月26日の早朝，約1500人の陸軍部隊がクーデタをくわだて，政府の中心人物を殺害し，首都を占拠《せんきょ》するという事件が起こった。この事件のあと，軍部の発言力は増し，政治への影響《えいきょう》力を強めていった。

3　次の日本国憲法の前文の抜粋について，各問いに答えなさい。

日本国民は，ａ正当に選挙されたｂ国会における代表者を通じて行動し，われらとわれらの子孫のために，…ｃ再び戦争の惨禍《さんか》がｄ起こることのないようにすることを決意し，ここに主権が国民に存することを宣言し，この憲法を確定する。そもそも国政は…ｅその権威は国民に由来し，その権力は国民の代表者がこれを行使し，その福利は国民がこれを享受する。これは人類普遍の原理であり，このｆ憲法は，かかる原理に基くものである。われらはこれに反する一切の憲法，法令及び詔勅を排除する。

(1)　下線部ａについて，正当な選挙を実現するため，国籍を持つ成年全員に選挙権が与えられている。かつての制限選挙に対して，このようなあり方を何選挙というか，答えなさい。

(2)　下線部ｂについて，次の図は国民の代表機関である国会と，行政機関である内閣の関係を示したものである。この図について，あとの問いに答えなさい。

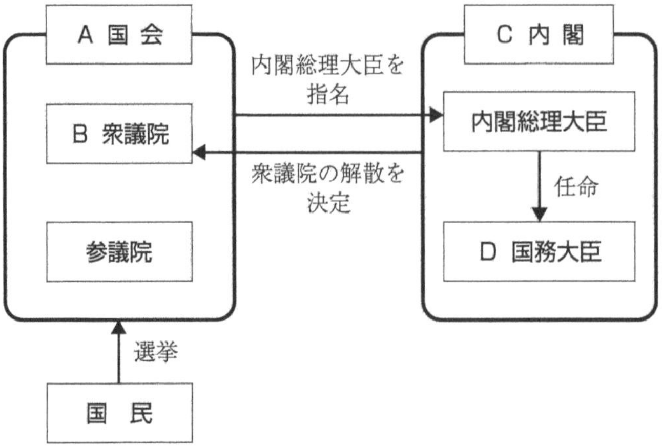

① Ａの国会について，衆議院の解散による総選挙後に初めて開かれ，内閣総理大臣の指名を行う国会を何というか，答えなさい。

② Ｂの衆議院は参議院に対していくつか優越した権限を持っている。その内容として正しいものを，次の**ア**～**エ**のうちから１つ選び，記号で答えなさい。

ア．衆議院のみが，国政調査権を持っている。

イ．衆議院のみが，裁判官に対する弾劾裁判を行う。

ウ．衆議院のみが，内閣不信任決議権を持っている。

エ．衆議院のみが，天皇の国事行為の助言と承認を行う。

③ Ｃの内閣において，政権を担当する政党を何というか，答えなさい。

④ Ｄの国務大臣について，次の文の空欄（Ｘ）に入る語句として正しいものを，次の**ア**～**エ**のうちから１つ選び，記号で答えなさい。

> 内閣総理大臣は，国務大臣を任命する。ただし，その（　Ｘ　）は，国会議員の中から選ばなければならない。

ア．３分の１　　**イ**．２分の１　　**ウ**．過半数　　**エ**．３分の２

③ 衆議院と参議院の違いについて，それぞれの「被選挙権年齢」と「任期」にふれて説明しなさい。

(3) 下線部ｃについて，広島に原子爆弾が投下されたのは1945年何月何日のことか，答えなさい。

(4) 下線部ｄの考え方に基づいて定められている，憲法９条の規定として正しくないものを，次の**ア**～**エ**のうちから１つ選び，記号で答えなさい。

ア．自衛のため核兵器を保有する。　　**イ**．戦争を永久に放棄する。

ウ．陸海空軍その他の戦力を持たない。　　**エ**．国として戦う権利を認めない。

(5) 下線部ｅは，アメリカ大統領による演説の「人民の人民による人民のための政治」と内容が重なる。南北戦争中に奴隷《どれい》解放を宣言したこのアメリカ合衆国大統領とは誰か，答えなさい。

(6) 下線部ｆについて，次のカードは，日本国憲法の基本的人権に関する条文の一部をまとめたものである。この中で「参政権」を規定したものとして正しいものを，次の**ア**～**エ**のうちから１つ選び，記号で答えなさい。

ア．

> 公務員を選定し、及びこれを罷《ひ》免《めん》することは、国民固有の権利である。
>
> 15条

イ．

> 何人も、公共の福祉に反しない限り、居住、移転及び職業選択の自由を有する。
>
> 22条

ウ．

> 財産権は、これを侵してはならない。
>
> 29条

エ．

> 何人も、裁判所において裁判を受ける権利を奪はれない。
>
> 32条

ウ　人間にはない身体機能をもつ

エ　人間には想像できない動きをする

Ⅱ

ア　人間には入ることのできないせまい場所の調査

イ　人間には進むことのできない水面で行う作業

ウ　人間には活動することのできない高地での救助

エ　人間には歩くことのできない角度や環境での移動

問八　傍線部⑦「すぐに人間生活に役立つ必要もありません」とありますが、その理由としてふさわしいものを次から二つ選び、記号で答えなさい。

ア　何の役にも立たないとしても、カタツムリを深く理解することが大切だから。

イ　人々が素朴な疑問を持つと、カタツムリへの注目が集まるかもしれないから。

ウ　すぐには役に立たないとしても、結果的に応用できることがあるから。

エ　研究を人間生活に応用するには、テクノロジーの発達も必要だから。

オ　人間生活のほかにも、人間にとって良い影響をおよぼす可能性があるから。

カ　人間のために利用しようと考えていると、かえって成果が得られないから。

問九　空欄 B に入る言葉として最もふさわしいものを次から一つ選び、記号で答えなさい。

ア　長い　　イ　遅い　　ウ　広い　　エ　遠い

問十　本文の表現に関する説明として最もふさわしいものを次から一つ選び、記号で答えなさい。

ア　語りかけるような口調が使われることで、読者にカタツムリを好きにさせる効果がある。

イ　カタツムリのあまり知られていない一面を伝えることで、読者の関心を引き付ける効果がある。

ウ　実験の方法をくわしく説明することで、読者に自分も実験をしてみたいと思わせる効果がある。

エ　読者の考えをあらかじめ予想して批判することで、筆者の主張を強める効果がある。

ア　職種　　イ　種子　　ウ　種類　　エ　一種

問二　傍線部②「カタツムリは基本的に身近にあるさまざまな植物を食べています」とありますが、その理由について本文ではどのように述べられていますか。本文中の言葉を用いて、四十五～五十字で説明しなさい。

問三　傍線部③「そんな石」とはどのような石のことですか。「～ための石。」に続くように、本文中から二十字以内で書き抜きなさい。

問四　傍線部④「そう考える」の指す内容として最もふさわしいものを次から一つ選び、記号で答えなさい。

ア　カタツムリが背負っている殻は炭酸カルシウムを主成分としていること。

イ　コンクリートの原料であるセメントは石灰石からつくられていること。

ウ　人里離れた場所にいるカタツムリは石灰石を含んだ岩石を食べること。

エ　セメントの原料になる石灰石の元の成分は太古の生き物の殻であること。

問五　傍線部⑤「同じ理由」とありますが、何と理由が「同じ」なのですか。最もふさわしいものを次から一つ選び、記号で答えなさい。

ア　コンクリートのブロック塀にカタツムリが集まること。

イ　カタツムリは殻をつくるためにコンクリートを食べること。

ウ　石灰岩地域に生息するカタツムリは多様化しやすいこと。

エ　カタツムリはカルシウムをリサイクルして殻をつくること。

問六　本文中の空欄 A には、次の四つの文が入ります。正しい順番に並べかえ、解答用紙に記号を順番どおりに書きなさい。

ア　殻の表面には無数の微細な溝があり、雨どいのように水が流れる構造になっています。

イ　そのため、油性ペンで印をつけても、水をかけるだけですぐに落とすことができた、というわけです。

ウ　カタツムリの殻が汚れない秘密は、殻の表面の構造にあります。

エ　ここに水が流れることで、汚れが浮き上がって落ちやすいようになっているのです。

問七　次の会話文は、傍線部⑥「ロボット開発」について、AさんとBさんが本文を読みながら話している内容です。空欄 I 、 II に入る言葉として最もふさわしいものを後の選択肢から一つずつ選び、記号で答えなさい。

会話文

Aさん「前に、ヘビ型ロボットやクモ型ロボットを見たことがある。災害救助や調査、医療現場での活用などに向けて、いまも研究が進んでいるんだよ。」

Bさん「わたしは初めて知ったけれど、人間以外の生き物を研究して I ロボットをつくることで、その能力を活かしていろいろなことが可能になるんだね。」

Aさん「そうだね。カタツムリ型ロボットの場合なら、筆者も言うように、 II が期待できるね。」

I

ア　人間の身体にはない器官をもつ

イ　人間が応用しやすい動きをする

殻が汚れない秘密

カタツムリの存在は、現代の科学技術にも影響を及ぼしています。そのヒントが、カタツムリの殻の表面に隠されています。

殻の秘密は、次のような実験で確かめることができます。用意するものは、砂浜で拾った巻き貝の貝殻と、カタツムリの貝殻です。両方とも事前に水ぶきして乾かし、きれいな状態にしておきます。次に、それぞれの貝殻に、油性ペンで印をつけます。油性ペンだから、簡単には落ちないはずですよね。そこに霧《きり》吹きで水をかけて、ティッシュでふきとってみましょう。砂浜で拾った巻き貝につけた印はまったく消えないのに対し、カタツムリの貝殻は完全にきれいになっています。おどろくほどハッキリした差が出ます。じつは、カタツムリは陸上生活に適応するにあたって、殻が汚れないように進化しているのです。

［　A　］

このようなカタツムリの殻の構造に注目したのは、住宅用の材料をつくっている会社の研究所です。この研究成果は、実際に、外壁用タイル、台所、トイレなどに応用されています。水を流すだけで簡単に汚れが落とせることは、ただ掃除の際に楽で便利だというだけでなく、節水や洗剤の消費をおさえることにもつながります。

カタツムリとテクノロジー

ほかにも、カタツムリの独特な移動方法を応用した研究が進んでいます。⑥ロボット開発です。ロボットのなかには、生き物の移動方法を参考にしたものが数多くあります。たとえばクモ型ロボット、ヘビ型ロボットなどです。このようなロボットは、人間には入ることができない、がれきやぬかるみのある災害現場などで活躍することが期待されています。カタツムリの移動の特徴は、つねにからだ全体を地面に密着させるところにあります。この特徴を応用し、滑りにくいロボットや、壁面にくっつきながら移動するロボットを開発するのです。

カタツムリの研究なんて、何の役にも立たないと思っている人がいるかもしれませんが、決してそんなことはないのです。もっとも、カタツムリに関する研究が、⑦すぐに人間生活に役立つ必要もありません。なぜだろう?どうなっているんだろう?という素朴《そぼく》な疑問をもち、探究し続ける気持ちが、カタツムリという生き物をより深く理解することにつながり、結果的に、テクノロジーに応用されることになるのです。研究成果が、たとえずっと人間生活に応用できなくても、価値がないというわけではありません。研究成果には、私たちがわくわくしたり、感動したり、難題を解決するアイデアやヒントがあったりと、形にならないさまざまな価値があるものです。それらは決して研究者が狙《ねら》ってできるものではありません。

カタツムリの歩みを見るように、［　B　］目で、これからも生き物の研究に注目していたいものです。

（野島智司『カタツムリの謎』による）

〈注〉※1　藻類……海藻や、真水に生える、花の咲かない藻《も》などをまとめた呼び名。
※2　土壌……作物の育つ土地。土。

問一　傍線部①「種」について、本文中の文字と違う意味で使われている熟語を次から一つ選び、記号で答えなさい。

ようです。

〔中略〕

コンクリートも食べる!?

私が幼いころ、カタツムリをよく見つけた場所は、近所にあるコンクリートのブロック塀《べい》の側面でした。雨の日にそのブロック塀を見に行くと、いつもたくさんのカタツムリがブロックにくっついているので、すぐに私のお気に入りの場所になりました。当時はなぜそこにカタツムリが集まっているのかわかりませんでしたが、ブロック塀に集まるには理由があります。カタツムリはコンクリートを食べるのです。

かたいコンクリートを食べるわけがない、と思うかもしれませんが、雨の日には二酸化炭素を含んだ雨水がコンクリートをわずかに溶《と》かすので、それを狙って食べるというわけです。

カタツムリのほかにも、コンクリートのようにかたいものを食べる動物はいます。たとえば鳥類は石や砂を食べます。砂嚢《さのう》という消化器官（焼き鳥などで食べる「砂肝《すなぎも》」）に砂や小石を詰めてかたい食べ物を砕《くだ》き、消化に役立てるのです。では、カタツムリもコンクリートを消化に役立てるのでしょうか？いや、そうではありません。ただでさえ軟《やわ》らかい植物を歯舌で削《けず》り取って食べているのに、③そんな石は必要ないはずです。じつはカタツムリは、殻《から》をつくるために必要なカルシウムを得るために、コンクリートを食べるのです。カタツムリの殻は炭酸カルシウムを主成分としています。殻といっしょに成長するカタツムリは、大きくなるためにコンクリートを食べているのです。

石灰岩地に多い

市街地ではコンクリートを食べているカタツムリ。しかし本来、自然界にコンクリートはありません。では、人里離《はな》れた場所に生息するカタツムリは、いったい何からカルシウムを得ているのでしょうか。そもそも、コンクリートの原料であるセメントは、大部分が自然界にもともとある石灰石からつくられています。したがって、人里から離れて生息するカタツムリは、石灰石を含んだ岩石や土壌《どじょう》※2からカルシウムを得ることができますし、ときには死んだカタツムリの殻をかじることもあります。そのため、土地のカルシウム量がその地域のカタツムリの生息状況に影響します。環境中のカルシウム量が豊富なのは石灰岩地域と呼ばれる地域で、この地域ではカタツムリが多様化する傾向にあります。

セメント用の石灰石は石灰石鉱山から採掘《さいくつ》されますが、それは２～３億年前のサンゴや有孔《ゆうこう》虫と呼ばれる生き物の殻がもともとの成分です。ちなみに、大理石は石灰岩が結晶化したものですが、ビルなどの建築物の壁や床に使われる石材には結晶化していない石灰岩もあり、貝殻などの化石が含まれていることがあります。

④そう考えると、カタツムリがコンクリートを食べるのも納得できます。カタツムリは、大昔から生き物が利用してきたカルシウムを、何度もリサイクルして殻をつくっているのです。死んだカタツムリの殻をかじることもとても自然なことかもしれません。

また、サンゴ礁《しょう》で形成された島にもカルシウムは豊富で、⑤同じ理由からカタツムリが増えやすい傾向にあります。逆に、火山地帯や花崗《かこう》岩のようなカルシウムの乏《とぼ》しい環境では、カタツムリは少ないようです。

問八　傍線部⑥「そういうのって、いいんだよ、もう」の内容として最もふさわしいものを次から一つ選び、記号で答えなさい。

ア　ヨッちゃんにも苦手なことがあるのだと気づいたが、もう必要以上に手助けしなくてよいということ。

イ　ヨッちゃんに対していつも偉そうな態度をとってしまうが、もう友だちだから問題ないということ。

ウ　ヨッちゃんとのやりとりでとっさに嘘をついてしまったが、きっともう許してくれるだろうということ。

エ　ヨッちゃんに素直な気持ちを言葉にするべきかもしれないが、もう気にしすぎる必要はないということ。

問九　傍線部⑦「友だちの友だち」とは、ここでは何を指しますか。ふさわしいものを本文中から九字で探し、書き抜きなさい。

問十　本文の内容として正しいものには○、正しくないものには×を書いて答えなさい。

ア　風にあおられて落ちていってしまったこいのぼりがタケシの大切なものだったので、「少年」は自転車に乗ってあわてて追いかけ、無事に拾うことができた。

イ　ヨッちゃんは、タケシの家を訪問したときに「少年」がいたので、不審に思い早く帰ってほしいと考えたが、結局長い時間一緒に遊ぶことになってしまった。

ウ　タケシのお母さんは、ヨッちゃんがいまだに息子のことを気にかけてくれることをうれしく思う反面、ヨッちゃんにも新しい人間関係をつくっていってほしいと思っている。

エ　ヨッちゃんとぎくしゃくした関係が続いていた「少年」だが、タケシという共通の「友だち」ができたことで誤解が解け、あっという間に仲良くなった。

三

次の文章を読んで、後の問いに答えなさい。（問題の作成上、一部改変した箇所があります。）

花びらもコケもキノコも食べる

カタツムリといえば、葉っぱの上にいるイメージがあります。そのイメージどおり、カタツムリは植物が好物で、カタツムリの多くは植物性のものを食べています。

昆虫などは食べる植物の①種が決まっていることがありますが、②カタツムリは基本的に身近にあるさまざまな植物を食べています。生育環境によって多少の傾向はありますが、草の葉っぱはもちろん、木の芽や花びらだって食べますし、コケやキノコ、※1藻類《そうるい》も、よく食べます。生きている葉っぱも食べますし、微生物などによる分解途中《とちゅう》の落ち葉を食べることもあります。

さまざまな食べ物を食べることは、移動能力が低いことと関係があると考えられています。もしも特定の植物の葉っぱしか食べられないと、その葉っぱを探すために周辺の環境をいつも探しまわらなければなりません。そうすると相当の時間がかかりますし、そのぶんエネルギーも消《しょう》耗《もう》します。しかし、いろいろな種類の植物を食べられるなら、食べ物を探す時間もエネルギーも節約することができます。食べ物を見つけること自体が大変なのに、いちいち好き嫌いを言っていられない、というわけです。ただし、さすがにかたい樹皮や枝などを食べることはできない

なさい。

ア　人気のある子と絶対に仲良くなろうと意気込んでいたのに、男子のリーダー格であるヨッちゃんと友だちになれず、焦っていたから。

イ　せっかく楽しく順調に過ごせそうだったのに、自分が調子に乗ってしまったことで友だち関係がうまくいかず、落ち込んでいたから。

ウ　クラスのみんなは初めこそ自分に興味津々《しんしん》だったのに、飽きてきたらそっけない態度をとるので、戸惑っていたから。

エ　みんなを楽しませるだけのつもりだったのに、実は自分の心の中には田舎を見下す気持ちがあったのだと気づき、反省していたから。

問二　傍線部②「空に泳ぎ出た」について、この部分と同じ表現技法が使われている文を、次から一つ選び、記号で答えなさい。

ア　鳥が、美しい声で歌っている。

イ　そのとき降ってきたんだよ、雨が。

ウ　砂浜は白く、海は青い。

エ　春の楽しみといえば、花見。

問三　空欄（1）～（3）に入る語句としてふさわしいものを次からそれぞれ一つ選び、記号で答えなさい。

空欄（1）　ア　若そうに　イ　明るそうに
　ウ　寂しそうに　エ　怖そうに

空欄（2）　ア　不思議そうに　イ　うれしそうに
　ウ　恥ずかしそうに　エ　おかしそうに

空欄（3）　ア　不安そうに　イ　後ろめたそうに
　ウ　心配そうに　エ　悔しそうに

問四　傍線部③「胸がどきんとした」とありますが、このときの「少年」の心情として最もふさわしいものを次から一つ選び、記号で答えなさい。

ア　おばさんのおかげでヨッちゃんと仲直りできるかもしれず、期待している。

イ　タケシくんも偶然ヨッちゃんと友だちだったのだと知り、がっかりしている。

ウ　おばさんにヨッちゃんとの関係を探られそうになり、はらはらしている。

エ　気まずい関係になっているヨッちゃんの名前が出てきて、戸惑っている。

問五　傍線部④「嘘」とは、どのような嘘ですか。説明しなさい。

問六　傍線部⑤「しばらくたって外に出てきたヨッちゃんは、真鯉だけをつないだ竿を持っていた」について、ヨッちゃんがこいのぼりを持ち出した目的を、「～ため」につづく形で、五十～六十字で具体的に説明しなさい。

問七　空欄 X に入る台詞《せりふ》として最もふさわしいものを次から一つ選び、記号で答えなさい。

ア　これからも、タケシだけが友だちなんだ

イ　おまえと、同じようなものだよ

ウ　俺、いまでも親友だから

エ　だけど、もう友だちはやめないと

「片手ハンドル、できる?」

「自転車の?」

簡単だよ、そんなの、と笑った。道が平らだったら両手を離しても漕《こ》こげる。

ヨッちゃんはこいのぼりを少年に渡した。

「お前に持たせてやる」

「……どうするの?」

「ついて来いよ。タケシのこいのぼり、ぴんとなるように持ってろよ」

そう言って、自分の自転車のペダルを勢いよく踏み込んだ。

〔中略〕

河原に出た。空も、川も、土手も、遠くの山も、夕焼けに赤く染まっていた。

ヨッちゃんは土手のサイクリングロードに出ると自転車を停め、少年からこいのぼりを受け取った。

「俺ら……友だちなんだって?」

少年は、ごめん、とうつむいた。おばさんが勝手に勘違いしただけだ、とは言いたくなかった。

「べつにいいけど」

ヨッちゃんはまたさっきのように笑って、手に持った竿を振ってこいのぼりを泳がせた。

「タケシって……すげえいい奴だったの。サイコーだった。［ X ］」

「……うん」

「でも……おばさん、もう来るなって。ヨッちゃんは新しい友だちをどんどんつくりなさい、って……そんなのヤだよなあ、関係ないよなあ、俺が友だちつくるのとかつくんないのとか、自分の勝手だよなあ……」

ヨッちゃんは、（ 3 ）竿を振り回す。こいのぼりは身をくねらせ、ばさばさと音をたてて泳ぐ。「こいのぼり、ベランダからだと、川が見えないんだ。俺らいつも河原で遊んでたから、見せてやろうかな、って」

へへっと笑うヨッちゃんを、少年はじっと見つめた。ヨッちゃんはそのまなざしに気づくと、ちょっと怒った顔になって、「拾ってくれてサンキュー」と言った。

少年は黙って、首を横に振った。

「あそこの橋渡って、ぐるーっと回って、向こうの橋を通って帰るから」

向こう岸を指さして言ったヨッちゃんは、行こうぜ、とペダルを踏み込んだ。ハンドルが揺れる。自転車が道幅いっぱいに蛇行《だこう》する。片手ハンドルで自転車を漕ぐのは、あまり得意ではなさそうだ。

少年はヨッちゃんの自転車に並んで、手を差し伸べた。「持ってやろうか」と声をかけると、ヨッちゃんは少し間をおいて「悪い」と竿を渡した。「べつにいいよ」と竿を受け取ったあと、ほんとうはもっと別の言葉を言わなきゃいけなかったのかもな、と思った。でも、⑥そういうのって、いいんだよ、もう、と竿を持った右手を高く掲げた。

こいのぼりが泳ぐ。金色にふちどられたウロコが、夕陽を浴びてきらきらと光る。

ヨッちゃんの自転車が前に出た。少年は友だちを追いかける。右手で、⑦友だちの友だちを握りしめる。振り向いたヨッちゃんが、「転ぶなよお」と笑った。

（重松清『小学五年生』所収「友だちの友だち」による）

問一　傍線部①「知らないうちにうつむいてしまっていた」のはなぜですか。理由として最もふさわしいものを次から一つ選び、記号で答え

「そうかあ、ヨッちゃんと友だちかあ……」

おばさんはうれしそうに微笑《ほほえ》んで、しみじみとつぶやくように言った。勘違い——でも、そんなの、打ち消すことなんてできない。

「じゃあ、タケシとも友だちってことだね」

おばさんはもっとうれしそうに言った。

少年がしかたなく「はあ……」と応《こた》えると、玄関のチャイムが鳴った。

外からドアが開く。

「おばちゃん！　こいのぼり、黒いのがなくなってる！　飛んでったんじゃないの！」

玄関に駆け込んできたのは、ヨッちゃんだった。

五時のチャイムが鳴るまで、少年はヨッちゃんと一緒にタケシくんの家にいた。おばさんに「やろう、やろう」と誘われて、三人でテレビゲームをした。タケシくんの家にあったゲームはみな、少年も三年生の頃に遊んだものだった。タケシくんが生きてれば友達になったよな、絶対そうだよな、と少年は思う。去年発売されたシリーズの新作はもっと面白い。タケシくんが生きてれば絶対にハマっただろうな。

ヨッちゃんはゲームがうまかった。少年といい勝負——勝ったり負けたりを繰り返す二人を、「ひさしぶりにゲームすると、指と目が疲れちゃうねえ」と途中から見物に回ったおばさんは、にこにこ微笑んで見つめていた。

ヨッちゃんと仲直りをしたわけではない。ヨッちゃんは家に入って少年を見たとき、一瞬、なんでおまえなんかがここにいるんだよ、という顔をした。少年も、しょうがないだろ、とにらみ返して、そっぽを向いた。

おばさんがジュースのお代わりを取りに台所に立ったとき、「さっさと帰れよ」とヨッちゃんに小声で言われ、肩を小突《こづ》かれた。

少年も最初はそうするつもりだった。おばさんに④嘘がばれるのが嫌だったし、嘘をついたままタケシくんの写真に見つめられて遊ぶ自分が、もっと嫌だった。

でも、おばさんはジュースを持って戻ってくると、二人に言った。

「タケシも喜んでるわよ、ヨッちゃんに新しいお友だちができて」

帰れなくなった。頬が急に熱くなり、赤くなって、そこからはいままで以上にゲームに夢中になったふりをした。ヨッちゃんも、ゲームのコントローラーを動かしながら、ときどき、テレビの画面を見つめたまま話しかけてくるようになった。そんな二人を、おばさんはずっと——ほんとうにずうっと、にこにこと（　２　）見つめていた。

先に「さようなら」と言った少年が団地の建物の外に出ても、ヨッちゃんはなかなか出てこなかった。放っておいて帰るつもりで自転車にまたがったが、このまま帰ってしまうのも、なんとなく嫌だった。困ったなあと思ってタケシくんの家のベランダを見上げていたら、窓が開いて、おばさんがベランダに顔を出した。少年に気づくと、「ちょっと待っててね」と笑って声をかけ、フェンスからこいのぼりの竿をはずした。

⑤しばらくたって外に出てきたヨッちゃんは、真鯉だけをつないだ竿を持っていた。

「すぐ帰らないとヤバい？」

少年に顔を向けずに訊いた。

「べつに……いいけど」

はずれてしまい、風に乗って飛んでいったのだ。

少年はあわてて追いかけた。畑の真ん中にふわりと落ちたのを確かめると、自転車を乗り捨てて、ごめんなさいごめんなさいしょうがないんです、と謝りながら畑に入った。

団地の建物は古く、オートロックどころかエレベータもなかった。陽《ひ》のほとんど射《さ》さない階段はひんやりとして、カビと埃《ほこり》の入り交じったにおいがした。

竿のあるベランダの位置を外から確認し、廊下に並ぶドアの数と照らし合わせて、奥から二軒目のドアのチャイムを鳴らした。

中から顔を出したのは、おばさんだった。少年のお母さんと変わらない年格好で、お母さんよりきれいで、そのかわり、お母さんより（　１　）見えた。

こいのぼりが飛んでいったことを説明して、拾ってきたこいのぼりを差し出すと、おばさんはとても――少年が予想していたよりもずっと喜んで、感謝してくれた。

「ちょっと待っててね、お菓子あるから、持って帰って」

玄関の中に招き入れられた。おばさんは玄関とひとつづきになった台所の戸棚《とだな》を開けながら、「何年生？」と訊いた。

「五年、です」

「……東小学校の子？」

けげんそうに訊かれた。

少年がうなずいて、「転校してきたばかりだけど」と付け加えると、おばさんは、ああそうなの、と笑った。固まっていたものがふっとゆるんだような笑顔だった。

「ねえ、ボク、上がっていきなさい。おみやげのお菓子はあとであげるから、おやつ食べていけば？」

〔中略〕

おばさんの息子は、タケシくんという。三年生の秋、交通事故で亡くなった。生きていれば東小学校の五年生――少年と同じ五年二組だったかもしれない。仏壇《ぶつだん》に供《そな》えられた超合金ロボやトレーディングカードは少年の好きなものと一緒だったから、仲良しの友だちになれた、かもしれない。

おばさんは東小学校のことをあれこれ教えてくれた。髪の薄い校長先生のあだ名が「はげっち」だということ、秋の運動会に親子競技があること、冬になるとクラスでストーブ委員を決めること、学校のプールは真ん中が深くなっていて背が立たないかもしれない、ということ……。

ヨッちゃんの名前が出た。③胸がどきんとした。タケシくんのいちばんの友だちはヨッちゃんだったらしい。

「ヨッちゃんと同じクラスなの？　じゃあ、もう友だちになったでしょ。あの子元気だし、面白いし、意外と親切なところもあるから」

タケシくんが小学校に上がって最初に仲良くなったのがヨッちゃんで、最後まで――いまでもヨッちゃんは、ときどき仏壇にお線香をあげに来てくれるのだという。

「ヨッちゃん、いろいろ面倒見てくれるから、すぐに友だちになれたでしょ」

少年は黙ってうなずいた。一週間前までは、確かにそうだった。通学路の近道も、学校でいちばん冷たい水が出る水飲み場の場所も、教室を掃除するときの手順も、ぜんぶヨッちゃんに教わった。

【国語】（五〇分）〈満点：一〇〇点〉

一 次のⅠ・Ⅱの問いに答えなさい。

Ⅰ 次の傍線部の漢字の読みをひらがなで答えなさい。傍線部のカタカナは漢字に直しなさい。

① ちょうどその日は都合が悪い。

② 調味料として塩を用いる。

③ 体調の良くない日に無理は禁物だ。

④ キュウキュウ車の到着を待つ。

⑤ 試験で満点がとれるようツトめる。

⑥ 新しく雑誌をカンコウする。

Ⅱ 次の熟語の構成を後の選択肢から一つずつ選び、記号で答えなさい。ただし、同じ記号は一度しか使えない。

① 帰宅　② 高低　③ 満足　④ 軽量

ア 同じような意味の字を組み合わせたもの（例：進行）

イ 反対や対になる意味を表す字を組み合わせたもの（例：左右）

ウ 上の字が下の字を説明（修飾）しているもの（例：赤色）

エ 下の字から上の字へ返って読むと意味がよくわかるもの（例：開会）

二 次の文章を読んで、後の問いに答えなさい。（問題の作成上、一部改変した箇所があります。）

引っ越してきたばかりの町を自転車で探検していた「少年」は、初めて来た団地のベランダにこいのぼりが掲《かか》げられているのを見つけた。

初めての転校だった。新しい友だちとどうなじんでいけばいいのかよくわからなかったから、しくじった。最初はよかったのだ。クラスのみんなは休み時間のたびに少年のまわりに集まって、前の学校のことをあれこれ訊《き》いてきた。すっかり人気者だ――と、勘違《かんちが》いしてしまった。気がゆるんだ。質問に答えるだけではなく、なにか面白いことを言って、みんなを笑わせてやろうと思った。前の学校や町のことを少し大げさに話した。この学校やこの町の感想も、ギャグのネタになるようにしゃべった。すると、それが「いばってる」「ここを田舎《いなか》だと思ってバカにしてる」ということになってしまった。笑ってくれるはずのみんなは怒りだした。誰も少年の席には集まらなくなり、放課後のソフトボールにも誘《さそ》ってくれなくなった。

「そんなに前の学校がいいんだったら、帰れよ、そっちに」――今日、聞こえよがしに言われた。言ったのは、少年の話に真っ先に腹を立てたヨッちゃんだった。

男子のリーダー格のヨッちゃんは、好きなテレビやゲームやマンガがどれも少年と同じで、おしゃべりをするときのテンポやノリもぴったりで、クラスでいちばん仲良くなれるはずだった。親友になれたらいいな、きっとなれるだろうな、と楽しみにしていた一週間前までが、いまは、ずっと昔のことのように思える。

①知らないうちにうつむいてしまっていた。顔を上げ、こいのぼりをもう一度見つめて、まあいいや、とため息をついて自転車のペダルを踏み込みかけたとき、こいのぼりが一尾、②空に泳ぎ出た。ぽかんと開けた口と竿《さお》を結んでいた紐《ひも》が、ほどけたか、ちぎれたか、黒い真鯉《まごい》が竿から

MEMO

大切なことはメモしておこうネ！

第1回

2023年度

解　答　と　解　説

《2023年度の配点は解答欄に掲載してあります。》

＜算数解答＞

1　(1)　$\frac{1}{3}$　(2)　320g　(3)　8通り　(4)　15　(5)　80円　(6)　33度

(7)　①　21.98cm^3　②　56.52cm^2

2　(1)　①　8回　②　6，7，16　(2)　①　10：15：6　②　7.2cm

3　(1)　ア　10　イ　4　(2)　ガソリン車の方が60,000円得である

(3)　年間走行距離が12,500km未満のときにガソリン車が得であり，12,500kmより長いときに電気自動車が得である

4　(1)　解説の図参照，色は青　(2)　14時37分30秒　(3)　9時20分00秒

○配点○

1，2　各5点×12　3　(1)　各3点×2　(2)　6点　(3)　8点

4　(3)　8点　他　各6点×2　計100点

＜算数解説＞

基本　1　**(四則計算，食塩水の濃度，数の性質，消去算，平面図形，立体図形)**

(1)　$2\frac{1}{3}-\frac{3}{4}\times\frac{4}{5}\times\frac{10}{3}=2\frac{1}{3}-2=\frac{1}{3}$

(2)　(400×0.09)÷0.05＝720(g)　720－400＝320(g)

重要　(3)　2桁の整数が3の倍数になるためには各位の和が3の倍数になる必要があり，足して3の倍数となる組み合わせは(1，2)，(1，5)，(2，4)，(4，5)の4通り　それぞれに2つの並べ方があるので4×2＝8(通り)

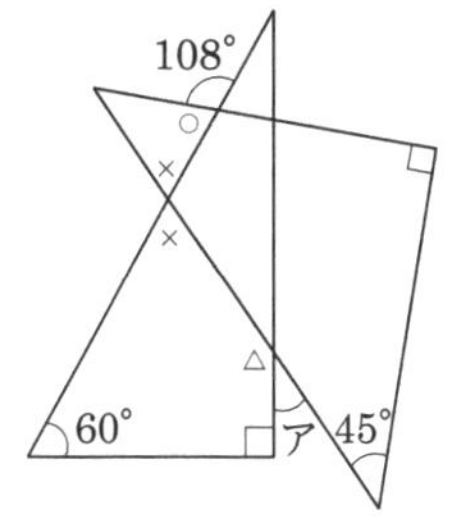

(4)　AとBとCの和…(20＋30＋40)÷2＝45　したがって，Aは45－30＝15

重要　(5)　リンゴ8個，みかん8個の代金の合計…550＋490＝1040(円)　リンゴとみかんの代金の合計…1040÷8＝130(円)　リンゴ3個，みかん3個の代金の合計…130×3＝390(円)　リンゴ2個の代金…550－390＝160(円)　リンゴ1個の値段…160÷2＝80(円)

(6)　右上図において，○＝180°－108°＝72°　×＝180°－(72°＋45°)＝63°　△＝360°－(63°＋60°＋90°)＝147°　したがって，ア＝180°－147°＝33°

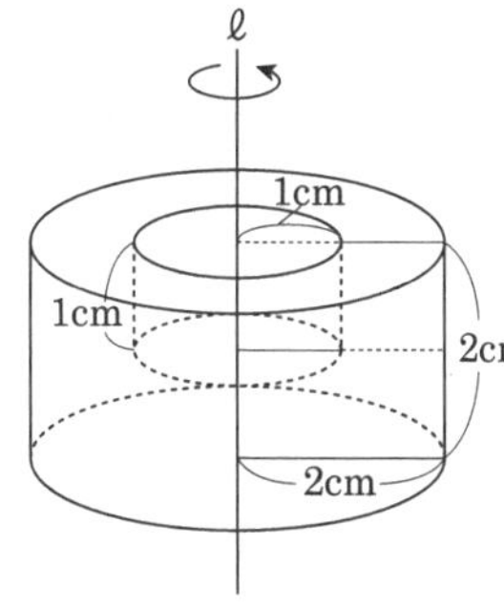

(7)　できあがる立体は右図の通り。底面の半径2cm，高さ2cmの円柱から底面の半径1cm，高さ1cmの円柱を除いた立体となる。

①　2×2×3.14×2－1×1×3.14×1＝21.98(cm^3)

②　2×2×3.14×2＋4×3.14×2＋2×3.14×1＝56.52(cm^2)

2　**(規則性，立体図形)**

基本　(1)　①　25→26→13→14→7→8→4→2→1の8(回)

② 逆順に考えると右図のとおり6，7，16

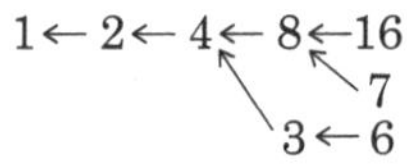

やや難 (2) ① 同じ量の水が入っていることから底面積の比は高さの逆比

したがって，$\frac{1}{6}:\frac{1}{4}:\frac{1}{10}=10:15:6$ ② まず容器Bの水の高さを容器Aの水の高さとあわせるために2cm分を容器Cから移す。容器Bと容器Cの底面積の比は15：6＝5：2であることから，容器Bの2cm分の水の量は容器Cの5cm分の水の量になるので，容器Cに残る水の高さは10－5＝5(cm) 次に容器Cの残り5cm分の水を容器Aと容器Bに高さが等しくなるように移すことを考える。容器Aと容器Bの底面積の合計と容器Cの底面積の比は(10＋15)：6＝25：6であることから，容器Cの5cm分の水を容器Aと容器Bに高さが等しくなるように移すと，5×6÷25＝1.2(cm)だけ容器Aと容器Bの水の高さが上昇する。したがって，容器Cの水を移した後の容器A，容器Bの水の高さ高さは6＋1.2＝7.2(cm)

やや難 3 (2量の関係)

(1) ア 1km走るのに必要なガソリン…$\frac{1}{15}$(ℓ) $\frac{1}{15}$ℓのガソリン代…$150\times\frac{1}{15}=10$(円)

イ 1km走るのに必要な電気…$\frac{1}{6.5}$(kWh) $\frac{1}{6.5}$kWhの電気代…$26\times\frac{1}{6.5}=4$(円)

(2) 4年間の総走行距離…10,000×4＝40,000(km) (1)より1km走るのに必要な燃料費は電気自動車の方が10－4＝6(円)得なので，40,000km走ると燃料費は40,000×6＝240,000(円)電気自動車の方が得。本体価格はガソリン車の方が300,000円得なので，総額はガソリン車の方が300,000－240,000＝60,000(円)得である。

(3) 本体価格はガソリン車の方が300,000円得なので，燃料費が電気自動車の方が300,000円得になれば総額は等しくなる。(1)より1km走るのに必要な燃料費は電気自動車の方が6円得なので，総走行距離が300,000÷6＝50,000(km)の時にガソリン車と電気自動車の総額が等しくなり，その時の年間走行距離は50,000÷4＝12,500(km)。したがって，年間走行距離が12,500km未満のときにガソリン車が得であり，12,500kmより長いときに電気自動車が得である。

重要 4 (時計算)

(1) 時計盤の色…0時から8時までは白，8時から16時までは赤，16時から24時までは青なので20時30分では青 短針…8時間ごとに1周するため，1時間ごとに1進む。20時30分は16時から4時間30分＝4.5時間経過しているため，短針は4と5のちょうど中間 長針…1時間ごとに2周するということは30分で1周するため，20時30分では長針はちょうど1周して8を指している。したがって，時計の針の位置は右図の通りであり，時計盤の色は青

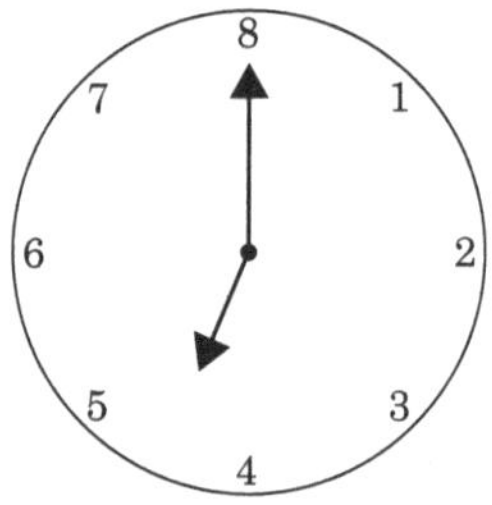

(2) 時計盤の色が赤なので，8時から16時の間 短針の位置が6と7の間であり7に近いことから14時30分から15時の間 長針が1進むのに$30\div8=\frac{15}{4}$(分)かかることから，8を指してから$\frac{15}{4}\times2=7.5$(分)＝7分30秒経過後 したがって，14時30分＋7分30秒＝14時37分30秒

(3) 現在の時刻は6時ちょうど 短針は1時間で360÷8＝45(度)進むので150度進むのは150÷45＝$3\frac{1}{3}$(時間)＝3時間20分後 したがって，求める時刻は9時20分00秒

★ワンポイントアドバイス★

2(2)は水の量を4と6と10の最小公倍数である60cm^{3}と置いて解くこともできる。
4は変則的な時計算であるが，30分で長針が1周することに注意しよう。(2)は2周目であることに気づけるかがポイント。

<理科解答>

1 (1) エ (2) イ，カ (3) ウ (4) エ (5) 120g (6) Ⅰ イ Ⅱ ウ
(7) ③→②→①→④ (8) イ，キ

2 (1) ア，エ (2) A (3) 10g (4) 18g (5) (式・考え方) 物体が受ける浮力の大きさと，物体とおもりの重さの和が等しいので，(4)より18－10＝8g
(答え) 8g (6) A 10g B 20g (7) ウ，エ

3 (1) 解説参照 (2) ウ (3) ⑤ (4) 解説参照 (5) ア (6) 12℃
(7) ウ (8) ③

○配点○

1 (5)・(7) 各3点×2 他 各2点×8((2)完答)
2 (1)・(2) 各2点×2((1)完答) (5) (式・考え方) 3点 (答え) 1点
他 各3点×5((7)完答) 3 (1) 4点 他 各3点×7 計70点

<理科解説>

1 (小問集合)

基本 (1) 左からアは作用点・支点・力点，イは作用点・支点・力点，ウは作用点・力点・支点，エは支点・作用点・力点の順にあるので，エである。

やや難 (2) 磁石につく金属は鉄・ニッケル・コバルトで，銅やアルミニウムはつかないので，イとカである。

(3) 炭酸水は二酸化炭素，塩酸は塩化水素，砂糖水は砂糖，アンモニア水はアンモニアがとけている。ウ以外は気体がとけている。

(4) 炭酸水は酸性，食塩水は中性，石灰水はアルカリ性で，pHの大きさはこの順でエである。

(5) 食塩の量は変化しない。食塩の量は300(g)×0.12＝36(g)でこれが20%だから食塩水の量は36(g)÷0.2＝180(g)となる。蒸発させる水の量は300(g)－180(g)＝120(g)である。

(6) Ⅰ 体の回転の向きを感じるのは半規管のイである。 Ⅱ 音を大脳に伝えるのは聴神経のウである。

(7) 心臓のつくりの変化は，1心房1心室→2心房1心室→2心房2心室と変化する。③は「魚類」，②は「両生類」，①では心室を2つに分ける壁ができ始めている「は虫類」，④は「鳥類・ほ乳類」の心臓である。

やや難 (8) 茎では内側に道管があり，葉では表面側に道管がある。BとCが道管でAとDが師管なので，イとキがあてはまる。

2 (力のはたらき－浮力と密度)

基本 (1) イは慣性の法則，ウは圧力が小さくなることによる現象で，浮力に関するのはアとエである。

(2) 浮かぶのは重さの軽いAの方である。

やや難 (3) 浮いている物体にはたらく浮力と重さは等しいので，浮力の大きさは10gである。

(4) (浮力)＝(空気中の重さ)－(水中の重さ)より20(g)－2(g)＝18(g)である。

(5) 物体Aと物体Bは同じ大きさなので，物体のすべてが水中に入ったときの浮力は等しく18gである。物体Aの重さは10gなので物体をすべて沈めるためには18(g)－10(g)＝8(g)のおもりをのせる必要がある。

やや難 (6) 物体が浮くとき物体の重さと等しい浮力がはたらいているので，物体Aは10g，物体Bは20g

の浮力がはたらく。

(7)　水に浮かぶ物体にはたらく浮力は，物体の重さに等しいので水中でも食塩水中でも変わらないから，アとイは異なる。浮力は物体の液体中にある体積分のその液体の重さに等しいので，水中に沈んでいる体積が大きいほど浮力は大きく，水中の体積が同じならば食塩水中のほうが浮力が大きいので，ウとエは正しい。浮力は深さに関係ないので，オは異なる。

3　(天体・気象・地形－気象)

基本　(1)「ラニーニャ現象」で，南米・ペルー沖の水温が低くなることに注目するとウがあてはまる。赤道付近の範囲で平年よりも1度以上海面水温が低くなっているところは右図の通りである。

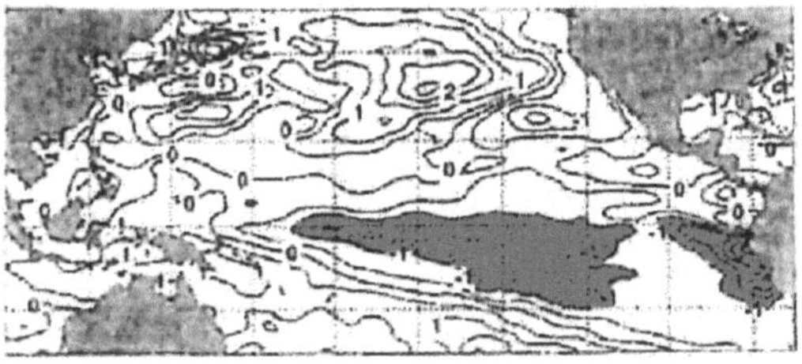

やや難　(2)　積乱雲は入道雲とも呼ばれたてに高くのびる雲で，ウがあてはまる。

(3)　ラップをしていると水が蒸発しても外に出ないため，水蒸気ができにくいから水の減り方が少ない。

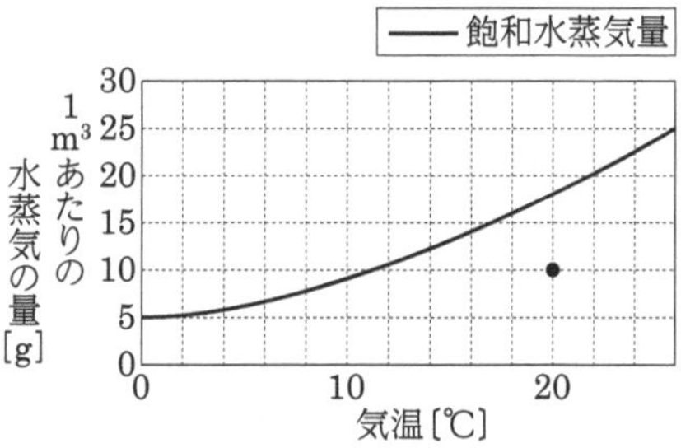

(4)　気温が20℃，水蒸気を1m³あたり10g含んでいる空気Cは右図の位置になる。

(5)　温度が下がるのはアの点方向である。

(6)　空気Cの温度が下がると12℃のときに飽和水蒸気量に達して水蒸気が水滴となり雲ができる。

(7)　海水温の高い所では蒸発しやすく，その水蒸気を多く含んでいる空気が上昇気流により上昇すると気温が下がり雲できるので，仮説A・仮説Bともに正しい。

(8)　日本の南の海上では空気が吹き込むので気圧は低く，日本周辺では空気が噴出しているので気圧は高い。

★ワンポイントアドバイス★

1は知識の問題なので時間をかけずに解こう。2では実験，3では自由研究で調べた現象に関しての出題で，いずれも本文をしっかり読んで条件を把握して解くことが大切である。

<社会解答>

1　(1)　韓国[大韓民国]　(2)　1　北陸　2　能登　(3)　イ　(4)　①　ア　②　エ　(5)　扇状地　(6)　四日市ぜんそく　(7)　①　ア・イ　②　(ういているもの)　木材　(理由)　海面にうかせることで簡単に移動することができるため

2　(1)　ウ　(2)　イ　(3)　ア　(4)　地頭　(5)　エ　(6)　分国法　(7)　エ　(8)　①　ア　②　平塚らいてう[雷鳥]らが差別からの解放や政治に参加する権利を求めている　(9)　イ　(10)　中東(戦争)

3　(1)　①　ウ　②　こども家庭(庁)　(2)　ヤングケアラー　(3)　①　生存権

② ク　(3)　③　医療や介護を必要とする人が増え，施設が人材不足になる。医療費や介護費用が増加することで財政を圧迫する。　(4)　イ　(5)　労働基準法
(6)　①　イ　②　(署名数)　X　(請求先)　A

○配点○
1　各2点×12　2　(8)②　4点　他　各2点×10
3　(3)③　4点　他　各2点×9((6)②完答)　計70点

＜社会解説＞

1　(日本の地理ー日本地理の総合問題)

(1)　Xの国の割合が最も高い円グラフ②を注目する。

重要　(2)　1　北陸地方は，福井県・石川県・富山県・新潟県をさすことが多い。中部地方は，北陸・中央高地・東海の各エリアで，気候の特徴が異なってくる。北陸は季節風の影響で，冬に降水(雪)量が多くなる。　2　能登半島は，観光・漁業・織物等の産業が盛んである。

(3)　小豆島は香川県である。瀬戸内海に浮かぶ島は多くある。

(4)　①　栃木県は長野県と同じく海に面していない内陸県である。　②　エ　AはZ，BはX，CはYとなる。

(5)　日本の扇状地は，中部地方以北に多く分布している。栽培がさかんな農産物の品目とセットでおさえることも有効であるといえる。

基本　(6)　残りの四大公害病は，水俣病(熊本県)・新潟水俣病(新潟県)・イタイイタイ病(富山県)である。水俣病・新潟水俣病は，有機水銀が原因で，イタイイタイ病は，カドミウムが原因である。四大公害病はいずれも高度経済成長期に顕在化していった。

(7)　①　ア　村役場の北にあるのは小中学校である。　イ　「畑」ではなく「水田」である。
②　「海面に浮かせる→容易な移動」というつながりを答案に盛り込めば良い。

2　(日本の歴史ー古代から現代までの総合問題)

(1)・(2)　リード文中の「土偶」を手がかりに縄文時代と特定できる。

(3)　源義仲・源義経・源頼朝はいずれも平安時代末期の源平の合戦に登場する。源平の合戦が本格化するのは1180年の石橋山の戦いからであるが，最終的に1185年の壇ノ浦の戦いでの平氏滅亡で終結した。

基本　(4)　地頭は荘園ごとに置かれた役職である。守護は国ごとに置かれた役職であり，両者をしっかり区別する必要がある。鎌倉時代には地頭が，室町時代には守護が，より存在感をだしていたといえる。

(5)　歌舞伎は，江戸時代に始まった。

(6)　分国法のなかには，鎌倉時代に制定された御成敗式目を模したものが多くある。分国法のなかには広く共通する内容も含まれている一方で，地域性を考慮した独自の内容が含まれている場合もあった。

(7)　エ　西回り航路の説明となる。東回り航路は，太平洋側を経由し，西回り航路は日本海側を経由した航路であるが，江戸時代にそれぞれ河村瑞賢が航路を整備した。

(8)　①　Ⅰは1889年，Ⅱは1890年代後半，Ⅲは1910年代である。　②　日本で婦人参政権が認められたのは第二次世界大戦後である。

(9)　ア　世界恐慌によって，生糸の輸出は減少した。　ウ　疎開先は都市ではなく地方である。
エ　戦争中は英語やアルファベット表記が制限された。

(10) 第二次石油危機の原因はイラン革命である。

3 (政治ー介護を起点とした問題)

(1) ① ウは，文部科学省の仕事である。 ② いわゆる「縦割り行政」の打破が日本の省庁の課題となっている。デジタル庁についてもこのような課題の克服を担うことが期待されているといえる。

(2) 介護のあり方も従来よりも多様化してきている。少子高齢化が加速している昨今の状況下で社会全体の課題としてあらゆる世代の人々がどの程度共有していけるかがまず必要なことであるといえる。

(3) ① 生存権は社会権の中に含まれている。 ② 処理能力が問われる読み取り問題である。

重要 ③ 「人材不足」「医療・介護費の増加」という点を盛り込む必要がある。

(4) アは自由権，ウは参政権，エは請求権である。

基本 (5) 「労働基準法」・「労働関係調整法」・「労働組合法」をまとめて「労働三法」という。また，「団結権」・「団体行動権」・「団体交渉権」をまとめて「労働三権」という。両者を混同せずに整理する必要がある。

(6) ① 地方議員の被選挙権は満25歳以上である。 ② 直接請求権については，必要な署名数・請求先をセットで覚える必要がある。

★ワンポイントアドバイス★

本格的な記述問題も出題されているので，普段から添削等をしてもらいながら，答案作成のトレーニングをしておこう。

＜国語解答＞

一 Ⅰ ① きょうたん ② ばくまつ ③ あやつ ④ 回避 ⑤ 裁断 ⑥ 沿
Ⅱ ① 合 ② 直 ③ 元 ④ 人

二 問一 ア・エ 問二 A オ B イ C エ 問三 エ 問四 ア 問五 ウ
問六 (例) 誰かに師事し，なにか専門の学問を学び，未来を実感しながら，これと思い決めたひとつことを極めるような贅沢なやり方で，世の中に入っていく人生。
問七 イ・エ 問八 ウ 問九 イ 問十 ア

三 問一 a オ b イ c ウ 問二 ウ 問三 用具 問四 ア 問五 エ
問六 人間のリズムの破壊 問七 イ・エ 問八 (例) 人間のために作ったはずの道具に，人間が支配されているということ。 問九 Ⅱ 長 Ⅲ 短 問十 イ

○配点○

一 各2点×10 二 問三・問五・問八 各3点×3 問四・問九・問十 各4点×3 問六 5点 他 各2点×7 三 問二～問五 各3点×4 問六・問七・問十 各4点×3 (問七完答) 問八 6点 他 各2点×5 計100点

＜国語解説＞

一 (漢字の読み書き，熟語)

Ⅰ ①「驚嘆」は，おどろいて感心すること。 ②「幕末」は，江戸幕府の末期。 ③「操」の音は「ソウ」。熟語に「操縦」体操」など。 ④「回避」は，身をかわしてさけること。 ⑤「裁断」は，布・紙などを型に合わせてたち切ること。 ⑥「沿」の音は「エン」。熟語に「沿線」「沿岸」など。

Ⅱ ①「具合」「場合」「合宿」「合格」 ②「率直」「正直」「直立」「直観」 ③「身元」「紀元」「元気」「元日」 ④「本人」「大人」「人工」「大目」

二 (小説―内容理解，空欄補充，心情理解，ことわざ，主題)

問一 直後の段落に注目。イ・ウは想像ではなく，実際のことである。

基本 問二 A「うっかり」は，不注意である様子。 B「くっきり」は，明らかできわ立っている様子。 C「ゆったり」は，気分などにゆとりがある様子。

問三 「バツが悪い」は，その場のなりゆき上，具合が悪く恥ずかしい，という意味。

問四 あとの「俊男に一瞬不審そうに目を向け」とあることから，「あの女の人」が俊男を知らないということがわかる。

問五 直後の文の「虚構」とは対照的な意味の言葉が，空欄に入る。

やや難 問六 三つ前の段落の「誰かに師事し，……極めてみたかったのだ。そういう贅沢なやり方で，世の中に入っていきたかったのだ」の部分が，俊男が「選びそびれた」人生の内容である。

問七 イ「覆水盆に返らず」は，一度してしまったことは，取り返しがつかないこと。エ「後の祭り」は，時機に遅れてどうにもしようのないこと。

問八 老人は俊男に一言話しかけたあと，すぐにその理由を説明しているので，エは正しい。また，「あなたのような逞しい青年を見るのは気持ちの良いもので，……と飄逸な口調で言った」という部分の内容が，ア・イに合致している。ウの内容は文章中からは読み取れない。

重要 問九 それまでの俊男にとって，この家の中のことは，想像するしかなかったが，老人に出会ったことで，実際この家の中がどのようであるかが，少しだけ明かされたのである。

問十 「ソンザイカン」は，俊男が妻から言われた言葉である。自分には自分の存在感がある，ということに俊男は気づいたのである。

三 (論説文―空欄補充，接続語，内容理解，指示語，要旨)

基本 問一 a 空欄の前後が逆の内容になっているので，逆接の接続語が入る。 b 空欄の前の内容の説明や補足を空欄のあとでしているので，説明・補足の接続語が入る。 c 「もし……であれば」というつながりである。

問二 傍線部①の理由は，四つあとの段落の「ハサミの使い方を教えようとすると大変むつかしい。という事実が典型的に示すように，われわれはハサミの構造に合った指の動かし方をしています」にある。この部分の内容がウに合致している。

問三 「変形し，発展させ，……切りはなしたりでき」るものは何か，指示語の指す内容を前からとらえる。

問四 直後の文の「無意識のうちにわれわれは用具の構造に身をそわせ，用具に組みこまれている」にあたる内容が，空欄に入る。

問五 傍線部③に続く部分に注目。「最初機械を使うときは，……説明(実は命令)どおり操作します」という部分がアに，「大規模の工場機械になると，……自由になりません。われわれの方が機械のところへかよってゆき，……はたらきます」という部分がウに，「社会的な生産組織に組みこまれ，個人の手元において自由にできない生産機械の場合には，……より強く出てきます」

という部分がイに合致している。

問六　直後の三つの文の内容をとらえる。

問七　あとに続く内容をとらえる。「単純労働」「労働の部分化」という表現に注目。

やや難　問八　傍線部⑥は，直前の文にある「機械による疎外」の問題であり，これは，〔中略〕の直後の「われわれは，人間の能力を拡大し，人間の労働を楽にするために機械をつくったはずであるのに，逆に人間が機械によって支配される事態が起こっています」という内容にあたる。

問九　〝利点がマイナスになる〟つまり〝長所が短所になる〟ということである。

重要　問十　第二段落の「用具(……)を使うことによって，われわれは用具のはたらきを……拡大・強化してゆきます」という内容が，イに合致している。

★ワンポイントアドバイス★

長文の読解において，細かい理解を必要とする選択問題，記述問題が出題されている。ふだんから小説や随筆，論説文を読むことを心がけよう！　語句の意味なども，こまめに辞書を調べるなどして，基礎力をつけることが大切！

第2回

2023年度

解 答 と 解 説

《2023年度の配点は解答欄に掲載してあります。》

＜算数解答＞

1 (1) 29　(2) $\frac{3}{10}$　(3) 6通り　(4) 600g　(5) 18km
(6) ① 45度　② 2.5cm^2　(7) 324cm^3

2 (1) ① (i) A：2箱，B：2箱　(ii) A：1箱，B：4箱　② 3通り
(2) ① 233　② 1

3 (1) 108　(2) 正方形[正四角形]　(3) 3：2

4 (1) ① 96分間　② 72分間　(2) ア：32，イ：20　(3) 60%

○配点○

1 各5点×8　2 各4点×5　3 (3) 8点　他 各6点×2
4 (3) 8点　他 各3点×4　計100点

＜算数解説＞

1 (四則計算，演算記号，組み合わせ，食塩水の濃度，速さ，平面図形，立体図形)

基本 (1) $\frac{29}{12}\times6\times2=29$

基本 (2) $\frac{1}{6}+\frac{1}{12}+\frac{1}{20}=\frac{3}{10}$

重要 (3) 黒以外の4色から2色を選ぶ組み合わせなので，$\frac{4\times3}{2\times1}=6$(通り)

重要 (4) 5%の食塩水と9%の食塩水を混ぜて6%の食塩水となったことから，5%の食塩水Aと9%の食塩水Bの重さの比はできあがった6%の食塩水との濃度差の逆比であり，(9%−6%)：(6%−5%)＝3：1　したがって，食塩水Aの重さは$800\times\frac{3}{4}=600$(g)

重要 (5) 2時間15分＝2.25時間　時速40kmで2.25時間進むと40×2.25＝90(km)　84(km)との差90−84＝6(km)はB地点まで時速30kmで進んだことによるものであり，時速30kmで進んだ時間は6÷(40−30)＝0.6(時間)　したがって，A地点からB地点までの道のりは30×0.6＝18(km)

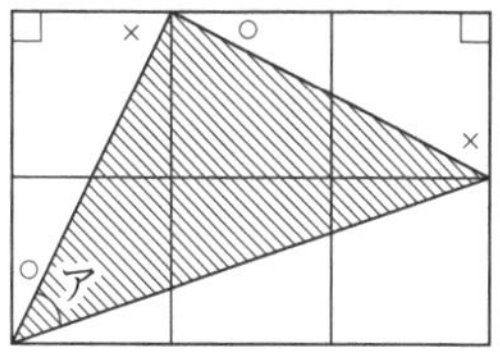

やや難 (6) ① 右上図の通り，○＋×＝90°であることから，斜線部分の三角形は直角二等辺三角形であり，アの角は45°

② 全体の長方形から斜線部分以外の三角形の面積を除くと6−(1×2÷2)−(1×2÷2)−(1×3÷2)＝2.5(cm^2)

【別解】 右下図の通り下に正方形を3つ追加した図を考えると，四角形ABCDは正方形となり，BDは正方形の対角線となることから，アは45°　正方形の面積は9−(1×2÷2)×4＝5(cm^2)　したがって，斜線部分の面積は正方形の半分である5÷2＝2.5(cm^2)

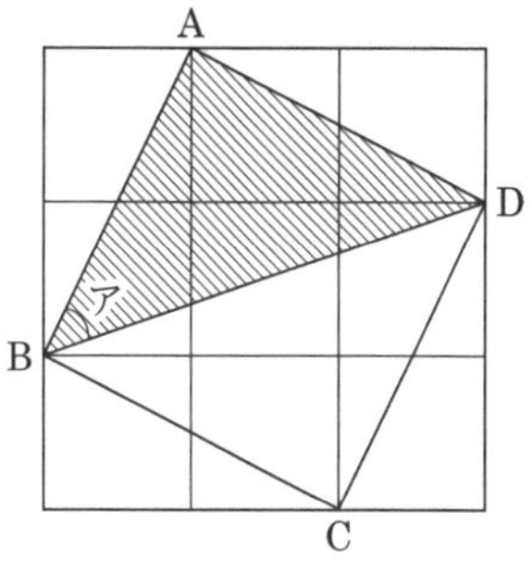

やや難 (7) 図2を図1のように立てた場合，水の高さは6cmと12cmの平均である9cmとなる。したがって，容器に残った水の体積は9×6×6＝

324(cm^3)

2 **(数の性質，規則性)**

やや難 (1) ① (i) 24＝5×2＋7×2より，商品Aを2箱，商品Bを2箱買えばよい。 (ii) 33＝5×1＋7×4より，商品Aを1箱，商品Bを4箱買えばよい。

② 75個のドーナツを買う場合，商品Bを5の倍数箱買うことになる。したがって，商品Aを15箱買って商品Bを買わない，商品Aを8箱と商品Bを5箱買う，商品Aを1箱と商品Bを10箱買う，の3通り

重要 (2) ① 12番目まで書き出すと，1，2，3，5，8，13，21，34，55，89，144，233

② 並んだ数を4で割った余りを並べると，1，2，3，1，0，1，1，2，3，1，0，1，…となり，1，2，3，1，0，1の6つの数字の繰り返しとなる。したがって，2023番目の数は，2023÷6＝337…1より6つの数字の1番目である1となる。よって，4で割った余りは1

3 **(平面図形)**

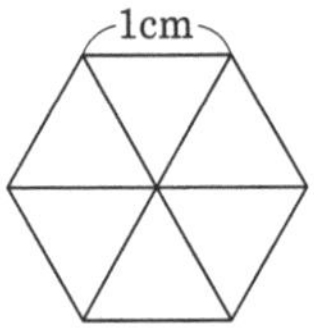

基本 (1) 正五角形の1つの内角は540°÷5＝108°

基本 (2) 360の約数を一つの内角とする正多角形である必要があり，正三角形，正六角形以外では一つの内角が90°である正方形(正四角形)であればすき間なく並べることができる。

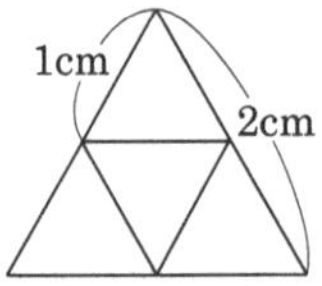

重要 (3) 右図の通り，周りの長さが6cmである正六角形の1辺の長さは1cmであり，正六角形の面積は1辺1cmの正三角形の6倍　周りの長さが6cmである正三角形の1辺の長さは2cmであり，面積は1辺の長さが1cmの正三角形の4倍　したがって，正六角形と正三角形の面積の比は6：4＝3：2

重要 **4** **(グラフ)**

(1) ① 200×0.48＝96(分)　② 96×0.75＝72(分)

(2) ア 花子さんのスマートフォン総利用時間は16÷0.25＝64(分)　したがって，64÷200×100＝32(%)　イ 100－48－32＝20(%)

(3) 太郎さんの動画視聴時間…200×0.2×0.8＝32(分)　二人の動画視聴時間…72＋16＋32＝120(分)　したがって，2人一緒の動画視聴時間の割合…72÷120×100＝60(%)

★ワンポイントアドバイス★

2(1)は商品Aを複数箱買うとき，ドーナツの個数の一桁目は0か5ということに気づけば，ドーナツの個数の一桁目に注目すればよいことがわかる。3(1)，(2)は時間をかけずに解答したい問題。

＜理科解答＞

1 (1) ① 8cm　② 20g　(2) ① A　② イ，ウ，エ　(3) ア，エ　(4) イ，ウ，エ　(5) イ　(6) イ，オ　(7) ウ　(8) ウ

2 (1) ① 1 a　2 c　3 e　4 h　5 b　組合せ ウ

② (式・考え方) $20\div\left(\frac{600}{150}\times\frac{600}{150}\right)=1.25$　(答え) 1.25　③ エ

(2) ① 脊椎[セキツイ]動物　② オ　③ 皮膚[皮ふ]　④ ウ

3 (1) ① 30　② 55　(2) 解説参照　(3) イ　(4) ウ　(5) ア

(6) (式・考え方) 溶液：再結晶＝210g：46g＝50g：□g　□＝10.9…≒11

(答え) 11g　(7) ウ

○配点○

1 各3点×10((2)②，(3)，(4)，(6)各完答)

2 (1)①1～5 各1点×5　(1)② 3点　他 各2点×6

3 (2)・(6) 各4点×2　他 各2点×6　計70点

＜理科解説＞

1 (小問集合)

基本 (1) ① 左右の力のモーメントは等しいので，24(g)×(ABの長さ)＝16(g)×12(cm)よりAB＝8(cm)となる。 ② ①と同様に30(g)×8(cm)＝x(g)×12(cm)より，x＝20(g)となる。

(2) ① 右の図のように電流が流れるので右手で人差し指から小指を電流の向きに合わせて握ると親指の向きがN極の向きになるのでA側がN極となる。 ② 電磁石を強くするためには，巻き数を増やすか，鉄芯を入れるか，電流を大きくすればよい。電池の向きを逆にすると電磁石の磁極が逆になる。乾電池を2個並列の場合は1個の場合と変わらない。

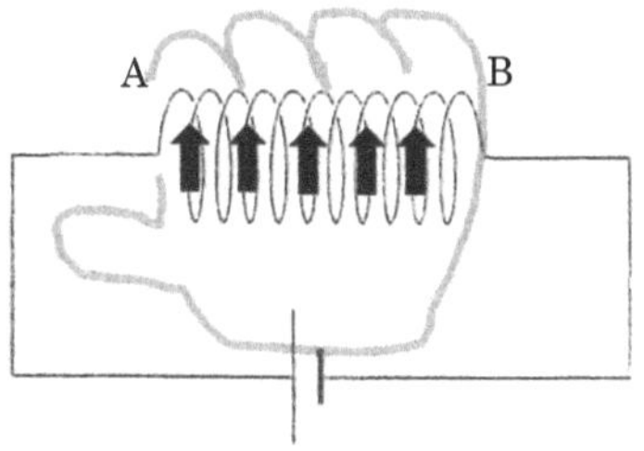

基本 (3) 二酸化炭素は空気より重く，水に溶けて酸性の炭酸水となる。吸う息より吐く息のほうが割合が多くなり，石灰水を白くにごらせる。

やや難 (4) 動植物が生活するうえで出し入れする気体で酸性を示すのは二酸化炭素である。動植物ともに呼吸により出し，植物は光合成のときに取り入れるので，イ，ウ，エとなる。

基本 (5) あてはまるのは，積乱雲で強い上昇気流により鉛直方向に10kmを超える高さの雲である。

(6) 台風は熱帯低気圧で夏から秋にかけて発生する。風は反時計回りに吹き込み，通過後天気は回復する。

(7) ベテルギウスなどの恒星は1時間に15度，1か月に30度，東から西に移動する。1か月後の午後10時には30度動いたオの位置にあり，午後7時にには15(度)×3(時間)＝45(度)反時計回りにもどったウの位置にある。

(8) 満月→下弦の月→新月→上弦の月→満月となるのに30日で，その半分の15日後である。

2 (生物－植物・動物)

基本 (1) ① 接眼レンズaを先に取り付けた後に対物レンズcを取り付ける。視野全体を明るくするために反射鏡eとしぼりを調節する最初は視野の広い低倍率で観察する。まず，横から見ながらプレパラートと対物レンズを近づけ，接眼レンズをのぞきながらプレパラートと対物レンズを遠ざけるように調節ねじhを回してピントを合わせ，レボルバーbを回して高倍率にする。 ② 倍率が4倍で長さが4倍になるので見える面積は$\frac{1}{4}\times\frac{1}{4}=\frac{1}{16}$になり，観察できるミカヅキモの個体数も$\frac{1}{16}$で$20\times\frac{1}{16}=\frac{5}{4}=1.25$個体となる。

③ 顕微鏡で見える像は対物レンズで拡大された実像を接眼レンズが拡大してつくる虚像を見ているので，上下左右逆の向きに見えている。そのため左下に見えた像を中央に移動するためには中央とは逆の向きの左下に動かす。

(2) ① Dの5種類は背骨のある脊椎(セキツイ)動物である。 ② 哺乳類のモグラと他の脊椎動物の違いは，哺乳類は胎生で他は卵生であること。 ③ 両生類のカエルは子のときはえらと皮膚，親になると肺と皮膚で呼吸している。　④　両生類の皮膚は常に粘液によってぬれていて，この皮膚に酸素を溶かすことにより吸収している。

3　(物質の変化－ものの溶け方)

基本　(1)　①　水の量と溶かせる量は比例するので$15(g)\times\frac{100(g)}{50(g)}=30(g)$である。

②　水の量と溶かせる量は比例するので$110(g)\times\frac{50(g)}{100(g)}=55(g)$である。

(2)　100gの水に溶けるブドウ糖と硝酸カリウム下の表のようになるので，グラフは右図のようになる。

水温(℃)	0	20	40	60
ブドウ糖	20	24	30	40
硝酸カリウム	12	32	64	110

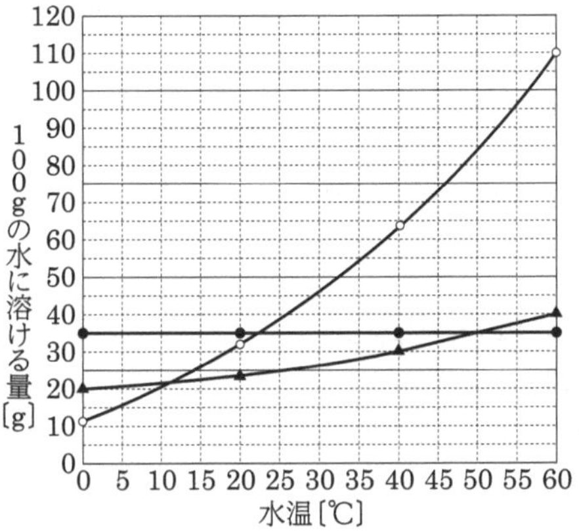

(3)　(2)のグラフから溶ける量が多い順に硝酸カリウム，ブドウ糖，食塩となる。

やや難　(4)　$\frac{24(g)}{24(g)+100(g)}\times100=19.3\cdots\fallingdotseq19(\%)$より，ウである。

やや難　(5)　20℃の水100gにブドウ糖は24g，硝酸カリウムは32g溶ける。溶解させることのできる量は互いの影響を受けないから，どちらも溶けるので，アが正解となる。

(6)　60℃の水100gに硝酸カリウムは110g溶けるので硝酸カリウム水溶液100(g)＋110(g)＝210(g)に硝酸カリウムは110g溶けている。40℃の水100gに硝酸カリウムは64g溶けるので結晶になって出てくる硝酸カリウムは110(g)－64(g)＝46(g)である。60℃の硝酸カリウム水溶液210gを40℃にすると46gの硝酸カリウムが結晶になって出てくるので，硝酸カリウム水溶液50gのときに再結晶で出てくる量を□とすると溶液：再結晶＝210(g)：46(g)＝50(g)：□より，□＝10.9…≒11で11(g)となる。

(7)　塩酸の溶質は気体の塩化水素で電流を通すことからアは違う。ブドウ糖水溶液の溶質は固体のブドウ糖であるが電流を通さないのでイは違う。中性の食塩水は電流を通すことよりエは違う。酸性の塩酸・食酢・炭酸水は電流を通し，アルカリ性の石灰水・水酸化ナトリウム水溶液は電流を通す。

★ワンポイントアドバイス★

グラフを記述する問題では，表や文中の数値をしっかり読み取り，表の数値を記入しよう。実験・観察の問題では問題の本文に記述されている内容を読み直して，正解を導き出そう。

<社会解答>

1　(1)　①　イ　　②　イ　　(2)　札幌(市)　　(3)　エ　　(4)　ア　　(5)　イ
(6)　石油危機　　(7)　採算のとれなくなった鉄道やバスなどの公共交通が廃止になる。／スーパーや飲食店などが閉店してしまう。　　(8)　青函　　(9)　エ　　(10)　対馬(海流)

2　(1)　小野妹子　　(2)　出島　　(3)　ア　　(4)　エ　　(5)　エ　　(6)　栄西
(7)　②　　(8)　第1次世界大戦参戦以降の物価上昇に加え，シベリア出兵を見込んだ米の

買い占め，売りおしみによる米価の急上昇が原因で米騒動が起こった。　(9)　エ

(10)　ア　(11)　⑩

3　(1)　普通(選挙)　(2)　①　特別(国会)　②　ウ　③　与党　④　ウ

⑤　衆議院は被選挙権年齢が25歳で，任期は4年，参議院は被選挙権年齢が30歳で，任期は6年である。　(3)　8月6日　(4)　ア　(5)　リンカーン　(6)　ア

○推定配点○

1　(7)　4点　他　各2点×10　2　(8)　4点　他　各2点×10

3　(2)⑤　4点　他　各2点×9　計70点

＜社会解説＞

1　(日本の地理－日本地理の総合問題)

(1)　①　ア 「干拓によって，つくられた」が不適。　ウ 「迷路のように入り組んだ道路が多い」が不適。　エ 「広葉樹林が見られない」が不適。　②　地形図と傾斜量図の照らし合わせを慎重に行う必要がある。

(2)　札幌市は北海道庁所在地で，道内最多の人口数である。また札幌市は，市町村別の人口ランキングで，東京23区・横浜市・大阪市・名古屋市に次いで全国5位である。

重要 (3)　エ　石狩平野では稲作がさかんに行われている。客土を用いて米作り等をしている。道内で特に畑作がさかんな地域は十勝平野である。

(4)　イ 「波が高い場所」が不適。　ウ 「海水の透明度が高く」が不適。　エ 「強い風が吹く日が多く」が不適。

(5)　イ 「ほたてがい」の比率が手がかりになる。

重要 (6)　石油危機によって，漁業の中でも特に遠洋漁業への影響が強かった。遠洋漁業は，沿岸漁業や沖合漁業や栽培・養殖業よりも遠距離を移動するのに燃料を多く消費するので，石油危機による石油高騰は致命的となってしまった。

(7)　「交通」や「食生活」といった点に注目できるかがポイントとなる。

(8)　青函トンネルの開通は，北海道の観光業の活性化につながった。

(9)　新幹線の主要駅の地理上の位置については一通り把握しておきたい。また，各新幹線の開通した順番も問題にあったりする。新幹線は，1964年の東海道新幹線開通が最初となる。東海道新幹線は同年に開催された東京オリンピックにあわせて整備された。

(10)　海流については，日本海側・太平洋側それぞれの暖流・寒流を別名も含めてしっかり覚えておく必要がある。

2　(日本と世界の歴史－日中関係史)

(1)　小野妹子らの遣隋使は翌年裴世清とともに帰国した。聖徳太子は推古天皇の摂政として，当時の政治を主導していたが，仏教を重んじ，隋をはじめとした大陸文化を積極的に吸収していった。古代日本が中国を見習い，中国から影響を受けた点は数多くあった。

(2)　出島は西欧の文物を取り入れる窓口として幕末まで存続した。三代将軍徳川家光は，鎖国を完成させ，幕末のペリー来航による開国まで日本は基本的に外国との交流・交易はなされていなかったが，オランダや清や朝鮮とは関りを継続させていた。

(3)　X 「国分寺・国分尼寺」ではなく「大仏」である。　Z　天武天皇は飛鳥時代である。

(4)　アは山形県，イは大阪府，ウは福岡県。

(5)　ドイツは国家統一まで小国が分立していた。イタリアも同様で，日本が幕末に不平等条約を

締結したアメリカ・イギリス・フランス・ロシア等と比較しても政治的にも経済的にも国力が劣っていた。

(6)　鎌倉新仏教については，宗派と開祖者と活動拠点をしっかりまとめて区別する必要がある。

基本　(7)　古い順に，①→③→⑥→④→②→⑤となる。

重要　(8)　米騒動の原因を「米価上昇」「買占め」「シベリア出兵」という点と関連付けて説明する必要がある。

(9)　エ　世界恐慌は1929年に起こった。世界恐慌はニューヨークでの株式暴落に端を発して，世界中に影響を与えていき，いわゆる「ブロック経済化」が進行して，国際市場は通貨圏ごとに分断していった。このことが第二次世界大戦勃発の要因の一つになったといえる。

(10)　日本と中国は1972年に日中共同声明を宣言し，1978年に日中平和友好条約を締結した。日本と韓国との間でも，1965年に日韓基本条約が締結されたが，日中間・日韓間では未だに，領土問題や歴史認識問題等多くの懸案事項が残っている。

(11)　二・二六事件は1936年に起こった。1932年に起こった五・一五事件と前後関係含めてしっかり区別する必要がある。1930年代には日本の政党政治が機能しなくなり，次第に軍部の政治的発言権が増大していった。

3　(政治ー日本国憲法)

(1)　日本では，1925年に男子普通選挙が，1945年に女子普通選挙が実現した。

重要　(2)　①　通常国会・臨時国会・特別国会についてはしっかり区別しておさえる必要がある。
②　ア・イ　国政調査権や弾劾裁判については参議院にも権限がある。　エ　内閣の権限である。　③　政権を担当しない政党を野党という。　④　国務大臣の数は一定ではない。　⑤　衆議院と参議院のちがいについて，それぞれの選挙制度も比較しておさえる必要がある。

(3)　長崎に原爆が投下されたのは1945年8月9日である。広島・長崎に原爆が投下された後，同年8月15日に第二次世界大戦・太平洋戦争が終結し，日本は敗戦国となった。日本は唯一の戦争被爆国である。

(4)　ア　日本の核兵器の保有は認められていない。佐藤栄作は，核兵器を「つくらず・もたず・もちこませず」のいわゆる「非核三原則」を唱えて，ノーベル平和賞を受賞した。国際的にも核兵器のありかたをめぐって，北朝鮮やイランの核開発問題やウクライナ情勢におけるロシアの動向等未解決問題が山積している。

(5)　南北戦争は1861年から1865年まで行われた。

(6)　イ・ウは自由権，エは請求権である。

★ワンポイントアドバイス★

本格的な記述問題も出題されているので，普段から添削等をしてもらいながら，答案作成のトレーニングをしておこう。

＜国語解答＞

一　Ⅰ　①　つごう　②　もち　③　きんもつ　④　救急　⑤　努　⑥　刊行
Ⅱ　①　エ　②　イ　③　ア　④　ウ

二 問一 イ　問二 ア　問三 1 ウ　2 イ　3 エ　問四 エ
問五 (例) ヨッちゃんと友だちであるという嘘。　問六 (例) タケシが生きていたころいつも遊んでいた河原が，こいのぼりのあるベランダからは見えないので，タケシに見せてやる　問七 ウ　問八 エ　問九 タケシのこいのぼり
問十 ア × イ ○ ウ ○ エ ×

三 問一 イ　問二 (例) カタツムリは移動能力が低く，いろいろな植物を食べれば食べ物を探す時間とエネルギーを節約できるから。　問三 かたい食べ物を砕き，消化に役立てる　問四 エ　問五 ウ　問六 ウ(→)ア(→)エ(→)イ　問七 Ⅰ ウ
Ⅱ エ　問八 ウ・オ　問九 ア　問十 イ

○配点○

一 各2点×10　二 問二・問三・問十 各2点×8　問六 5点　問八 4点
他 各3点×5　三 問一・問九 各2点×2　問二 5点　問五・問八・問十 各4点×4
他 各3点×5(問六完答)　計100点

<国語解説>

一 (漢字の読み書き，熟語の構成)

Ⅰ ① 「都合」は，ほかの事柄との関係，という意味。 ② 「用いる」は，送り仮名のつけ方に注意。 ③ 「禁物」は，避けるべき物事，という意味。 ④ 「救」と「急」の順番を間違えないように注意。 ⑤ 同訓異字「つと(める)」は，「事件の解決に努める」「会議で司会を務める」「会社に勤める」のように使い分ける。 ⑥ 「刊行」は，書籍などを印刷して世に出すこと，という意味。

Ⅱ ① 「(自)宅に帰る」と読むことができる。 ② 「高い」と「低い」は対をなす言葉である。 ③ 「満ちる」と「足りる」は似た意味の言葉である。 ④ 「軽い量」と読むことができる。

二 (小説―心情理解，表現理解，空欄補充，内容理解，主題)

問一 傍線部①までのいきさつをとらえると，イがふさわしい。

問二 傍線部②とアは擬人法の表現。イは倒置，ウは対句，エは体言止めの表現である。

基本 問三 1 直後の文に「少年が予想していたよりもずっと喜んで」とあるので，空欄にはウかアが入ることが推測できる。また，このあとの「おばさん」の様子などから，エは読み取れないと判断する。 2 「おばさん」は，「少年」とヨッちゃんが今は仲良くない状態であることに気づいていない。 3 ヨッちゃんは「おばさん」から「もう来るな」と言われて，悔しい思いをしている。

問四 「少年」がクラスのみんなから嫌われたいきさつとして，「少年の話に真っ先に腹を立てたヨッちゃん」とあることに注目する。

問五 「おばさん」から「ヨッちゃんと友だちかあ……」と言われて，「少年」は打ち消すことができずにいた。そこへヨッちゃんが現れて，一緒にゲームをしている場面である。

やや難 問六 このあとの「河原」の場面での，「こいのぼり，ベランダからだと，川が見えないんだ。俺らいつも河原で遊んでたから，見せてやろうかな，って」というヨッちゃんの言葉に注目する。

問七 ここでヨッちゃんは，「少年」に自分とタケシとの関係を説明している。

問八 「そういうの」が指しているのは，直前の「ほんとうはもっと別の言葉を言わなきゃいけなかったのかもな」つまり，謝罪の言葉などを言うべきであったかな，という内容である。そういうことはもう気にしなくていいと，「少年」は考えたのである。

問九　「少年」が「右手」に持っているものをとらえる。

重要　問十　ア　こいのぼりが落ちた時点では，「少年」はこいのぼりがタケシのものであることを知らなかった。よって，選択肢の文は誤り。　イ　ヨッちゃんは「おばさん」がいなくなったときに「少年」に，「さっさと帰れよ」と言ったが，結局は二人で長い時間，ゲームをしていた。よって，選択肢の文は正しい。　ウ　「おばさん」はヨッちゃんが家に来ると喜んでいたが，その反面，「もう来るな」とヨッちゃんに言っていた。よって，選択肢の文は正しい。　エ　選択肢の文のように「あっという間に仲良くなっ」てはいないので，これは誤り。

三　(論説文―漢字の意味，内容理解，指示語，空欄補充，文の整序，慣用句，要旨)

問一　傍線部①とア・ウ・エは，「種」が〝種類〟という意味で使われている。イは「種」が〝たね〟という意味で使われている。

やや難　問二　傍線部②を含む段落の直後の段落に，その理由が説明されている。「移動能力が低い」カタツムリは，「身近にあるさまざまな植物を食べ」ることで，「食べ物を探す時間もエネルギーも節約することができる」という内容をおさえる。

問三　カタツムリには「必要ない」石とはどのような石か，指示語の指す内容を前からとらえる。

問四　問三と同様，指示語の指す内容は直前からとらえるのが原則。直前の段落の内容に注目。

問五　「サンゴ礁で形成された島」も「石灰岩地域」と同じで，「カタツムリが多様化する傾向」にあるということ。

基本　問六　イの「そのため」や，エの「ここ」が何を指しているのかを考えながら，正しい順番をとらえる。

問七　Ⅰ　文章中に「クモ型ロボット，ヘビ型ロボット」は「人間には入ることができない，……災害現場などで活躍することが期待されています」とあることに注目。　Ⅱ　文章中の「滑りにくいロボットや，壁面にくっつきながら移動するロボット」の活躍の場を考える。

問八　傍線部⑦の直後から「……結果的に，テクノロジーに応用されることになるのです」までがウに，「研究成果が，たとえずっと人間生活に応用できなくても，……形にならないさまざまな価値があるものです」がオに合致している。

問九　「長い目で見る」は，現状だけで判断せず将来を期待して気長に見る，という意味。

重要　問十　この文章は，カタツムリの食べ物や生息場所，殻が汚れない理由や，テクノロジーとの関係など，カタツムリのあまり知られていない一面を伝えている。

★ワンポイントアドバイス★

細かい読み取りを必要とする読解問題が出題されている。選択式にも記述式にも，文章の内容を時間内に的確にとらえる訓練が必要。ふだんから，いろいろなジャンルの本を読むことや，語句などの基礎知識をおさえておくことが大切！

2022年度

★★★★★★★★★★★★★★★★★★★★★★

入　試　問　題

2022年度

獨協埼玉中学校入試問題（第１回）

【算　数】（50分）　＜満点：100点＞

【注意】 定規，分度器は使用してはいけません。

1　次の各問に答えなさい。

(1)　$\frac{2}{3}+\frac{1}{2}-\frac{4}{9}\times\left(0.75-\frac{1}{8}\right)\div 1\frac{2}{3}$ を計算しなさい。

(2)　３％の食塩水125ｇと５％の食塩水375ｇを混ぜてできる食塩水の濃度は何％ですか。

(3)　生徒５人が試験を受けました。そのうち，４人の平均点が60.5点で，残りの１人の点数が70点であったとき，５人の平均点を求めなさい。

(4)　A，Bの２人でじゃんけんをし，先に３回勝った方を優勝とします。１回目にAが勝ったとき，Aが優勝するための勝敗の順は何通りありますか。ただし，あいこは考えないとします。

(5)　A町からB町までの道のりを往復します。行きは時速40km，帰りは時速60kmで進みました。このとき，平均の速さは時速何kmですか。

(6)　$\frac{1}{12}<\frac{2}{A}<\frac{1}{3}$ を満たす整数Aは何個ありますか。ただし，$\frac{2}{A}$ はこれ以上約分することができない分数であるとします。

(7)　右の図のおうぎ形において，色を付けた部分の面積を求めなさい。ただし，円周率は3.14とします。

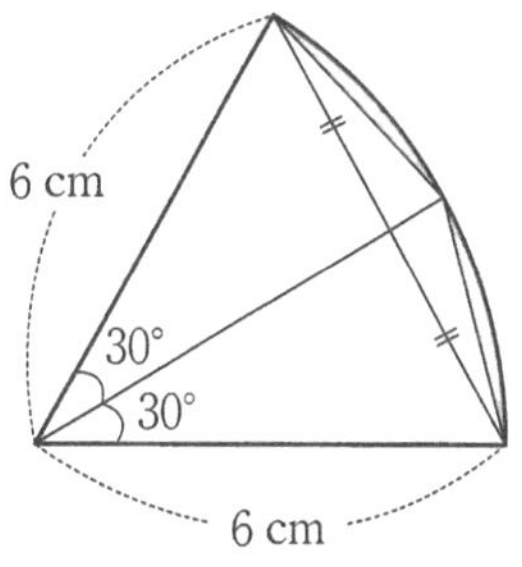

(8)　０でない数Aについて，［A］＝（A＋１）÷Aとします。このとき，［［５］］を計算しなさい。

2　次の各問に答えなさい。

(1)　図のように，１辺の長さが10cmである立方体ABCD－EFGHを，３つの頂点B，D，Eを通る面で切断し，頂点Aを含まない方の立体をVとします。このとき，次の各問に答えなさい。

①　立体Vの体積を求めなさい。

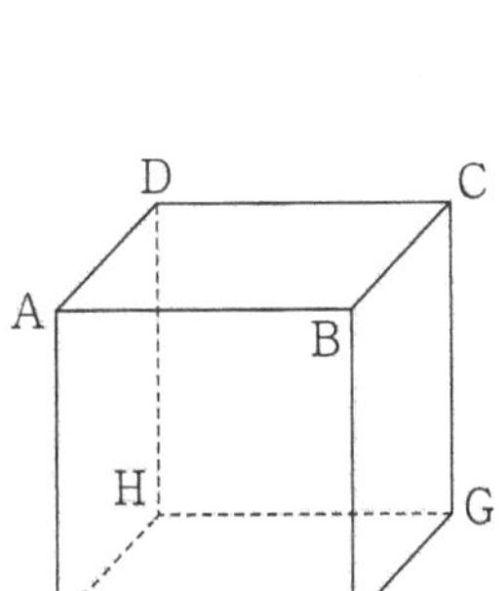

②　立体Vの面の形とその数を調べました。次のページの表のア，イに当てはまる数を答え，ウに当てはまる最も適切な図形の名称を漢字で答えなさい。

面の形	面の数
正方形	（　ア　）つ
直角二等辺三角形	（　イ　）つ
（　ウ　）	1つ

⑵　ある店では，ビンに入った牛乳を販売しています。飲み終えた空のビン３本を店に持っていくと，新しい牛乳１本と交換できます。このとき，次の各問に答えなさい。

①　牛乳を40本まとめて買うと，最大で何本飲めますか。

②　牛乳を50本飲むには，何本買えばよいですか。最も少ない本数を答えなさい。

3　辺の比が３：４：５である三角形は直角三角形です。この性質を利用して，次の 問題 の各問に答えなさい。

問題　太郎さんは東へ毎分90m，次郎さんは北へ毎分120mの速さでA地点から同時に出発しました。

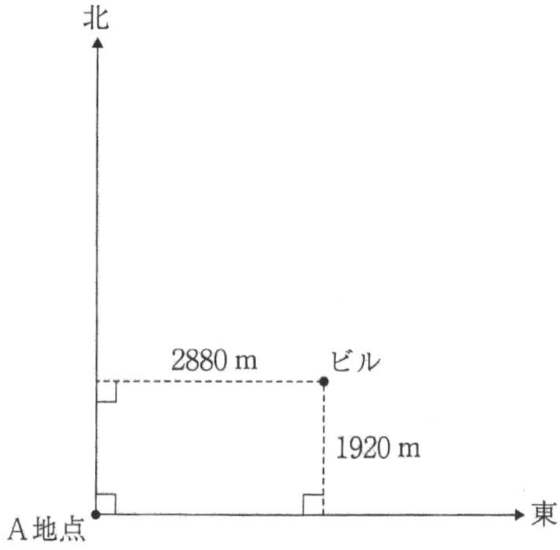

⑴　出発してから20分後の２人の直線距離は何mですか。

⑵　図のような位置にビルがありました。このとき，太郎さん，次郎さん，ビルが一直線上に並ぶのは２人が出発してから何分後ですか。

⑶　出発してから50分後に次郎さんは忘れ物に気が付き，同じ速さで引き返しました。次郎さんが引き返してから14分後の２人の直線距離は何mですか。

4　ある飲食店ではテイクアウト（持ち帰り）を推奨《すいしょう》しており，次のページのようなチラシを配布しています。このとき，あとの各問に答えなさい。

⑴　ある日，太郎さんはこの飲食店に商品を買いに行きました。買った商品は，

「ラーメン４つ，ギョーザ２つ，チャーハン１つ，やきそば１つ」です。

このキャンペーンを適用したとき，太郎さんが１回の会計で支払った金額はいくらですか。

⑵　次の日に，太郎さんは昨日と同じお店に同じ商品を同じ個数だけ買いに行きました。買い物を

済ませ帰宅したとき，ある商品を買い忘れたことに気が付きました。

そこで，再度買い忘れた商品を買いました。２回の会計で支払った金額の合計を確認したところ，昨日よりも高くなったことがわかりました。太郎さんが買い忘れた商品として考えられる商品の組み合わせを１つ選びなさい。ただし，2回の会計はともにキャンペーンを適用しています。

(ア) ラーメン１つ　　(イ) ギョーザ１つ，チャーハン１つ

(ウ) ラーメン１つ，ギョーザ１つ　　(エ) チャーハン１つ，やきそば１つ

(3) また別の日に，太郎さんは同じお店にギョーザ１つ，チャーハン１つ，やきそば１つを買いに行きました。キャンペーンを適用し，会計をしようとした太郎さんにお店の店長さんが，

「このキャンペーンを適用するならば，（　A　）を（　B　）つ追加して買った方が，支払う金額が安くなるよ。」

とアドバイスをしてくれました。確かにその方が良いと，太郎さんはアドバイス通りの買い物をしました。（A），（B）にあてはまる言葉や数を答え，下線部の理由を説明しなさい。

獨 玉 飯 店

キャンペーン実施中！

テイクアウト利用のお客様対象に，会計１回ごとに適用します

① 支払額 1,000 円につき，300 円の値引きをします。

② 他のキャンペーンとの併用はできません。

③ 期限はありません。

テイクアウトメニュー表

・ラーメン	1,000 円	・ギョーザ	500 円
・チャーハン	700 円	・やきそば	600 円
・肉まん	200 円		

※表示価格には消費税を含みます。

住所：埼玉県越谷市恩間新田寺前〇〇〇　　電話：△△△－△△△△

【理　科】（30分）　＜満点：70点＞

1　次の(1)～(9)の各問いに答えなさい。

(1)　昆虫《こんちゅう》に関する次の①～④の文章の説明のうち，正しい文章の組み合わせを，次のア～カから１つ選び，記号で答えなさい。

①　頭・胸・腹の３つの部分に分かれているものと，頭胸・腹の２つの部分に分かれているものがある。

②　はねの枚数は，０枚・２枚・４枚のいずれかである。

③　あしは４本，または６本である。

④　気門の多くは腹にあるが，胸にも少しだけある。

ア　①と②　　イ　②と③　　ウ　③と④
エ　②と④　　オ　①と④　　カ　①と③

(2)　次の各文章で説明する変化のうち，ぎょう縮（液化）にあてはまるものを，次のア～オから１つ選び，記号で答えなさい。

ア　食塩を水に入れてかき混ぜたところ，全てとけた。

イ　固体の水酸化ナトリウムが空気中の水蒸気を吸収してとけた。

ウ　コップに冷たい水を入れておいたところ，コップの外側に水滴《てき》がついた。

エ　ろうそくに火をつけたところ，ろうがとけて流れ落ちてきた。

オ　魚の切り身に塩をふったところ，水分がしみ出てきた。

(3)　次の各水溶《よう》液を，緑色のＢＴＢ溶液に加えたときの色の変化をまとめた結果として正しいものを，表のア～エから１つ選び，記号で答えなさい。

【水溶液】　塩酸　　せっけん水　　炭酸水　　石灰水　　エタノール水溶液

	黄色に変化した	緑色のままだった	青色に変化した
ア	塩酸	せっけん水 炭酸水	石灰水 エタノール水溶液
イ	塩酸 炭酸水	エタノール水溶液	せっけん水 石灰水
ウ	せっけん水 石灰水	エタノール水溶液	塩酸 炭酸水
エ	せっけん水 エタノール水溶液	石灰水 炭酸水	塩酸

(4)　20％の食塩水10ｇに水を加えて５％にするためには，何ｇの水を加えればよいですか。

(5)　次の各操作①～③によって発生する気体をそれぞれ次のＡ～Ｄから１つ選び，記号で答えなさい。また，その気体の性質として適当なものを，それぞれ次のページのア～エから１つ選び，記号で答えなさい。

【操作】

①　二酸化マンガンにオキシドールを少しずつ加える

②　大理石にうすい塩酸をかける

③　水酸化ナトリウム水溶液にアルミニウムを加える

【発生する気体】

Ａ　二酸化炭素　　Ｂ　水素　　Ｃ　酸素　　Ｄ　アンモニア

【性質】

ア　気体を集めたびんに火のついた線香を入れると，炎があがり，激しく燃えた。

イ　試験管に捕集してマッチの火を近づけると，大きな音を立てて気体が燃焼した。

ウ　石灰水に通すと，石灰水が白く濁《にご》った。

エ　水に非常に溶けやすく，水上置換では集められない。

(6)　右図のような直方体の形をした300 g の物体を水平面上に置きました。水平面１ cm^2 あたりが受ける力が最も大きくなるのはどの面を下向きにしたときですか。Ａ～Ｃから１つ選び，記号で答えなさい。また，その大きさは何 g ですか。

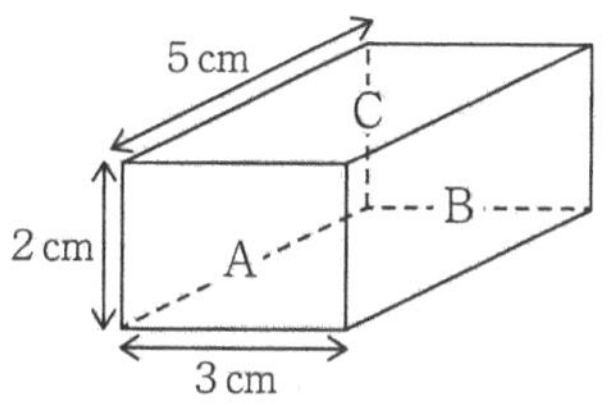

(7)　ある長さの軽い糸の一端《いったん》におもりを取り付けて振《ふ》り子にしました。この振り子の糸を元の長さの$\frac{1}{4}$倍にした場合，振り子が往復するのにかかる時間はもとの振り子が往復するのにかかる時間の何倍ですか。

(8)　右図のように，動滑車《どうかっしゃ》ごとおもりを持ち上げるには，おもりが受ける重力の何倍以上の力で引けばよいか答えなさい。ただし，糸と滑車との間の摩擦《まさつ》および，おもり以外の重さは無視できるものとします。

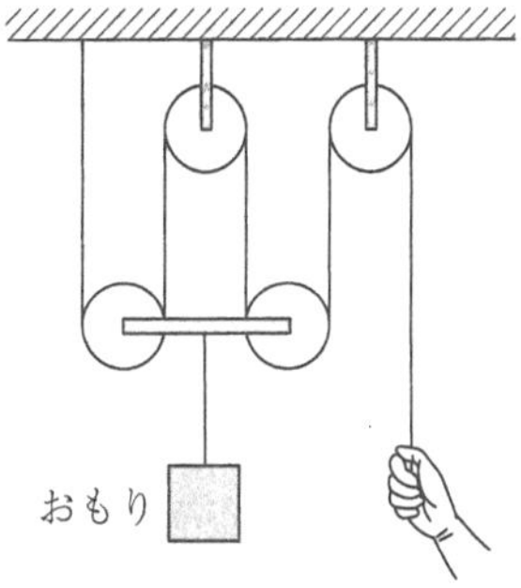

(9)　下図Ａ～Ｄは，ある地層で観察された岩石の表面を拡大しスケッチしたものです。火山灰の層で観察された岩石のスケッチはどれですか。次のＡ～Ｄから１つ選び，記号で答えなさい。

Ａ

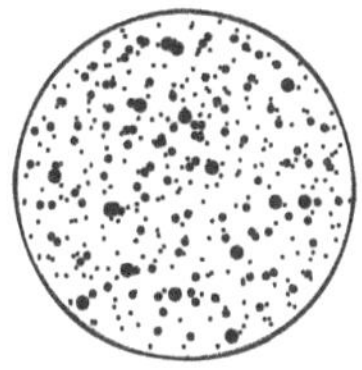

丸みをおびた細かい粒《つぶ》がつまっている

Ｂ

化石を含《ふく》み少しやわらかい

Ｃ

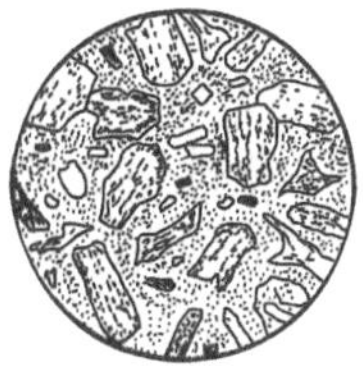

角ばった粒が多く少しやわらかい

Ｄ

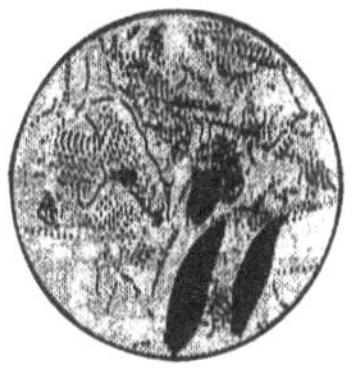

化石を含み非常にかたい

2　次の文章を読み，(1)～(7)の各問いに答えなさい。

河川の水質がどの程度きれいなのかを調べる際の目安となる生物を$_A$「指標《しひょう》生物」といいます。どのような指標生物が存在するかによって，水質を大きく４つの程度に分けることができます。

$_B$魚類のなかまであるアユは，濁《にご》った河川では生息できないため，きれいな河川を好むことで知られています。先ほどの指標生物を用いた分類では，２番目にきれいな水質の河川までは生息可能といわれています。そして，アユは「縄張り」をつくって生活しますが，C一部のアユは「群れ」をつくって生活しています。

しかし近年，河川環境の悪化などにより，アユの個体数が減少していることが問題視されているため，Dアユの個体数を増やす対策を行っています。

⑴　下線部Aについて，次の表１は指標生物に応じて水質の程度をア～エに分けたものです。指標生物をもとにして，２番目にきれいな水質を表１のア～エから１つ選び，記号で答えなさい。

表１

水質	指標生物
ア	タニシ・ミズムシ・ニホンドロソコエビ・ミズカマキリなど
イ	サワガニ・ヨコエビ・ナミウズムシ・カワゲラなど
ウ	アメリカザリガニ・エラミミズ・ユスリカ・サカマキガイなど
エ	ゲンジボタル・カワニナ・ヤマトシジミ・コオニヤンマなど

⑵　下線部Bについて，次の①～⑥の生物の中から魚類のなかまを数字で全て選びなさい。

①　マグロ　　②　クジラ　　③　カメ　　④　イカ　　⑤　ペンギン　　⑥　サメ

⑶　⑵の①～⑥の生物をある基準で分けると，次のⅠ・Ⅱというグループに分けることができました。次の文章はどのような基準で分けたのかを示しています。文章中の空欄《らん》 あ ・ い にあてはまる組み合わせとして正しいものを，次のア～カから１つ選び，記号で答えなさい。

Ⅰ	Ⅱ
マグロ	クジラ
イカ	カメ
サメ	ペンギン

「⑵の①～⑥の生物を あ の違いによって分けた際に，グループⅠの共通点は い であるということです。」

	ア	イ	ウ	エ	オ	カ
あ	体表	体表	呼吸	呼吸	セキツイの有無	セキツイの有無
い	うろこ	皮ふ	肺呼吸	えら呼吸	セキツイ動物	無セキツイ動物

下線部Cについて，動物は群れをつくることによって様々な利益を得る一方で，労力もかかるようになります。

次のページの図１はある動物の群れの規模と，労力である「天敵に対する見張りに費やす時間」，「群れの中で食物をめぐる争いに費やす時間」の関係をそれぞれグラフで表したものです。なお，横軸《じく》は群れの規模を11段階で等間隔《かく》に示しており，１に近いほど小さい群れ，11に近いほど大きい群れを表しています。また，群れの大小にかかわらず食物の量は一定とします。

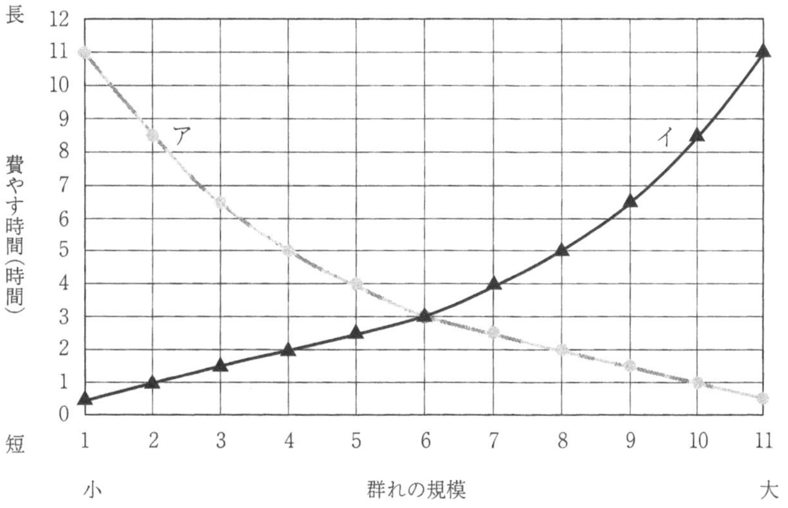

図１

⑷　図１の曲線ア・イのうち，「群れの中で食物をめぐる争いに費やす時間」を表しているものはどちらか記号で答えなさい。

⑸　群れの規模は，労力である「天敵に対する見張りに費やす時間」・「群れの中で食物をめぐる争いに費やす時間」のバランスで決定することが分かっています。この動物が起きて活動している時間を12時間として，次の①・②を表すグラフを次のア～クからそれぞれ１つ選び，記号で答えなさい。

①　群れの規模と，労力に費やす時間の関係を表すグラフ

②　群れの規模と，起きている間に労力以外に費やせる時間の関係を表すグラフ

ア

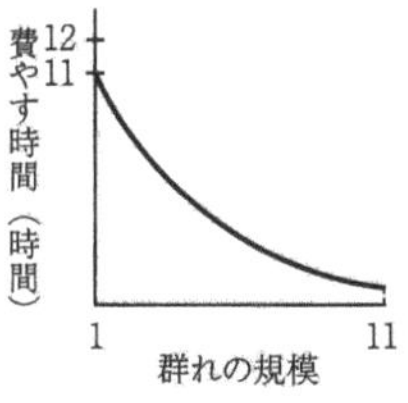

イ

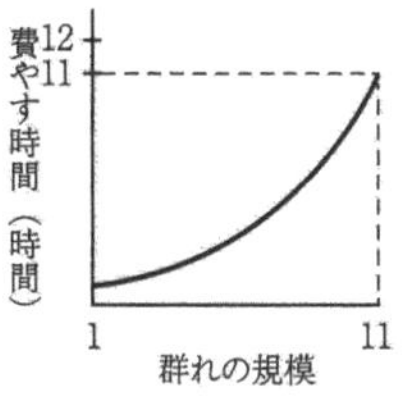

ウ

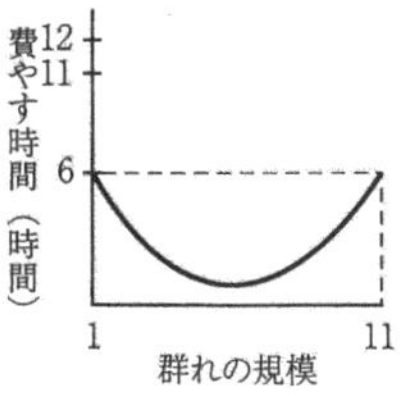

エ

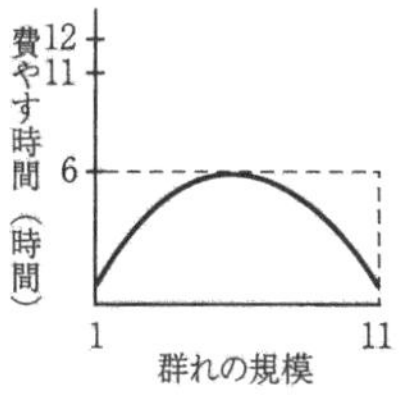

オ

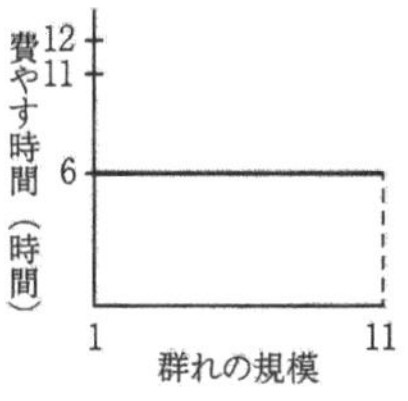

カ

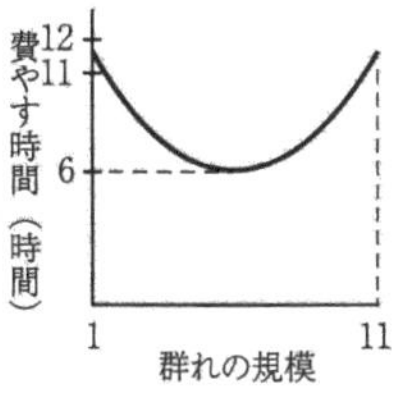

キ

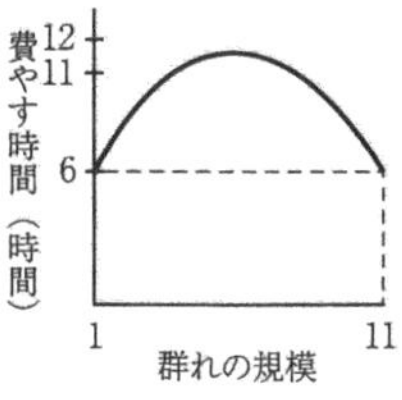

ク

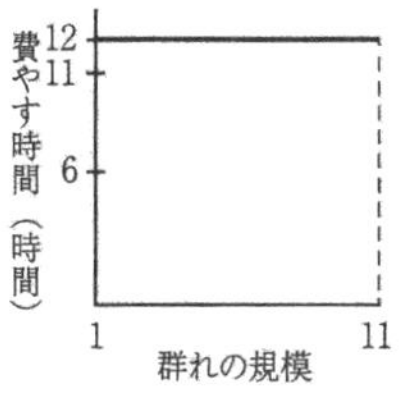

⑹　⑸をふまえて，この動物にとっての労力を考えた際の最適な群れの規模はどこになりますか。図１の群れの規模の１～11の数字から選びなさい。

⑺　下線部Ｄについて，アユの個体数を増やす対策として間違《ちが》っているものを次のページのア～エ

から１つ選び，記号で答えなさい。

ア　アユの幼魚を川に放流する。　　イ　アユ釣りを一定期間禁止する。

ウ　アユのいる河川に栄養が豊富な生活排《はい》水を流す。　　エ　アユの産卵場所を整える。

3　次の文章を読み，(1)～(7)の各問いに答えなさい。

花子さんは，本屋さんで天文の雑誌を読んでいました。

「流星は，宇宙にただようちりが，地球の大気にぶつかることで起こります。ある高度の空気にちりがぶつかるときに，光が出てきます。これが流星なのです。2021年は，8年ぶりの好条件で夏の風物詩ペルセウス座流星群を見ることができます。ペルセウス座流星群となぜ呼ぶかというと，流星がペルセウス座の方角からやってくるように見えるからです。他の流星群に比べて移動する速度が速く，なんと毎秒60㎞もあります。」

「流星の写真のとり方について説明します。流星に限らず星はとても暗いので，シャッターは10秒から20秒くらい開けてとりましょう。シャッターが開いている間にカメラが動いてしまうと写真がうまくとれないので，カメラは三脚《きゃく》に固定します。流星は（　A　）とよいでしょう。」

「次の図は，8月13日の午前２時に東の方角で見られる星空です。明け方にかけて流星のさつえいもできるかもしれませんよ。」

2021年８月13日　02：00

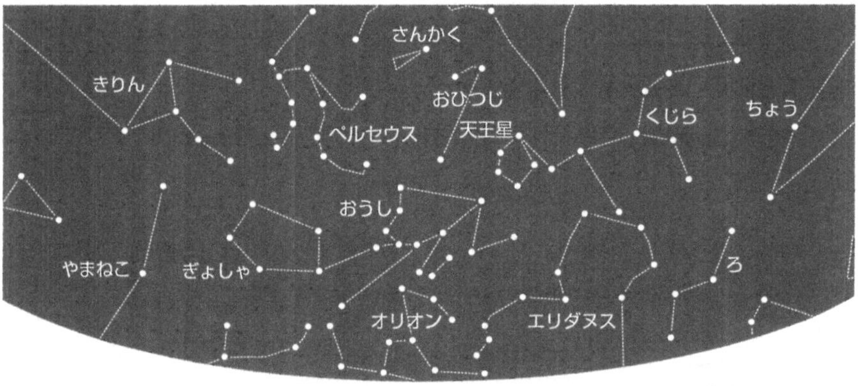

北東　　東　　南東

(1)　文章中の空欄（A）に入る文章を次のア～エから１つ選び，記号で答えなさい。

ア　決まった時刻に流れるので，その時刻にシャッターを押す

イ　決まった方角にだけ流れるので，その方向に向けて写真をとる

ウ　いつ流れるか分からないので，たくさん写真をとる

エ　太陽の光をうけてかがやいているので，西の方を向いて写真をとる

花子さんは８月12日の夕方から13日の明け方にかけて，流星のさつえいをおこないました。東の空にカメラを向け，雑誌に書いてある通りにして写真をとりました。次のページの図はその中の１枚の写真を分かりやすくスケッチしたものです。すると，①と②の線が写っていました。

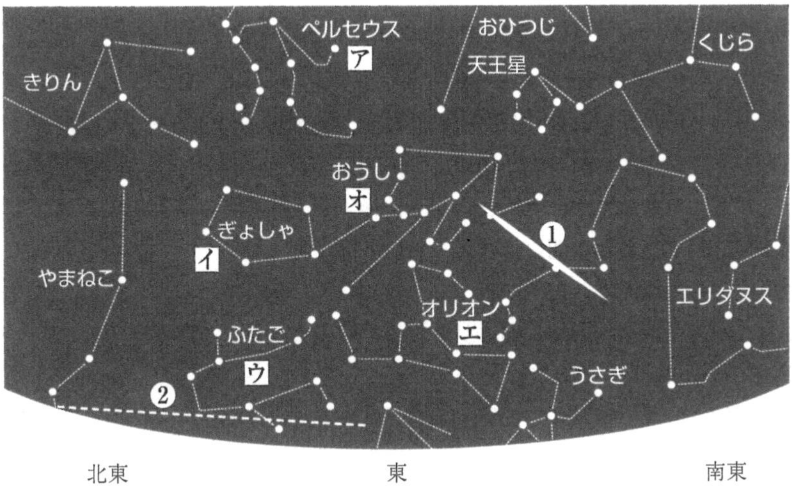

(2)　この中で，冬の大三角形をつくる星をふくむ星座はどれですか。図中のア～オから１つ選び，記号で答えなさい。

(3)　写真に写っていた①と②の線は，何のあとと考えられますか。次のア～オからそれぞれ１つ選び，記号で答えなさい。

ア　流星　　イ　彗《すい》星　　ウ　恒《こう》星　　エ　惑《わく》星　　オ　飛行機

(4)　この写真は何時ごろとったと考えられますか。次のア～エから１つ選び，記号で答えなさい。

ア　午後６時ごろ　　イ　午後９時ごろ　　ウ　午前０時ごろ　　エ　午前３時ごろ

(5)　この写真をとったとき，南の空高くに見えていた星座は何ですか。次のア～エから１つ選び，記号で答えなさい。

ア　ペガスス座　　イ　さそり座　　ウ　おおぐま座　　エ　はくちょう座

(6)　２か月後には，オリオン座流星群が見られます。花子さんのとった写真と同じ位置にそれぞれの星座が見えるのは何時ごろですか。

(7)　花子さんは，さつえい中に見られたある流星が光り始めてから消えるまでの時間を測ってみたところ，0.7秒間でした。この流星が高さ50㎞で消えたとすると，流星が光り始めたのは高さ何㎞のところでしょうか。なお，この流星のもととなるちりは，図のように地球の空気に直角にぶつかったものとします。

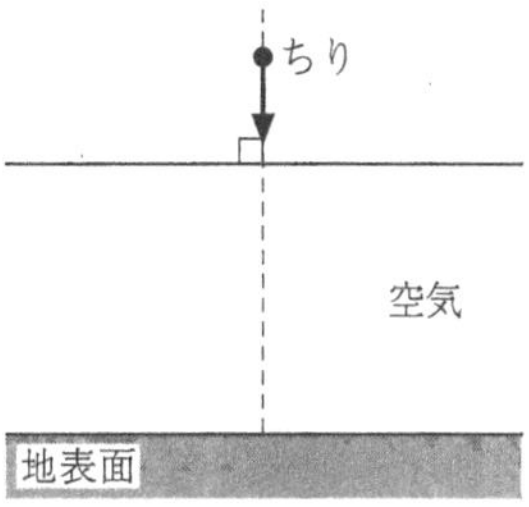

【社　会】（30分）　＜満点：70点＞

1　次の文章を読んで，各問いに答えなさい。

a 琵琶湖は **b** 滋賀県の面積の約６分の１をしめる，日本最大の湖である。琵琶湖には **c** 多くの河川が流れこむが，琵琶湖から流れ出る河川は，瀬田川《せたがわ》のひとつだけである。瀬田川は（　1　）に入ると **d** 宇治川とよばれ，２つの河川と合流した後，**e** 大阪府では **f** 淀川とよばれるようになる。

⑴　下線部 **a** について，あとの問いに答えなさい。

①　琵琶湖周辺の地域では，古くから，塩づけした魚と米をつけこんだ発酵《はっこう》食品である「ふなずし」が食べられてきた。発酵食品として正しくないものを，次の**ア**～**エ**のうちから１つ選び，記号で答えなさい。

ア．しょうゆ　　**イ**．納豆　　**ウ**．豆腐　　**エ**．みそ

②　琵琶湖よりも面積が小さい島として正しいものを，次の**ア**～**エ**のうちから１つ選び，記号で答えなさい。

ア．択捉島　　**イ**．国後島　　**ウ**．種子島　　**エ**．沖縄本島

⑵　下線部 **b** について，滋賀県の県庁所在地は大津市である。あとの問いに答えなさい。

①　滋賀県は，県名と県庁所在地名がことなる県である。県名と県庁所在地名の組み合わせとして正しくないものを，次の**ア**～**エ**のうちから１つ選び，記号で答えなさい。

ア．岩手県－盛岡市　　**イ**．群馬県－前橋市　　**ウ**．島根県－松江市　　**エ**．香川県－松山市

②　大津と同じように，「津」で終わる地名は全国各地で見られる。**図１**中の●は，「津」で終わる市名の所在地を表したものである。**図１**を参考にして，「津」という漢字が持つ意味として正しいものを，次の**ア**～**エ**のうちから１つ選び，記号で答えなさい。

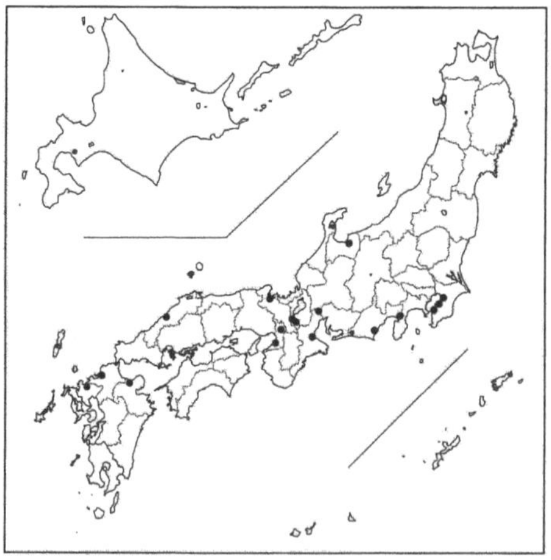

図１

ア．宿場　　**イ**．港　　**ウ**．神社　　**エ**．市場

⑶　下線部 **c** について，次のページの**写真１**は琵琶湖に流れ込む河川の一つである安曇川《あどがわ》の河口部の空中写真である。この写真にみられる，河川によって運ばれた土砂が河口付近にたまってできる，低くて平らな地形の名称を答えなさい。

写真1

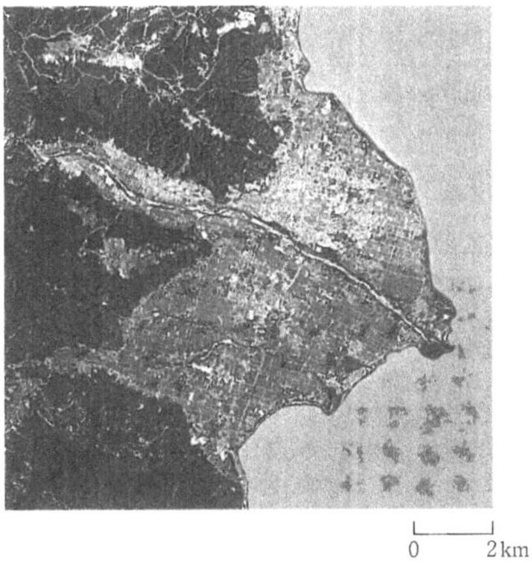

〔地理院地図より作成〕

⑷ 空欄（１）に入る都道府県名を答えなさい。

⑸ 下線部**d**について，この河川が流れる宇治市の地形図には，**図2**の地図記号が多くみられる。この地図記号で表される土地の写真として正しいものを，次の**ア**～**エ**のうちから１つ選び，記号で答えなさい。

図2

ア.

イ.

ウ.

エ.

⑹ 下線部**e**について，大阪府内には，大阪市と堺市の２つの政令指定都市がある。あとの問いに答えなさい。

① 次のページの表は，政令指定都市である大阪市・熊本市・川崎市・新潟市・福岡市の，各市役所がある位置のおよその緯度と経度を表している。川崎市役所を表すものとして正しいものを，次のページの**ア**～**エ**のうちから１つ選び，記号で答えなさい。

	緯度	経度
大阪市	北緯35度	東経136度
ア	北緯33度	東経131度
イ	北緯34度	東経130度
ウ	北緯36度	東経140度
エ	北緯38度	東経139度

② 現在の堺市にあたる地域は，室町時代の日明貿易によって発展した。この貿易において，明が正式な貿易船にあたえた証明書の名称を答えなさい。

⑺ 下線部ｆについて，次の地形図は淀川から分流した河川の一つである木津川の周辺を表したものである。あとの問いに答えなさい。

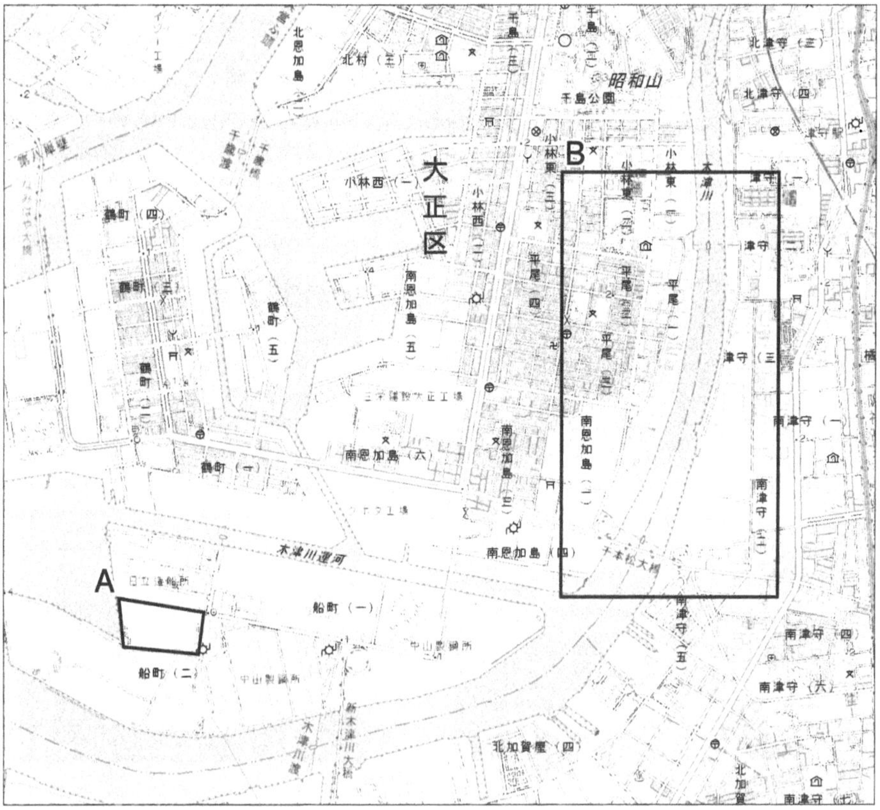

〔電子地形図　25000分の１（2021年３月ダウンロード）の一部より作成〕

① 地形図に関する説明文として正しいものを，次の**ア**～**エ**のうちから１つ選び，記号で答えなさい。

ア．「千島公園」の北西には，警察署がある。

イ．「津守駅」の西側には，高等学校がある。

ウ．地形図中の**A**の内側は，荒れ地である。

エ．「鶴町㈡」は埋め立て地であるため，神社が存在しない。

② この地形図の範囲内の「木津川」には，「千本松大橋」と「新木津川大橋」の２本しか橋がかかっていない。この２つの橋は，**写真２**のようなループ橋であるため，徒歩や自転車での利用には向いていない。大阪市は，徒歩や自転車で「木津川」を渡る市民のために，渡船《とせん》を運航している（**写真３**）。**写真２**や地形図中の**B**を拡大して作成した**図３**を参考にして，「木津川」にループ橋以外の橋がかけられていない理由を説明しなさい。

写真２

〔大阪市ＨＰ〕

写真３

図３

〔地理院地図より作成〕

2 次の文章を読んで，各問いに答えなさい。

古くから近畿地方は，九州北部と並ぶ進んだ地域であった。なかでも**a** 大阪府の中央部の東寄《ひがしよ》りの地域には，大きな**b** 遺跡が集中している。

７世紀につくられた難波宮《なにわのみや》付近には港があり，**c** 平安時代に盛んになった熊野地方へのおまいりの出発点として，人でにぎわった。

d 鎌倉末期から南北朝期にかけての内乱の時代を経て，堺が日明貿易の港となると商人が集まるようになった。さらに，**e** 豊臣秀吉が大阪城を建設すると大阪は巨大都市へと成長し，江戸時代には全国の産物を集め，送り出す所として重要な役割を果たしたことで，「天下の（　１　）」とよばれた。その中から，鴻池《こうのいけ》や和泉屋住友《いずみやすみとも》などの**f** 江戸時代を代表する商人がうまれた。

その後，大阪商人は**g** 明治維新により打撃《だげき》を受けたが，**h** 20世紀にはいると，戦争により重工業の生産がのびて発展した。アジア・太平洋戦争では終戦直前に空襲の被害にあったが，ｉ戦後の復興をとげた大阪は日本を代表する商業都市として大きな役割をはたしている。

⑴　下線部ａについて，大阪府の形として正しいものを，次の**ア**～**エ**のうちから１つ選び，記号で答えなさい。

ア.　　　**イ.**　　　**ウ.**　　　**エ.**

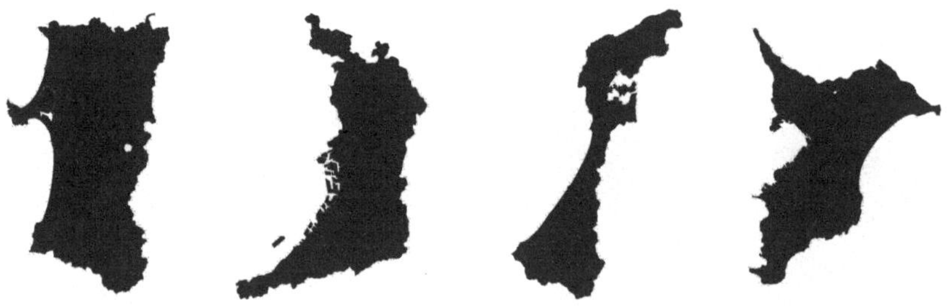

※大きさの比率《ひりつ》と方角は同じではありません。
また、島は一部省略してあります。

⑵　下線部ｂについて，仁徳天皇の墓と伝えられている，日本最大級の古墳として正しいものを，次の**ア**～**エ**のうちから１つ選び，記号で答えなさい。

ア．五色塚古墳　**イ**．江田船山古墳　**ウ**．稲荷山古墳　**エ**．大仙古墳

⑶　下線部ｃについて，平安時代の地方の様子に関して述べた次の文Ⅰ～Ⅲについて，古いものから年代順に配列したものとして正しいものを，次の**ア**～**カ**のうちから１つ選び，記号で答えなさい。

Ⅰ　桓武天皇は，地方の政治を引きしめるため，国司をきびしく監督《かんとく》する官職をおいた。

Ⅱ　都で摂関政治が行われていたころ，国司は朝廷から地方の政治を任《まか》されていた。

Ⅲ　平氏一族は，朝廷の重要な役職を独占して，西日本を中心に多くの荘園をもつようになった。

ア．Ⅰ－Ⅱ－Ⅲ　**イ**．Ⅰ－Ⅲ－Ⅱ　**ウ**．Ⅱ－Ⅰ－Ⅲ

エ．Ⅱ－Ⅲ－Ⅰ　**オ**．Ⅲ－Ⅰ－Ⅱ　**カ**．Ⅲ－Ⅱ－Ⅰ

⑷　下線部ｄについて，次の**史料**に関して述べた文**Ｘ**・**Ｙ**について，その正誤の組み合わせとして正しいものを，次の**ア**～**エ**のうちから１つ選び，記号で答えなさい。

史料

領地の売買は，御家人の生活が苦しくなるもとなので，今後は禁止する。……御家人以外の武士や庶民《しょみん》が御家人から買った土地は，売買から何年過ぎても，本来の持ち主に返さなければならない。

Ｘ　鎌倉幕府は，庶民の生活を救うため，御家人の借金の帳消しを命じた。

Ｙ　御家人は，庶民に売った土地を取り戻すことができた。

ア．**Ｘ**－正　**Ｙ**－正　**イ**．**Ｘ**－正　**Ｙ**－誤

ウ．**Ｘ**－誤　**Ｙ**－正　**エ**．**Ｘ**－誤　**Ｙ**－誤

⑸　下線部ｅについて，豊臣秀吉の時に栄えた桃山文化の絵画として正しいものを，次のページの**ア**～**エ**のうちから１つ選び，記号で答えなさい。

ア．

イ．

ウ．

エ．

⑹　空欄（１）に入る語句を答えなさい。

⑺　下線部ｆについて，次のカードⅠ～Ⅳは，江戸時代の改革についてまとめたものである。カードⅠ～Ⅳを読み，あとの問いに答えなさい。

カードⅠ	カードⅡ	カードⅢ	カードⅣ
松平定信は、幕府の学校で、朱子学以外の講義を禁止した。	水野忠邦は物価を引き下げるため、商工業者の組合である（　２　）を解散させた。	田沼意次は、（　２　）を積極的に認める代わりに、税を取り立てた。	徳川吉宗は、米を納めさせる代わりに参勤交代をゆるめる上米の制を行った。

①　空欄（２）に入る語句を答えなさい。

②　カードⅠ～Ⅳについて，古いものから年代順に正しく配列したとき，２番目となるものとして正しいものを，次のア～エのうちから１つ選び，記号で答えなさい。

ア．カードⅠ　　**イ**．カードⅡ　　**ウ**．カードⅢ　　**エ**．カードⅣ

⑻　下線部ｇについて述べた次の文Ｘ・Ｙと，それに関連する語句ａ～ｄとの組み合わせとして正しいものを，次のア～エのうちから１つ選び，記号で答えなさい。

Ｘ　この人物は，薩摩と長州の出身者でかためられた政府が政治を行うことをやめるべきだという意見書を提出した。

Ｙ　天皇の権力が強い憲法をつくろうと考えた伊藤博文は，皇帝の権力が強いこの国の憲法を手本にした。

ａ．大久保利通　　ｂ．板垣退助　　ｃ．イギリス　　ｄ．ドイツ

ア．Ｘ－ａ　Ｙ－ｃ　　**イ**．Ｘ－ａ　Ｙ－ｄ

ウ．Ｘ－ｂ　Ｙ－ｃ　　**エ**．Ｘ－ｂ　Ｙ－ｄ

⑼　下線部ｈについて，20世紀に起きた戦争として正しくないものを，次のページのア～エのうち

から１つ選びなさい。

ア．日清戦争　　イ．日露戦争　　ウ．第一次世界大戦　　エ．日中戦争

⑽　下線部ｉについて，次の新聞記事はある戦争についての記事である。ある戦争がはじまると日本は好景気となったが，それはなぜか。ある戦争の名をあげて説明しなさい。

北鮮、韓國に宣戦布告

京城に危機迫る

侵入軍、臨津江突破

東海岸からも上陸

動乱の現地の模様

臨津江西方を全域失う

開城・臨津陥落

緊急指令を待機

安保理事会開

（朝日新聞1950年６月26日朝刊１面）

3　次の文章を読んで，各問いに答えなさい。

昨年，核兵器に関し注目された出来事が２つあった。１つ目は，※「黒い雨」訴訟《そしょう》の二審判決が広島高等裁判所で下されたことである。判決内容は，ａ訴えを起こした住民全員を被爆《ひばく》者として認め，住民の自己負担なしで医療《いりょう》を受けられるようにするなどをｂ行政に求めるものであった。ｃ広島県と広島市は当初から判決受け入れを希望し，最終的にｄ首相が最高裁判所に（　１　）をしない決断をしたことで，住民勝訴が決まった。

２つ目は，核兵器を全面的に禁止するはじめてのｅ条約が正式に力をもち始めたことである。この条約は，2017年７月に国際連合の（　２　）で採択《さいたく》され，発効《はっこう》に向けた国際的手続きが進められていた。ｆノーベル平和賞を受賞（2017年）したＩＣＡＮ（核兵器廃絶《はいぜつ》国際キャンペーン）は，この条約の成立に貢献《こうけん》した市民組織である。ｇ世界の核兵器の状況がどう変化するのか注目される。

※「黒い雨」訴訟……原子爆弾に直接被爆しなかったものの，原爆投下後に降った「黒い雨」に触れたり川の水を飲んだりした人も病気などで苦しんできたが，救済《きゅうさい》されずにきた人々が多かった。そこで，行政に対し，「黒い雨」による健康被害を受けた住民が原爆の被害者であることを認め，被爆者健康手帳の交付をすべきという訴えがおこった。

⑴　下線部ａについて，裁判で訴えをおこした立場を何というか。漢字２文字で答えなさい。

⑵　下線部ｂについて，行政を担う中央省庁のうち国民の健康や医療に対して権限をもつものとして正しいものを，次のページのア～エのうちから１つ選び，記号で答えなさい。

ア．防衛省　　**イ**．文部科学省　　**ウ**．財務省　　**エ**．厚生労働省

⑶　下線部**c**について，広島県には，「原爆ドーム」に加え「厳島神社，および神社前面の海と背後の原生林」という２つの世界遺産《いさん》がある。12世紀後半，この神社の整備に深くかかわった有力者を答えなさい。

⑷　下線部**d**について，首相は内閣の最高責任者である。内閣のもつ権限として正しくないものを，次の**ア**～**エ**のうちから１つ選び，記号で答えなさい。

ア．衆議院の解散を行う。　　**イ**．国会の決定に対して拒否権をもつ。

ウ．予算を作成し国会に提出する。　　**エ**．天皇の国事行為に対し助言と承認を行う。

⑸　空欄（**１**）に入る語句を答えなさい。

⑹　下線部**e**について，条約の承認などの国会の議決は，衆議院と参議院が異なる議決をした場合に衆議院の優越《ゆうえつ》が認められている。条約の承認と法律案の議決とでは，衆議院の優越はどのように異なるのか，説明しなさい。

⑺　空欄（**２**）に入る，加盟国がそれぞれ１票の投票権を持つ，国連を代表する機関の名称を答えなさい。

⑻　下線部**f**について，ノーベル平和賞受賞者と功績《こうせき》の組み合わせとして正しくないものを，次の**ア**～**エ**のうちから１つ選び，記号で答えなさい。

ア．ワンガリ・マータイ……植林活動など環境保護への取り組み

イ．佐藤栄作……中華人民共和国との国交正常化

ウ．マザー・テレサ……長きにわたる貧しい人々への奉仕《ほうし》活動

エ．マララ・ユサフザイ（マララ・ユスフザイ）……女子教育や平和への取り組み

⑼　下線部**g**について，次の表から分かる内容として正しいものを，次の**ア**～**エ**のうちから１つ選び，記号で答えなさい。

表　2021年時点の保有国別の核兵器数

国名	核兵器数（個）
アメリカ合衆国	5550
ロシア連邦	6255
イギリス	225
フランス	290
中華人民共和国	350
インド	156
パキスタン	165
イスラエル	90
朝鮮民主主義人民共和国	40－50
合　計	13121－13131

（「ストックホルム国際平和研究所2021要約版」より作成）

ア．核兵器の半数以上をアメリカ合衆国が保有していることがわかる。

イ．南半球に核兵器を保有している国が集まっていることがわかる。

ウ．核兵器を保有していない安全保障理事会の常任理事国があることがわかる。

エ．上位２国が合計の約９割にあたる核兵器数を保有していることがわかる。

⑽　本文の内容について述べた次の(い)～(に)の文章について，正誤の組み合わせとして正しいものを，次の**ア**～**エ**のうちから１つ選び，記号で答えなさい。

(い)　「黒い雨」訴訟の判決内容に対し，すべての行政機関は反発していた。

(ろ)　「黒い雨」訴訟とは，核兵器を全面的に禁止する国際的取り組みのことである

(は)　核兵器禁止条約の成立には，ＩＣＡＮが大きな役割をはたした。

(に)　核兵器禁止条約は，核兵器を全面的に禁止する条約である。

ア．(い)…正　(ろ)…誤　(は)…正　(に)…誤

イ．(い)…誤　(ろ)…正　(は)…誤　(に)…正

ウ．(い)…誤　(ろ)…誤　(は)…正　(に)…正

エ．(い)…正　(ろ)…正　(は)…誤　(に)…誤

にも覚えてもらえたらうれしい。

問二　空欄 **A** に当てはまる言葉として最も適当なものを次の中から一つ選んで、記号で答えなさい。

ア　カウンセラー　　イ　サポーター
ウ　スーパーヴァイザー　　エ　センセー

問三　空欄 **B** に当てはまる言葉として最も適当なものを次の中から一つ選んで、記号で答えなさい。

ア　友達に話せばいい　　イ　後で話してね
ウ　誰にも話さないでね　　エ　話さなくていい

問四　空欄 **Ⅰ** ～ **Ⅳ** に当てはまる語としてそれぞれ適当なものを選んで、記号で答えなさい。同じ記号は二回使用できません。

ア　なぜなら　　イ　たとえば　　ウ　ただし　　エ　つまり
オ　もちろん

問五　傍線部②「消極的な」を具体的に表した部分を、これより前の部分から十字で二カ所、抜き出して答えなさい。

問六　傍線部③「『自分づくり』のプロセス」とありますが、本文で述べられている自分の作られ方の流れとして最も適当なものを次の中から一つ選んで、記号で答えなさい。

ア　先生に相談して親友と同じクラスに替えてもらうことで、今までになかった相談力が身に付いていく。
イ　衣食住や家族関係などの問題を友人に相談することで、他人と一緒に生きていく力が身に付いていく。
ウ　困難な現実に打ちのめされても、相談することで新しい自分と出会う解決方法を得ることができる。
エ　解決しそうにない悩みごとでも、相談することで新たな感情や新しい発想などを得ることができる。

問七　傍線部④「揺れる家族」とはどういうことですか。五十～六十字で説明しなさい。（句読点や記号も字数に含めます。）

問八　次の一文が入る位置として最も適当な箇所を本文（ア）～（エ）から選び、記号で答えなさい。

その一つひとつが、「自分づくり」なのだと思います。

問九　傍線部⑤「行ったり来たりする気持ちの両面に丁寧に触れる」とありますが、同じことを述べている箇所を十字で抜き出して答えなさい。

問十　本文の内容に合うものを次の中から一つ選んで、記号で答えなさい。

ア　子どもをわかろうとする努力を続けることが、他人同士はわかりあえないという限界を認めることにつながる。
イ　子どもが自己再生するためには、自分自身の性格や感情・行動などにしっかり目を向けることが欠かせない。
ウ　周囲の人間が子どもに共感することで、子どもたちの隠れていた能力が発揮されていくこともある。
エ　他人同士はわかりあえないという限界があるため、大人が子どもに共感するということは意味がない。

ラーのカウンセラーに相談したり、カウンセラー同士で勉強会を開いたりして、自分自身を常にメンテナンスします。謙虚《けんきょ》な気持ちで子どもたちと出会えるよう、自己※5研鑽《けんさん》することが大切なのです。（エ）

ＳＣとして子どもたちにかかわって、一〇年近くになります。その間、たくさんの驚きと感動がありました。

昼休みのおしゃべりタイムでは、「センセー（ＳＣは先生ではありませんが、学校にいるおとなを「〇〇さん」と呼ぶことに慣れない生徒も多く、私のことをどう呼ぶかは、生徒たちそれぞれにお任せしています）って、いつも食べ物の話ばっかりじゃん！」などと、するどいツッコミを受けて、大笑いになる時もあります。何気ないシーンですが、自由に自己表現できる安心感や人と人とが相互にかかわりあうことでしか生まれない楽しさや喜びを、共有する瞬間です。

長い間教室に入れずにいた子どもが、「教室にいる子の何十倍も悩んで考えた自信がある」と話した時。人にどう思われるか不安で自分の本音を言えなかった子どもが、「全員から好かれなくてもいいか」とつぶやいた時。子ども自身が感じ考えた先には、自分の力で育っていこうとする自己再生や自己治癒《ちゆ》があるのだと、あらためて気付かされました。

子どもには、感じ、考え、かかわりあう力が秘められていると思います。そして、それらの力が十分に発揮できるよう、※6喚起剤《かんきざい》や柔軟剤《じゅうなんざい》の役割を果たすのが、「共感すること」だと考えています。※7逆説的になりますが、私はいつも、「人と人は、完全にはわかりあえない」という限界を認めることが、スタートラインだと思っています。だからこそ、最大限わかろうとする努力を怠ることなく、子どものそばに在り続けたいと思うのです。そうすることが、ＳＣの仕事だと考えています。秘められた力が共感と出会う時、子どもたちは、自らを癒《いや》し、創造していくのではないでしょうか。

（『子どもにかかわる仕事』所収　橋本早苗「『自分づくり』のサポーター」による）

〈注〉※1　スクールカウンセラー……学校に配置され児童・生徒の個人的な悩みを聞いたり相談したりするカウンセラーのこと。
※2　一過性……その場限りで、すぐに消えること。
※3　ニュートラル……どちらにもかたよらない様子。
※4　臨床心理士……心の病や悩みをもつ患者の、心の健康回復を支援する人。
※5　研鑽……みがき深めること。
※6　喚起剤……呼び起こすものの意味で使われている。
※7　逆説……一般に正しいと考えられていることに反する主張や事態。

問一　傍線部①「こんな自己紹介」とありますが、筆者の自己紹介の内容に**合わないもの**を次の中から一つ選んで、記号で答えなさい。

ア　スクールカウンセラーは生徒の学校生活を豊かにするために、先生や家族と相談することがある。

イ　スクールカウンセラーとして、思春期には他人や自分のことで悩むこともあると伝えている。

ウ　スクールカウンセラーとして、悩んだ時には抱え込まず相談する方法を生徒に示している。

エ　スクールカウンセラーが学校にいるということを、家族や先生方の視点など、新しい自分自身との出会いが待っています。そしてそれは、自分らしい自分になる、③「自分づくり」のプロセスになるのだと思います。

SCは、生徒だけでなく、生徒にとって「もっとも身近なサポーター」である家族（親）や先生方とも相談します。サポーター同士が支え合うことで、生徒の応援団としてチーム全体の力がアップすることが、ねらいだと言えるでしょう。

家族が相談に来ると、「子どもが言うことを聞かなくなった」「子どものことがわからなくなった」と、子どもが想像する以上に苦悩しているという印象を受けます。思春期を迎えた子どもは、論理的な思考で自己主張するようになるため、親は戸惑《とまど》うこともあるのです。また、思春期の子どもを持つ親は、自分自身も中年期という人生の折り返し地点を迎え、これまで築き上げてきた人生観が揺さぶられていることもあります。④揺れる家族をサポートすると同時に、「親と子」という関係だけではない、「人と人」という対等な関係の始まりもサポートします。

担任の先生や部活動の顧問の先生との話し合いも、とても大切です。先生とSCには、「導く立場」と「寄りそう立場」という違いがあり、役割分担をして生徒を応援します。たとえて言うなら、壁をよじ登る生徒を、先生は上から引っ張り上げようとし、SCは下から支え上げるのです。「友だちとケンカして気まずいままだ」という「壁」があったとします。仲直りには、お互いの気持ちを話し合うことも、自分の気持ちを整理することも必要でしょう。先生は話し合いをサポートし、SCは気持ちの整理をサポートすることができます。やり方は違っても、生徒が自分自身の力を十分に発揮できるようにサポートしているという点では、どちらも同じなのです。（ア）

〔中略〕

SCとして大切にしていることは、光にも影にも寄りそうということです。たとえば、友だちとケンカをして以来、誰かと仲良くなることが怖くなってしまった子どもがいるとします。「またケンカしたらと思うと仲良くなるのが不安なんだね」という面だけではなく、「人と仲良くなるのが不安なあなたと、やっぱり仲良くなりたいと思うあなたと、両方いるんだね」と、振り子のように⑤行ったり来たりする気持ちの両面に丁寧に触れるのです。また、「こんなに悩むくらいならいっそ一人でもいいかとも思ったりするのかな」などと、混ざり合っているさまざまな気持ちも、子どもと一緒に見つけていくのです。（イ）

その時には、中学生ならこんな感じだろうと決めつけたり、自分はこうだったからこんな感じだろうと私自身の経験や考えを押しつけたりしないことはもちろん、常にそうやってニュートラル※3な姿勢で子どもと向き合えているかを、SCとして自分でチェックできなければなりません。そのため※4臨床《りんしょう》心理士になるための勉強や訓練には、自分自身と向き合う練習が含まれています。（ウ）

自分自身の性格の把握もその一つです。怒ったり、傷ついたりした時、どんな感情や行動が起きやすいのか、それが自分の生い立ちとどう関係しているのかなど、時には考えるのが辛《つら》いことにも、しっかりと目を向けることが求められます。この自分と向き合うという作業は、資格をとったら終わりではなく、臨床心理士として仕事をする間、欠かすことなく続けなくてはなりません。スーパーヴァイザーというカウンセしています。生徒たちは、勉強を教える先生ではなく相談する人で、[A]みたいな感じらしいと、なんとなくわかってくれるようです。生徒たちにとって、スクールカウンセラー（以下、ＳＣ）との最初の出会いである自己紹介。わかりやすく、関心と親しみを持ってもらえるようにしたいと考えています。そして、それ以上に大切なのは、日々の中で、「出会いながら伝え、伝わるように出会うこと」だと思います。話をする時はもちろんのこと、廊下ですれちがう時も、心をこめてあいさつするように心がけています。

中学生の相談内容は、実に多様です。友だちとケンカをして気まずい、教室に行きたくない、親が自分の気持ちをわかってくれない、勉強が苦手だ、自分が好きになれない、なんだかわからないけれどイライラする…。そんな気持ちを抱え、生徒は相談に来ます。ＳＣは、生徒の話を、しっかりとじっくりと聴きます。「聴く」というのは、かんたんそうにみえて実はとても難しいことです。生徒の言葉だけではなく、声の大きさや何気ない表情にも気を配ります。大切なのは、生徒の気持ちを無理やり聞き出さず、「話したくないことは[B]」と、尊重することです。

[Ⅰ]、自らすすんで相談に来る生徒は、それほど多くありません。悩みごとを打ち明けるのは、とても勇気のいることなので、ためらう気持ちがあるのも当然です。ですから、先生や親にすすめられて、あまり気乗りのしない生徒が相談に来る、というパターンが圧倒的に多くなります。

「特に悩んでいることはありません」と、②消極的な生徒もいます。確かに、「悩みごとは〇〇です」と言えるほど、自分の気持ちがはっきりとしていないことがあるものです。しかし、だからといって、ここで終わってしまうのではありません。[Ⅱ]、人というのは、かんたんにはわからない複雑な心の持ち主だからです。話すことがないようにみえるところから、スタートします。そして、一言では言い表せないような感情や、自分自身では気付いていなかった気持ちを、一緒に発見していきます。

「話をしても解決しないので」と、あきらめている生徒もいます。「話しても解決しない」というのは、残念ですが事実の場合もあります。[Ⅲ]、「このクラスではなく親友と同じクラスになりたかった」という時、話したからといってクラス替えがあるわけではなく、問題は解決できないと言えるかもしれません。けれど、「親友と同じクラスになりたかった」という思いを表現することで、少し楽になったり、気持ちに区切りをつけたり、新しい友だちをつくろうと考えるなど、新たな展開が生まれることもあるのです。

ここでは、クラス替えという※2一過性《いっかせい》の出来事を例にあげました。しかし実際には、衣食住にかかわることや家族関係など、子どもの力では変えようのない困難な現実と向き合っている生徒たちが、少なくありません。話しても解決しない現実に打ちのめされそうな時、話してよかったと思ってもらえる時間を共有したいと考えています。

[Ⅳ]、悩みごとの解決方法を見つけることができたら、それは素敵です。でも、解決方法という答えと出会えなかったとしても、落胆《らくたん》することはないと思うのです。相談することによって、知らなかった感情や味わったことのない気持ち、これまでとは違う発想や異なった角度から

から一つ選んで、記号で答えなさい。

ア　恐れる様子が全くない様子で
イ　正しいに違いないと決めつけて
ウ　だまされないように用心して
エ　不愉快な気持ちが表情に出て

問四　空欄 A ～ D に当てはまる語としてそれぞれ適当なものを選んで、記号で答えなさい。同じ記号は二回使用できません。

ア　きゅーんと　イ　ぐっと　ウ　ぐいぐいと
エ　さらっと　オ　ずばっと　カ　ぱっと

問五　傍線部④「好きにさせてもらうべえ」という祖母の考え方は、どのような行動に表れていますか。二十～三十字で説明しなさい。（句読点や記号も字数に含みます。）

問六　傍線部⑤「そうした死生観」とありますが、その内容を述べた箇所を十字で抜き出して答えなさい。解答箇所に句読点を含む場合は字数に含めること。

問七　傍線部⑥「ぱっと電気が消えるみてえに死んでしまうんでなきゃあ、理屈に合わねえと、おれは思ってんだ」とありますが、このように考える理由を、文中の表現を用いて、二点に分けて説明しなさい。

問八　傍線部⑦「ここんところ」の指す内容を、七字で抜き出して答えなさい。

問九　本文の内容や表現の説明として適当なものには○、適当でないものには×を、それぞれ答えなさい。全て○、全て×という答えは不可とします。

ア　祖母の言葉の一部では方言が使われているが、その意味を「わたし」は幼いながらもしっかりと理解していた。
イ　祖母の話がカタカナで表記されていることから、「わたし」が理解しにくかったことがわかる。
ウ　祖母から「マサオ」の戦死のことをたびたび聞いていたのに、「わたし」は祖母の悲しみには全く共感できないでいた。
エ　祖母がぶらんこを漕ぎながら語ったことは、いつも同じ服装でいる祖母の姿と一緒に思い出される。
オ　「わたし」の発言は「　」が使われず、祖母の発言だけには「　」が使われて、それぞれの印象が強められている。

三　次の文章を読み、あとの問いに答えなさい。（出題の都合上、本文を改変した部分があります。）

「スクールカウンセラー[※1]の橋本です。私は、みなさんと一緒に話をしたり、先生方やみなさんのご家族と相談をしたりして、みなさんの学校生活が豊かなものになるようにサポートするため、学校にいます。みなさんは今、思春期という時期で、友だちにどう思われるか気になったり、おとなの言うことに反発を覚えたり、自分の性格を変えたいと思ったりするかもしれません。そういう気持ちは、とても自然で大切なことです。もし自分だけで考えて、こんがらがってしまったら、誰かと話してみるのも一つの方法です。

友だちや家族、先生の他にも、スクールカウンセラーという人がいるということを覚えていてくれたらうれしいです。○曜日の○時から○時、職員室か相談室にいますので、気軽に声をかけてくださいね」

私は、四月に入学したての中学一年生を前に、①こんな自己紹介をたりする。

　いつも同じ藍色のアッパッパを着ていて、足の先に下駄をひっかけている。

「そのかわりによ」

　祖母は、笑っているような、細い目をして、皺《しわ》だらけの顔をこちらに向けて言う。

「死んだら、⑦ここんところへ、ぴっと入ってくんだ」

　ぴっと、と言って祖母は、自分の胸を指さした。

　ぱっと死んで、ぴっと入ってくる。

「マサオが死んだとき、おれにはわかったんだ。夢の中にも出てきてなあ。それからずっと、マサオはここんところへ居るわけだ。それが、おれの言いてえことだな」

　ぱっと、電気が消えるみたいに死んじゃうのに？　と、わたしは訊《たず》ねたのだと思う。

「うん。おれは、そう思ってる。人が死ぬだろ。そうすると、人はもう、そのときに、電気が消えるみたいに、気持ちや痛みやなんかも全部ぱっと消えて、楽になるんだ。死んだ者は、地獄へ行ったり、そんなつれえことやなんかは、ねえはずだと、おれは思ってんだ。生きてるうちに、さんざんつれえことがあって、あの世に行ってもいろいろあるんじゃあ、理屈に合わねえ」

　ぱっと消えて、ぴっと入るの？

「そうさ。そうじゃねえかなあと、おれは思ってんだ。死んだ者には、もう、苦労はなくなる。痛みも、つれえことも、なくなる。それはみんな、生きてる者の中に、ぴっと入ってくるんじゃねえかなあと思ってんだ。だってなあ。入ってきたよ。マサオも、おじいさんも、おれのおっかさんも、おとっつあんも、全部、ここんところに入ってんだ」

　祖母はまた、とんとんと、自分の胸を指でつついた。

（中島京子『樽とタタン』による）

〈注〉※1　上杉鷹山……江戸時代の藩主。
※2　仁徳天皇……古墳時代の天皇。
※3　アッパッパ……女性用の夏用の普段着。
※4　六文銭……亡くなった人が三途の川を渡るために持たされるとされる副葬品。

問一　傍線部①「祖母とのそうした時間」の内容として最も適当なものを次の中から一つ選んで、記号で答えなさい。

ア　祖母が「わたし」の部屋に来て、一緒に寝てくれた時間。
イ　祖母がおとぎ話は楽しく、偉人たちの話はまじめに話してくれた時間。
ウ　祖母が、他の子どもたちがうらやむような話をしてくれた時間。
エ　祖母が、おとぎ話や歴史上の人物の話を寝る前にしてくれた時間。

問二　傍線部②「そのこと」の内容として最も適当なものを次の中から一つ選んで、記号で答えなさい。

ア　人間は牛と異なり、食べ方が長生きにつながるということ。
イ　人間も牛も同じだと、人間が気づいていないということ。
ウ　人間も牛も同じように、年をとれば必ず死ぬということ。
エ　人間は牛より長生きしても、自分が孫よりも早死にすること。

問三　傍線部③「眉に唾つけて」の意味として最も適当なものを次の中

「長いことないんだから、④好きにさせてもらうべえ」

祖母はそう言って、悠然とぶらんこを漕いだ。

「おれはなあ、死んだらそれっきりだと思ってる」

わたしと祖母は、交互に宙に舞い上がった。祖母は独り言にも、わたしに聞かせるための言葉にも思える、とつとつとした語りで、死について語った。

「三途《さんず》の川だの地獄の閻魔《えんま》様だの、まるで信じてねえわけでもねえが、心臓が止まって、棺桶《かんおけ》に入って、火ん中にくべられてしまうのによぉ」

サンズノカワや、ジゴクノエンマサマについての知識がなかったので、わたしはまずそこから問いただすことになった。祖母は、仁徳天皇と民のかまどについて話してくれたのと同じように面白おかしく、そして熱心にジゴクノエンマサマを語った。語っているときは、話上手の祖母なりに演出を凝《こ》らし、微《び》に入り細《さい》をうがち、まるで見てきたように語ってくれるのに、最後の最後には、

「だけんどもよ、見て帰ってきた者がいるわけじゃなし、おれは、どうかなあと思ってんだ。ちぃっと、眉唾じゃねえかなーと思ってら」

今度はマユツバがわからなくて、わたしは祖母にまた問いただす羽目になる。

こうして祖母とわたしとの会話は、ありったけ脱線し、それなりにわたしのボキャブラリを増やしながら、最後は、

「おれは、死んだらそれっきりだと思ってる」

で、終わるのだった。

なぜ、⑤そうした死生観を祖母が持つに至ったかはわからない。

おそらく、彼女が生きてきた中で、自ら学んだ何かだったのだろう。

〔中略〕

「マサオは戦地から帰ってこなかったしさ。骨も戻ってこなかったんだで。そうするとマサオは、南の島のどこかで死んで、※4六文銭《ろくもんせん》も持たずに三途の川を渡ろうとして着物を剥《は》がされたんだべえか。それとも南の島のどこかで、いまでも帰りてえなあと思ってるんだべえか。そういうことを考えるとな、⑥ぱっと電気が消えるみてえに死んでしまうんでなきゃあ、理屈に合わねえと、おれは思ってんだ」

マサオとは誰かと聞くと、

「おや、マサオを知らなかったん？」

と、祖母は驚いた。

「マサオは、おまえのお父さんの二番目の兄さんだに」

「二番目の兄さん？」

「そうだがね。二番目の兄さんだがね」

六人兄弟の六番目であるわたしの父には、三人の兄と二人の姉がいたのだそうだ。わたしの知っている二人の伯父さんのほかに、もう一人伯父がいて、その人はマサオと言って、南の島で亡《な》くなったらしい。六文銭も持たずに。そして、祖母の元には、骨も帰ってこなかった。

「マサオがどこかで、いまでも帰りてえなあと思ってたら、あんまり、そりゃあ、かわいそうだんべえ。ぱっとこう、さっとこう、死んでしまうんじゃあないとなあ」

祖母はいつの間にか、ぶらんこを漕ぐのをやめて、地面に下駄をつけて遠くを見て、そう言った。いや、あるいは、ずっと、ぶらんこを漕がずに座ったまま話していたのかもしれない。わたしの記憶の中で祖母は、楽しげにゆらゆらとしていたり、ただただ、ぶらんこに腰掛けてい

ようで、のちのち調べたところによると、「はあ」というのは「はや」が訛《なま》ったもので、「もう」とか「すでに」といった意味があるらしい。

本人たちが気づかないだけで、「はあ」牛になっている祖母と孫娘。のっそりのっそりと近所を散歩して歩くのだった。

「年ってものをとりゃなあ」

夜寝て朝になればね、というような口調で、祖母は言った。

「みんな、どうしたって死ぬんだで」

牛だって人だっておんなじことだ。もうすぐ、ばあちゃんにもお迎えが来るんだで。

彼女がどうして毎日そんなことを話してくれたのか、いまから考えると不思議に思う。

祖母は自分に死期が近いことを知っていたのか。それこそ年を取ると必然的に死が近くなってくるので、ふだんから②そのことばかり考えていたのか。

いまと違ってあのころには、終活などという妙な言葉もなかったし、死んでからのちに遺族に残すための遺言のようなものは、金持ちの爺《じい》さんの死に際《ぎわ》に用意されるものというイメージしかなかった。

だいいち、祖母がわたしに毎日言っていたのは、財産の何をどう分けろという話でもなければ、自分が死んだら兄弟孫ひ孫仲良く生きていきなさいという、道徳的な話題でもなかった。ただ、祖母は、まだ、この世に生を享《う》けて四年とか五年とかいった、人間としてスタート地点に立ってまもない孫に、ひたすら死について話し続けたのである。

「死ぬってことはなあ、いろんな人がいろんなことを言ってるけんど、おれは、どうかなあと思ってんだ。偉《えれ》えような人が言ってるこたぁ、みんな、③眉《まゆ》に唾《つば》つけて聞いてら」

ぶらんこに揺られながら、祖母は言うのだった。

祖母はぶらんこが好きだった。団地の公園には、座面が赤に塗られたのと、青に塗られたのと、二つのぶらんこが下がった遊具が置いてあって、座面が地面に近い位置にある赤いぶらんこにわたしを乗せると、祖母は両足を斜めに開いて踏ん張る姿勢を取り、背中を力強く押してくれた。押すのに疲れると、

「最後だぞ」

と宣言して、一ぺんだけ非常に勢いよく背中を押す。わたしは宙に舞い上がって、お腹《なか》のところが　A　収縮するような、くすぐったいような感覚を持つ。

そのときに、怖がって足をつけてしまったりしないで、地面に近いところで　B　お尻《しり》を落として足を上げると、ぶらんこはまた高く高く上がり、わたしはしばらくの間、宙でゆらゆらしていられるのだった。

そうなると、祖母は隣の青い座面のぶらんこに座って、タタタタッと後ずさりをしてから、　C　両足を上げる。祖母のぶらんこが宙に浮く。

白い髪を無造作《むぞうさ》にお団子にまとめ、藍色《あいいろ》のアッパッパ※3を着て下駄《げた》を履いた祖母が、風に乗ってスイングする姿がいまも思い浮かぶ。祖母は下駄をうっかり飛ばさないように、足の親指と人差し指でしっかり鼻緒を挟んで、　D　力強くぶらんこを漕《こ》ぐのだった。小さい子どもが近づいてきて、乗りたそうなそぶりを見せても、気ままに宙を行ったり来たりするその時間を満喫しきるまでは、おいそれと人に譲ってやったりしなかった。

【国　語】（五〇分）〈満点：一〇〇点〉

一　次のⅠ・Ⅱの問いに答えなさい。

Ⅰ　次の①～③のカタカナを漢字に直しなさい。また、④～⑥の漢字の読みを答えなさい。

①　サイサンがとれる。
②　バンネンの作品。
③　神にツカえる身。
④　売約済みの物件。
⑤　浮沈を左右する人物。
⑥　我思う、故に我在り。

Ⅱ　次の組み合わせは類義語です。空欄に当てはまる漢字を一字答えなさい。

①　欠点－□所　　②　方法－□段
③　関心－□味　　④　瞬時－□座

二　次の文章を読み、後の問いに答えなさい。

明治生まれの祖母は、台所の脇《わき》の四畳半に居室を構え、夜も私といっしょに寝てくれた。祖母の話は、桃太郎やかぐや姫、一寸法師といった定番の他に、「為《な》せば成る為さねば成らぬ何事も、成らぬは人の為さぬなりけり」と言って藩政の立て直しをした米沢藩の藩主・上杉鷹山《ようざん》※1の母が、鷹山が子どものころに、破れた障子に切り貼《ば》りをしてみせて倹約の大切さを教えたのだとか、※2仁徳《にんとく》天皇が民のかまどから煙が上がるのを見てたいそう喜んだとかいった、わたしと同世代の子どもたちはあまり知らないような話が多かった。しかし、祖母が現役で子育てをしていた時代には、どの家庭でも語られたような昔話だったのだろう。わたしは①祖母とのそうした時間を、それなりに楽しんだし、彼女をことのほか好きだった。

〔中略〕

「食べてすぐ寝ると牛になるけんどな」

と、食後に昼寝する祖母は、必ず言った。

しかし、食べると眠くなるのも事実で、わたしと祖母は仲良く午睡《ごすい》を楽しむのだった。

「体がなまるから、出かけるか」

昼寝から醒《さ》めると、これまた母が用意しておいたおやつを食べながら、祖母は言う。そうしてわたしたちは、散歩に出るのだった。

祖母といっしょなら、どこへ行くのも平気だった。団地を蟻《あり》の巣に例えるならば祖母は女王蟻。というわけでは必ずしもなかったが、そんなことはどうでもよく思われた。腰に手をあてて、ゆっくり歩く祖母と小学校就学前のわたしの歩幅は、ほかの誰よりも相性がよかった。

「食べてすぐ寝たけど牛になんなかったね」

隣や後ろを飛んだり跳ねたりしながら歩くわたしに、祖母は目を細めて言った。

「わっかんねえぞぉ。ひとさまから見りゃあ、おれたちゃあ、はあ、牛になってるかしんねえぞぉ」

祖母の言葉は田舎の方言だった。

「はあ」というのが、なかなか習得しにくく、調子のよさを作るために入れる擬音のようなものかと思っていたが、これにもこれで意味がある

MEMO

大切なことはメモしておこうネ！

2022年度

獨協埼玉中学校入試問題（第２回）

【算　数】（50分）　＜満点：100点＞

【注意】 定規，分度器は使用してはいけません。

1 次の各問に答えなさい。

⑴　$\left\{1-\left(2-\frac{3}{2}\right)\right\}\times\frac{5}{4}\div\left(6\div\frac{6}{5}\right)$を計算しなさい。

⑵　１本60円の鉛筆と１本120円のボールペンを合わせて100本買ったところ，代金は7500円でした。このとき，買ったボールペンは何本ですか。

⑶　８％の食塩水400ｇと18％の食塩水100ｇをすべて混ぜ合わせると，何％の食塩水ができますか。

⑷　さいころを３回投げたとき，出た目の数の積が奇数になるような目の出方は何通りですか。

⑸　$\frac{A}{B\times B}=\frac{1}{162}$を満たす整数の組（A，B）のうち，Aが最小のときの整数A，Bを求めなさい。

⑹　図１のような直方体から直方体を取り除いた水そうがあります。図２のグラフは，この水そうの中に一定の割合で水を入れたときの時間（分）と水の高さ（㎝）の様子を表しています。このとき，ABの長さを求めなさい。

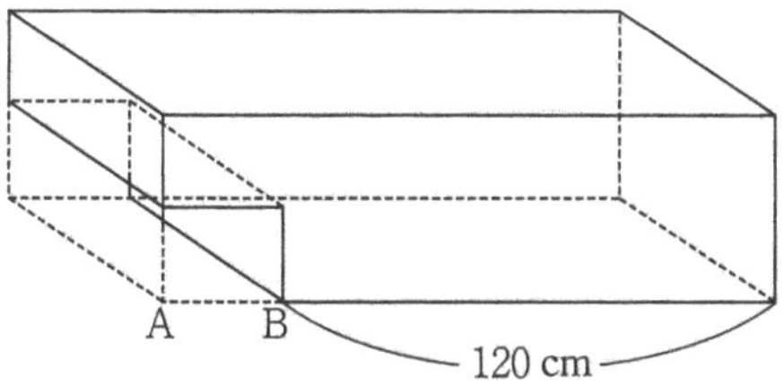

図１

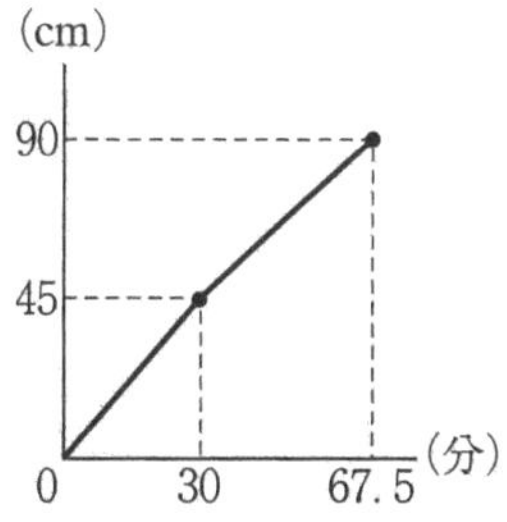

図２

⑺　右の図で，角 x の大きさを求めなさい。

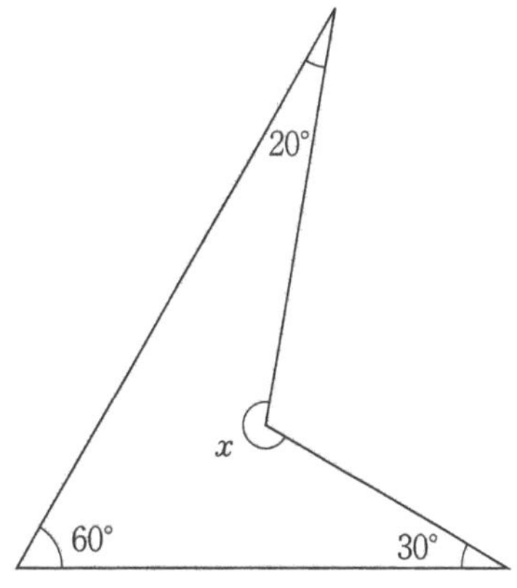

⑻　右の図は，三角すいを底面と平行な平面で切断したものです。この立体の体積を求めなさい。

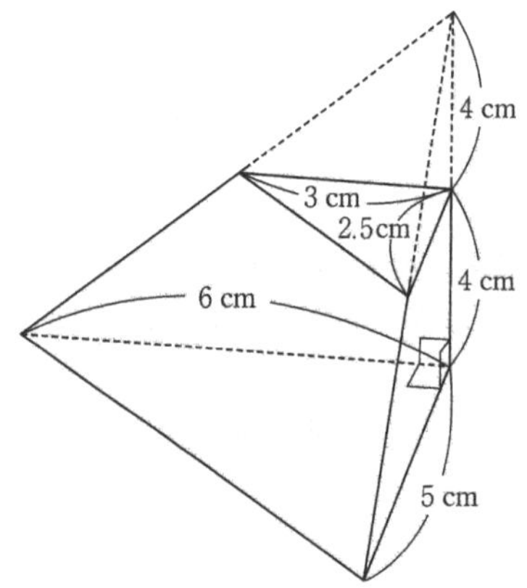

2　次の各問に答えなさい。

⑴　次の図のように，４つの半円があり，最も小さい半円の半径は２㎝で残りの半円の半径はその２倍，４倍，８倍です。このとき，次の各問に答えなさい。ただし，円周率は3.14とします。

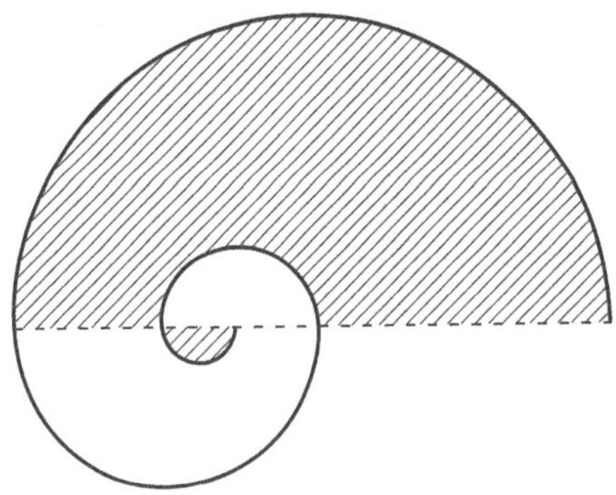

①　図の曲線（太線部）の長さを求めなさい。

②　斜線部の面積を求めなさい。

⑵　図１のように１辺の長さが１㎝の４×４の正方形のマスがあります。それぞれのマスの上に１辺１㎝の立方体を積んで，立体を作ります。このとき，次の各問に答えなさい。

図１

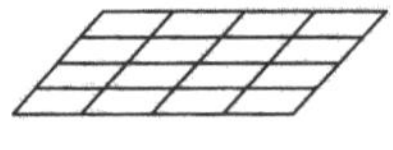

図２

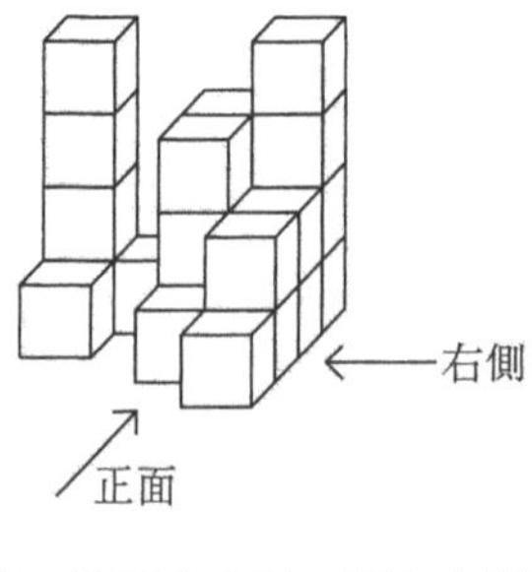

図３

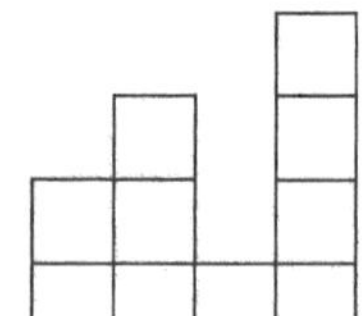

①　図２のような立体を作ったとき，正面から見た図と右側から見た図を解答欄にかきなさい。

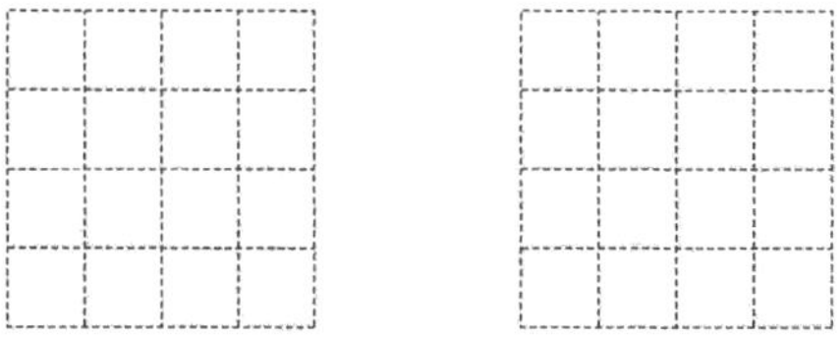

正面　　　　　　右側

② ある立体を正面もしくは右側から見たとき図３のようになりました。その立体として考えられるものを，ア～オからすべて選び記号で答えなさい。

ア　　イ　　ウ　　エ　　オ

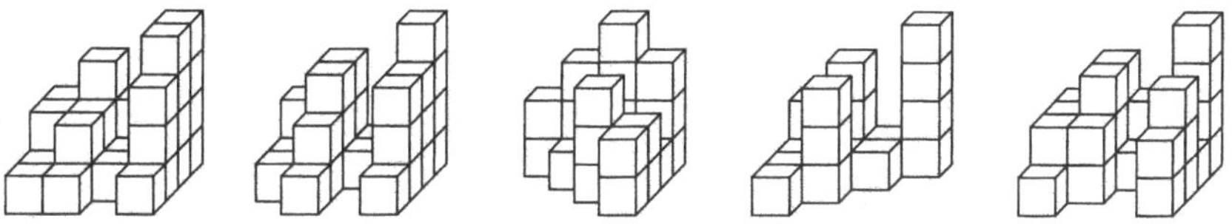

3 Ａさんは自分の家から36㎞離れた親戚《せき》の家まで，自転車で遊びに行くことにしました。Ａさんは朝９時ちょうどに自分の家を出発して30分後にＢさんと出会いました。そこから２人は自転車で競争をすることになり，Ａさんは１時間だけ初めの２倍の速さで走りました。その後，Ｂさんと別れ，Ａさんは１時間休憩《けい》をし，また初めと同じ速さで走り，12時ちょうどに親戚の家に到着しました。

Ａさんは次の日の14時ちょうどに親戚の家を出発し，自分の家に向かいました。昨日の初めの自転車の速さと今日の自転車の速さの比が５：４でした。途中，休憩をとり，家には18時12分に到着しました。このとき，次の各問に答えなさい。

⑴ 往復の平均の速さは毎時何㎞ですか。ただし，休憩の時間も毎時０㎞として含みます。

⑵ 行きの初めの速さは毎時何㎞ですか。

⑶ 帰りに休憩した時間は何分間ですか。

4 下のように，６で割ると１余る整数，または６で割ると５余る整数を小さい順に並べます。

1，5，7，11，13，17，…

このとき，次の各問に答えなさい。

⑴ 43は何番目の数ですか。

⑵ １番目から20番目までの数の和を求めます。そのとき，以下の考え方で計算をしました。空欄のア～キにあてはまる数を答えなさい。

考え方）隣り合う２つの数の和をとり，新たな数の列Ａを作る。

(1，5)，(7，11)，(13，17)，…

→Ａ：6，18，30，…

Ａは，［ア］ずつ数が増えていて，数は全部で［イ］個あるので，最後の数は［ウ］，最後から２番目の数は［エ］である。

Ａの和を求めるために，次のページのようにＡを最後の数から順番に並べたものとの和を考える。

	6	,	18	,	………,	エ	,	ウ	
+）	ウ	,	エ	,	………,	18	,	6	,
	オ	,	オ	,	………,	オ	,	オ	

この計算を行うことにより，［オ］が［カ］個できるのでAの２つ分の和を求めることができる。

よって，元の数の列の１番目から20番目までの数の和は［キ］である。

⑶ ⑵の考え方を参考にして，１番目から100番目までの数の和を求めなさい。

【理　科】（30分）　＜満点：70点＞

1　あとの問いに答えなさい。

⑴　図１の回路のとき，電流計は2.0Ａ，電圧計は5.0Ｖを示しました。図１で使ったものと同じ電池と豆電球を用いて，図２，図３のような回路を組みました。

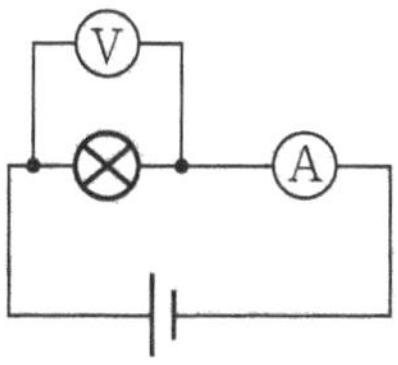

図１

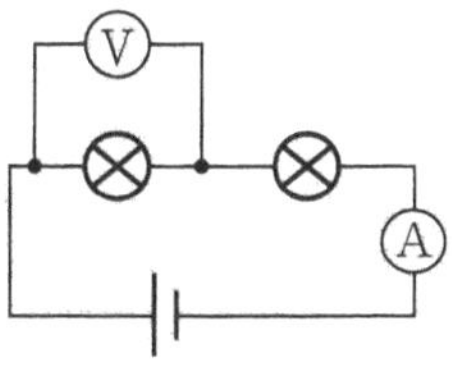

図２

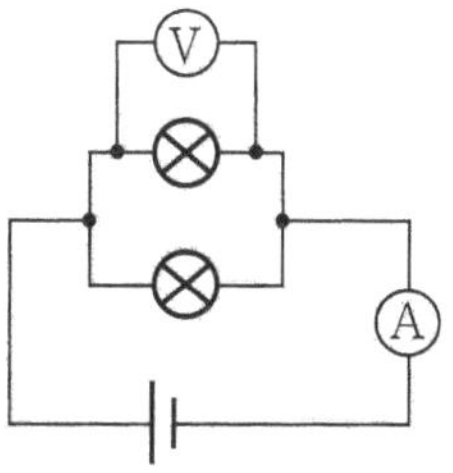

図３

①　図２の電流計と電圧計が示す値をそれぞれ答えなさい。

②　図３の電流計と電圧計が示す値をそれぞれ答えなさい。

図１は，太陽・地球・月の位置関係を北極星側から見た模式図です。また，図２は日本で夕方，地平線付近で観察される三日月をスケッチしたものです。

⑵　図２のような形の月が見られるのは，月が図１のどの位置にあるときですか。図１のア～クから１つ選び，記号で答えなさい。

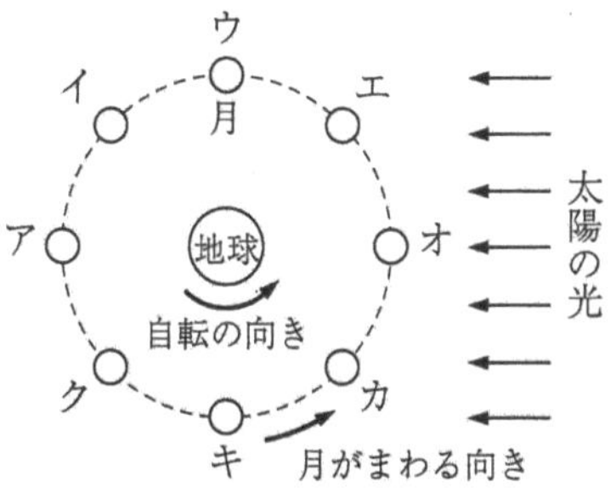

図１

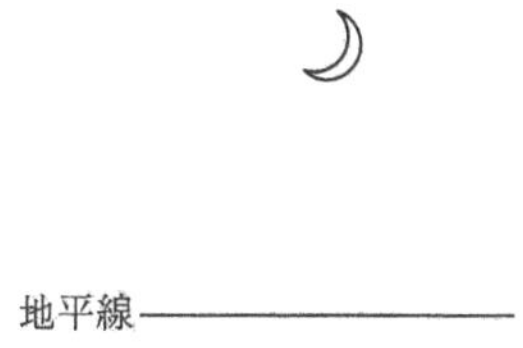

図２

⑶　図２の月を観察してから15日後の月の形はどうなりますか。次のａ～ｇから最も近い形を１つ選び，記号で答えなさい。

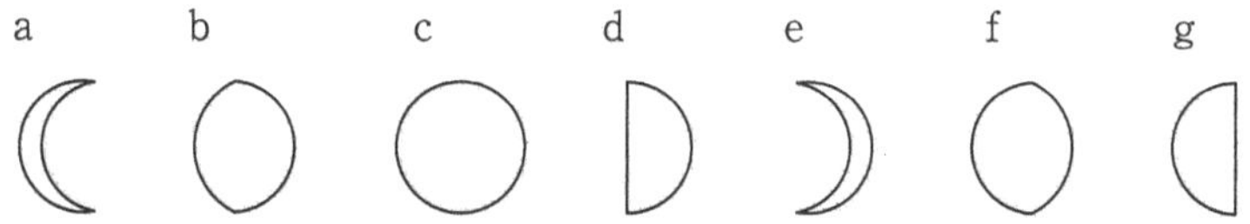

⑷　次のページの図に示したガスバーナーについて，各問いに答えなさい。

①　ガス調節ネジはＡ，Ｂのどちらですか。

②　ガスを出したい場合，ガス調節ネジはＸ，Ｙのどちらに回せばよいですか。

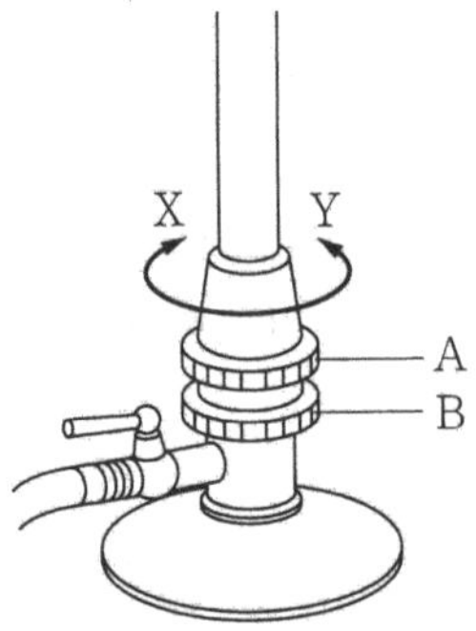

⑸　15％の食塩水200ｇには，何ｇの食塩がとけていますか。解答用紙に計算式や考え方も記入しなさい。

⑹　右図は，イヌワラビを土から掘《ほ》って，根，茎《くき》，葉をスケッチしたものです。茎はどの部分ですか。解答用紙のスケッチに，茎を黒く塗《ぬ》りつぶして示しなさい。

⑺　右図は，ヤマトカブトムシを腹側からスケッチしたものです。胸（胸部）はどの部分ですか。解答用紙のスケッチに，胸（胸部）を黒く塗りつぶして示しなさい。

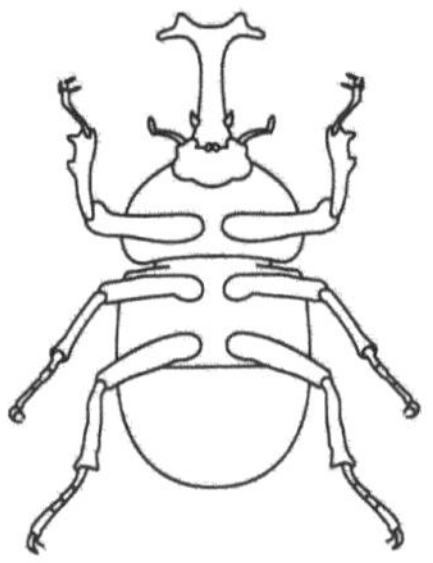

⑻　右図は，ヒトの心臓とそれにつながる血管の断面図です。動脈血が流れている部分はどこですか。解答用紙の図に，動脈血が流れている部分を黒く塗りつぶして示しなさい。

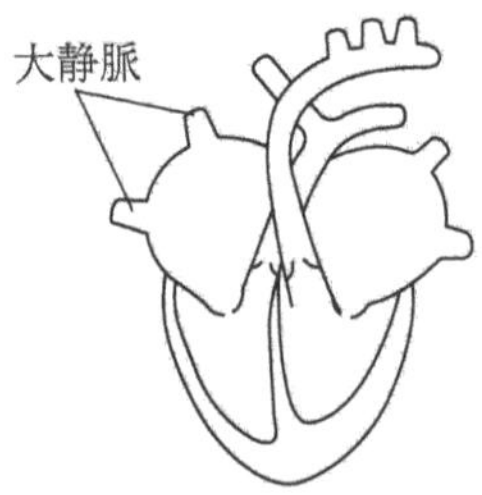

⑼　右図は，ふ入りのアサガオの葉のスケッチです。実験前日の夕方に葉の一部をアルミニウムはくで包み，実験の当日の日中，十分に太陽の光に当ててから葉を取りました。その後，アルミニウムはくを葉から取り除き，熱い湯に浸《ひた》してから，温めたエタノールの中に入れたのち，水につけました。さらにその葉をヨウ素液に浸しました。解答用紙のスケッチに，ヨウ素液で青紫《むらさき》色に染まらなかった部分を黒く塗りつぶして示しなさい。

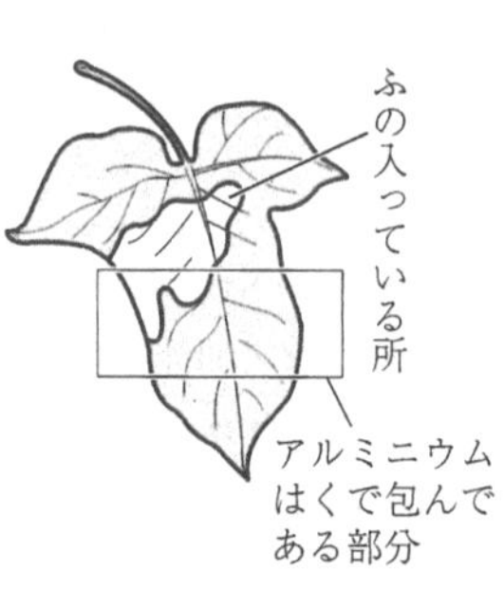

2 次の文章を読み，あとの問いに答えなさい。

東京2020オリンピック・パラリンピックでは，大会の準備・運営に向けて，①地球温暖化や資源の枯渇《こかつ》などの環境問題に配慮《りょ》した様々な取り組みが行われました。具体的には，②再生可能エネルギーで発電した電力の使用，③燃料電池自動車や電気自動車などの排《はい》気ガスを出さない車を導入して，温室効果ガスの排出量を実質ゼロとする脱《だつ》炭素社会の実現にむけた社会づくりに貢献《こうけん》しました。また，④回収した小型家電から金属を取り出して製造された金銀銅のメダルや，使用済みプラスチック容器を回収してつくられた表彰《しょう》台は，限られた資源の有効活用を重視した，持続可能な社会のあり方として世界から注目されました。

下線部①について，次の文章を読み，あとの問いに答えなさい。

地球温暖化の原因とされる温室効果ガスは，地表で反射される太陽光の（　A　）を吸収し，地球を適度な温度に保っています。しかし，この温室効果ガスが増加すると，（　A　）の吸収量が多くなり，地球の気温が上昇《しょう》します。温室効果をもたらす気体には，空気中の（　B　）と（　C　）などがあります。現在の大気の温室効果のうち，（　B　）によるものが６～７割，（　C　）によるものが２～３割と考えられています。（　B　）は，人間の活動によって，ほとんど増えたり減ったりしないため，（　C　）の増加の方が，特に問題となっています。

⑴　文章中の空らん（A）にあてはまる語句として正しいものはどれですか。次のア～エから１つ選び，記号で答えなさい。

ア　X線　　イ　紫《し》外線　　ウ　赤外線　　エ　電波

⑵　文章中の空らん（B），（C）にあてはまる気体として正しいものはどれですか。次のア～オからそれぞれ１つずつ選び，記号で答えなさい。

ア　水素　　イ　窒《ちっ》素　　ウ　酸素　　エ　二酸化炭素　　オ　水蒸気

次の図１，図２は，それぞれ北半球平均と南半球平均の2009年から2019年における二酸化炭素濃《のう》度の移り変わりを示したものです。グラフの縦軸《じく》の単位ppmは100万分の１を表し，１ppmは0.0001％です。あとの問いに答えなさい。

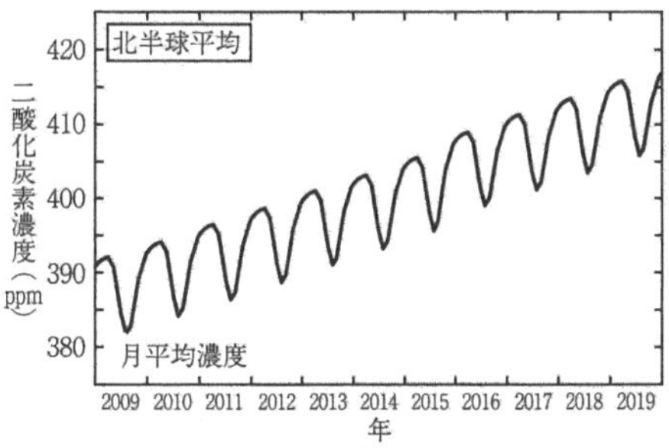

図１

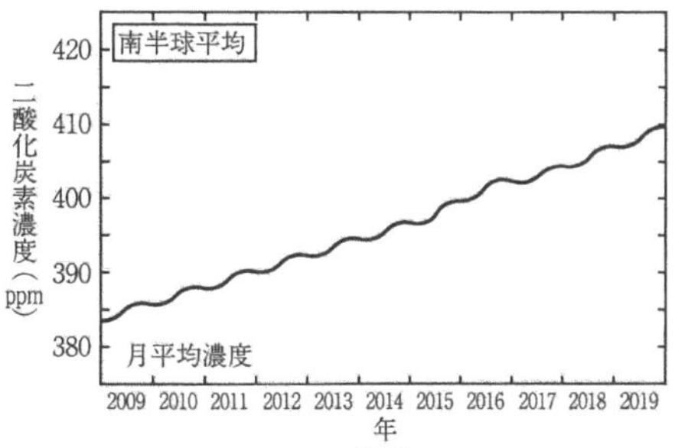

図２

（出典：気象庁のホームページより）

⑶　次の文は，図１について述べたものです。空らん（A）～（D）に入る語句として正しい組み合わせはどれですか。次のページのア～エから１つ選び，記号で答えなさい。

１年のうちで大気中の二酸化炭素濃度が（　A　）に減少するのは，植物の光合成が（　B　）

ためであり，（　C　）に増加するのは，植物の光合成が（　D　）ためである。

	A	B	C	D
ア	夏	さかんになる	冬	おとろえる
イ	夏	おとろえる	冬	さかんになる
ウ	冬	さかんになる	夏	おとろえる
エ	冬	おとろえる	夏	さかんになる

⑷　図１と図２のグラフからわかることを，次のア～エから２つ選び，記号で答えなさい。

ア　年間を通して，北半球より南半球の方が，季節による二酸化炭素濃度の差が大きい。

イ　年間を通して，北半球より南半球の方が，季節による二酸化炭素濃度の差が小さい。

ウ　2009年から2019年にかけて，北半球と南半球の二酸化炭素濃度は増加傾向にある。

エ　2009年から2019年にかけて，北半球と南半球の二酸化炭素濃度は減少傾向にある。

下線部②について，あとの問いに答えなさい。

⑸　再生可能エネルギーは，資源が枯渇する心配がない自然の力を利用して得られたエネルギーであるため，自然エネルギーともいわれています。次の発電で得られたエネルギーのうち，再生可能エネルギーではないものはどれですか。次のア～カから２つ選び，記号で答えなさい。

ア　火力発電　　イ　水力発電　　ウ　原子力発電

エ　風力発電　　オ　太陽光発電　　カ　地熱発電

⑹　いくつかの再生可能エネルギーのデメリットとして考えられられることを，「天候」と「発電量」という語句を使って説明しなさい。

下線部③について，あとの問いに答えなさい。

⑺　燃料電池自動車は，水素を燃料にしてつくった電気を使って走る車です。次のうち，理科室で水素を発生させる方法はどれですか。次のア～エから１つ選び，記号で答えなさい。

ア　二酸化マンガンにうすい過酸化水素水を加える

イ　石灰石にうすい塩酸を加える

ウ　スチールウールにうすい塩酸を加える

エ　塩化アンモニウムと水酸化カルシウムの固体を混ぜ合わせて加熱する

⑻　水素の気体の性質として正しいものはどれですか。次のア～キから３つ選び，記号で答えなさい。

ア　無色無臭《しゅう》である　　イ　刺激《しげき》臭がある

ウ　水にとけにくい　　エ　水に少しとけて酸性を示す

オ　水によくとけてアルカリ性を示す　　カ　空気より軽い

キ　空気より重い

⑼　実験で発生した気体が，水素であることを確認する方法はどれですか。あとのア～オから１つ選び，記号で答えなさい。

ア　火のついたマッチを近づけると，ポンという音を立てて燃えた。

イ　火のついた線香を近づけると，火が激しく燃えた。

ウ　火のついた線香を近づけると，火が消えた。

エ　石灰水に気体を通すと，白くにごった。

オ　水でぬらした赤色リトマス紙が，青色に変化した。

下線部④について，あとの問いに答えなさい。

⑽　ごみを減らす環境行動を表すキーワードに「３Ｒ」という言葉があります。３つのＲは，リデュース（Reduce）＝減らす，リユース（Reuse）＝再使用，リサイクル（Recycle）＝再生利用を意味します。下線部④の取り組みは，3つのＲのうちどれですか。次のア～ウから１つ選び，記号で答えなさい。

ア　リデュース（Reduce）　　イ　リユース（Reuse）　　ウ　リサイクル（Recycle）

3　夏休みの自由研究において，「台風」について調べました。あとの問いに答えなさい。

a　台風の発生と進路について

台風は，日本のはるか南の海上で発生した熱帯低気圧が発達し，風速が毎秒17.2m以上になったものをいう。

台風は，はじめ赤道付近の上空の風によって西方に進むが，地球の自転の影響《えいきょう》により，北半球では常に進行方向右向きに力を受けながら進む。このとき受ける力を『転向力』（コリオリの力）といい，進む速さが速くなるとその力も大きくなる。日本付近に到《とう》来する台風は，「転向力」を受け次第に北西へと進路を変え，緯《い》度30度を過ぎたあたりからこの付近の①上空の風の影響を受け，やがて北から北東へと進路を変える。しかし，台風の進路は，上空の風以外に，周囲の気圧配置にも影響される。また，特に②夏場は日本の東方海上に停滞《たい》する高気圧のふちにそって進む台風もある。

b　台風の分類

気象庁では，台風をその「強さ」と「大きさ」で分類している。強さは，台風の最大風速をもとに，「強い」から「猛烈《もうれつ》な」まで。大きさは，平均風速が毎秒15mの風速区域の範《はん》囲をもとに，現在では「大型」と「超《ちょう》大型」の２種類にそれぞれ分類をしている。風速が③毎秒25m以上の領域《りょういき》では災害が起こりやすい区域としている。

c　台風の発達と周囲の雲について

台風の中心部は周囲より気圧が低く，中心部に向かって湿《しめ》った温度の高い空気の塊《かたまり》（空気塊《くうきかい》）がまわりから集まり上昇する。上空はもともと気圧が低いので，上昇した空気塊は膨張《ぼうちょう》し温度が下がる。このため台風の中心付近には④発達した雲が発生し雲の壁《かべ》をつくる。

水蒸気が冷えて水滴《てき》や氷晶《しょう》（氷の粒《つぶ》）になるとき熱を放出する。これにより新たな熱の供給がなされ台風が発達する。発達した台風では周囲との気圧の差がさらに大きくなり，その中心部に吹《ふ》き込《こ》む空気塊の速さも速くなる。このとき「転向力」も大きくなり，やがて空気塊は，⑤台風の中心に入り込むことなく中心部の周囲を回転し，かつ上昇《しょう》する。

⑴　下線部①で，上空の風とは何ですか。最も適当な語句を次のア～エから１つ選び，記号で答えなさい。

ア　赤道偏《へん》東風（貿易風）　　イ　極偏東風　　ウ　偏西風　　エ　高層風

注意：偏《へん》はかたよりの意味

⑵　下線部②で，この高気圧として最も適当な語句を，次のア～エから１つ選び，記号で答えなさい。

ア　シベリア高気圧　　　　イ　移動性高気圧

ウ　オホーツク海高気圧　　エ　北太平洋（小笠原）高気圧

⑶　下線部③で，風速による災害が起こりやすい区域を何といいますか。最も適当な語句を，次のア～オから１つ選び，記号で答えなさい。

ア　暴《ぼう》風域　　イ　烈《れっ》風域　　ウ　猛《もう》風域　　エ　強風域　　オ　弱風域

⑷　下線部④で，台風の中心部の周囲にできる発達した雲とは何ですか。最も適当な語句を，次のア～オから１つ選び，記号で答えなさい。

ア　積雲　　イ　積乱雲　　ウ　層雲　　エ　層積雲　　オ　乱層雲

⑸　下線部⑤で，発達した台風には，その中心部に雲が見られず，上空からは雲にぽっかり穴があいたように見え，海面をのぞくことができるとさえいわれています。この部分を特に何といいますか。

〈雲のでき方〉

Ｐ37の文ｃの「台風の発達と周囲の雲について」の文で，「湿った空気塊は上昇するにつれて，膨張し温度が下がり発達した雲が発生し雲の壁をつくる」とあります。図１においては，

◌は，注目する空気塊　○は，空気

●は，水滴　△は，小さな氷の粒

を表しています。

⑹　雲ができ始めるのはア～ウのどのあたりから上空ですか。記号で答えなさい。

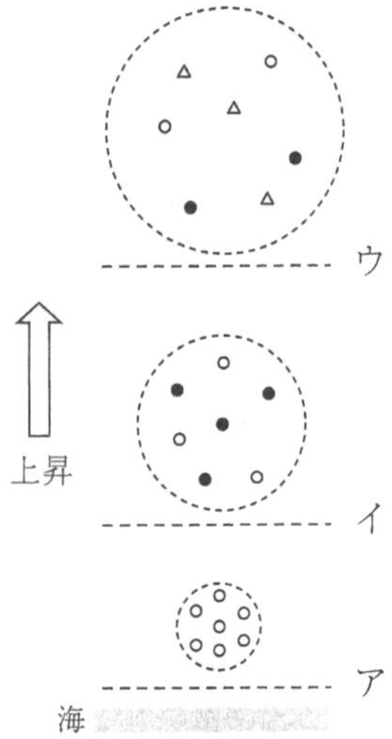

図１

〈風速の分析《せき》〉

天気図を分析すると，実際の台風の周囲には前線はなく，等圧線がほぼ同心円状になっていることに気づきました。図２は，台風（中心部はO）の周囲の等圧線を描《か》いたものです。ここで，気圧はhPa（ヘクトパスカル）で示されます。あとの問いに答えなさい。

⑺　図２で，Ａが1000hPaを表し，20hPaごとに等圧線を描いているものとしたとき，Ｄは何hPaですか。

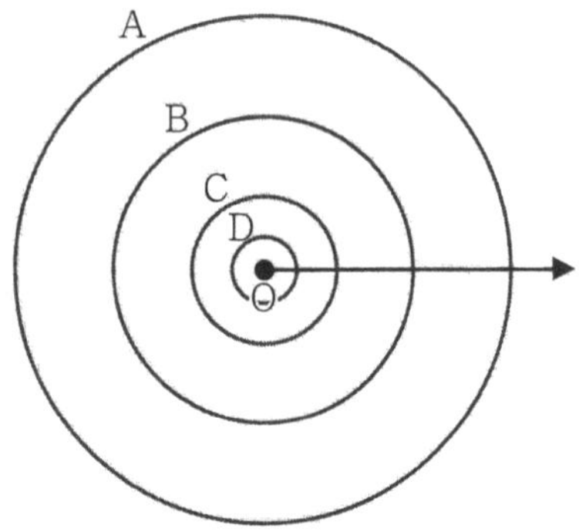

図２

⑻　ＡＢ間，ＢＣ間，ＣＤ間の３区間での風速を比べた場合，風速の大小関係を正しく表現したものを，次のア～オから１つ選び，記号で答えなさい。

ア　ＡＢ間＞ＢＣ間＞ＣＤ間　　イ　ＡＢ間＞ＣＤ間＞ＢＣ間　　ウ　ＡＢ間＜ＢＣ間＜ＣＤ間

エ　ＡＢ間＜ＣＤ間＜ＢＣ間　　オ　ＡＢ間＝ＣＤ間＝ＢＣ間

⑼　台風の回りを回転する海面付近の空気塊の，上空から見た回転方向と，回転している空気塊にはたらく力の関係はどのようになると考えられますか。その組み合わせとして正しいものを，次の表のア～カから１つ選び，記号で答えなさい。

記号	上空からみた回転方向	空気塊にはたらく力の関係式
ア	時計回り	気圧の差による力 ＝ 転向力 ＋ 遠心力
イ	時計回り	気圧の差による力 ＋ 転向力 ＝ 遠心力
ウ	時計回り	気圧の差による力 ＋ 遠心力 ＝ 転向力
エ	反時計回り	気圧の差による力 ＝ 転向力 ＋ 遠心力
オ	反時計回り	気圧の差による力 ＋ 転向力 ＝ 遠心力
カ	反時計回り	気圧の差による力 ＋ 遠心力 ＝ 転向力

【社　会】（30分）　＜満点：70点＞

1　次の文章を読んで，各問いに答えなさい。

a日本の**b**交通網は，高度経済成長期以降，新幹線や**c**高速道路が整備され，輸送量は急速に増えた。**d**東京や大阪などの大都市圏には人口が集中し，大都市では道路の渋滞や電車の混雑をまねいた。近年では，自動運転によるバスの運行や，小型の無人機である（　１　）による空からの荷物の配送などの技術開発が進められている。**e**和歌山県や**f**高知県をはじめ日本各地で（　１　）を用いた輸送実験が行われている。

⑴　下線部**a**について，日本の海岸部にはさまざまな地形がみられる。**図１**中の**W**～**Z**で示した範囲内の，海岸部に共通する地形名を答えなさい。

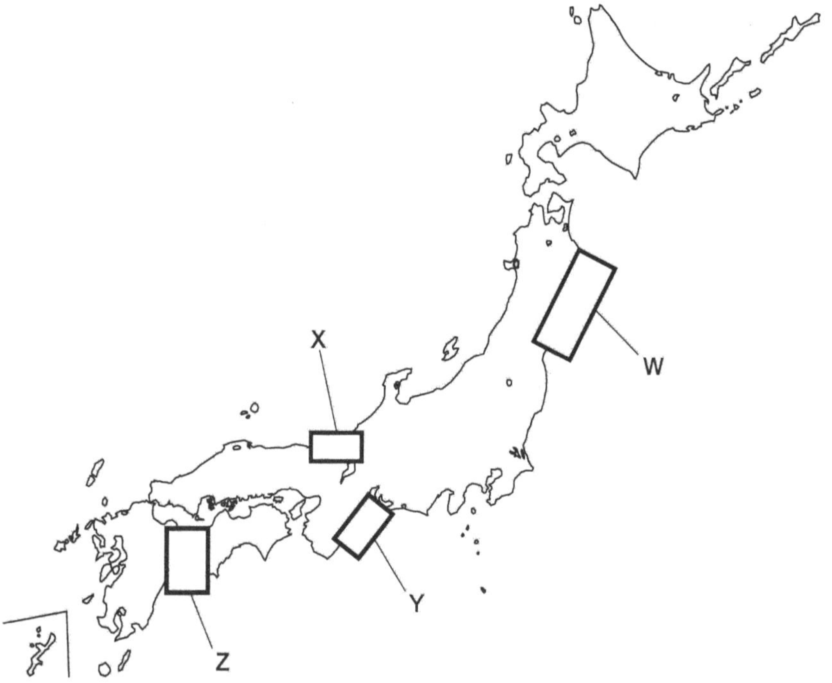

図１

（問題作成上、島の一部を省略。）

⑵　下線部**b**について，右の**表１**は国内を移動するために，鉄道，船，飛行機のいずれかを利用した人数が多い都道府県をまとめたものである。船にあてはまるものとして正しいものを，**表１**中の**ア**～**ウ**のうちから１つ選び，記号で答えなさい。また，それを船の利用者数と考えた理由を説明しなさい。

表１

	ア	イ	ウ
1位	東京	東京	広島
2位	北海道	大阪	鹿児島
3位	大阪	神奈川	長崎
4位	沖縄	千葉	沖縄
5位	福岡	埼玉	香川

〔データでみる県勢2021年版より作成〕

⑶　下線部ｃについて，1960年代に愛知県と兵庫県を結んだ高速道路名として正しいものを，次の**ア**～**エ**のうちから１つ選び，記号で答えなさい。

ア．名神高速道路　　**イ**．東名高速道路　　**ウ**．北陸自動車道　　**エ**．中国縦貫《じゅうかん》自動車道

⑷　下線部ｄについて，2021年に開催された東京オリンピック・パラリンピックの入賞メダルは，使用済みの携帯電話などから金属を集めてつくられた。このように，身近にあるものの中には希少金属（レアメタル）が多くふくまれているという考え方や状態を，漢字４字で何というか，答えなさい。

⑸　空欄（１）に入る語句を，カタカナで答えなさい。

⑹　下線部ｅについて，**図２**はある作物の日本全国にしめる生産量の割合をまとめたものである。ある作物として正しいものを，次の**ア**～**エ**のうちから１つ選び，記号で答えなさい。

ア．みかん　　**イ**．ぶどう

ウ．りんご　　**エ**．もも

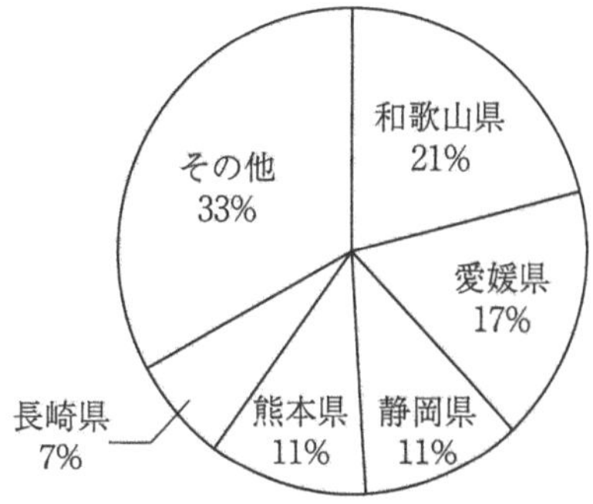

図２

〔データでみる県勢2021年版より作成〕

⑺　下線部ｆについて，次のページの地形図は高知県の一部をしめしたものである。この地図に関して，あとの問いに答えなさい。

①　高知県をはじめ，日本各地ではさまざまな祭りがみられる。祭りの開催地《かいさいち》と名前の組み合わせとして正しくないものを，次の**ア**～**エ**のうちから１つ選び，記号で答えなさい。

ア．高知県－よさこい祭り　　**イ**．青森県－仙台七夕まつり

ウ．徳島県－阿波《あわ》踊り　　**エ**．京都府－祇園祭《ぎおんまつり》

②　地形図でしめした範囲から，さらに西に進むと，四国で最も長い川の上流部となる。本流に大規模なダムがないことから「日本最後の清流」とよばれる，この河川名を答えなさい。

③　地形図から読みとれるものとして正しいものを，次の**ア**～**エ**のうちから１つ選び，記号で答えなさい。

ア．「久礼」の市街地は，久礼川の左岸になる。

イ．道の駅からみて，土佐久礼駅は北東である。

ウ．土佐久礼駅から列車に乗ったときは，必ずトンネルを通る。

エ．「奥の谷」のある山には，果樹園が広がる。

④　地形図中の「灰原」の様子として正しいものを，次の**ア**～**エ**のうちから１つ選び，記号で答えなさい。

ア．畑が広がっている。

イ．田が広がっている。

ウ．高等学校がある。

エ．神社や寺院が密集している。

⑤　**写真１**は，地形図中の**X**でしめした地点にある建物の様子である。この建物として正しいものを，次の**ア**～**エ**のうちから１つ選び，記号で答えなさい。

写真１

〔Google ストリートビューより作成〕

ア．灯台　　**イ**．電波塔　　**ウ**．水力発電所　　**エ**．津波避《ひ》難《なん》タワー

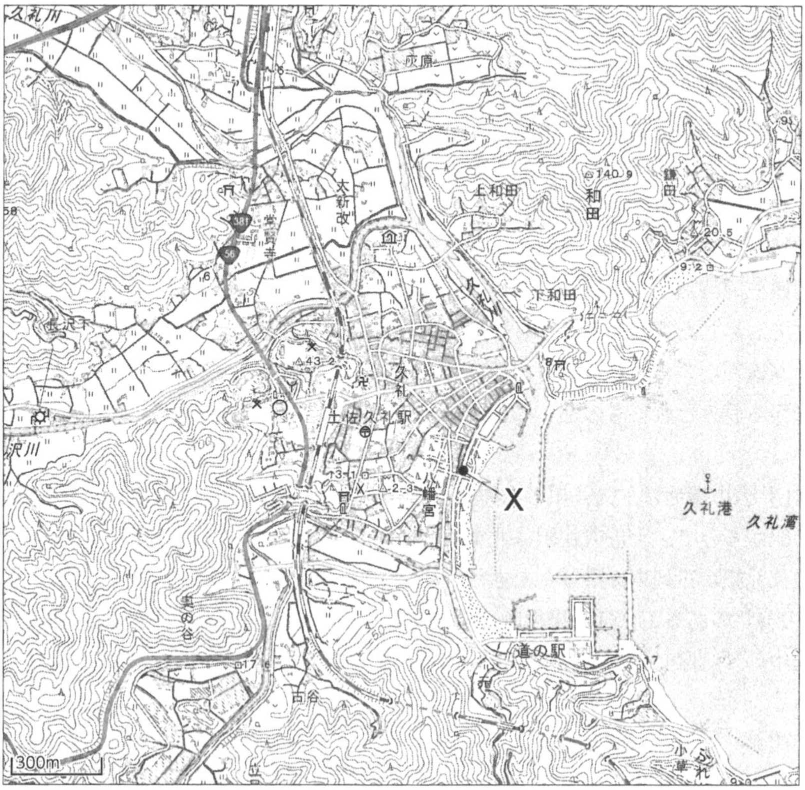

〔電子地形図　25000分の１（2021年８月ダウンロード）の一部より作成〕

2　次の**【カード】**，**【年表】**は朝鮮半島と日本の歴史について書かれたものである。**【カード】**，**【年表】**を読んで，各問いに答えなさい。

【カード】

カード①
大陸から移り住んだ人びとによって**a**稲作が九州北部に伝えられた。

カード②
b豊臣秀吉は、日本全国を統一すると、明の征服を目指し、朝鮮への侵《しん》略《りゃく》を開始した。

カード③
李成桂が高麗を滅ぼして朝鮮国を建てた。幕府や各地の守護大名らは朝鮮に船を送って、貿易を行った。

カード④
対馬藩は、朝鮮との交渉の窓口をつとめ、貿易を独占することを**c**幕府から認められた。

カード⑤
フビライ＝ハンは朝鮮半島を征服すると、日本を従えようと九州北部に上陸し、**d**幕府の武士らと交戦した。

カード⑥
唐が新羅と手を組んで百済を滅ぼすと、中大兄皇子らは、**e**百済の復興を助けようと大軍を派遣した。

【年表】

年	できごと
1867年	徳川慶喜が土佐藩のすすめで**f**政権を朝廷に返した
	⑦
1894年	朝鮮半島に進軍した清と日本の軍隊が衝突《しょうとつ》し、日清戦争に発展した
	⑧
（　**あ**　）	日本は韓国を併合し、朝鮮と改称するとともに植民地とした
	⑨
1925年	満25歳以上の男子に選挙権をあたえる**g**普通選挙法が成立した
	⑩
1951年	吉田茂内閣は、アメリカなど48か国と**h**サンフランシスコ平和条約を結んだ

⑴　下線部**a**について，弥生時代に大陸から伝わった文物として正しいものを，次の**ア**～**エ**のうちから１つ選び，記号で答えなさい。

ア．土偶　　**イ**．青銅器　　**ウ**．仏教　　**エ**．漢字

⑵　下線部**b**について述べたあとの文**X**・**Y**と，それに該当する語句**a**～**d**との組み合わせとして正しいものを，次のページの**ア**～**エ**のうちから１つ選び，記号で答えなさい。

X　この政策によって，地域によってばらばらだったものさしやますが統一された。

Y　２度目の朝鮮侵略は，秀吉の病死をきっかけに，全軍が引きあげた。

a．太閤検地　　b．刀狩り　　c．慶長の役　　d．文禄の役

ア．X－a　Y－c　　**イ**．X－a　Y－d

ウ．X－b　Y－c　　**エ**．X－b　Y－d

⑶　下線部cについて述べた文Ⅰ・Ⅱ・Ⅲについて，古いものから年代順に配列したものとして正しいものを，次の**ア**～**エ**のうちから１つ選び，記号で答えなさい。

Ⅰ　幕府の支援を受けた伊能忠敬が全国の測量を行い，正確な日本地図をつくった。

Ⅱ　厳しい年貢《ねんぐ》の取り立てなどに苦しむ人々による島原・天草一揆が起こった。

Ⅲ　徳川綱吉は朱子学を重んじ，極端な動物愛護《あいご》の政策をおこなった。

ア．Ⅰ－Ⅱ－Ⅲ　　**イ**．Ⅰ－Ⅲ－Ⅱ　　**ウ**．Ⅱ－Ⅰ－Ⅲ

エ．Ⅱ－Ⅲ－Ⅰ　　**オ**．Ⅲ－Ⅰ－Ⅱ　　**カ**．Ⅲ－Ⅱ－Ⅰ

⑷　下線部dについて，このときの幕府の実権をにぎっていた人物として正しいものを，次の**ア**～**エ**のうちから１つ選び，記号で答えなさい。

ア．北条時政　　**イ**．北条時頼　　**ウ**．北条泰時　　**エ**．北条時宗

⑸　下線部eについて，このとき朝鮮半島の海上でおきた戦いを何というか，答えなさい。

⑹　**【カード】**①～⑥について，古いものから年代順に正しく配列したとき，３番目にあたるものを，①～⑥のうちから１つ選び，番号で答えなさい。

⑺　下線部fについて，次の**史料１**は明治新政府の政治方針をしめすために出された「五箇条の御誓文」である。史料の内容として正しくないものを，次の**ア**～**エ**のうちから１つ選び，記号で答えなさい。

史料１

一　広ク会議ヲ興《おこ》シ万機《ばんき》公論ニ決スベシ

一　上下《しょうか》心ヲ一《いつ》ニシテ盛《さかん》ニ経綸《けいりん》ヲ行ウベシ

一　官武一途《いっと》庶民《しょみん》ニ至ル迄《まで》，各 其《おのおのその》志ヲ遂《と》ゲ人心《じんしん》ヲシテ倦《う》マザラシメン事ヲ要ス

一　旧来ノ陋習《ろうしゅう》ヲ破《やぶ》リ天地ノ公道ニ基《もとづ》クベシ

一　智識《ちしき》ヲ世界ニ求メ，大《おおい》ニ皇基ヲ振起《しんき》スベシ

ア．全ての政務は公平な議論によって決めるべきである。

イ．政務を行う者と人民は心を一つにして政治を進めていくべきである。

ウ．攘夷《じょうい》の風潮をやめ，国際的な法にしたがうべきである。

エ．日本の知識を世界に広め，国を盛んにすべきである。

⑻　**【年表】**中の空欄（**あ**）は西暦何年か，答えなさい。

⑼　下線部gについて，次の**史料２**は普通選挙法と同じ年に制定された“ある法律”であるが，なぜ普通選挙法と同年に制定されたのか，“ある法律”の名称を明らかにしたうえで説明しなさい。

史料２

第一条　国体《こくたい》ヲ変革シ又《また》ハ私有財産制度ヲ否認《ひにん》スルコトヲ目的トシテ結社ヲ組織シ又ハ情《じょう》ヲ知リテ之《これ》ニ加入シタル者ハ十年以下ノ懲役《ちょうえき》又ハ禁錮《きんこ》ニ処《しょ》ス

⑽　下線部hについて，次のページの**表**は第二次世界大戦での主な国の死者数を示したものであ

る。表の説明W・Xと第二次世界大戦に関する説明Y・Zの組み合わせとして正しいものを，次のア～エのうちから１つ選び，記号で答えなさい。

表

	国名	軍人	民間人
連合国側	アメリカ合衆国	292131	6000
	イギリス	264443	92673
	フランス	213324	350000
	ソ連	11000000	7000000
	中華民国	1310224	不明
	ポーランド	123178	5675000
枢軸国側《すうじくこく》	ドイツ	3500000	780000
	イタリア	242232	152941
	日本	2300000	800000

（単位は人）

（The New Encyclopedia Britannica, 15th ed., 2007, 日本は厚生労働省資料）

W．ソ連の軍人死者数はアメリカの軍人死者数の約35倍以上となった。

X．表によれば各国の死者数における民間人の割合が50％を超える国はない。

Y．日本は数十万人の朝鮮人や占領地域の中国人を日本本土などに強制連行し，兵力や労働力として動員した。

Z．アメリカによって，1945年８月６日には長崎，８月９日には広島に原子爆弾が投下された。

ア．W・Y　**イ**．W・Z　**ウ**．X・Y　**エ**．X・Z

(11) 次のXの文は**【年表】**中の⑦～⑩のどこにあてはまるか，⑦～⑩のうちから１つ選び番号で答えなさい。

X　北京《ペキン》郊外の盧溝橋《ろこうきょう》付近で起こった日中両国軍の武力衝突《しょうとつ》をきっかけに，日中戦争が始まった

3　次の文章を読んで，各問いに答えなさい。

a日本国憲法が施行《しこう》されて，今年で75年目を迎える。日本は民主的な国家となるため，それまでのb大日本帝国憲法にかわる新しい日本国憲法を制定した。憲法前文には憲法を定めた精神が示され，（　1　），民主政治，平和主義，国際協調をわが国の理想・目的として記している。さらに，「日本国民は，c正当に選挙された国会における代表者を通じて行動し…」と，d間接民主制をとることが記されている。憲法第１条で，大日本帝国憲法では国の元首として君臨《くんりん》していた天皇の地位は，国や国民のまとまりとしての（　2　）と改められた。また，日本国憲法では様々なe基本的人権が保障され，さらにf三権分立の仕組みやg地方自治のあり方についても明記されている。

(1) 下線部aについて，日本国憲法が施行されたのは1947年の何月何日か，月日を答えなさい。

(2) 下線部bの大日本帝国憲法制定に活躍《かつやく》し，日本の初代内閣総理大臣となった人物は誰か，答えなさい。

⑶　空欄（１）には，「国の政治を決定する権利は国民にある」という意味の語句が入る。その語句を漢字４文字で答えなさい。

⑷　下線部ｃについて，正当な選挙の説明として正しいものを，次の**ア**～**エ**のうちから１つ選び，記号で答えなさい。

ア．納税額によって，選挙権を制限することができる。

イ．年齢によって，選挙権を制限することができる。

ウ．性別によって，選挙権を制限することができる。

エ．人種によって，選挙権を制限することができる。

⑸　下線部ｄの間接民主制を示す内容として正しいものを，次の**ア**～**エ**のうちから１つ選び，記号で答えなさい。

ア．特定の地位にある人々の代表者が，独裁《どくさい》政治をおこなう。

イ．王が，軍隊の意見を重視する政治をおこなう。

ウ．国民が代表者を選び，代表者はその信頼を受けて政治をおこなう。

エ．全国民が会議に参加し，討議《とうぎ》を重ねて政策を決定する。

⑹　空欄（２）に入る語句を答えなさい。

⑺　下線部ｅについて，憲法で保障されている基本的人権には様々な種類がある。そのうちの１つをとり上げ，その内容を説明しなさい。

⑻　下線部ｆについて，次の図は三権分立の仕組みをあらわしたものである。図をみて，あとの問いに答えなさい。

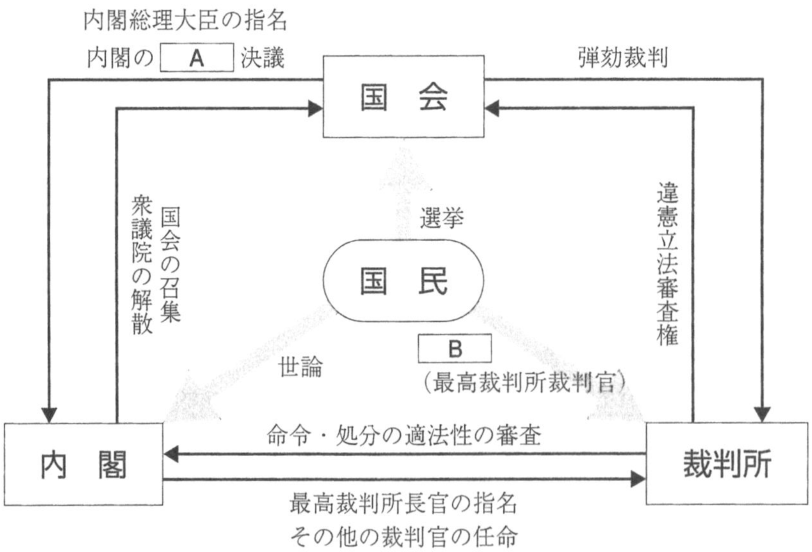

①　空欄［Ａ］が決議されると，内閣は総辞職か衆議院の解散のどちらかを選択することになる。空欄に入る語句を答えなさい。

②　空欄［Ｂ］には，国民が最高裁判所の裁判官が適任か不適任かを決める制度が入る。その制度を何というか，答えなさい。

⑼　下線部ｇについて，地方議会の仕事として正しくないものを，次のページの**ア**～**エ**から１つ選

び，記号で答えなさい。

ア．選挙管理委員会や教育委員会を運営し，それぞれの仕事を行う。

イ．その地域のみに適用される，条例を制定する。

ウ．地方公共団体の予算を決め，決算を認める。

エ．住民に対する行政サービスの提供を，最終的に決定する。

になって、その意味を考えなくなったということ。

イ　人間の想像力の限界を超えるほど高い技術力に夢中になったことで、しだいに科学技術によってもたらされた悪い面が見えなくなって、その善悪が問われるようになったということ。

ウ　便利なものなどほとんどなかった時代には気がつくことができなかったが、しだいに科学技術によってもたらされた経済的な豊かさを感じるようになって、その価値が見直されたということ。

エ　欲望を満たし夢をかなえてくれることにはじめは感動を覚えていたが、しだいに科学技術によってもたらされた便利さに慣れてしまって、その貴重さを感じにくくなったということ。

問十　本文の内容としてふさわしいものには○を、ふさわしくないものには×を答えなさい。

ア　人間の欲求にしたがって改良を重ねることで、科学技術は発展してきた。

イ　科学技術はあらゆることを可能にする素晴らしいもので、欠点が見つからない。

ウ　便利さを受け入れるときには、便利さの裏にある悪い面を意識すべきだ。

エ　科学技術の発展は累積的で、古い技術はすぐに使えなくなってしまうことが問題だ。

問一　空欄 Ⅰ （二か所）に入る、体の一部を表す言葉を漢字一字で答えなさい。

問二　傍線部①「核」について、ここでの意味としてもっともふさわしいものを、次の中から一つ選んで記号で答えなさい。

ア　理想　イ　現実　ウ　中心　エ　成功

問三　空欄 Ⅱ に入る言葉を、**これより前の部分から**漢字二字で探し、抜き出しなさい。

問四　空欄（A）～（C）に入る言葉として、もっともふさわしい組み合わせはどれですか。次の中から一つ選んで記号で答えなさい。

ア　A　さて　B　つまり　C　ところが
イ　A　つまり　B　さて　C　では
ウ　A　では　B　つまり　C　さて
エ　A　では　B　さて　C　ところが

問五　空欄 Ⅲ に入る内容としてもっともふさわしいものを、次の中から一つ選んで記号で答えなさい。

ア　自分自身の中にある能力
イ　高度な技術を身につける意欲
ウ　新たな世界を感知する実力
エ　便利なものを求める好奇心

問六　傍線部②「これ」とはどのようなことを指しますか。**「不可能」という言葉を用い**、三十字以内で説明しなさい。（句読点や記号を含みます。）

問七　傍線部③「この累積性」とはどういうことですか。これについて具体例を用いて説明したものとしてもっともふさわしいものを、次の中から一つ選んで記号で答えなさい。

ア　大気汚染や交通事故を引き起こす自動車を多くの人が所有しているように、人間はその悪影響に気づかないまま、便利さだけを求めていくということ。
イ　新たな機能が備わったスマートフォンが次々と発売されるように、人間はすでに優れたものが存在していても、さらに優れたものを求めていくということ。
ウ　すでに人気のあるミュージシャンが新曲を出してヒットするように、人間は自分の好き嫌いにかかわらず、世の中の流行に左右されてしまうということ。
エ　学生が勉強法を変えることによりテストで良い点数を取れることがあるように、人間はうまくいかなかったときに、改善する道を探し求めていくということ。

問八　傍線部④「両刃の剣」とは、どういうことですか。これを説明した次の文＊の空欄にあてはまる内容を、本文中から指定の字数で探し、抜き出しなさい。（句読点や記号を含みます。）

＊科学技術は ［１（十六字）］ 存在であるが、累積的に発展した結果、［２（十字）］ 場合があるということ。

問九　傍線部⑤「メリットの方に対する感動がインフレを起こして、ありがたみが薄れてしまった」とありますが、これはどういうことですか。その説明としてもっともふさわしいものを、次の中から一つ選んで記号で答えなさい。

ア　人間の要求に応じて便利なものが生まれ不満が解消されたことで、しだいに科学技術によってもたらされた快適さに満足するようえてきたわけです。

　もともと人間は、好奇心が非常に旺盛《おうせい》な生き物です。今まで感じることのできなかった環境世界を感知することができるようになれば、それだけでも大きな満足です。さらに、行けないところに行けるようになる、持ち上げられなかった物が持ち上げられるようになる、作れなかった物も作れるようになる、もうこうなってくると、好奇心というよりも欲望と言った方がいいかもしれませんが、それを実現することを、科学技術は可能にしてくれたのです。

　当然②これは、人間にとってはおもしろいしありがたいことですから、どんどん先へと進みます。科学技術は、ある意味、夢をかなえてくれる道具だったのです。科学技術の歴史は、人間がその夢をかなえ、欲望を満たすための道具を開発してきた歴史だと言ってもいいでしょう。

（　B　）、問題は、科学技術の発展が累積的《るいせきてき》※1だということです。自転車ができて速く遠くへ移動できるようになったら、次は、より速く、より大量に移動できるように改良したり、新しい道具を開発したりします。今、到達しているところが、次への出発点になるのですね。だから、全自動洗濯機《せんたくき》がはじめて届いて感動していても、しばらく経《た》つとそれが標準の状態になってしまって、さらなる便利さを求めていくわけです。

　③この累積性というのは、科学技術に限らず人間の文化現象すべてに共通の特徴です。文学作品だって美術作品だって、今までには表現されていないテーマや技法を求めて、作家たちは苦労しています。過去が蓄積されていて、そこから出発しているわけです。科学技術も累積的に発展してきたからこそ、これだけ膨大《ぼうだい》な知識を集めることができ、強大な道具を作ることができるようになったわけです。

（　C　）、これが④両刃《もろは》の剣《つるぎ》でした。単独の科学的知見や技術的成果であれば、その影響力は人間の想像力の範囲内です。しかし、どんどん累積的に発展してくると、あまりにも規模が大きく、強力になりすぎて、人間の想像力の限界を超えてしまいます。そうすると、予期せぬ副作用※2が生じたりして、事故につながったり、あるいはアスベスト※3のように気づかないうちに人間の健康を蝕《むしば》んだりする場合が出てきます。現在の科学技術には、このような側面があります。

　そうなると、今までは夢をかなえ、希望を実現してくれる存在だった科学技術が、生活や健康を脅《おびや》かすものとしてクローズアップされてきます。公害問題などがあったとはいえ、一九六〇年代、七〇年代までは、まだ科学技術はバラ色でした。それがじわじわと副作用が気になりだし、地球環境問題が国際的に取り上げられるようになると、一気にネガティブなイメージが噴出します。これには、科学技術が実際にネガティブに作用することが増えてきたという面もたしかにありますが、⑤メリットの方に対する感動がインフレ※4を起こして、ありがたみが薄れてしまったという部分もあるように思います。

（佐倉統・古田ゆかり『おはようから　おやすみまでの科学』より）

〈注〉※1　累積……重なり積もること。

※2　副作用……問題解決のためにとった手段によって起こる損害。

※3　アスベスト……飛散して人が吸うと健康被害をおよぼす鉱物《こうぶつ》。以前は建築資材として用いられていたが問題視され、現在では使用が禁止されている。

※4　インフレ……経済において、物の値段が上がりつづけること。ここでは、たとえとして使われている。

グ装置、船に乗らずに海を渡《わた》れる橋、みな、自分たちの肉体の能力を超《こ》える「力」を実現する技術です。

技術は、人が「今これをしたいけれどできない。どうしたらできるようになるのか」という欲求から発展してきたといえます。あらゆる工夫によって人の要求を実現させるために、改良を重ね「発展」してきたのが技術です。

わたしたちが身体を使って行うことをもっと高性能にしたもの、これが技術の①核になっているのです。

達成したい目的――遠くに行きたい、食べ物を手に入れたい、安全に暮らしたい、光や暖かさがほしい、見えないものが見えるようになる――は、限りのないものです。人は古くから、自分たちの欲求をできるだけ満たそうと、［Ⅱ］を凝《こ》らしてきました。

古代にさかのぼれば、石を使って耕したり、刈《か》り取りをしたり、その石を使いやすいように加工したりしました。やがて、石よりも使いやすく丈夫で加工しやすい青銅や鉄を生み出します。鉄は、農機具としても、安全を守り領地を広げるための戦いをする武器としても幅広く活用され、現在では工業社会を支える大きな力となっています。目的を達成するために効率を上げ、大規模な産業へと発展させ、産業の形態や生活のスタイルを大きく変える転機となったのが産業革命でした。こうしてさまざまな道具にわたしたちの望む仕事をさせて、より多くのものを手に入れること、これが技術の発展であり、便利きの実現です。

（　A　）、技術の発展による便利さや快適さがわたしたちにもたらすものは、すべてが歓迎《かんげい》すべきことだったのでしょうか。

「えっ？　どうして？　便利っていいことじゃないの？　悪いことなんてあるの？」と思うかもしれませんね。

物理学者でもあり、科学者の社会的責任などについて活発に発言している池内了さんは、「便利さとは、［Ⅲ］を失うこと」と述べています。（環境goo企業と環境　WEB講義　第1回　http://eco.goo.ne.jp/business/csr/lesson/apr00.htm）

ナイフと電動えんぴつ削《けず》りの関係を思い出すと、池内氏の言葉の意味がわかるのではないでしょうか。鉛筆を穴に入れるだけできれいに削れる電動えんぴつ削りはたしかに早くて便利ですが、使い慣れてしまうと、ナイフを使いこなして、鉛筆の先を細く削りだしていく自分の技術を磨《みが》く必要はなくなるからです。

道具やエネルギーに多くを依存していると、これらが使えない状況になったときにとても困ることは、経験した人はもちろん、そうでない人も容易に想像できるでしょう。

自動はたしかに便利です。ただし、どの部分を「自動化」し、どの部分を、わたしたちの内的能力を高めることで処理していくか、わたしたち自身が考えて決めていく必要があります。便利さをどんどん取り入れていくことは、最初は「よい面」がよく見え、あたかも「よい面」しかないように思えます。しかし、それはほんの一面に過ぎません。わたしたちは、「便利」や「自動」を受け入れるときには、それによって現れるかもしれない「悪い面」も予測できなければならないと思います。便利を受け入れる「実力」を身につける必要があるのです。

〔中略〕

科学技術は、人間にとっての環境世界を大きく変えてきました。人間単独では見えない世界、できない世界を、見える世界、可能な世界に変

問十　この文章の表現に関する説明としてもっともふさわしいものを、次の中から一つ選んで記号で答えなさい。

ア　ぶちネコに対してむきになっている人間と、それをまったく気にしないぶちネコを対比的に描くことで、ぶちネコのおそろしさが強調されている。

イ　人間がぶちネコに頭の良さで負けているということを示すために、「わたし」が怒っていることを「野田さん」に歯が痛いとかんちがいされる場面を入れている。

ウ　ぶちネコをとらえようと相談する「わたし」と「野田さん」がだんだんと興奮してくる様子が、セリフを立て続けに並べていることから伝わってくる。

エ　「わたし」の思ったことや感じたことの多くを「　」を使わずに書くことによって、「わたし」の視点から作品が書かれていることが分かる。

三　次の文章を読んで、後の問いに答えなさい。（出題の都合上、一部変更しているところがあります。）

さて、「便利、便利」と言いますが、わたしたちにとって便利とはなにを意味するのでしょうか。

「足はどうするの?」

旅行に行くときなど、こんな会話をすることがあります。「足」とは、車か電車かタクシーか?　どの移動手段を使うかを尋《たず》ねるときに使います。この表現が、わたしたちにとっての技術とはなにか、便利とはなにか、を考えるときのヒントになります。

車も電車も、「移動のための道具」です。かつての人間が移動のために持っていた手段は、「足」だけでした。しかし歩いたり走ったりでは、距離や移動時間、速さに限界があります。運べるものの大きさや重さも限られています。人の力が及《およ》ばないことでも、馬や牛の力がそれを助けてくれました。馬や牛が「人々の足」だった時代はとても長く続きました。そして馬や牛に代わって現れたのが、自動車、そして鉄道です。

車や鉄道なら大きくて重いものでも、遠くへでも、速く移動することができます。わたしたちの第二、第三の足であり、肉体の能力を数倍も数百倍もパワーアップした、頼《たよ》りになる強くて速い道具です。

足だけではありません。「耳」や「［Ｉ］」も同じです。どんなに大きな声で話しても、人の声が届く距離は限られていますし、小さな音を聞き取る力にも限界があります。声が届かないところにいる遠くの人に意志を伝えたいというとき、人はいろいろ工夫をしてきました。狼煙《のろし》や旗《はた》、ホラ貝などが使われましたが、これらは、「ことば」を、互《たが》いの約束に従って形式化した「信号」にすぎず、複雑な内容を伝えることはできません。ことばをそのまま遠くの相手に届けることができたら、どんなに便利だろうと感じたはずです。このような願いを具現化し、もっと詳しい内容を遠くに伝えられる高性能な耳と［Ｉ］となったのが、電話です。最近では、「透視《とうし》」できる目も気軽に使えるようになりました。テレビ電話や画像の送信です。また、ＣＤやハードディスクによる録音、これらを持ち運んで音楽などを聞くことも、時間や場所という要素を延長した「耳」の技術だといえるでしょう。

パワーアップした「腕」や「足」も生み出しました。農機具やポンプ、工事現場で使うショベルカーやリフト、地面を深く掘るためのボーリンいるのをおかしく思っている。

エ　最初の笑いは、かわいがっていたキチ公を失って悲しんでいる「わたし」を励まそうとしている。二回目の笑いは、ぶちネコに大変怒っている「わたし」が、ぶちネコ退治に協力してくれることを期待して喜んでいる。

問六　空欄（Ｘ）に入る鳥の名前をカタカナで書きなさい。

問七　傍線部⑥「にがわらい」したのはなぜですか。その理由を説明しなさい。

問八　傍線部⑦「こんなやつをのらネコにしておくのはおしいなあ、ひとつ手なずけてみようかな、とひそかに考えた」とありますが、「わたし」の心情の説明としてもっともふさわしいものを、次の中から一つ選んで記号で答えなさい。

ア　ぶちネコに毎日のように被害にあっており、大切にかわいがっていたキチ公までもうばわれて許せない気持ちでいたが、ぶちネコのだいたんな態度と頭の良さに感心し、親しみを感じるようになってきている。

イ　自分だけでなく近所中に迷惑をかけているぶちネコに対してやっかいだと思っていたが、キツネわなをよけるぶちネコに他のネコとは比べものにならない頭の良さを感じ、自分の飼いネコにし、周りに自慢したいと思っている。

ウ　近所中のやっかいものであったぶちネコであるが、どこか憎めない思いをもっており、しかも頭の良さと人間を恐れないだいたんさに感心した今となっては、ぶちネコを処分するなんてかわいそうでできないと思っている。

エ　もともと動物ずきな自分にとっても、ぶちネコだけは許せない存在であったが、自分と野田さんを手玉に取るかのようなぶちネコの態度におどろき、とてもかなわないと恐れ入るような気持ちになってきている。

問九　傍線部⑧「わたしたちはまったくおどろいてしまいました」から、傍線部⑨「わたしはおもわず微笑してしまいました」のように「わたし」の心情が変化をしました。その過程の説明としてもっともふさわしいものを、次の中から一つ選んで記号で答えなさい。

ア　久しぶりにぶちネコがあらわれたことにうろたえたが、ひよこをねらうぶちネコを簡単に追いはらえたことをふしぎに思った。夕方、子ネコたちが母親のぶちネコに甘えているのを見てかわいらしく思った。

イ　存在を忘れていたぶちネコがまたやってきたことにおどろいたが、ぶちネコからひよこを守ることができ安心をした。夕方、ぶちネコが子ネコを産んだことを知り、ぶちネコが母親になったことに再度おどろいた。

ウ　しばらく姿を見せなかったぶちネコが、再びあらわれてもひよこをおそわないことにおどろかされた。夕方、ぶちネコが自分の家の天井うらに住み着いていたことを知り、ほっとした気持ちになった。

エ　ぶちネコが突然あらわれたことにあわてたが、いつものようにひよこをおそわないことを怪しく思った。夕方、ぶちネコが母親となったことを知り、必死に子ネコを守るぶちネコの様子をほほえましく感じた。

と、わたしはたずねました。

「おとうさん、子どもが五つ！」

「え、太郎、なんのことだい。」

「うん、ほらあのぶちネコが、家の天井うらに子どもを生んでいるの。」

「ハハハ……、おとうさんをだます気だろう。そんな手にはのらないぜ。」

「ううん、おとうさん、ほんとなんだよ。ほんとさあ。」

太郎は口からあわをとばしながら、大まじめでいうのです。

「ほほう。」

わたしはいそいでいって、天井うらをのぞいてみました。

天井うらには、なるほどぶちネコが目を光らしてしゃがんでいました。そしてそのそばには、生まれて一か月ほどの子ネコが、よたよたとはいまわっておりました。

わたしがのぞいているのに気づくと、ぶちネコは、ウウウウとうなりました。すると、子ネコどもは大あわてにあわてて、ぶちネコのはらの下にころげこんでいきました。

⑨わたしはおもわず微笑《びしょう》してしまいました。

（椋鳩十『月の輪グマ』より）

〈注〉※1　勝手元……台所のあたり。

※2　退治る……退治する。

問一　傍線部①「しまつにおえないやつ」とありますが、「わたし」の家のぶちネコによる被害が具体的に書かれている一文を探し、最初の五字を抜き出しなさい。（句読点や記号を含みます。）

問二　空欄 A ～ C に入るもっともふさわしい言葉を、それぞれ次の中から一つずつ選んで記号で答えなさい。なお、同じ記号は一度しか使えません。

ア　さっと　　イ　ぴくぴくと　　ウ　よろよろと

エ　そろそろと　　オ　きっと　　カ　のっそのっそと

問三　傍線部②「無人の境」と同様に、ぶちネコが全く人間を気にかけていない様子を表す表現を、２の段落から探し十五字以内で抜き出しなさい。（句読点や記号を含みます。）

問四　傍線部③「どうもおどろいたやつでした」と「わたし」が思ったのはなぜですか。その理由を五十字以内で答えなさい。（句読点や記号を含みます。）

問五　傍線部④「ハハハハ」と傍線部⑤「ハハハハ」の「野田さん」の笑いの説明としてもっともふさわしいものを、次の中から一つ選んで記号で答えなさい。

ア　最初の笑いは、「野田さん」と同様に大切な存在を失った「わたし」の不幸を喜んでいる。二回目の笑いは、ぶちネコを「野田さん」は許しているのに、「わたし」が許せない気持ちでいることをおかしく思っている。

イ　最初の笑いは、以前「野田さん」を注意した「わたし」がぶちネコにやられたことをいい気味だと思っている。二回目の笑いは、「野田さん」の注意を聞かずにぶちネコを退治しようとする「わたし」にあきれかえっている。

ウ　最初の笑いは、以前若どりをぶちネコにやられたときに「わたし」が「野田さん」をたしなめたことへの仕返しである。二回目の笑いは、「わたし」が自分のことを棚《たな》に上げてぶちネコに対して興奮してをうかがっているものがいるんです。

あのぶちネコです。

ぶちネコは、わたしたちが気づいたと知ると、いつものように、わるびれたようすもなく、おちつきはらって、人間など眼中におかない態度で、ゆっくり、ゆっくりと歩いていくのでした。

ぶちネコは牛肉のにおいにひきつけられたものの、どうもあやしいと思って、わなにはふれず、じっとようすをうかがっていたものとみえます。

じつにどうもりこうなやつです。

いちどははらをたてたものの、もともと動物ずきのわたしは、⑦こんなやつをのらネコにしておくのはおしいなあ、ひとつ手なずけてみようかな、とひそかに考えたほどでした。

「いやはや、じつになんというやつだ。」

野田さんは、いまいましそうにこういいました。

3

【その後、「わたし」は一か月ほどぶちネコの姿を見なかった。再び「わたし」がぶちネコを見たのは、「わたし」の自宅から遠く離れた水車場で若どりをおそっているところであった。】

4

朝でした。

みんなで食卓をかこんで、ごはんのあとの、茶を飲んでいました。

と、勝手の板の間《ま》を、すうと横ぎっていくネコがありました。

「おお！」

わたしはおもわず、声をだしました。

あのぶちネコです。

天からでもふったような、このにわかの出現に、⑧わたしたちはまったくおどろいてしまいました。

ネコは小走りに土間をぬけて庭に出ました。

庭には、二十羽ちかくのひよこが出ているはずです。

「おい、ひよこがやられるぞ。」

そうさけんで、太郎はわたしと縁側にとびだして、縁の板を両足でふみならしふみならし、「こら、しっ、しっ！」と大声をだしました。

とつぜん、ネコがあらわれたので、ひよこは大さわぎしてにげまどいました。ところが、なんということがあったものでしょう。

ぶちネコは、いつものだいたんなぶちネコではありませんでした。

きょうは目と鼻のさきに、まごついているひよこがいるにもかかわらず、それには、目もくれないでいってしまうのです。

いつもなら、その口にいまごろはかならずひよこをくわえているにちがいないのですが、きょうはまるで、こそこそと、小さくなっていってしまうのです。

二－三日まえ、水車場で若どりをおそったぶちネコを見た目には、この行動はまったくふしぎななぞでした。

夕方わたしが学校から帰ってくると、門の前に太郎がえらくしんけんな顔をして立っていました。

「太郎、どうしたのだ。」

田さんがやってきました。

「どうしました。歯でもおいたみですかな。」

おこるとわたしはむやみにほおをこするくせがあるのです。

「歯なんかじゃあ、ありません。」

わたしはむずかしい顔で答えました。

「頭痛でも……」

「いやいや、キチ公をやられたんです。例のぶちネコに……」

「④ハハハハ、それはゆかいだ。」

「なにがゆかいです。」

わたしはすこしばかりむっとしました。

「だってそうじゃありませんか。先日わたしのところで若どりをやられたとき、空気銃《じゅう》でやつをうってやろうとしたら、まあまあそうはらをたてないでおきなさい、われわれ人間のほうにも、不注意というおちどがあるんだからって、とめたじゃありませんか。」

「あのときはそういったかしりませんが、きょうというきょうはだんぜん、あのぶちネコを※2退治《たいじ》る決心をしました。」

「それは、すこし、かってな決心ですな。」

「かってでもなんでも、そうきめたんです。」

「⑤ハハハハ……」

野田さんは大きな声でわらっていいました。

「じゃ、今夜、やっつけましょう。」

「え！」

「じつはやつを退治ようと、二－三日まえ、キツネわなをとりよせたのです。」

「そうですか、ぜひやりましょう。」

こういうわけで、その夜野田さんとわたしの家の境の畑に、牛肉をつけたわなをしかけました。

野田さんとわたしは碁《ご》をうちながら、十一時ごろまで待っていました。

しかしなんのかわったこともありません。

「今夜は、だめらしいですな。」

「なんの、なんの、きっとかかりますよ。」

野田さんが、こう返事をするかしないうちに、バタアン、畑のほうでえらい音がしました。

「それ！」

わたしたちはとびだしました。太郎もねまきのままでとびだしてきました。

外は月夜でした。

かかっている。かかっている。

キツネわなにはさまれて、バタバタしています。しめた。

が、近づいてみておどろきました。なあんだ。（　X　）が豆鉄砲《まめでっぽう》を食ったように、目玉をむきだしている大フクロウなんです。

「おどろきましたね。」

野田さんとわたしは、顔を見あわせて⑥にがわらいしました。

「おとうさん。」

そのとき太郎は小さい声でいって、わたしのうでをぎゅっとつかみました。

太郎の指さすほうを見て、わたしはどきっとしました。

四－五メートルはなれた茶の木の根もとにしゃがんで、じっとこちらというと、ネコはゆっくりと顔をあげました。そしてべつににげるようすも見せず、ぎらぎら光る目で、じっとにらみつけたというのです。
「ええ、ほんとに、あれはただのネコじゃありませんよ。」
と翌朝になっても、シズはいく度もくりかえしていました。
　そこに横になっているのは、そのネコなんです。
　しっ、しっ
　太郎はあおむいてこういいました。
　しっ、しっ
　わたしもいってみました。
　けれども平気なものです。
　耳のさきを、ほんのかすかに、［A］動かしただけで、②無人の境でのびのびと昼寝しているとでもいうふうに、横になったままで目を細くしていました。
「おどろいたやつですね、おとうさん。」
「うん。」
　わたしはこう返事をしてネコを見つめました。
　ガサッ……
　カボチャだながとつぜんゆれて、ネコのからだが宙に弧《こ》をえがきました。
　おちてきたネコは、からだが地面についたときには、もう、ちゃんと四足《よつあし》で立っていました。
　口には、一羽のスズメをくわえていました。
　ねむったふりをして、スズメがひさしのあいだの巣から出入りするのを、ねらっていたものとみえます。
「こら！」
　わたしは大きい声でいいました。
「やい。」
　太郎もげんこつをぶちネコのほうにさしだして、おどしつけました。
　しかしネコはびくともしません。
　スズメをくわえてわたしたちをにらみつけました。
　ウウウウ、とうなって白い歯をむきだし、かえってわたしたちをおどしつけようとさえするのです。
　そして、べつににげるようすもみせず、［B］、だいたんなようすで、わたしたちの前を横ぎって、むこうへいってしまいました。
　③どうもおどろいたやつでした。

2

　キチ公というのは、リスの名です。
　キチ公はわたしが二年間も飼って、「キチよ、キチ公よ。」とよべば、わたしのかたの上までかけあがってくるほどになれていました。
　毎朝、わたしは金網のかごからキチ公を出しては、二―三十分間、庭のカキの木で運動させるのでした。
　その朝も、わたしはキチ公を金網から出してやりました。
　キチ公は大よろこびで、庭のカキの木にかけあがりました。
　すると、あのぶちネコが、どこからか、［C］風のようにあらわれました。そして、あっ、という間にキチ公をくわえていってしまいました。
　かわいがっていたキチ公を目の前でうばわれたわたしは、すっかりはらをたててしまいました。庭に出てぷんぷんしていると、おとなりの野

【国　語】〈五〇分〉　〈満点：一〇〇点〉

一　次のⅠ～Ⅲの問いに答えなさい。

Ⅰ　次の傍線部のカタカナを漢字に直しなさい。

①　本日カギりの特売品。　　②　除草剤をサンプする。

③　ゼンセイキの勢いがない選手。

Ⅱ　次の傍線部の漢字の読みをひらがなで答えなさい。

④　度胸が試される。　　⑤　回復の兆しが見られる。

⑥　同好会の発起人になる。

Ⅲ　次のⓐとⓑが反対の意味のことわざになるように、空欄に当てはまる言葉を漢字で答えなさい。

⑦　ⓐ（　　　）の横好き

　　ⓑ　好きこそものの上手なれ

⑧　ⓐ（　　　）は寝て待て

　　ⓑ　まかぬ種は生えぬ

⑨　ⓐ（　　　）寄れば文殊の知恵

　　ⓑ　船頭多くして船山に上る

⑩　ⓐ　立つ（　　　）跡をにごさず

　　ⓑ　後は野となれ山となれ

二　次の文章を読んで、後の問いに答えなさい。

1

日曜日でした。

太郎とわたしはカボチャだなの下にいすをもちだして、雑誌を読んでおりました。

「おとうさん、あれです。あいつなんです。」

太郎はとつぜん、わたしの横ばらをつつきました。わたしは太郎の指さしたほうをすかして見ました。

カボチャだなのはずれのひさしとたなとの境めに、白と黒のぶちネコが横になっていました。

ふつうのネコの二倍もあるのです。

野獣のように、てかてかとつやのある毛なみです。

「うん、あれだ。」

このぶちののらネコは、なんとも、①しまつにおえないやつでした。

このあいだは、おとなりの野田さんの鶏小屋《とりごや》にしのびこんで、若どりをさらっていったし、つい二－三日まえには、すじむかいの矢沢さんのおくさんが、カツオぶしをかいているところへ、米屋のこぞうさんがきたので、ちょっと立ったとたんに、目の前で、カツオぶしをさらってしまいました。

わたしの家へも毎日のようにやってきて、なにやかやさらっていきました。

わたしの家はいなかづくりのふるい家で、床下からネコや犬など自由に出入りできるので、この近所でもいちばんひどくぶちネコになやまされました。

昨晩は※1勝手《かって》元で、ゴトゴトするので、太郎の姉のシズが出ていってみると、おどろいたことに、飯びつのふたをとって、むしゃむしゃ食べているのです。

しっ、しっ

第1回

2022年度

解 答 と 解 説

《2022年度の配点は解答欄に掲載してあります。》

<算数解答>

1 (1) 1 (2) 4.5% (3) 62.4点 (4) 6通り (5) 時速48km (6) 9個
(7) 0.84cm^2 (8) $\frac{11}{6}$

2 (1) ① $\frac{2500}{3}\text{cm}^3$ ② (ア) 3 (イ) 3 (ウ) 正三角形
(2) ① 59本 ② 34本

3 (1) 3000m (2) 48分後 (3) 7200m

4 (1) 4500円 (2) (ウ) (3) (A) 肉まん (B) 1 理由：解説参照

○配点○
2(1)① 4点 ② 各2点×3 3(2) 7点 3(3), 4(3) 各8点×2(4(3)完答)
4(1)・(2) 各6点×2 他 各5点×11 計100点

<算数解説>

1 (四則計算，割合と比，平均算，場合の数，速さの三公式と比，数の性質，平面図形，演算記号)

(1) $\frac{7}{6}-\frac{1}{6}=1$

基本 (2) 125(g)：375(g)＝1：3より，$(1\times3+3\times5)\div(1+3)=4.5$(%)

基本 (3) $(60.5\times4+70)\div5=312\div5=62.4$(点)

重要 (4) 以下より，6通り。
○○○ ○○×○ ○×○○ ○×○×○ ○○××○ ○××○○

重要 (5) 道のりを120kmとすると，往復の平均時速は$120\times2\div(120\div40+120\div60)=48$(km)

重要 (6) $\frac{2}{24}<\frac{2}{A}<\frac{2}{6}$より，Aは7～23までの奇数は，$(23-7)\div2+1=9$(個)

重要 (7) 右図1より，$(6\times6\times3.14\div12-6\times3\div2)\times2=6\times3.14-18=0.84$(cm^2)

図1
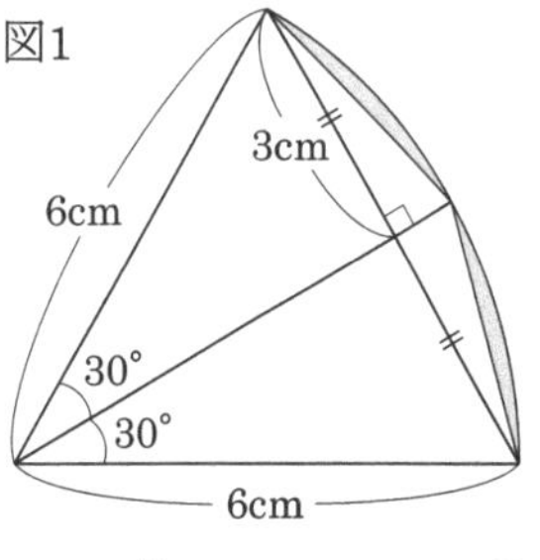

重要 (8) $[5]=6\div5=1.2$ $[1.2]=2.2\div1.2=\frac{11}{6}$

重要 2 (平面図形，立体図形，規則性)

(1) ① $10\times10\times10-10\times10\div2\times10\div3=1000\times\frac{5}{6}=\frac{2500}{3}$(cm^3)

② 右図2より…正方形，ア3面，直角二等辺三角形…イ3面，面BDE…ウ正三角形

図2
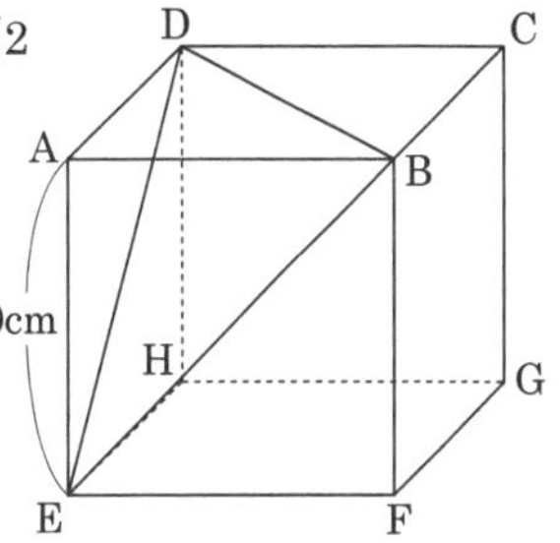

(2) 買った牛乳を○，おまけの牛乳を△で表す。
① 表1より，$3\times20-1=59$(本)
② 表2より，$2\times17=34$(本)

表1
○○○
△○○
⋮
△○
20行

表2
○○○
△○○
⋮
△○
17行

3 (平面図形,相似，速さの三公式と比)

基本 (1) 90：120＝3：4より，右図3において90×20÷3×5＝3000(m)

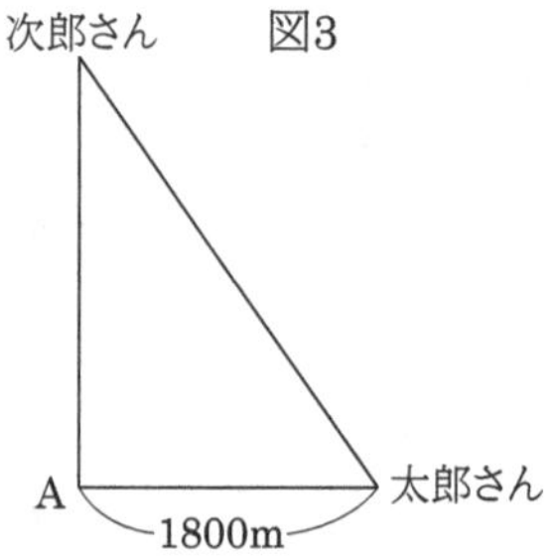

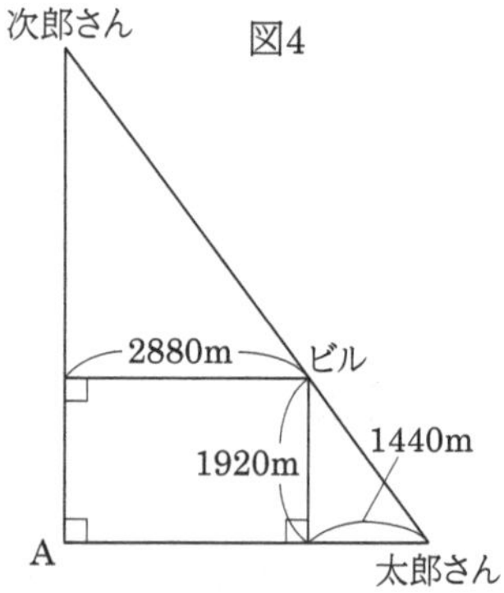

重要 (2) 右図4において，相似な図形より，(2880＋1920÷4×3)÷90＝48(分後)

(3) 次郎さんの位置…A地点から北へ120×(50－14)＝120×36＝4320(m)　太郎さんの位置…A地点から東へ90×(50＋14)＝90×64＝5760(m)　4320mと5760mの比…3：4　したがって，求める距離は4320÷3×5＝7200(m)

4 (場合の数，割合と比，論理)

重要 (1) 割引きなし価格…1000×4＋500×2＋700＋600＝6300(円)　したがって，支払い価格は6300－300×6＝4500(円)

(2) (ウ)ラーメンとギョーザ1つずつの割引きなし価格…1000＋500＝1500(円)　他の価格…(1)より，6300－1500＝4800(円)　したがって，(ウ)を翌日買うと割引きが300×(4＋1)(円)になり，支払い額が高くなった。

やや難 (3) 予定価格…500＋700＋600－300＝1800－300＝1500(円)　変更価格…1800＋200－300×2＝1400(円)　理由…(解答例)予定価格について値引きがない場合，1800円であり，200円の肉まん1つを追加すると割引きが300×2(円)になり，支払い額が300－200＝100(円)安くなるから。

テイクアウト利用のお客様対象に，会計1回ごとに適用します

① 支払額1,000円につき，300円の値引きをします。
② 他のキャンペーンとの併用はできません。
③ 期限はありません。

テイクアウトメニュー表

・ラーメン	1,000円	・ギョーザ	500円
・チャーハン	700円	・やきそば	600円
・肉まん	200円		

※表示価格には消費税を含みます。

★ワンポイントアドバイス★

1(4) 「じゃんけんで3勝」は，条件「1回目に勝つ場合」をミスしない。(5)「往復の平均時速」は往復の距離÷往復の時間であり，(6)「分数の範囲」は分子をそろえる。
2(2) 「牛乳のおまけ」は，表を利用するのがポイント。

＜理科解答＞

1 (1) エ　(2) ウ　(3) イ　(4) 30g　(5) ① C・ア　② A・ウ　③ B・イ　(6) (下向きの面) A　(大きさ) 50(g)　(7) $\frac{1}{2}$(倍)　(8) $\frac{1}{4}$(倍以上)　(9) C

2 (1) エ　(2) 1，6　(3) エ　(4) イ　(5) ① カ　② エ　(6) 6　(7) ウ

3 (1) ウ　(2) エ　(3) ① ア　② オ　(4) エ　(5) ア

(6) 午後11(時ごろ) (7) (式・考え方) 流星は毎秒60kmで移動するので，60×0.7＝42(km)の間，光っていた。50＋42＝92 (答え)92(km)

○配点○

1 (5)，(6)(下向きの面) 各1点×4((5)各完答) 他 各2点×8

2 (4) 2点 (5) 各4点×2 他 各3点×5 3 (7) 4点 他 各3点×7

計70点

＜理科解説＞

1 (小問集合)

基本 (1) 昆虫は頭・胸・腹の三つの部分に分かれていて，気門は腹部を中心に胸部にもある。足は3対・6本。はねは，アリは0枚，ハエは2枚，チョウなどは4枚。

(2) 凝縮は気体から液体に状態が変化することである。アは溶解，イは潮解，エは液化，オは魚の体の水分が塩の方に移動する現象である。

(3) 各水溶液の性質とBTB溶液の色の変化は，塩酸・炭酸水は酸性で黄色，エタノール水溶液は中性で緑色，せっけん水と石灰水はアルカリ性で青色となる。

(4) 20％の食塩水を5％にすることを4倍に薄めるといい，食塩の量を変えずに食塩水全体を4倍にすればよいので，水を4－1＝3(倍)加える。10g×3＝30(g)の水を加えればよい。

(5) ① 二酸化マンガンにオキシドールを加えると酸素が発生する。酸素の性質は，助燃性なのでアとなる。 ② 石灰石にうすい塩酸をかけると二酸化炭素が発生する。二酸化炭素の性質は石灰水を白くにごらせるのでウである。 ③ 水酸化ナトリウム水溶液にアルミニウムを加えるとアルミニウムはとけて水素を発生する。水素は燃えるのでイとなる。

(6) $1cm^2$当たりの力(圧力)が最も大きくなるのは面積のせまいAの面を下にしたときである。大きさは300(g)÷(2(cm)×3(cm))＝50(g)となる。

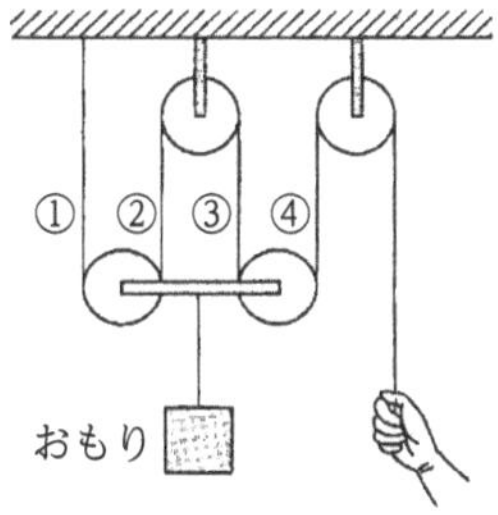

(7) ふりこの往復にかかる時間(周期)は長さがa×a倍になると時間はa倍になるので，長さが$\frac{1}{2}\times\frac{1}{2}=\frac{1}{4}$(倍)になるとふりこの往復にかかる時間は$\frac{1}{2}$倍になる。

(8) 右図のように動滑車にかかっているひもの本数が4本なので$\frac{1}{4}$倍以上の力で引けばよい。

基本 (9) 火山灰は角ばっていて，化石をふくまないのでCである。

2 (生物－動物)

(1) 指標生物はきれいな水の順にサワガニ・カワゲラのイ，ゲンジボタル・カワニナなどのエ，タニシ・ミズムシのア，たいへんきたない水にはアメリカザリガニ・ユスリカなどのウの順番である。

基本 (2) 魚類のなかまはマグロとサメである。

(3) グループⅠとグループⅡの違いは呼吸器官の違いでグループⅠはえら呼吸，グループⅡは肺呼吸である。

(4) 群れの数が増えると「天敵に対する見張りに費やす時間」は減少し，「群れの中で食物をめぐる争いに費やす時間」は増加すると考えられるのでイである。

(5) ① (4)のグラフから2つのグラフの交点のときに2つの労力は6時間で最低になり，その前後ではだんだん減る，だんだん増える変化をすることが予測できるのでカである。 ② 起きている間に労力以外に費やせる時間は最大で12(時間)－6(時間)＝6(時間)となり，その前後では減少するので，エである。

(6) 最適な群れの規模は労力が最低となる6の規模のときである。

(7) 生活排水を流すことは微生物の増加をまねき，水質の低下をもたらすので間違っているのはウである。

3 (天体・気象・地形－星と星座)

基本

(1) 流星はいつ流れるかわからないので，たくさん写真を撮る必要があるのでウである。

(2) 冬の大三角はオリオン座のベテルギウス，こぐま座のプロキオン，おおいぬ座のシリウスなのでエである。

(3) ①は光の強さがいったん強く光りその後弱くなっているので流星と考えられる。②は点線となっているので，光が点滅していると考えられ，飛行機と考えられる。

(4) 8月13日の02：00の写真と比べて，オリオン座が東の位置から昇っており，午前2時より時間がたっているとかんがえられるので，エと考えられる。

(5) 冬の大三角のオリオン座が東から昇るときに南の空の高い位置にあるのは秋の星座のペガススである。

(6) 星は1か月で30度東から西に移動するので，2か月たつと星座は60度動く。星は1時間に15度東から西に動くので同じ位置に見える時刻は60(度)÷15(度)＝4(時間)早くなる。午前3時の4時間前なので午後11時ごろとなる。

(7) 本文より流星は毎秒60kmで移動するので，60×0.7＝42(km)の間，光っていたと考えられる。50kmの高さまで42km降下しているので50(km)＋42(km)＝92(km)の高さで光り始めた。

★ワンポイントアドバイス★

1の小問集合は基本的な問題が多いので，全問正解を目指そう。2・3は問題文中の語句・数値の読み落としのないように注意深く解こう。グラフや図の問題では，本文の中に正解を導き出す材料やヒントが示されているので，しっかり読み解こう。

＜社会解答＞

1 (1) ① ウ ② ウ (2) ① エ ② イ (3) 三角州 (4) 京都府 (5) イ (6) ① ウ ② 勘合 (7) ① イ ② 木津川沿いには，工場や倉庫・物流施設が数多く立ち並んでいるため，高さが低い橋があると，貨物船が通行できなくなってしまうから。

2 (1) イ (2) エ (3) ア (4) ウ (5) イ (6) 台所 (7) ① 株仲間 ② ウ (8) エ (9) ア (10) 朝鮮戦争で，日本はアメリカ軍から大量の軍需品などの注文を受けたから。

3 (1) 原告 (2) エ (3) 平清盛 (4) イ (5) 上告 (6) 条約の場合，最終的には衆議院の議決のみで承認されるが，法律案の場合，衆議院の出席議員の3分の2以上による再可決で成立する。 (7) 総会 (8) イ (9) エ (10) ウ

○配点○

1 (7)② 4点　他　各2点×10　2 (10) 4点　他　各2点×10

3 (6) 4点　他　各2点×9　計70点

＜社会解説＞

1 (地理―地図の見方，日本の国土と自然，土地利用，商業・経済一般，地理・歴史総合問題)

やや難

(1)　①　発酵食品とは，食材を乳酸菌や麹菌などの微生物の作用によって発酵されたもので，食材を発酵させると，長期保存が可能になったり，栄養価やうま味がアップされ，吸収力が上がったりする。発酵食品は，豆類，魚介類，肉類，乳製品，野菜・果物，穀類など，多くの種類があり，しょうゆ，納豆，みそなどは豆類に属する。　②　琵琶湖の面積は約669.26km^2で，滋賀県の面積の6分の1を占め，日本最大の湖である。種子島の面積は約444.30km^2で，日本では10番目に大きい島となる。したがって，ウが正解となる。

(2)　①　香川県の県庁所在地は高松市である。　②　図1を注意深く考察すると，•の所在地はいずれも沿岸地域にあり，港をもっていることがわかる。したがって，イが正解となる。

(3)　三角州とは，設問の画像のように，河川によって運ばれた砂泥が，河口などの静水域に堆積して形成された地形であり，デルタともよばれる。

(4)　瀬田川は滋賀県大津市を流れる川で，琵琶湖から流れる排水河川である。湖の南端から京都府境までの約15kmが瀬田川であり，京都府に入ると宇治川となり，大阪府では淀川となって大阪湾に注ぐ。

(5)　これは，茶畑の地図記号である。それは，茶を栽培している土地をあらわしている。茶の実を半分に切った時に見える形を記号にしている。茶畑の画像はイである。

(6)　①　表の緯度と経度から判断すると，アは熊本市，イは福岡市，ウは川崎市，エは新潟市となる。　②　足利義満の始めた日明貿易は，勘合符を用いていたので，勘合貿易ともよばれている。

やや難

(7)　①　地形図を注意深く考察する。地形図上でみると，北東の方角にある津守駅のすぐ西側には高等学校の地図記号が確認できる。　②　拡大図3を見ると，木津川沿いに，多くの工場や倉庫・物流施設などがあるのが分かる。これらの工場や施設などに必要なものを運んだり，製品を運び出したりする貨物船等が行きかうことが予想される。そのような時，高さが低い橋があると，貨物船などの通行が困難になってしまう。それをさけるために，低い橋はつくらないのである。

2 (日本の歴史―古墳時代から昭和時代，地理と歴史の総合問題)

(1)　アは秋田県，イは大阪府，ウは石川県，エは千葉県。

基本

(2)　仁徳天皇陵といわれる大仙古墳は，大阪府堺市にある。

(3)　Ⅰ：桓武天皇が勘解由使を設置する(8世紀後半)→Ⅱ：摂関政治(9世紀から11世紀)→Ⅲ：平氏政権(12世紀)。

(4)　Xは「庶民」が「武士」の誤りとなる。

(5)　イの唐獅子図屏風は，安土桃山時代の絵師狩野永徳による屏風作品で，彼による代表作かつ最も著名な作品でもある。

(6)　「天下の台所」とは，江戸時代に物流，商業の中心地であった大阪を指した異名として使われる用語である。

(7)　①　水野忠邦の天保の改革では，株仲間の解散が行われた。　②　Ⅳ：享保の改革→Ⅲ：田沼の政治→Ⅰ：寛政の改革→Ⅱ：天保の改革。

(8)　Xは，明治政府を藩閥政府として批判し，自由民権運動を始めた板垣退助をあらわしている。Yは，憲法調査のために欧米に派遣された伊藤博文が，ドイツ(プロシア)憲法を手本としたことをあらわしている。

(9)　日清戦争は，19世紀後半の1894年に勃発しているので，アが正解となる。

(10)　この記事は朝鮮戦争のことを書いている。戦争や災害など何らかの特別な需要によってもたらされた好景気を特需といい，日本では，連合国軍占領下の1950～1953年の朝鮮戦争によるもの(朝鮮特需)を指す。この戦争に際して日本はアメリカ軍から多くの軍需品などの注文を受けたために特需が起きた。

3　(政治─政治のしくみ，国民生活と福祉，国際社会と平和，時事問題，歴史と政治の総合問題)

基本　(1)　裁判では，訴えた方を原告，訴えられた方を被告といっている。

(2)　厚生労働省は，健康，医療，子ども，子育て，福祉，介護，雇用，労働，年金などに関する業務を行う。2001年1月の中央省庁再編により，厚生省と労働省を統合して誕生した。予算規模は中央省庁の中で最大である。

(3)　平清盛が，平家の守護神として尊崇し，平家一門の権力が増大するにつれて，この厳島神社を尊崇する度合いも増し，社殿を現在の姿に造営した。

(4)　内閣は国会に対して拒否権はもっていないので，イが誤りとなる。

(5)　控訴と上告の違いは，「どの段階で不服申立をするか」である。控訴は第一審判決に対して不服を申し立てるのに対し，上告は第二審判決に対して不服を申し立てをする。したがって，答えは上告となる。

重要　(6)　衆議院の優越においては，衆参が異なる議決をした場合，予算の議決，条約の承認，内閣総理大臣の指名は，衆議院の議決が国会の議決となる。法律案の議決は，衆議院が出席議員の3分の2以上の賛成で再可決したときに法律となる。

(7)　総会は審議機関で，政策を決定する国連を代表する機関である。総会はすべての加盟国の代表から構成され，各国はそれぞれ1票の投票権を持つ。

(8)「核を持たず，作らず，持ち込ませず」という非核三原則を宣言した佐藤栄作総理は，アメリカなど5か国以外の核兵器保有を禁止するNPT＝核拡散防止条約に1970年に署名した功績などからノーベル平和賞を受賞した。日中国交正常化は，1972年9月の田中角栄内閣の時に日中共同声明の中で発表された。

(9)　表を注意深く分析すると，1位のアメリカ合衆国と2位のロシアで世界合計の約9割にあたる核兵器を保有していることがわかる。

重要　(10)　この訴訟で，行政は上告していないので，(い)は誤り。この訴訟は国際的な取り組みではないので(ろ)も誤り。国際社会における核兵器の非人道性に対する認識の広がりや核軍縮の停滞などを背景に，2017年7月7日，核兵器禁止条約が国連加盟国の6割を超える122か国の賛成により採択され，多くの国が核兵器廃絶に向けて明確な決意を表明した。この成立にはICANが多大なる貢献をした。

★ワンポイントアドバイス★

1(1)①　発酵食品の発酵の種類は，主に細菌・酵母・カビである。　3(7)　国連総会では，平和と安全保障，新加盟国の承認，予算などの重要問題の決定は3分の2の多数を必要とする。その他の問題に関する決定は単純多数決で行われる。

＜国語解答＞

一　Ⅰ　①　採算　②　晩年　③　仕　④　ばいやく　⑤　ふちん　⑥　ゆえ
Ⅱ　①　短　②　手　③　興　④　即

二　問一　エ　問二　ウ　問三　ウ　問四　A　ア　B　イ　C　カ　D　ウ
問五　(例)　ぶらんこに乗りたそうな子どもがいても譲らないこと。　問六　死んだらそれっきりだ　問七　(例)　マサオが今でも帰りたいと思っていたら，あまりにかわいそうだから。あの世に行ってもいろいろ(つらいことが)あるのでは，理屈に合わなから。
問八　生きてる者の中　問九　ア　×　イ　○　ウ　×　エ　○　オ　×

三　問一　エ　問二　イ　問三　エ　問四　Ⅰ　ウ　Ⅱ　ア　Ⅲ　イ　Ⅳ　オ
問五　ためらう気持ちがある・あまり気乗りのしない　問六　エ　問七　(例)　論理的に自己主張するようになった子どもと，人生観が揺れたり子どもの変化に戸惑ったりする親とで，家族が安定していないこと。　問八　イ　問九　光にも影にも寄りそう
問十　ウ

○配点○
一　各2点×10　二　問四・問九　各1点×9　問五　5点　問七　各3点×2
他　各4点×5　三　問二・問九　各2点×2　問三・問五　各3点×3　問四　各1点×4
問七　7点　他　各4点×4　計100点

＜国語解説＞

一　(漢字の読み書き，類義語)

Ⅰ　①　「採算」は，計算上，収支のひきあうこと。　②　「晩年」は，一生のおわりの時期。　③　「仕える」は，目上の人の身近にいてその用を足す，という意味。　④　「売約」は，売る約束。　⑤　「浮沈」は，浮くことと沈むことや，栄えることと衰えることを表す。　⑥　「故に」は，このために，という意味。

Ⅱ　①　「欠点」は，不完全な所。「短所」は，劣っている点。　②　「方法」は，目的を達するためのやり方。「手段」は，目的を達するための具体的なてだて。　③　「関心」は，特定の事象に積極的に注意を払うこと。「興味」は，ある対象やできごとに特に心を向ける傾向。　④　「瞬時」は，またたくま。「即座」は，その場ですぐに行うこと。

二　(随筆－内容理解，指示語，空欄補充，要旨)

問一　「そうした」が指している内容を前からとらえる。

問二　祖母が「ふだんから」「考えていた」ことは何かを，前からとらえる。

問三　「眉に唾を塗る」ともいう。

基本　問四　それぞれ，空欄の前後の人物や体の様子に注意して，ふさわしい擬態語をとらえる。

問五　「乗りたそうなそぶり」を見せる「小さい子ども」がいても，祖母は「ぶらんこ」を「おいそれと人に譲ってやったりしなかった」ということをふまえて，解答をまとめる。

問六　祖母が「死」について言っている言葉からとらえる。

やや難　問七　祖母の言葉に注目する。「マサオがどこかで，いまでも帰りてえなあと思ってたら，……かわいそうだんべえ」から一つ，「死んだ者は，地獄へ行ったり，そんなつれえことやなんかは，ねえはずだと，おれは思ってんだ。……あの世に行ってもいろいろあるんじゃあ，理屈に合わねえ」からもう一つ，解答をまとめる。

問八　死んだ人がどこへ入ってくるのかをとらえる。

重要　問九　ア　文章中に，「『はあ』というのが，なかなか習得しにくく」とあるので×。　イ　文章中には，「サンズノカワ」「ジゴクノエンマサマ」など，祖母の話した内容がカタカナで表記され，「わたし」にとって理解しにくかったことが表現されているので○。　ウ　文章中で，「わたし」は祖母から，「おや，マサオを知らなかったん？」と問われており，それまで「マサオ」を知らなかったことがわかるので×。　エ　文章中に，「わたし」が思い出す「ぶらんこ」の祖母はいつも「アッパッパ」を来ているので○。　オ　文章中では，「食べてすぐ寝たけど牛になんなかったね」など，「わたし」の発言にも「 」が使われているので×。

三　(論説文―内容理解，空欄補充，接続語，要旨)

問一　傍線部①の前の「」内の自己紹介の内容に注目する。エの「家族や先生方にも覚えてもらえたらうれしい」という内容は，自己紹介に含まれていない。

問二　「サポーター」は，支えとなる人のこと。

問三　「スクールカウンセラー」が生徒に対して，「話したくないこと」についてどのように言うことが，生徒を「尊重すること」になるのかを考える。

基本　問四　Ⅰ　「ただし」は，前の文を受けて，補足・条件・例外を付け加える時に使われる。　Ⅱ　「なぜなら……だからです」と，理由を表す形である。　Ⅲ　空欄の前の内容の具体例を空欄のあとで挙げているので，「たとえば」が入る。　Ⅳ　「もちろん，……素敵です」といったん肯定的な内容を述べたあとに，「でも，……」という逆の内容を述べる展開である。

問五　「ためらう」「気乗りのしない」は，「消極的」な様子である。

問六　二つ前の段落に「解決できない」ような悩みでも，話すことで，「気持ちに区切りをつけたり，……新たな展開が生まれることもある」とあり，傍線部③の直前の文に「相談することによって，……新しい自分自身との出会いが待っています」とあることなどに注目。

やや難　問七　傍線部④の直前の二つの文から，「子ども」「親」のそれぞれについてとらえる。

問八　抜けている文の冒頭の指示語「その」は，(イ)の段落の「振り子のように行ったり来たりする気持ちの両面に丁寧に触れる」「混ざり合っているさまざまな気持ちも，子どもと一緒に見つけていく」を指している。

問九　「行ったり来たり」「光にも影にも」はどちらも，気持ちの両面性を表している。

重要　問十　最後の段落の内容が，ウに合致している。

★ワンポイントアドバイス★

細かい読み取りを必要とする読解問題が出題されている。選択式にも記述式にも，文章の内容を時間内に的確にとらえる訓練が必要。ふだんから，いろいろなジャンルの本を読むことや，語句などの基礎知識をおさえておくことが大切！

第2回

2022年度

解　答　と　解　説

《2022年度の配点は解答欄に掲載してあります。》

＜算数解答＞

1　(1)　$\frac{1}{8}$　(2)　25本　(3)　10%　(4)　27通り　(5)　A＝2，B＝18
(6)　30cm　(7)　250度　(8)　35cm^3

2　(1)　①　94.2cm　②　383.08cm^2　(2)　①　解説参照　②　イ，ウ，エ

3　(1)　毎時10km　(2)　毎時12km　(3)　27分間

4　(1)　15番目　(2)　ア　12　イ　10　ウ　114　エ　102　オ　120　カ　10
キ　600　(3)　15000

○配点○

2(2)①　各3点×2　②　4点(完答)　**3**(2)，**4**(3)　各7点×2　**3**(3)　8点
4(2)ア～カ　各1点×6　キ　2点　他　各5点×12(**1**(5)完答)　計100点

＜算数解説＞

1　(四則計算，鶴亀算，割合と比，数の性質，場合の数，平面図形，立体図形，相似，グラフ)

(1)　$\frac{5}{8}\div 5=\frac{1}{8}$

基本　(2)　(7500－60×100)÷(120－60)＝1500÷60＝25(本)

基本　(3)　400(g)：100(g)＝4：1より，(4×8＋1×18)÷(4＋1)＝10(%)

基本　(4)　3×3×3＝27(通り)

重要　(5)　162＝2×9×9より，A＝2のとき，
B＝2×9＝18

(6)　図2より，30：(67.5－30)＝4：5
したがって，ABは120÷4＝30(cm)

(7)　図3より，角xは360－(60＋20＋30)＝250(度)

(8)　三角錐O－DEFとO－ABC…
相似比は1：2，体積比は1：8

図1

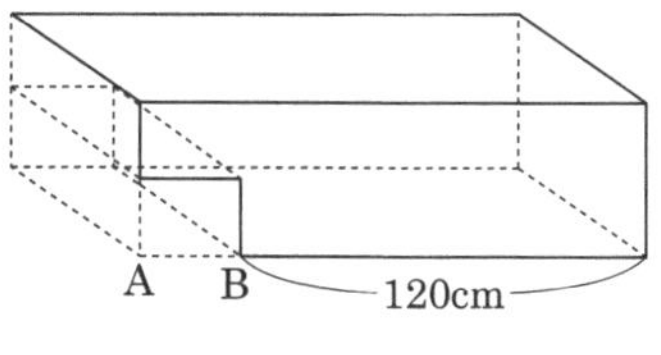

図2

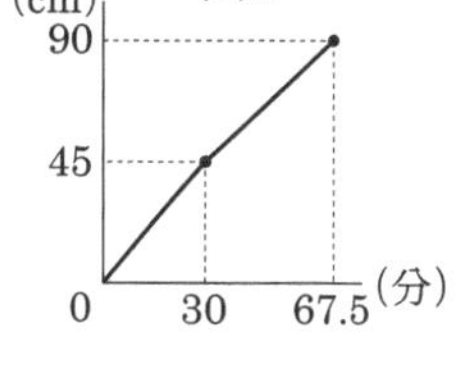

図3

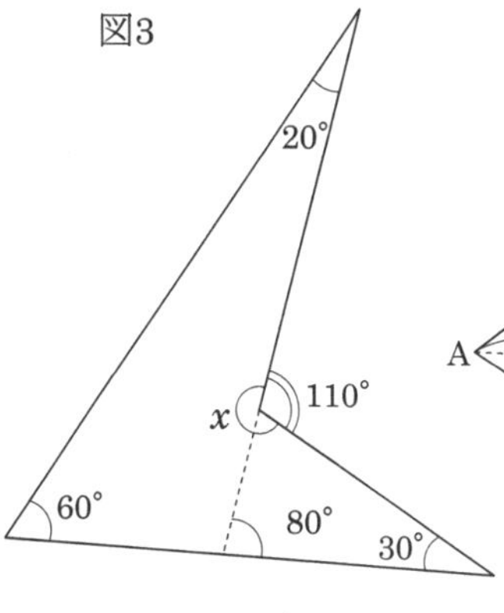

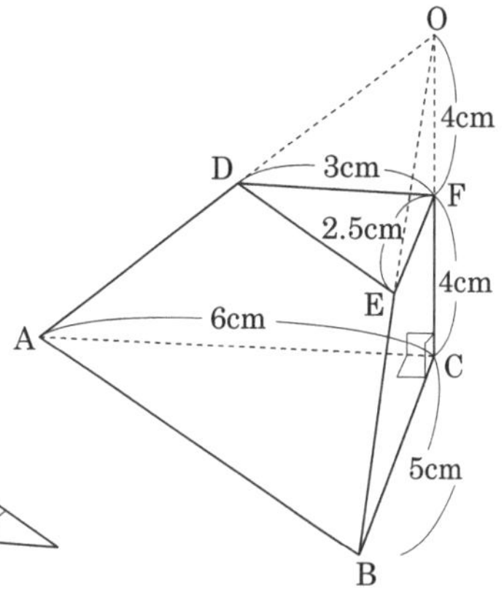

図4

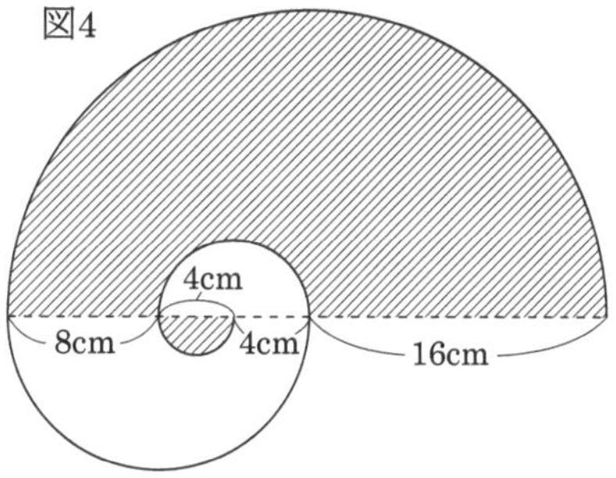

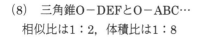

したがって，三角錐台は$6\times5\div2\times8\div3\div8\times(8-1)=35$(cm^3)

重要 **2** **(平面図形，立体図形)**

(1) ① $(4+8+16+32)\times3.14\div2=30\times3.14=94.2$(cm)(前ページ図4参照)

② $(2\times2+16\times16-4\times4)\times3.14\div2=122\times3.14$ $=383.08$(cm^2)

(2) ① 正面図と側面図は，右図のようになる。

② 下図3が正面図である立体…イ・エ　図3が側面図である立体…ウ

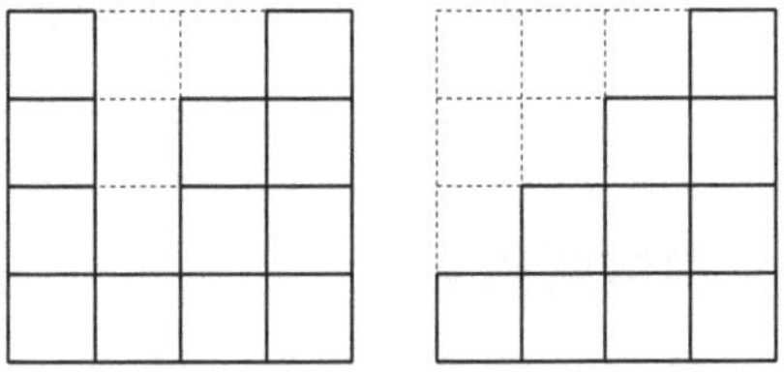

正面　右側

図1

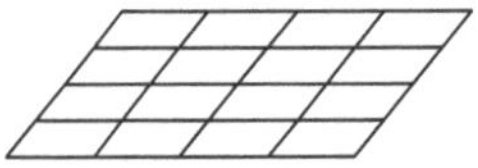

図2

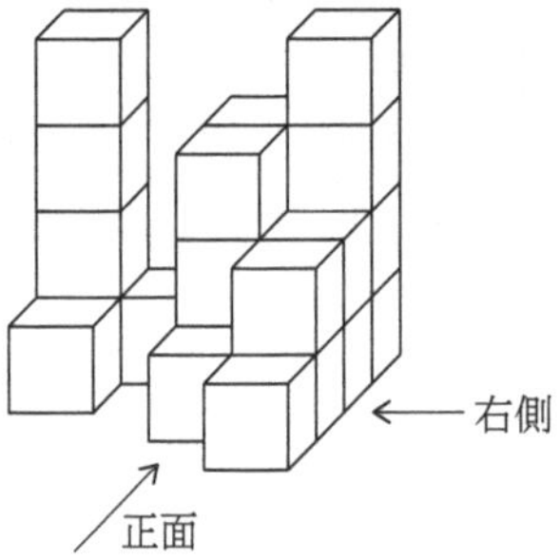

図3

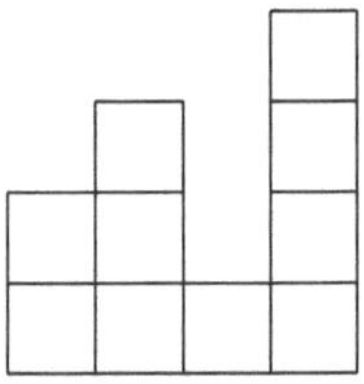

重要 **3** **(割合と比，速さの三公式と比，平均算，単位の換算)**

(1) 往復の時間…12時－9時＋18時12分－14時＝3時間＋4時間12分＝7時間12分　したがって，平均時速は$36\times2\div7\frac{12}{60}=$ 10(km)

(2) 昨日，最初の速さで走った時間…9時から9時半までと11時半から12時までの1時間　昨日，2倍の速さで走った時間…9時半から1時間　したがって，最初の時速は$36\div(1+2)=12$ (km)

(3) 今日の時速…(2)より，$12\div5\times4=9.6$(km)　今日，自転車で移動した時間…$36\div9.6=3\frac{3}{4}$(時間)　したがって，(1)より，休憩したのは4時間12分－3時間45分＝27(分間)

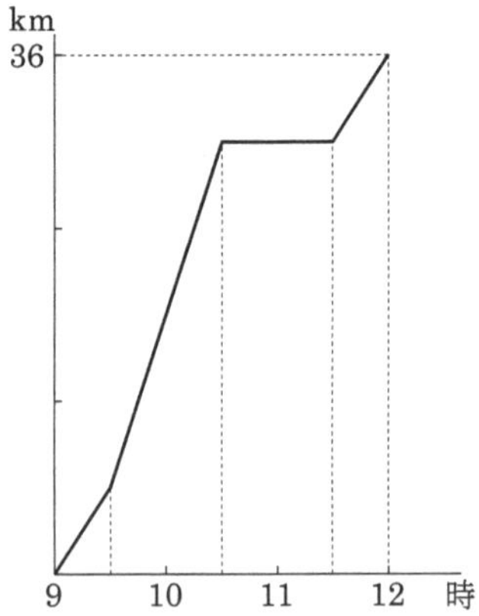

重要 **4** **(数の性質，規則性)**

(0) 1,　5
(6) 7,　11
⋮

(1) $43\div6=7\cdots1$　したがって，43は8段目の左列であり，$2\times8-1=15$(番目)

(2) ア…$6\times2=12$　イ…10　ウ…$6+12\times9=114$　エ…$114-12=102$　オ…$6+114=120$　カ…10　キ…$120\times10\div2=600$

(3) 100番目までの数の和…数列Aの50番目までの和　ウ・オ・キより，$(6+6+12\times49)\times50\div2=15000$

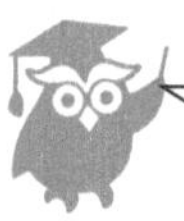

★ワンポイントアドバイス★

最後の問題，4(3)「100番目までの数の和」は，数列Aの50番目までの和の意味であり，まちがえてはいけない。どの問題もそれほど難しくはないレベルであり，1度で正解できるようにしよう。解きやすい問題から解いていこう。

＜理科解答＞

1 (1) ① (電流計) 1.0A (電圧計) 2.5V ② (電流計) 4.0A (電圧計) 5.0V
(2) エ (3) f (4) ① B ② Y (5) (式・考え方) $200(g)\times\frac{15}{100}=30(g)$

(6)

(7)
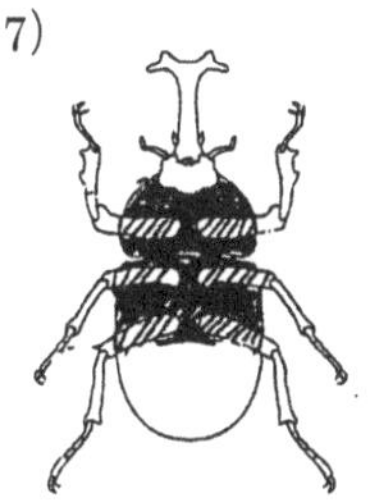

(8)
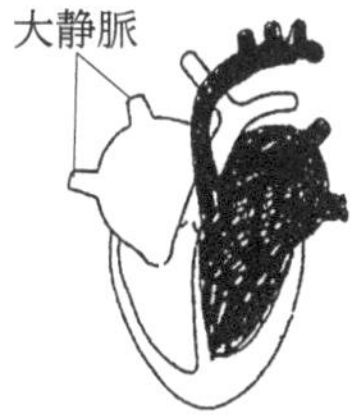

(9)

2 (1) ウ (2) B オ C エ (3) ア (4) イ，ウ (5) ア，ウ
(6) 再生可能エネルギーは，天候によって発電量が左右されるため，安定した電力を供給することが難しい。 (7) ウ (8) ア，ウ，カ (9) ア (10) ウ

3 (1) ウ (2) エ (3) ア (4) イ (5) 台風の目 (6) イ
(7) 940(hPa) (8) ウ (9) エ

○推定配点○

1 (1)①・② 各3点×2(完答) (2)～(4) 各1点×4 他 各2点×5
2 (4)～(6) 各3点×3((4)，(5)各完答) 他 各2点×8((8)完答)
3 (1)～(4) 各2点×4 (6)，(8)，(9) 各3点×3 他 各4点×2 計70点

＜理科解説＞

1 (小問集合)

基本 (1) ① 豆電球が2個直列なので電流は図1の$\frac{1}{2}$となり，電流計は1.0Aを示す。電圧も豆電球それぞれに図1の$\frac{1}{2}$となり，電圧計は2.5Vを示す。 ② 豆電球が2個並列なので電圧は図1と等しくなり，それぞれの豆電球に流れる電流も図1と等しく2.0Aずつで，合流し電流は4.0Aを示す。

(2) 図1では，オが新月で反時計回りに満ち欠けが変化するため，エが三日月，ウが上弦の月，アが満月，気が下弦の月である。図2は三日月だからエである。

(3) 月の満ち欠けの周期は約29.5日なので，15日では半周したクの位置の月となり，満月が右からかけたfである。

基本 (4) ① ガスは下から入ってくるので，ガス調節ねじはBである。 ② ガスを出したい場合は，反時計回りにガス調節ねじを回す。

(5) 食塩水の重さ×濃度＝食塩水の重さとなるので，$200(g)\times\frac{15}{100}=30(g)$となる。

(6) イヌワラビの地上部分はすべて葉であり，茎は地下にある。(解答参照)

(7) カブトムシの胸部は足の生えている部分である。(解答参照)

(8) 動脈血が流れているのは，左心房と左心室である。(解答参照)

(9) 青紫色に染まらなかった部分は，光合成ができなかった部分である。光合成ができなかったのは，葉緑体がないふ入りの部分とアルミニウムはくで包まれて、光があたらなかった部分である。(解答参照)

2 (時事問題－環境問題)

基本 (1) 温室効果ガスは太陽光によって地表から放射される赤外線を吸収する。

(2) 温室効果をもたらす気体には二酸化炭素や水蒸気，メタンなどがある。

(3) 1年間の中で空気中の二酸化炭素が増減するのは植物の光合成の量が原因で，光合成が盛んな夏には二酸化炭素は減少し，冬には増加する。

(4) 北半球のほうが季節による増減の差が大きく，北半球，南半球ともに2009年から2019年にかけて増加傾向にある。

(5) 水力，風力，太陽光，地熱は自然のエネルギーを利用している。火力発電では，石炭や天然ガスなどの化石燃料を使用している，原子力発電では核燃料の核分裂のときのエネルギーを利用しているが，この2つは再生可能エネルギーではない。

(6) 再生可能エネルギーは，自然のエネルギーなので，天候によって発電量が左右されるため，発電量を人間がコントロールすることができないので，安定した電力を供給することが難しいことがデメリットである。

(7) 理科室で水素を発生させるためには，金属と塩酸の反応で発生させる。アでは酸素，イでは二酸化炭素，エではアンモニアが発生する。

基本 (8) 水素は無色無臭で，水に溶けにくく，気体の中で最も軽い。

(9) 水素は燃えるので，マッチの火をちかづけると爆発するので，アが正解である。

(10) 使用済みのプラスチックを再生利用しているのでウのリサイクルである。

3 (天体・気象・地形－気象)

基本 (1) 台風は偏西風の影響を受けて進路を北から北東に進路を変更し，日本に沿うように進む。

(2) 夏に日本を包んでいる高気圧は小笠原気団の太平洋高気圧である。

(3) 平均風速が秒速15m以上の地域を強風域，秒速25m以上を暴風域という。

(4) 台風は中心に向かって吹き込む風の上昇気流により垂直に発達した積乱雲を中心部に持つ。

(5) 台風の中心部には，雲のない「台風の目」といわれる部分ができる。

(6) 雲は水滴が上昇気流により浮いているものであるから，水滴のでき始めるイが雲のできはじめである。

基本 (7) Dの気圧は1000(hPa)－20×3＝940(hPa)である。

(8) 等圧線の間隔が狭いほど風が強くなるのでAB間＜BC間＜CD間の順位間隔がせまいので，風速もこの順になる。

(9) 気圧の差により台風の風は中心に向かって反時計回りに吹き込む。遠心力は回転する運動をする物体に運動の向きと反対にはたらく力である。転向力(コリオリの力)は地球の自転により台風には右方向にはたらくので，気圧の差による力＝転向力＋遠心力となる。

★ワンポイントアドバイス★

グラフを記述する問題では，表や文中の数値をしっかり読み取り，指定された横軸と縦軸の単位に合わせて，数値を計算しよう。実験・観察の問題では問題の本文に記述されている内容を読み直して，正解を導き出そう。

＜社会解答＞

[1] (1) リアス海岸　(2) (記号) ウ　(理由) 1位から5位までの全ての県にたくさんの島があるから。　(3) ア　(4) 都市鉱山　(5) ドローン　(6) ア
(7) ① イ　② 四万十(川)　③ ウ　④ ア　⑤ エ

[2] (1) イ　(2) ア　(3) エ　(4) エ　(5) 白村江の戦い　(6) ⑤
(7) エ　(8) 1910(年)　(9) (名称) 治安維持法　(説明) 選挙権の拡大にともなって，社会主義勢力の活動が拡大することを，政府が恐れたため。　(10) ア　(11) ⑩

[3] (1) 5(月)3(日)　(2) 伊藤博文　(3) 国民主権　(4) イ　(5) ウ
(6) 象徴　(7) (例) 全ての国民が健康で文化的な最低限度の生活を営む権利である生存権が保障されている。　(8) ① 不信任　② 国民審査　(9) ア

○配点○

[1] (2) 4点(完答)　他　各2点×10　[2] (9) 4点(完答)　他　各2点×10
[3] (7) 4点　他　各2点×9　計70点

＜社会解説＞

[1] (地理―地図の見方，日本の国土と自然，土地利用，運輸・通信，商業・経済一般)

(1) 図1中のW～Zの沿岸は，河谷に刻まれた山地や丘陵地が，海面に対して相対的に沈降した結果形成される屈曲の多いリアス海岸である。

やや難 (2) ウに名を連ねてる県は，みな，海岸に面しており，多くの小島をかかえていることに気づきたい。これらの条件をカバーできる移動手段は船と分かる。アは飛行機，イは鉄道である。

(3) 名神高速道路は，愛知県小牧市の小牧インターチェンジ(IC)を起点とし，岐阜県，滋賀県，京都府，大阪府を経由し兵庫県西宮市の西宮ICへ至る高速道路である。

重要 (4) 都市鉱山とは，都市でごみとして廃棄される大量の家電製品や工業製品の中に存在する，有用な金属資源を鉱山に見立てた表現である。つまり，ごみとなった家電製品や工業製品の中からレアメタルなどの金属資源を取り出し，リサイクルすることで有効活用しよう，という考えである。

(5) ドローンは，無線操縦で飛行する小型無人機のことであり，主に娯楽用と産業用の2種類がある。

(6) 図2は1位和歌山県，2位愛媛県，ということから，みかんの生産量と判断できる。

(7) ① 青森県で有名なのは，ねぶた祭りである。仙台七夕まつりは宮城県の祭りである。
② 四万十川は，高知県の西部を流れる一級河川で渡川水系の本流で，四国内で最長の川である。本流に大規模なダムが建設されていないことから「日本最後の清流」，また柿田川・長良川とともに「日本三大清流の一つ」と呼ばれる。　③ 地形図を考察すると，土佐久礼駅からの鉄道は，上りも下りも，すぐにトンネルを通過することが確認できる。　④ 地形図中の北の方にある「灰原」の周辺には，畑の地図記号が確認できる。　⑤ 津波避難タワーとは，設問の写真1のような津波発生時に垂直避難(高いところに逃げる)を行うために設置された建造物である。

[2] (日本の歴史―弥生時代から昭和時代)

(1) 弥生時代に大陸から伝わったものは，設問の中では青銅器である。土偶は縄文時代の文物，仏教，漢字は，古墳時代に渡来人が伝えたものである。

(2) 豊臣秀吉は，それぞれまちまちだった，ものさしやますを統一するとともに，太閤検地を行

い，全国の田畑の面積や土地のよしあしを調べ，予想される収穫量を石高であらわした。秀吉は，文禄の役の後，明と講和を結ぼうとしたが，秀吉を日本国王に任命するという明の皇帝の国書に不満を持ち，1597年ふたたび戦いをはじめた。これを慶長の役という。

(3) Ⅱ：島原・天草一揆(1637年・17世紀前半)→Ⅲ：生類憐みの令(1685年・17世紀後半)→Ⅰ：伊能忠敬「大日本沿海輿地全図」完成(1821・19世紀)。

基本 (4) 元寇の時の鎌倉幕府の執権は，北条時宗であった。

(5) 白村江の戦いは，663年に朝鮮半島の白村江(現在の錦江河口付近)で行われた，百済復興を目指す日本・百済の連合軍と，唐・新羅連合軍との間の戦争のことである。

(6) ①：弥生時代→⑥：飛鳥時代→⑤：鎌倉時代→③：室町時代→②：安土桃山時代→④：江戸時代。

(7) 五箇条の御誓文では，「広く世界から，さまざまな知識を取り入れて，国を盛んにしよう」としているので，エは誤りとなる。

(8) 1910年，韓国併合に関する条約によって日本が併合し領土化した。その後，朝鮮総督府を通じて1945年までの35年間，植民地として統治した。

(9) 1925年，普通選挙法と同時に社会主義運動や労働運動をとりしまるために制定された法律が治安維持法である。天皇を中心とする国家体制や私有財産制度を否定するすべての結社や行動を禁止した。このようにして，政府は，特に社会主義勢力の活動が拡大することを阻止しようとした。

やや難 (10) 表を注意深く考察する。ソ連の軍人死者数11000000人，アメリカの軍人死者数292131人である。11000000÷292131≒37.65となり，軍人死者数において，ソ連はアメリカの約38倍となる。日本は植民地化なる朝鮮人や占領地域の中国人を兵力や労働力としてかり出していた。

(11) 日中戦争は，1937年から1945年まで，大日本帝国と中華民国の間で行われた戦争なので，⑩の期間が正解となる。

3 (政治―憲法の原理・基本的人権，政治のしくみ，地方自治，時事問題)

(1) 日本国憲法の施行日は1947年5月3日である。公布日は1945年11月3日である。

基本 (2) 伊藤博文は，明治時代に4度にわたって内閣制度発足以降の内閣総理大臣(初代，5代・7代，10代)を務めた。一次内閣時には明治憲法の起草の中心人物であった。

(3) 国民主権は，主権は国民にある，という思想であり，つまり国民が政治権力の主体であり，政府は国民の意志により設立され運営される機関であるとしている。ここで言う「主権」とは，国政のあり方を最終的に決定することを意味する。

(4) 現在でも，選挙権は年齢によって制限されていることから，イが正解となる。

(5) 間接民主制とは，国民が政治決定を行う機関の構成員を選ぶことによって，間接的に政治に参加するしくみをいう。一般国民から選出された代表が，国民から全面的に委任を受けて政治を行うということから考えると，代議制ともいえる。

(6) 現行憲法は，天皇を日本国及び日本国民統合の象徴とし，その地位を主権の存する日本国民の総意に基づくものと規定している。

(7) フランス革命に代表される近代革命を通じて保障された平等権，自由権，社会権，参政権，請求権などが「基本的人権」と呼ばれるものである。

(8) ① 内閣不信任決議は，国会(議会)が内閣に対して信任しないことを内容として行う決議で，現に行政を担っている特定の内閣を信任せず退陣を求めることを内容とする。また，これができるのは，衆議院のみである。 ② 最高裁判所裁判官の国民審査とは，内閣が任命した最高裁判所の裁判官を国民が審査する制度である。衆院選の選挙権がある人が投票でき，衆院選の投票所で，国民審査の投票も行う。

重要 (9) 選挙管理委員会や教育委員会は，行政委員会として独立したものであるので，地方議会の仕事とは関係がない。

★ワンポイントアドバイス★

1(7)① 東北三大祭りとは，仙台七夕まつり，青森ねぶた祭，秋田竿燈まつりである。 2(2) 石高とは米の体積で，米1石は重さでは約150gであった。また，秀吉は年貢米をはかるますの大きさを，京都で使われていた京ますに統一した。

＜国語解答＞

一 Ⅰ ① 限 ② 散布 ③ 全盛期 Ⅱ ① どきょう ② きざ ③ ほっき
Ⅲ ① 下手 ② 果報 ③ 三人 ④ 鳥

二 問一 昨晩は勝手 問二 A イ B カ C ア 問三 人間など眼中におかない態度 問四 (例) ぶちネコをおどしつけても，かえってわたしたちをおどし，にげることもなくだいたんなようすでいるから。 問五 ウ 問六 ハト
問七 (例) ぶちネコがキツネわなにかかったと思い興奮していたのに，フクロウであったから。 問八 ア 問九 エ 問十 エ

三 問一 ロ 問二 ウ 問三 工夫 問四 エ 問五 ア 問六 (例) 科学技術が，不可能だったことを可能にしてくれること。 問七 イ 問八 1 夢をかなえ，希望を実現してくれる 2 ネガティブに作用する 問九 エ
問十 ア ○ イ × ウ ○ エ ×

○配点○

一 各2点×10 二 問一・問三・問五 各3点×3 問二・問六 各2点×4
問四 6点 問七 5点 他 各4点×3 三 問一・問二・問十 各2点×6
問六 5点 問七・問九 各4点×2 他 各3点×5 計100点

＜国語解説＞

一 (漢字の読み書き，ことわざ)

Ⅰ ①「限」の右側を「良」としないように注意。 ②「散布」は，ふりまくこと。 ③「全盛期」は，人気・勢力・実力などが，もっとも盛んな状態にある時期。

Ⅱ ①「度胸」は，物事に動じない心。 ②「兆し」は，物事の起ころうとする前ぶれ。
③「発起人」は，思い立って事を始める人。

Ⅲ ①「下手の横好き」は，下手なくせにその事に熱心なこと。 ②「果報は寝て待て」は，幸運は人力ではどうすることもできないから，あせらないで静かに時機の来るのを待て，という意味。 ③「三人寄れば文殊の知恵」は，愚かな者も三人集まって相談すれば，文殊菩薩のようなよい知恵が出るものだ，という意味。 ④「立つ鳥跡を濁さず」は，立ち去る時は跡を見苦しくないようによく始末すべきである，という意味。

二 (小説―内容理解，空欄補充，心情理解，表現理解，ことわざ，主題)

問一　直後に「おとなりの野田さん」など，近所の人での被害が書かれたあとに，「昨晩は勝手元で……」と，「わたし」の家での被害が書かれている。

問二　それぞれ，空欄の前後の「ぶちネコ」の様子に注意して，ふさわしい擬態語をとらえる。

問三　「無人の境」は，誰もいない場所，という意味。「眼中にない」は，関心や注意を払う範囲にない，という意味。

やや難　問四　「わたし」や太郎が「こら！」「やい。」などと言っても，ぶちネコは「びくとも」せず，「かえってわたしたちをおどしつけようとさえする」という様子に注目。

問五　傍線部④と⑤の前後の「わたし」と野田さんの会話から，ウが正しい。

基本　問六　「ハト(鳩)が豆鉄砲を食ったよう」は，あっけにとられてきょとんとしている様子を表す。

問七　前の部分に注目して，「キツネわな」にかかったのは，退治しようとした「ぶちネコ」でなく「大フクロウ」だったといういきさつをとらえる。

問八　傍線部⑦の前の「じつにどうもりこうなやつです」「いちどははらをたてたものの，もともと動物ずきのわたしは」という部分の内容に，アが合致している。

重要　問九　傍線部⑧では「おい，ひよこがやられるぞ」と警戒したが，ぶちネコがひよこをおそわず，「わたし」は「ふしぎ」に思った。一方，傍線部⑨では，「生まれて一か月ほどの子ネコ」のそばにいるぶちネコを見て，「わたし」はほほえましく感じている。

問十　「わたしはすこしばかりむっとしました」「いちどははらをたてたものの，もともと動物ずきのわたしは，……考えたほどでした」などのように，「わたし」の思ったことや感じたことを「」を使わずに表現し，「わたし」の視点から作品が書かれていることがわかる。

三 (論説文―空欄補充，語句の意味，接続語，内容理解，指示語，要旨)

問一　「車や鉄道」が「足」の能力を「パワーアップ」したものであるように，「電話」は「耳」と何を「パワーアップ」したものであるかを考える。

問二　この「核」は「核心」とほぼ同じ意味である。

問三　空欄の下の「を凝らして」に合うものをさがす。

基本　問四　A・Bはどちらも，空欄の前後で話題を変えているので，転換の接続語が入る。Cは，空欄の前後が逆の内容になっているので，逆接の接続語が入る。

問五　直後の段落で，「えんぴつ」を削ることの具体例を通して述べられている内容から考える。

やや難　問六　直前の段落の内容をふまえて，「不可能」という言葉を使って解答をまとめる。

問七　直前の段落で「自転車」や「全自動洗濯機」の具体例を通して述べられている内容が，イにあてはまる。

問八　「両刃の剣」は，一方では役に立つが，他方では害を与える危険を伴うもののたとえ。何が役に立ち，何が害を与えるのかを考える。

問九　科学技術からもたらされた便利さを，初めはよいと思っていたが，慣れてしまうと「感動がインフレを起こして，ありがたみが薄れ」たということ。

重要　問十　ア　文章中の「技術は，……欲求から発展してきたといえます。あらゆる工夫によって人の要求を実現させるために，改良を重ね『発展』してきたのが技術です」という内容に合致している。　イ　最後の段落の「科学技術が，生活や健康を脅かすものとしてクローズアップされてきます」などの内容と，食い違っている。　ウ　〔中略〕の直前の段落の「わたしたちは，『便利』や『自動』を受け入れるときには，それによって現れるかもしれない『悪い面』も予測できなければならないと思います」という内容に合致している。　エ　「古い技術はすぐ使えなくなってしまう」問題については，文章中に書かれていないので，あてはまらない。

★ワンポイントアドバイス★

長文の読解において，細かい理解を必要とする選択問題が出題されている。ふだんから小説や随筆，論説文を読むことを心がけよう！　語句の意味なども，こまめに辞書で調べるなどして，基礎力をつけることが大切！

MEMO

大切なことはメモしておこうネ！

データ対応

収録から外れてしまった年度の
問題・解答解説・解答用紙を弊社ホームページで公開しております。
巻頭ページ＜収録内容＞下方のQRコードからアクセス可。

※都合によりホームページでの公開ができない内容については，
次ページ以降に収録しております。

問三　傍線部③「ここのところ、自分がかなり面倒くさいやつだった」とありますが、山田華と他の生徒会のメンバーの状態は、どのようになってしまいましたか。それがわかる一文を本文中から探しだし、はじめの五字を書き抜きなさい。

問四　A にあてはまる言葉を、次の中から一つ選んで記号で答えなさい。

ア　気　　イ　形　　ウ　間　　エ　分

問五　「＊」にあてはまる会話を、次の中から一つ選んで記号で答えなさい。

ア　もともと生徒会なんて向いてないよね。わたしは、リーダーの器じゃない。

イ　緑川美桜より自分の方が人望があると思うけれど、ここは美桜に花を持たせよう。

ウ　加藤君が立候補するからすべてが狂ってしまったんだ。悪いのは加藤君だ。

エ　一度「選挙には出ません。」と伝えてしまったのだから、その発言をひるがえせない。

問六　傍線部④「スルーすることにした」とありますが、この部分とほぼ同様のことを具体的に示している箇所があります。その部分を本文中から二十〜二十五字で探しだし、はじめと終わりの五字を書き抜きなさい。（句読点含む。）

問七　B にあてはまる二字熟語を、次の語群から一つ選んで漢字に直して答えなさい。

（・ゼンアク　・ゼヒ　・ウム　・コウオ　・ソントク）

問八　傍線部⑤「でも、今、華の頭の中にある疑問は、そんなことではない。」とありますが、どんな疑問を持ったのですか。その疑問の内容を、疑問のきっかけとなったことも含めて、五十字前後で説明しなさい。（句読点含む。）

問九　次の各文で、本文の内容と一致するものには○を、一致しないものには×を答えなさい。（全部○、全部×は不可）

ア　山田華は本当は生徒会の役員に立候補したかったが、矛盾だらけの生徒会の立場に嫌気が差して立候補しなかった。

イ　山田華は「帰宅部」になることを心細く思い、泣き虫だった小学校低学年の頃を思い出した。

ウ　山田華は小さい子が泣いていた場面で、大きな子たちが泣いている子の面倒を見ているので口を出さなかった。

エ　泣き虫だった小学生の山田華には助けてくれる友だちが誰もいなく、親に助けを求めるしかなかった。

問十　本文を前半と後半に分けるとすると、後半の始まりはどこになりますか。はじめの五字を答えなさい。

い」

女性の声だった。

低くて落ち着いていて、[B]を言わさない芯《しん》の強さがあった。

「いじめじゃないです！　この子、さっきから泣いてて、どうしたらいいのかって」

少し大きな子たちの一人が言った。

「じゃあ、見てるだけじゃなくて、助けを呼ぼう。公園の管理事務所というのがあったはずだけど、誰か知っている人がいたら知らせてきて。それと、念のために近くの交番へも。あたしはこの子の近くにいて、少し話を聞き出してみるよ」

テキパキと指示する様子は格好よかった。それに対して、自分はスルーしようとしてしまったことが、とても恥ずかしくて、華は顔がかーっと熱くなった。

するとそこへ、すぐに血相《けっそう》を変えたお母さんが子どもの名前を呼びながらやってきた。よかった、警察を呼ぶまでもなく、一件落着だ。

解決したのだから、さっさと帰ろうと華はそそくさと背を向けた。でも、なぜか足が動かなかった。

「それじゃ、あたしはこれで。最初に見つけてくれたきみたち、お手柄だったね。ほうっておいたら、もっと遠くに行ってしまったかもしれないからね」

指示出しをしていた女性が、第一発見者の子たちをほめるのを聞きながら、華は胸の鼓動が激しくなった。

声の質や、頼りがいのある話し方に、どこか聞き覚えがある気がしてならなかった。

この人は――。

泣き虫だった小学生の自分には、いつも助けてくれた友だちがいた。

どうして、今それを思い出すのだろう。

その女性の後ろ姿から分かるのは……まず、制服を着ていて、間違いなく高校生だということ。華よりも頭ひとつ分背が高く、やや大柄だ。

片手には白い杖《つえ》を持っていた。

体重を預けるには細すぎる。目の見えない人が歩く時に前を探るために使うやつだ。たしか「白杖《はくじょう》」というのではなかっただろうか。

ということは、この人は目が見えていないんだろうか。

それなのに、なにが起こっているのかを察知して的確な指示を出した。超能力みたいだ。

⑤でも、今、華の頭の中にある疑問は、そんなことではない。

わたしは、この人を、知っているかもしれない。そんなふうに思えてならない。

華は、顔が見える方へとおそるおそる回り込んだ。

（川端裕人『風に乗って、跳べ』より）

問一　傍線部①「目を細めた」とありますが、それはなぜですか。本文の言葉を使って十～十五字で説明しなさい。（句読点含む。）

問二　傍線部②「やっかい払い」とありますが、誰が誰にとってやっかいな存在なのですか。次の中から一つ選んで記号で答えなさい。

ア　緑川美桜が山田華にとってやっかいな存在。

イ　加藤が山田華にとってやっかいな存在。

ウ　山田華が他の生徒会のメンバーにとってやっかいな存在。

エ　他の生徒会のメンバーが山田華にとってやっかいな存在。

の選挙で事務局員、つまりヒラの生徒会メンバーになった華は、次の選挙でなんらかの「役」に立候補することになっていた。できれば、美桜が会長で自分が副会長にと思っていたのに、あてが外れた。会長には同学年の男子、加藤が立って、美桜は副会長を目指す。

じゃあ、自分はどうしよう。

成績優秀、容姿端麗《ようしたんれい》、人望も厚い美桜が相手では［Ａ］が悪すぎる。落ちるとわかっている選挙のために、推薦《すいせん》人20人の署名を集め、実現もしないようなことを公約に掲《かか》げ、形の上でだけ競う。そんなのはバカらしすぎる。

だから「選挙には出ません」と伝えた。おとなげないと言われたけれど、まだおとなじゃないし。

「　＊　」

華は口の中でぼそっとつぶやいて、自分自身に言い聞かせた。

我ながら、まったくイケてない。華という名前からして、古風すぎて華々しさからほど遠い。おまけにいったん疑問を持つと、みんな納得していることでも混ぜっ返してしまう面倒くさい性格だ。生徒会ってなんだろうって考え始めたら、いろんなことが気になってきて、今、選挙に向かって進もうとしているメンバーと話が合わなくなってしまった。

本当に生徒会って矛盾だらけだ。選んでくださった人たちの意思を尊重しなければならないのに、実際は、先生の思惑《おもわく》と生徒の願望の間で板挟みになることがほとんどだし、いくらがんばっても、部活動の予算のことで恨《うら》まれたり、ささいな不手際を責められたりもする。1年でやめて正解だ。

でも、これからは「帰宅部」になってしまうんだろうなあと考えたら、ちょっと泣けてきた。なんだか居場所がない感じがする。こんなに心細いのは、泣き虫だった小学校低学年の頃以来かもしれない。

どんよりした気分のまま歩いていると、ふいに小さい子の泣き声が聞こえてきた。

記憶の中の幼い自分の泣き声？

心象風景ってやつだろうか。などと最初は思った。

でも、どうやら違うらしい。泣き声は本物だ。

目の前には児童公園があって、ブランコのところで幼稚園か小学校1、2年生くらいの小さい子が泣いていた。そのまわりにはもう少し体格のいい歳上の子たちがいる。

華は横目で見ながら④スルーすることにした。大きな子たちが泣いている子の面倒を見ているのかもしれないし、華が出ていって口を出すような場面ではないだろう。そもそも、こっちは自分のことだけでも目一杯だ。

でも、正直に言うと、その子の泣き方はただならぬ様子で、歳上の子たちも「まずい」とか「やばい」とか口々に言っていて、ひょっとしたらおとなを呼んだ方がいいんじゃないだろうかと、華も心のどこかで分かっていた。だからこそ、視線をそらして、はっきり気づかないようにした。我ながら卑怯《ひきょう》だった。

そのまま児童公園を通り過ぎようとした時、視界の端を影が横切った。

ふわっといい匂いがして、すぐに背後から声が聞こえてきた。

「やあ、きみたち、歳上がよってたかってその子を泣かしているのなら、どんないきさつがあったとしても、それはいじめだ。今すぐやめなさ

分を本文中から三十四字で探しだし、はじめと終わりの三字を書き抜きなさい。（句読点含む。）

問四　傍線部②「いつまで経っても大人になれない」とはどういうことですか。本文中の言葉を使って三十～四十字で答えなさい。（句読点含む。）

問五　傍線部③「一〇代半ばからの試練を克服する作業」について、次の問いにそれぞれ答えなさい。

㈠　克服しなければならない「試練」とはどのようなことですか。「…こと。」に続く形で、本文中の〔中略１〕と〔中略２〕の間から十五字で探しだし、書き抜きなさい。

㈡　このような「作業」を言い換えた言葉を本文中の☆以降の部分から四字で探しだし、書き抜きなさい。

問六　傍線部④「そんなことを言っている人はいません」とありますが、それはなぜですか。その理由にあたるひと続きの二文をこれより後の本文中から探しだし、けじめの五字を書き抜きなさい。

問七　傍線部⑤「若さのポテンシャル」とは誰が何をできるようになることですか。本文中の言葉を使って答えなさい。

問八　傍線部⑥「私たちの世代」とありますが、この「世代」の特徴を、次の中から一つ選んで記号で答えなさい。

ア　大学合格が目標になっている学生はいなかった。

イ　世界の経済状況を大きな視野でとらえられていた。

ウ　親や教師以外の人から教わるようになった。

エ　幅広い年齢の人と議論し交流することがなかった。

問九　本文の内容と一致するものを、次の中から一つ選んで記号で答えなさい。

ア　日本人は最近になって名字を手にしたため、小学校から名字で呼ばれる訓練が必要だ。

イ　学校や部活では集団の目標を立てやすいが、いつかは個人の目標を見つけなければならない。

ウ　受験に合格するという目標は、入学後に何を学ぶべきかを考えていないため本当の目標とは言えない。

エ　今後は他人から教わらなくとも、現代の若者のように独学で習得できるような教育のあり方が必要だ。

三　次の文章を読み、後の問いに答えなさい。

「それでは、お先に失礼します！」

扉のところで振り返ってそう言った時、山田《やまだ》華《はな》は思わず①目を細めた。校舎の西端の生徒会室には夕日が直接差し込む。目をそらさずにいたつもりなのに、まぶしすぎて、結局、現生徒会長の龍《りゅう》ケ《が》崎《さき》さんや、１年間一緒に事務局員を務めてきた緑川《みどりかわ》美桜《みお》の表情は読み取れなかった。

②「やっかい払いできて、せいせいしている、かな」と華は口の中でつぶやいた。

③ここのところ、自分がかなり面倒くさいやつだったことを、華は自覚している。

ゴム底の靴をキュッキュッと鳴らして校長室の前を過ぎ、昇降口から外に出た。校門のところで一度だけ生徒会室を振り返って、華は駅の方へと足早に歩き始めた。

県立みらい西高校の生徒会は毎年５月に改選される。去年、入学早々経済における結びつきはより深く、複雑です。アメリカもヨーロッパも中国の経済成長に支えられている面がある。より大きな視野で物事をとらえて判断しなければならない時代になりました。

希望はあります。皆さんの⑤「若さのポテンシャル」です。

☆

教えられてできたことは、ポテンシャルとは言いません。ポテンシャルとは「潜在《せんざい》的な能力」のことです。大学やシンポジウムなどいろいろな機会で、私は「教えられていないことができている若い人」に出会うことがあります。それも一度や二度ではなく頻繁《ひんぱん》にです。親や教師に教わるのではなく、こうした可能性は、若い人同士が「互いに教育しあう」ことから生まれていると思います。

先ほど、家族という輪の中から外に出ていくときには「他人と自分を比べる」作業が必要だとお話ししました。その比べ合う作業を通して、若い人たちは必死に自分探しをする中で、教えられていないことを身につけていくのです。若い人たちが相互《そうご》に教育し合って、いつのまにか教えられた以上のことができてくる。それは個人でも集団でも経験できることです。

すると「できる」の意味が変わりますね。日本語で「できる」は、教えられたことが身についていることを指しますが、「あの人はできる」というように個人の「能力の高さ」を意味することもあります。「若さのポテンシャル」はそのどちらでもありません。若い人たちが互いに教え合い、高め合っていく過程では、〈できない〉ことも大切にしなければなりません。能力で自分や他人を評価しないことを学び、能力を基準に「他人と自分を比べる」のをやめることが「できる」必要があります。

私は実際に若い人たちを観察しながら、社会とはどういうものなのかと思うことがあります。⑥私たちの世代ができなかったこと、したがって教えることもできないことを、むしろ今の若い人たちの方ができているという事実があります。私たちとは違う世代的な条件のもとで、議論のしかたにしても、互いにアドバイスをしあうフラット※3な関係性にしても、従来よりもずっと幅の広い年齢の人たちとまじりあう交流のやり方にしてもそうです。さらに、人と自然のあり方についても、新たな芽生えが出てきているように感じています。

（鵜飼哲「〈若さ〉の歴史を考える」『中学生からの大学講義　五　生き抜く力を身につける』より）

〈注〉※1　疑似……本物に似ていてまぎらわしいこと。
※2　局地……全体の中で、一定の限られた地域。
※3　フラット……平らな状態。

問一　空欄 X にあてはまる言葉を、次の中から一つ選んで記号で答えなさい。

ア　と同時に　　イ　からこそ
ウ　のではなく　　エ　ように見えて

問二　空欄 A ～ C にあてはまる言葉を、次の中から一つずつ選んで記号で答えなさい。ただし、同じ記号を二回使ってはならないものとします。

ア　そこで　　イ　しかし　　ウ　だから　　エ　たとえば
オ　つまり

問三　傍線部①「家族の中で与えられていた自分という存在が希薄になっていく」とありますが、それはなぜですか。その理由にあたる部そこで、[C]部活動で自分の居場所を見つけたり、個人的な将来の目標を見つけることで、その欠落を埋めるわけです。皆さんは、まさに今その作業をしている最中でしょう。

日本語には不思議な言い方がたくさんあります。「人」もその一つです。一般的な「人」を指すこともありますが、「人の振り見て我が振り直せ」の「人」は「他人」という意味です。家族という強固な共同体の中で自分の存在が規定されていた関係から外へ出ていくときに必要なことが「他人と自分を比べる」という作業です。

ところが、この作業には際限がありません。「相手が優れていて自分が劣っている」と「自分が優れていて相手が劣っている」の二つのパターンしか思い浮かばないからです。他人と自分という二つのことを比べるだけではダメで、第三者が出てきて初めて両者の関係がはっきりします。この試練からは人間として成長するにしたがって逃れられるのですが、おかしなことに国同士の話になるとそうはいかないのです。②いつまで経っても大人になれない。

もう一つ考えたいのは、個人的な将来の目標はなかなか見つからないということです。集団の目標は、たとえば硬式野球部なら「甲子園に出場する」といったように立てやすい。学校や部活動などは、家族の代わりとして、ある種の疑似※1家族的な空間をつくりやすいのです。しかし、個人の目標は見つかるまでにどれくらい時間がかかるかわかりません。

私が勤めている大学はいわゆる偏差値の高い学校ですが、合格するまでが目標で、入学してしまうと「何をしたらいいかわからない」という学生がたくさんいます。日本のように受験がある国では、受験が一時的に個人の目標の代わりを果たしますが、ほんとうの意味での目標とは違うので達成してしまうとぽっかり穴が空いてしまう。この点は、私の時代と皆さんの時代も共通していることかもしれません。しっかりとした目標を見つけない限り、③一〇代半ばからの試練を克服《こくふく》する作業はつづくと思っていてください。

〔中略２〕

東日本大震災と原発事故は日本で起こった大きな問題ですが、世界では今、経済問題がひじょうに深刻になっています。二〇一二年八月、私はフランスに行きました。滞在中にフランスの記事を集中的に読みましたが、明るい予測は皆無《かいむ》でした。誰が悪い、ここがよくない、という次元ではなく、世界経済の循環としてそうとう難しい局面にあることがあらためてわかりました。

日本では、中国の経済成長が鈍化《どんか》※2したうんぬんという話が取りざたされていますが、事態はもはやそんな局地的なものではないのです。中国の経済が悪くなれば、日本は漁夫の利を得るのではないか。そういう記事を日本で読むことがありますが、フランスで④そんなことを言っている人はいません。

ヨーロッパの経済は予想以上に悪い。そのうえ、アメリカや中国の経済が同時に破たんするようなことになったら、世界的な経済危機を迎えます。「世界大恐慌《きょうこう》」という言葉を聞いたことがあると思います。一九二九年一〇月二四日にアメリカのニューヨーク証券取引所で株価が大暴落したことをきっかけに起きた世界的な経済危機ですが、もしかしたらこのときの「世界大恐慌」が小さなエピソードとなってしまうかもしれないというくらい危機的な局面を迎えています。以前に比べて世界各国の

【国　語】（五〇分）〈満点：一〇〇点〉

一　次のⅠ・Ⅱの問いに答えなさい。

Ⅰ　①～③のカタカナを漢字に直しなさい。また、④～⑥の漢字の読みを答えなさい。

①　動物のコッカクを調べる。

②　ロウニャク男女が集まる。

③　この部屋はアツい。

④　優待券をもらう。

⑤　直伝の作法。

⑥　行方を追う。

Ⅱ　次の熟語の対義語を漢字二字で記しなさい。

1　直接

2　拡大

3　人工

4　鈍感

二　次の文章を読み、後の問いに答えなさい。

皆さんは今どのように生きているでしょうか。私は大学で一八歳以降の学生たちと二十数年接しているので、ある図柄が目に浮かびます。

一〇代の半ばから後半は、いろいろと難しい問題にぶつかります。まず、家族という枠《わく》の中から離れていく時期にあたります。自分という存在は、幼い頃から一〇代半ばまで家族の中で与えられてきたわけです。しかし、自分の意思ではなく、成長の過程で、否応《いやおう》なく家族の輪の中から離脱していかなければなりません。名前について考えてみるとわかりやすいでしょう。

皆さんは二つの名前を持っています。「名字」と「名前」です。日本人の多くは、明治政府が成立する前は名字を持っていませんでした。江戸時代、武士以外の人々には名字と帯刀が許されていなかったからです。ですから、歴史的に見ると、名字はごく最近つけたものといえます。

〔中略1〕

何を言いたいかというと、今この社会で生きている私たちは必然的に分裂《れつ》していることです。「名字の存在」として市民社会に書き込まれている［X］、「名前の存在」として家族の中の一員として認められています。幼稚園や保育園では名前で呼ばれることのほうが多かったはずです。そして小学校からは名字で呼ばれるようになりますが、これは一つの訓練なのですね。社会の中では名字という名前で暮らすのだと。

［A］名字を漢字で書くようにもなる。しかし、家庭では名前で呼ばれますね。多くの人にとっては「名前で呼ばれる自分の方が安心していられる存在」だと思います。

［B］、一〇代半ば以降は変わります。①家族の中で与えられていた自分という存在が希薄になっていくのです。そこで「もしかしたら自分は何者でもないのではないか？」という疑念が生まれます。「何者でもない自分」とは、すなわち「無」ということ。これはとてもたいへんなことです。誰もが通らなければいけない道だけれど、「何者でもない自分」と直面するというきわめて危機的な状況が、一〇代半ば以降の人間なのです。

絶対的で揺るぎない自信を持っているからだと納得した。

イ 「自信」がある人が周囲を見下しているように感じるのは、彼らが人と比べての評価に振り回されているためだと納得した。

ウ 「自信」がある人からアグレッシブな印象を受けるのは、その人達の自信のよりどころが自己評価であるからだと納得した。

エ 「自信」がある人にいつも不安の影を感じるのは、彼らが価値のない不安定なものに強く左右されているためだと納得した。

問六　傍線部⑤「あぶない、と思いました。このままいくと、外からの評価にやられてしまう、と思ったのです」とありますが、筆者の「外からの評価」というものに対する考えを最もよく表す一文を、本文中のこれより後から探し、その最初の五文字を書き抜きなさい。

問七　傍線部⑥「たとえば学生の就職活動にも同じことが言える」とありますが、「同じこと」とはどのようなことですか。「自信」という言葉を必ず入れて、本文中の言葉を使って二十五字以上三十字以内で書きなさい。

問八　傍線部⑦「そこまであなた自身を放棄してしまっていいものでしょうか」の「あなた自身」を言い換えた表現として適切な言葉を、本文中から八文字で書き抜きなさい。

問九　二か所の X には同じ言葉が入ります。そこに入る言葉として最も適当なものを次の中から選び、記号で答えなさい。

ア　一朝一夕　　イ　一進一退　　ウ　一喜一憂　　エ　一問一答

問十　傍線部⑧「もし神がいるとして、その神があなたを愛し、生きてごらんと言ってくれているのに、自ら、その神の手を払いのけるのは傲慢ではないかと」とありますが、筆者は若い人たちがどのように生きていくことを願っていますか。「自分自身」「世界」という二つの言葉を必ず入れて、本文中の言葉を使って四十字以上五十字以内で書きなさい。

ど、おバカさんに見えても、あなた自身を生きてやってほしい。そう切に願います。私は既存の宗教のどれにも、まだ身をゆだねることができないでいる者ですが、それでも思うのです。⑧もし神がいるとして、その神があなたを愛し、生きてごらんと言ってくれているのに、自ら、その神の手を払いのけるのは※4傲慢《ごうまん》ではないかと。

そうです。生きてごらん、と言ってくれているのです。宇宙は、世界は。人々が遠い昔から生み出してきたたくさんの絵も、音楽も、物語も。そこに自信なんていりません。そんなのは、あったって吹けば飛ぶようなものです。世界を信頼して自らをゆだねればいい。自分で自分を評価する必要もないし、外からの評価に［X］する必要もない。繰り返しになりますが、自分をまるごと受け容れ、丁寧に、省エネしないで、つまりは手を抜かずに、生きてやる、それしかないように思います。そのとき「自信」は何の意味もなくなるに違いありません。

（清水真砂子『大人になるっておもしろい？』より）

〈注〉※1　闊歩……大またで堂々と歩くこと。
※2　脱帽……相手の力量や行為に敬意を表すること。
※3　アグレッシブ……攻撃的な。
※4　傲慢……周囲を見下し、思い上がった態度をとること。

問一　傍線部①「膝をたたいて」の本文中での意味として最も適当なものを次の中から一つ選び、記号で答えなさい。

ア　感心して　　イ　対抗して　　ウ　確認して　　エ　困惑して

問二　傍線部②「この定義」において筆者が最も重要視している言葉を、本文中から五文字以内で書き抜きなさい。

問三　［A］～［D］に当てはまる言葉の組み合わせとして最も適当なものを次の中から一つ選び、記号で答えなさい。

ア　A　もちろん　B　たとえば　C　あるいは　D　しかし
イ　A　あるいは　B　他方では　C　だから　D　それで
ウ　A　むしろ　B　たとえば　C　それで　D　にもかかわらず
エ　A　いっそ　B　他方では　C　もちろん　D　あるいは

問四　傍線部③「実はいつも不安を抱えている」の「不安」とはどのようなものですか。最も適当なものを次の中から一つ選び、記号で答えなさい。

ア　自信を手に入れても、別のものを失ったのではないかという不安。
イ　何かができても、他人には認められないかもしれないという不安。
ウ　自分は他人よりも何もうまくできないのではないか、という不安。
エ　すでに得た自信を、今度は失ってしまうかもしれないという不安。

問五　傍線部④「これで納得がいきました」とありますが、筆者はどのように納得したのですか。その説明として適当でないものを次の中から一つ選び、記号で答えなさい。

ア　「自信」がある人が周囲を幸せにすることがないのは、その人達がで振り回されそうになったことがあるのです。自信とはまるで縁なく生きてきたはずだったのに。

それは三〇代の初めに私の書いた評論がある「新人賞」をいただいた時でした。驚いたことに、そのとたん、その分野の全国誌から原稿依頼が舞い込むようになりました。それまでは、東京の研究会などに出ても、誰からも声をかけられることなどなかったのに、先生と呼ばれる有名な人々からさえ声をかけられるようになりました。私は周りの空気が変わったのを感じました。

⑤あぶない、と思いました。このままいくと、外からの評価にやられてしまう、と思ったのです。私は必死に自分に言い聞かせました。「受賞する前と後でおまえの書いたものが変わったわけではないのだよ」と。賞をいただこうといただくまいと、書いたものは全く変わらず、ただただそこにあるのです。私自身だって、同じでした。受賞したからといって立派になどなるわけではない。私は書かずにいられなかったことを書いただけで、昨日と同じ自分がそこにいるだけでした。変わったのは私をとりまく外側の世界だったのです。それも全体からみればごく限られた人たちのさらにほんの一部が——もしかしたら、その人たちのどうでもいい一部だけが——針の先ほど変わっただけかもしれないのです。そんなものに自信を与えられたり、奪われたり……。今思えば、私はあの時、ばかばかしい、といよいよはっきり思ったのかもしれません。その時かぎりの無責任な評価なんて少しも本質的なものじゃない。そんなものに、左右される「自信」もまた、と。

もしかしたら、⑥たとえば学生の就職活動にも同じことが言えるかもしれませんね。何回も面接を受けたのに全部はねられた、生きていく自信がなくなった、と言って自殺する若者がかなりの数にのぼるとか。そんなことにあなたは自らの命を奪わせてはなりません。就職試験に落ちるのは、あなたのせいではないのですもの。採るほうは、あなたが命をかけるほどに命をかけてやっているわけではない。そもそも外からの評価はあなたの本質とは無関係で、落ちたからといって、いちいち責任を感じたり、自分を責めたりする必要はないのです。採用試験に受かったからと自信を手にし（＝自己評価を高め）、落ちたからと自信をなくす（＝自己評価を低める）としたら、あなた自身はいったいどこにいるのでしょう？　⑦そこまであなた自身を放棄《ほうき》してしまっていいものでしょうか。それって同じ論理でいくなら、もし就職試験に受かったら、あなたは落ちた人間を無能呼ばわりし、優越感に浸るということでしょう。なんとあさましく、なんと馬鹿げたことでしょう。

さて、長い間、若い人たちと多くの時を過ごしてきて、私が願ってきたこと。それは自信のあるなし、自己評価の高い低いはどうでもいいけれど、——だってそれは時間のものさしで測っても、空間のものさしで測っても、［　X　］すべきものではないのですから——まずは、自分自身を無条件に肯定できるようになってほしい、ということでした。あるがままの自分を好きになってほしいということでした。いえ、好きにまでならなくてもいい。まあ、仕方ない、こんな自分でも受け容《い》れてやるか、というところまでくれば、しめたもの。そう願ってきました。それは、自分に見切りをつけることではありません。それどころか、まるごとの自分と向き合い、まるごとの自分を引き受けて、その自分をしっかり生きてやること。そうです。誰もかわりにあなたの人生を生きることはできないのですから、あなたが生きるしかない。自分がどれほはましですが、でも②この定義にはかないません。『新明解…』がすてきなところは、「自分の才能・価値を信ずること。自分自身を信ずる心」（『大辞林』）とか「自分の能力や価値を確信すること。自分の正しさを信じて疑わない心」（『広辞苑』）などにある「信じる」という曖昧《あいまい》なことばから全く自由になって「自己評価」ということばをきっぱりと打ち出しているところです。

「これでなぞが解けた！」と私は思いました。なぜこのことばが年々、自分には縁のないことばとして遠ざかっていっていたか。なぜ、自信なんて、あってもなくてもどうでもいい。いや A 邪魔かもしれない、と思うようになってきていたか。もっと言えば私は「〝自信〟なんてくそくらえ！」とさえ言いたくなってきていたのです。

私は長い教師生活の中で、自信が持てないと嘆く若い人たちに、いやというほど会ってきました。一方では、自信満々の人たちにもまた。B 外国語が周りの人よりうまく話せたり、いわゆる「容姿端麗《ようしたんれい》」だったり。あるいはある分野の事情に他人より通じていたり。ところが自信が持てないという人だけでなく、自信満々キャンパスを※1闊歩《かっぽ》する人も、③実はいつも不安を抱えていることに、私は次第々々に気付くようになりました。自信がない、という人も、何かが他人《ひと》よりできるようになったとたん、自信を手にするのですが、手にすればしたで、またそれをいつか失うのではないかという不安にどうやら若者たちは取り憑《つ》かれてしまうようなのです。いいえ、若い人たちだけではない。四〇代、五〇代になってもそういう不安を抱え続ける人に、私は大勢会ってきました。何かが、他人よりできれば自信が持てて、できなければ自信が持てない。その時の「自信」って何なのだろう。そんなに「自信」のあるなしで振り回されるなら、いっそ自信などと縁を切ってしまってもいいのでは？　私には、「自信」が人を幸福にするとは、次第に思えなくなってきていました。

でも、「自信」を持つのはいいこと。必要なこと。そういう声はいたるところで聞かれるのに、「自信」に疑義をはさむ声には、なかなか出会えません。C 、ようやく、いえ、ついに辞書を引く気になったのでした。

いや、「自己評価」には参りました。※2脱帽です。④これで納得がいきました。自信がある、と自ら言う人、あるいは自他共に認める人が、なぜ周囲の人々を幸福にするのを見たことがなく、むしろ目に入る風景といえば、周囲の人々を見下しているように感じられる場合がほとんどだったかということが。なぜ、そういう人に※3アグレッシブなものを常に感じざるを得なかったかということが。D 、いえ、だからでしょうか、前にも記したようにそういう人々に常に不安の影を見てとらずにはいられなかったことが。そうです。「自己評価」に何の価値がありましょう。もちろん他人による評価にも、ですが。

学校というところは、いつも何かができるか、できないかで評価されるところです。社会もおおむね、そうです。いえ、できるか、できないかだけならまだいいのですが、そこに「他人と比べて」が入ります。他人と比べて少しでも何かが優れていると見るや、自信＝自己評価は高くなり、劣っていると感じると、自信はたちまちしぼみ、自己評価は低くなります。そんな自信って、持つ必要があるのでしょうか。そんなものに振り回されてしまうなんて、愚かとは思いません？

などと偉そうなことを言ってしまいましたが、実は私自身、この問題調する効果。

オ　座布団カバーを盗むことを、悪いことだと理解していない様子を伝える効果。

カ　座布団カバーを盗むことで、「ぼく」を傷つけた事実を浮きぼりにする効果。

問八　**D** にあてはまる言葉を、本文中から二字で書き抜きなさい。

問九　傍線部⑤「コズエが持ってきたの？ねえ、違うって言ってよ」のように、「ぼく」はコズエの母が本当に座布団カバーを盗んだのかについて何度も確認していますが、それはなぜですか。「大人」「子ども」という二つの言葉を必ず入れて、五十字以上六十字以内で書きなさい。

問十　この文章には、次の一文が欠けています。この一文を補う場所として最も適当な箇所を、本文中のⅠ～Ⅳから一つ選び、記号で答えなさい。

　どうして自分の母さんを、そんな簡単に「売る」んだよ！そう言いたくなった。

問十一　傍線部⑥「やっぱり石垣をつかんでしまった」とありますが、この動作に表れている「ぼく」の心情として適当でないものを、次の中から一つ選び、記号で答えなさい。

ア　座布団カバーを平気で盗み出すようなコズエの母に対するあきらめ。

イ　座布団カバーを盗んで子に持たせるようなコズエの母に対する怒り。

ウ　「ぼく」の言いたいことがなかなか伝わらないコズエに対するじれったさ。

エ　「ぼく」が感情的であるのに対して冷静なコズエに対するいらだち。

三　次の文章を読んで、後の問いに答えなさい。（本文は出題の都合上、一部変更しています。）

「自信」とはいったい何なのか。いよいよ気になった私は、つい先日、大小いく冊かの国語辞典を引いてみました。そんなに長い間気になっていたなら、なぜもっと早く引かなかったのか、と言われそうですね。言われてみれば、確かに、とは思うものの、煮詰まってからでなくては、この定義をしかと定義として受け取ることができなかったかもしれないと、今は思います。これは言い訳かな？

それはともかく、『広辞苑』（岩波書店）や『大辞林』（三省堂）から始まって、「自信」ということばを引き始めた私は、最後にと残しておいたいちばんよく使う『新明解国語辞典』（三省堂）を引いて、思わず①膝《ひざ》をたたいて笑いだしてしまいました。「そうか。まさにこれだ!!」、「よくぞ言ってくれた！」と思ったのです。そこにはこう記してありました。

「確かにうまくやることが出来・る（た）であろうという自己評価」（第四版第一刷、一九八九年一一月一〇日発行）。続いて、同じ辞典の第六版第一刷（二〇〇五年一月一〇日発行）を引けば「そのことをまちがいなく、うまくやることが出来るという自己評価」と、さらにすっきりと明解になった定義が記されています。

角川書店発行の『必携国語辞典』も、『広辞苑』、『大辞林』より少し

「ビヒン。」
「布団とか急須とか歯ブラシとか、座布団カバーだって、全部持っていっちゃだめなんだ。」
「うん。」
　コズエは、ぼくから目を逸《そ》らさなかった。後悔しているみたいにも、悲しんでいるみたいにも見えなかった。ただ、どうしてぼくがこんなに興奮しているのか分からない、というような顔をしていた。ぼくは何故だか、泣き出しそうになった。
「どうして母親なのに分かんないの？そんなことしちゃだめだって、母親が子供に言うべきだろ？」
　もうやめよう、そう思うのに、⑥やっぱり石垣をつかんでしまった。指の間で、石垣がさらさらと崩れていくのが分かった。

（西加奈子『まく子』より）

問一　傍線部①「おかしな感じがした」を言い換えた表現として最も適当なものを次の中から一つ選び、記号で答えなさい。
ア　不快感　　イ　違和感　　ウ　安心感　　エ　絶望感

問二　A にあてはまる言葉として最も適当なものを次の中から一つ選び、記号で答えなさい。
ア　懐かしい　　イ　悲しい　　ウ　わずらわしい　　エ　明るい

問三　傍線部②「一瞬で、耳だけが熱くなるのが分かった」とありますが、この時の「ぼく」の気持ちとして最も適当なものを次の中から一つ選び、記号で答えなさい。
ア　小菅先生に注意をされた恥ずかしさと、勝手に座布団カバーを学校に持ち出したコズエへの恐怖。
イ　小菅先生に注意をされた恥ずかしさと、強引に座布団カバーを母親に持たされたコズエへの心配。
ウ　クラスメイトに心配をかけた申し訳なさと、座布団カバーでテルテル坊主を作るコズエへの怒り。
エ　クラスメイトの注目を浴びた恥ずかしさと、座布団カバーでテルテル坊主を作るコズエへの怒り。

問四　「B」には「ぼく」の言葉が入ります。前後の文脈に合うように、「ぼく」のセリフを自分で考えて十字程度で書きなさい。

問五　C にあてはまる言葉として最も適当なものを次の中から一つ選び、記号で答えなさい。
ア　いてもたってもいられなくなった。
イ　今にも泣き出しそうだった。
ウ　言葉が出なかった。
エ　コズエが許せなかった。

問六　傍線部③「最後の望みをかけて、そう聞いてみた」とありますが、「ぼく」にとっての「最後の望み」とは具体的に何ですか。「〜が…こと」という形で二十字以上二十五字以内で書きなさい。

問七　傍線部④「オカアサンガモッテキタンダモノ」が全てカタカナで書かれていることによって、どのような表現効果がありますか。その説明として適当なものを次の中から二つ選び、記号で答えなさい。
ア　話すのが得意ではないことを表現する効果。
イ　感情のこもっていない言葉のように表現する効果。
ウ　「ぼく」に対して心を許していない様子を表現する効果。
エ　座布団カバーを盗んだのは、コズエの母親であるということを強

「知らない。でも持ってきた。」

C

コズエのお母さんが盗んだのなら、それは事件だ。無口だけど熱心に働いてくれると、母ちゃんはコズエのお母さんのことを褒《ほ》めていた。でも、そんな人が客室の座布団カバー（それも、ぼくが見た限り綺麗《きれい》だったから、新しいものだと思う）を盗んだとなると、さすがの母ちゃんも、許さないのではないだろうか。

自分が問い詰めたのに、そんな大変なことをあっさり言うコズエを、ぼくはお門違《かどちが》いに恨み始めた。Ⅱ

「本当にコズエのお母さんが持ってきたの？」

③最後の望みをかけて、そう聞いてみた。

こうなったら、コズエが盗んだと言ってほしかった。コズエがやったのなら、母ちゃんも、そんなことしちゃだめだと、厳しく言うだけな気がした。大人っぽい姿をしていても、コズエはまだ小学生なのだ。まだ、５年生なのだ。

でも、ぼくの祈りは通じなかった。コズエはあっさり、こう言ったのだった。

「だって、お母さんが持ってきたんだもの。」

④オカアサンガモッテキタンダモノ。

そのとき初めて、コズエをこわいと思った。コズエが心のない人形みたいに見えた。コズエの透き通った肌が、びっしり生えそろった睫毛が、まっすぐ伸びた足が、とても冷たい、凶暴なもののように思えた。

「……だめだよ。」

ぼくが言えたのは、それだけだった。めちゃくちゃ情けなかった。ぼくはびびっていた。コズエのお母さんが客室の座布団カバーを盗んだことに。そしてそれを、コズエが何も悪くないと思っていそうなことに。

Ⅲ

「だめ？」

コズエは、ぼくの目を覗《のぞ》きこんだ。色素の薄い、ビー玉みたいな目は、やっぱり D の目に見えて、ぼくはみんながどうしてコズエのことを綺麗だと言うのか、分からなくなった。自分だってあれほど綺麗だって、思ったはずなのに。

「だめだよ。」

ぼくの指は知らない間に、また石粒を探り当てていた。毎日毎日ほじくるから、石垣はコズエが最初に来たときより、かなり崩れていた。指先だけで分かった。

「客室の座布団カバーは、持ってきちゃいけないんだね？」

「……⑤コズエが持ってきたの？ねえ、違うって言ってよ。」

「だから、お母さんだって。」

オカアサンダッテ。

「お母さんに言うね。客室の座布団カバーは、持ってきちゃいけないよって。」

石垣がボロボロ崩れる。落ちていった石粒が、ぼくのふくらはぎを叩いていく。もしかしたらぼくは、少しだけ震えていたのかもしれなかった。Ⅳ

「……座布団カバーだけじゃない。」

「座布団カバーだけじゃない。」

「宿の備品は、何も持ってっちゃだめなんだ。」

よくもそんな顔を！

コズエが熱心に切っていた布は、濃い紺色と淡い草色のしましま模様。それは、あかつき館の客室用の座布団カバーだった。

「なんであれを持ってきたんだよ。」

放課後の石垣で、ぼくは怒っていた。

コズエが来るかどうかは、やっぱり、分からなかった。でもぼくは、コズエが来たら絶対に問いただそうと思っていた。鼻息荒く待ち受けていたぼくを前に、

「いた。」

コズエはまんまと姿を現した。目が合った瞬間、いつものように喜んでしまいそうになったけれど、ぐっとこらえた。コズエはふわふわと近寄ってきた。まったく油断しながら、長い足を投げ出して、石垣に腰を下ろした。

「なんであれを持ってきたんだよ。」

コズエは、ぼくが怒っていることには、気づいていないようだった。信じられなかった。

「あれって？」

「座布団カバー、あれ、客室のだろ？」

コズエが作ったテルテル坊主は、紺と草色のしましま模様に、目に見立てた大きな小石を貼りつけたものだった。小石は楕円形《だえんけい》で、とても大きかったから、宇宙人みたいだとみんなからかったけれど、コズエはとても満足そうだった。

ぼくは間近で、コズエのテルテル坊主を見た。間違いなかった。布に触ると、ザラザラした織りがあって、それは絶対にあかつき館の客室の座布団カバーだった。

「座布団カバー？」

コズエは、知らんぷりを決めこむつもりのようだ。

「座布団カバーだろ、あのテルテル坊主の布。」

「テルテル坊主？」

「作っただろ、図工の時間。コズエが使ってたの、うちの座布団カバーじゃないか。」

コズエは、しばらく何かを考えていた。そして思い出したように、こう答えた。

「座布団カバーっていうんだ、あれ。」

「そ、そ、そうだよ。」

ぼくは興奮して、思わずどもってしまった。

「しかもあれ、客室のだろ？　盗んだの？　母ちゃんにバレたら怒られるだろ？」

「私じゃないよ。」

カッとなった。あまりに素《す》っ頓狂《とんきょう》なコズエの態度が許せなかった。

「じゃあ、誰がやるんだよ！」

「布が必要だって言ったら、お母さんがくれたの。」

コズエが言うと、「お母さん」が「オカアサン」という風に聞こえた。すごくぎこちなかった。[I]

「コズエの？」

「そう。布がいるって言ったら。」

「客室から？」

【国　語】（五〇分）〈満点：一〇〇点〉

一　次のⅠ・Ⅱの問いに答えなさい。

Ⅰ　次の①～③の傍線部の漢字はひらがなに、④～⑥の傍線部のカタカナは漢字に改めなさい。

①　長年の願いが成就する。

②　船を操縦する。

③　その話は信用に値しない。

④　本番で力をハッキする。

⑤　最後までやりトげる。

⑥　空に大きなニジがかかる。

Ⅱ　次の A ・ B に適当な漢字一字を入れて、上の言葉と反対の意味になるようにしなさい。また、 C ・ D に適当な漢字一字を入れて、上の言葉と似た意味になるようにしなさい。

困難 ⟷ 容 A 　　悪意 ⟷ B 意

平等 ⟷ C 平　　方法 ⟷ D 段

二　次の文章を読んで、後の問いに答えなさい。

「ぼく」（慧《さとし》）の両親は温泉宿「あかつき館」を経営している。ある日「あかつき館」の従業員が生活する「いろは荘」に、「ぼく」と同い年のコズエとその母親が引っ越してきた。次の文章は、「ぼく」の学校でテルテル坊主を作る場面である。

コズエは、随分大きな布を、はさみで切っているところだった。

それを見た瞬間、①おかしな感じがした。この場面、どこかで見たことがあると、そう思ってしまった。夢で見たのだろうか、それとも、本当にどこかで見たのだったか。

もちろん、コズエが布を切っている姿なんて、初めて見るはずだった。コズエが来たのはほんの少し前だし、コズエがテルテル坊主を作るなんて、今までなかったことだった。でも、コズエが布を一生懸命切っている様子は、ぼくをどうしても、 A 気持ちにさせた。すごく不思議だった。その理由が知りたくて、ぼくはコズエを、じっと見た。

睫毛《まつげ》がすごく長い。頬は白くて、青い血管が浮かんでいるのが、ここからでも分かる。たらりと垂れた髪の毛を払わず、コズエははさみを真剣に動かしている。

「あ！」

大きな声を出してしまった。

小菅《こすげ》先生も、正も孝太も、みんなぼくを見た。もちろん、コズエも。

その瞬間、コズエとはっきり、目が合った。

「どうしたんだ、慧。」

小菅先生が声をかけてくれた。②一瞬で、耳だけが熱くなるのが分かった。

「　 B 　」

みんなぼくを見たけれど、すぐに、自分の作業に戻った。他の授業では考えられないくらい、静かだった。国語や算数の授業中じゃなくて良かったと、心から思った。

また作業に戻るフリをして、ぼくはちらりとコズエを見た。コズエは、まだじっと、ぼくを見ていた。すごく不思議そうな顔をしていた。

ら。

イ　父の根拠のない言葉と笑顔に、弟と妹のこの先が思いやられたから。

ウ　別れを喜んでいるかのような父の笑顔に、さびしさを感じたから。

エ　父の笑顔とは反対に、自分の今後に不安しか感じられないから。

問七　「B」に入る文字としてもっともふさわしいものを、次の中から一つ選んで記号で答えなさい。

ア　理理理理理　　イ　離離離離離

ウ　利利利利利　　エ　裏裏裏裏裏

問八　傍線部⑥「こんな顔」について次の問いに答えなさい。

①　これはどのような顔ですか。本文中から十五字以内で探して抜き出しなさい。

②　これはどのような気持ちの表れですか。十五字以内で説明しなさい。

問九　傍線部⑦「泣いてはいけない」とありますが、その理由が説明されている一文を、ここよりも前の本文中から探し、最初の五字を抜き出しなさい。

問十　傍線部⑧「僕の背筋を伸ばした」とは、この時の「僕」のどのような心情を表していますか。四十字以内で説明しなさい。（句読点を含みます。）

息が止まった。

西北小学校の松延修三校長先生と担任だった松下康子先生が子ども達の後ろに立って、一緒に手を振っていることに気づいた。

「先生、先生、ありがとう！　ありがとう！」

窓から身を乗り出して手を振ったら、涙がこぼれた。ぽろぽろ、ぽろぽろ溢《あふ》れた。

「⑦泣いてはいけない」

遠ざかってゆく先生と子ども達と『佐田君がんばれ』の文字が見えなくなった後、僕は一目散にトイレに走り込んで声を出して泣いた。涙が後から後からこぼれた。自分の嗚咽《おえつ》が外に聞こえないかと困ったほどだったが、僕はこの時に、もう二度と故郷が恋しいという理由では泣かない、と決めた。保の泣き顔と『佐田君がんばれ』は⑧僕の背筋を伸ばした。

（さだまさし『ちゃんぽん食べたかっ！』による）

〈注〉※1　ポジティヴ……肯定的、積極的なさま。ネガティヴは、その対義語。

※2　長屋……長い一棟をいくつかに分けて、その一つを家とする住宅。

※3　三白眼……黒目が上に寄り、左右と下部の三方に白目のある目のこと。

問一　傍線部①「母の思い」の説明としてもっともふさわしいものを、次の中から一つ選んで記号で答えなさい。

ア　兄弟で過ごす残り少ない学校での時間を、大切にしたいという思い。

イ　息子のために、進学に有利な学校へ転校させたいという思い。

ウ　父の商売の失敗による転校だと、周りに知られたくないという思い。

エ　妹や弟がいじめられた場合には、兄に守ってほしいという思い。

問二　傍線部②「気の引き方」とはどのような「気の引き方」ですか。もっともふさわしいものを、次の中から一つ選んで記号で答えなさい。

ア　好きな子の親に取り入るような気の引き方。

イ　好きな子をひどく悲しませるような気の引き方。

ウ　好きな子が嫌がり困るような気の引き方。

エ　好きな子にはっきり喜ばれるような気の引き方。

問三　A には動物の名前が入ります。それを漢字一字で答えなさい。

問四　傍線部③「鈴虫のごたる」の説明としてもっともふさわしいものを、次の中から一つ選んで記号で答えなさい。

ア　歌う姿が、鈴虫の姿のようで力強い。

イ　歌う姿が、鈴虫を連想させて頼もしい。

ウ　歌声が、鈴虫の音のようで気持ち悪い。

エ　歌声が、鈴虫の音のように美しい。

問五　傍線部④「保はいつもそうだ」とありますが、「保」のいつもの様子を本文中から漢字三字で探して、抜き出しなさい。

問六　傍線部⑤「僕はそんな邪気のない父の笑顔を途方に暮れて見つめていた」とありますが、「僕」はどうして「途方に暮れて見つめていた」のですか。その理由としてもっともふさわしいものを、次の中から一つ選んで記号で答えなさい。

ア　土産物を買い込む父を見て、お金は大丈夫なのかと心配だったかりりりりりりとベルが鳴った。

「　Ｂ　」という文字が僕の頭の中で鳴った。

「握手しよう」と平山の裕ちゃんが言った。窓越しにみんなと握手をした。男の子も女の子も、泣き出す子がいたけど、僕は泣かなかった。

僕は酷い泣き虫なんだけど、ここで泣いてはいけないような気がしたのだ。だってこれから東京に出たら、僕には色んなことが待ち受けているはずで、出発の時に泣いてしまったら、これから先、一生泣いていかなきゃならないことになる、と思ったのだ。

ふと気づくと、さっきまで口をとがらせ、機嫌の悪いワニが拗《す》ねたような三白眼でこちらを見ていた保の姿が見えなくなっていた。

ごしゃーん、と汽車が動いた。

弟と妹と窓越しに握手した時には少し泣きそうになったが、父の嬉しそうな笑顔を見た時、力が抜けた。もしかしたら本当になんとかなるかもしれない、と思ったのだ。父の笑顔にはそういう奇妙な力があった。不安な人を安心させる魔法のような不思議な力があったのである。

「ホームでは走らないでください！」というアナウンスが流れる中、友だちも兄弟もゆっくり動き始めた汽車の脇で段々小走りになった。

長崎駅の一番ホームは薄暗くて長い。「雲仙号」は名残を惜しむようにゆっくりとゆっくりと加速してゆく。

ホームの先の方で保が待っていた。保の姿が見えなかったのは、一足先にホームの先まで行って僕を見送るつもりだったからだ。

「あ、保」

既に汽車はかなりの速度になっていたが、保の顔がゆっくりとこちらを見るのが解った。保の⑥こんな顔を見るのは初めてだった。

保は爬虫類ではなくて人間らしい顔を涙で濡《ぬ》らし、歯を食いしばるように手を振っていた。ちぎれるほど手を振り、泣きじゃくりながらホームの一番端っこの柵《さく》の所まで追いかけてくると、そこでうずくまるようにしゃがみ込んだ。

「あんた、危なかよ」

僕は窓から身体を大きく乗り出して手を振り続けていたが、母にたしなめられて座席に座り直した。泣きじゃくりながらその場にうずくまる保の姿がいつまでも目の底に残った。

涙がこぼれそうになったが、泣いてはいけない、と深呼吸をした。

長崎駅を出た汽車は浦上《うらがみ》駅の先から緩やかな坂を上る。住吉町の裏手を少し走ると左手の丘の上に実家の青い屋根が見える。

「ホラ、家の見えるよ。あんた、夏まで見納めやね」

「うん。夏休みまで見納めやね」

汽車の窓を開け放ち、ぼうっと実家の青い瓦屋根《かわらやね》を見ていた時だった。ちょうど上り坂の、六地蔵と呼ばれる付近に母校、西北小学校の正門に通ずる細い道があった。

そこで十五人ほどの小学生の集団が汽車に向かって手を振っていた。子どもの頃はみんなそうだった。汽車がくると手を振った。あてのある誰かに手を振るのではなく、普段通りの、いつもの挨拶だった。そういう時代だった。

その時、その子ども達が急に大きな紙を拡《ひろ》げた。

その紙には黒く太い文字で『佐田君がんばれ』と書いてあった。

東京へ行くことにした、と告げた時の保《たもつ》の顔をまだ覚えている。

僕は市内の上町に住んでいる時に勝山小学校に入学したが、二年生の初め、父の商売の失敗から大きな家を離れ、新中川町の※2長屋に引っ越ししたことで伊良林《いらばやし》小学校へ転校した。

五年生の終わりに今度は市内若竹町に移住した。伊良林小学校の先生は、もうすぐ六年生だし、現実的には越境だけれども、一年ほど市電で通学をしてここで卒業したらいいという判断だったが、僕を弟や妹と少しでも同じ学校で過ごさせたいという①母の思いから、小学六年生の二学期に西北小学校に転校したのだった。

山口保はそのクラスのやんちゃ坊主で、やんちゃそのものは大人になろうが幾《いく》つになろうが変わらないから死ぬまでそうなのだろうけれども、偏屈《へんくつ》で愛想《あいそ》もこそも尽き果てるほど人当たりが悪く、機嫌が悪いと爬虫類《はちゅうるい》のような低温な※3三白眼《さんぱくがん》で口をとがらせて人を睨《にら》む。好きな女子の家の生け垣の葉っぱを全部むしってしまって思いっきり叱《しか》られるような②気の引き方をする。つまり異常なほどの照れ屋で想像を超えるほど自意識過剰の屈折男子だった。

一方僕はというと転入ばかりのくせに当時人気の吉本のテレビ番組『スチャラカ社員』の平参平《たいらさんぺい》のものまねやら、林家三平のものまねやら面白いことばかり言ったりしたりして人を笑わせることが上手な、いわゆる口八丁手八丁の、保とは真反対側に立つ人気者になったが、このやんちゃな保とは不思議に［A］が合って仲が良かった。

驚いたことにこの無愛想《ぶあいそう》な保が実はボーイソプラノで歌も巧《うま》く、音楽の時間はいつも僕と二人クラス代表で歌わされたものだ。担任の松下康子先生は二人のデュエットを聴いて「③鈴虫のごたる」と絶賛したが、僕は昆虫が嫌いなので喩《たと》えが気持ち悪いと思った。

〔中略〕

保は、僕が東京へ行く、と告げた時、一瞬凍り付いたように押し黙ったかと思うと、しばらく僕を例の爬虫類のような低温の三白眼で見つめて言葉を探していたが、やがて他人事《ひとごと》のように、

「あっ、そう」とだけ言った。

④保はいつもそうだ。興味があるのかないのかさっぱり解らないし、楽しいのか楽しくないのかさえ解らないようなところがある。

〔中略〕

僕の旅立ちの日はまだ学校の春休みの最中、というよりも中学校の入学式の前だったので、保をはじめ、小学校の時に仲良しになった友だちが男子女子合わせて七人も長崎駅まで見送りに来てくれていた。

急行雲仙《うんぜん》号で、母と二人の旅立ちだった。もちろん母は東京へ着いたら僕の下宿を探し、そこへ落ち着かせてから長崎に帰るのだ。ということは僕は一人でそこから東京に残るのである。弟の繁理《しげり》や妹の玲子《れいこ》は少し不安そうにしていたが、父は一人、酷《ひど》く機嫌が良かった。カステラと九十九島せんぺいと一口香《いっこうこう》を幾つかずつ買ってきては窓越しに母に渡し、誰それにはこれを、と指示した。

「鳥栖《とす》の駅でかしわうどんを食べなさい。折尾《おりお》ではかしわめしがよか」などとあれこれ言いながら落ち着かなそうに汽車の窓と土産物屋《みやげものや》を往復した。

本当に「なんとかなる」のだろうか。

⑤僕はそんな邪気のない父の笑顔を途方に暮れて見つめていた。

オ　何事においても詳細に観察をしないといられない点。

問八　傍線部⑥「お灸を据える」の意味としてもっともふさわしいものを、次の中から一つ選んで記号で答えなさい。

ア　真っ正面から勝負を挑むこと。

イ　間違っている所を直すこと。

ウ　弱点を突いてやりこめること。

エ　厳しく注意をし責めること。

問九　傍線部⑦「ファーブルはかなり本質的にダーウィンを批判している」とありますが、その理由としてもっともふさわしいものを、次の中から一つ選んで記号で答えなさい。

ア　ファーブルは自然の中で生きる昆虫の多種多様な姿を知っているが、ダーウィンは生き物の観察を実際にはしたことがないから。

イ　同じ昆虫でも種類が違えば生態が違うというファーブルの発見を無視して、昆虫は全て共通の祖先から進化したとダーウィンは主張するから。

ウ　昆虫の実態を事細かに観察してきたファーブルには、ダーウィンの進化論は生き物の現実の暮らしにそぐわないと思われたから。

エ　ファーブルの方が昆虫の実態を正確に観察しているのに、ダーウィンよりも学問的に評価されていないことに不満を抱いているから。

問十　傍線部⑧「少年期に出会ったファーブルの影響が強い」とはどういうことですか。その説明としてもっともふさわしいものを、次の中から一つ選んで記号で答えなさい。

ア　作者が昆虫採集に興味を持ちだしたのは、『昆虫記』に描かれているファーブルの真剣な観察姿勢に影響を受けたということである。

イ　作者が学問の形式的な枠組みから外れているのは、権威的な学問に反発するファーブルの姿に影響を受けたということである。

ウ　作者が学問の道から外れて放浪してしまうのは、生物学以外にも多くのことに興味を持っていたファーブルの生き方に影響を受けたということである。

エ　作者に一貫した学問への情熱と探究心があるのは、学問の権威であるダーウィンを批判したファーブルの反骨精神に影響を受けたということである。

問十一　【Ｘ】に入る小見出しとしてもっともふさわしいものを、次の中から一つ選んで記号で答えなさい。

ア　ファーブルの『昆虫記』に夢中になる

イ　進化論は生物学の正統であり続ける

ウ　アカデミズムの外にも学問の世界はある

エ　ファーブルを学者として再評価する

三　次の文章を読んで、後の問いに答えなさい。

「僕」は小さい頃からバイオリンを習っています。専門の先生に習うために、中学校に上がるタイミングで、長崎から東京へ行くことになります。

「なんとかなる」

その、※1ポジティヴなのかネガティヴなのかさっぱり解《わか》らない我が家の家訓は、上京を決心した時もそうだったけれども、その後もいざという時に必ず僕を過酷な方へと追い遣《や》ることになるのである。

あり続け、ファーブルは自然観察家としては有名だが、学問的にはあまり評価されていない。それでよいのだろうか？　ファーブルを学者として再評価するのは興味深いテーマだ。皆さんの中からそんなテーマに挑戦する人が出てくることを期待したい。

　しかもファーブルは生物学だけの人ではない。詩人であり、作曲家でもあった。それから、南フランスのオック語という古い少数言語が消滅しかけているのを心配して、保護運動にも乗り出した。九二歳まで長生きした人だから、いろんなことをやっている。生涯を通じてアカデミズム（大学など学問の権威的な世界）の外にいた人で、反骨精神、批判精神が非常に強い。

　今から振り返ると、僕は虫の世界を通じてファーブルのそうした存在に惹《ひ》かれていたような気がする。僕自身ものちに、学問の形式的な枠組みからどんどん離れていってしまった。自分の中では一貫した情熱と探究心があるのだけれど、外からみると僕のやり方は決められた枠からはみだし、公式的な学問の道から外れてどこか遠くへ放浪していったように見えるらしい。そうした動き方には、もしかしたら⑧少年期に出会ったファーブルの影響が強いのかもしれない。

（今福龍太「学問の殻を破る──世界に向けて自己を開放すること」による）

〈注〉※1　アーカイブ……複数のファイルを一つにまとめること。あるいはまとめたファイル。

※2　チャールズ・ダーウィン……イギリスの生物学者。

問一　傍線部①「世界」とはどのようなものだと作者は言っていますか。本文中から四十字以内で探し、最初と最後の五字を抜き出しなさい。（句読点を含みます。）

問二　波線部（ア）～（オ）の言葉を作者の主張にそって二つに分けた時に、一つだけ他の言葉と異なるものがあります。その言葉を選んで記号で答えなさい。

ア　生まれ育った「家」　イ　自分の狭い殻　ウ　バリア

エ　防波堤　オ　海

問三　②に二字の漢字を入れて、四字熟語を完成させなさい。

問四　（A）～（C）に入る言葉の組み合わせとして正しいものを、次の中から一つ選んで記号で答えなさい。

ア　A　かりに　B　だから　C　よって

イ　A　しかし　B　つまり　C　だから

ウ　A　けれど　B　そして　C　しかし

エ　A　よって　B　しかし　C　そして

問五　傍線部③「世界の波打ち際に向けて自分を開く」とはどのようなことをするのですか。本文中の言葉を使って五十字から六十字で説明しなさい。（句読点を含みます。）

問六　④にあてはまる言葉を、本文中から漢字二字で抜き出しなさい。

問七　傍線部⑤「おもしろい人」とはどのような点で「おもしろい」のですか。その説明としてふさわしいものを、次の中から二つ選んで記号で答えなさい。

ア　世の中で広く認められていることに反抗している点。

イ　進化論に対して学者ではない立場から反論をしている点。

ウ　誰も気にもとめない虫の世界に興味を抱いている点。

エ　生物学以外の分野でも幅広く活躍をしている点。

築いて自分たちを囲い込んでしまった。そう考えてみてはどうだろう。
　かつて海辺で暮らしていた人々は、海を通じて世界と対面していた。海の色、潮の匂い、波の音や高さ。これらはすべて情報の※1アーカイブだった。それを読み解けば、天候がどんなふうに変化するか、いつ、どのくらいの大きさの波が来るかがわかった。（　B　）海という巨大な謎の世界からのシグナルをキャッチできた。それは長い時間のなかで知らず知らずに身についた知恵だ。
　ところが、海と人との間に巨大なコンクリートの壁を築いたらどうなるか。そうした自然がもたらす情報は遮断《しゃだん》されてしまう。人間が海と対話することができなくなってしまう。天候の変化も、津波の危険性も察知できない。やがて海からのシグナルをキャッチする感受性は失われていく。人は生きるための大切な知恵の一つを捨ててしまったのだ。
　（　C　）皆さんに言いたい。自分を開くのは決して無防備な仕草ではない。外の世界から発信されているさまざまな信号や情報を全身で受け止める。それは、自然に向けても社会に向けても自己を開放し、対話することなのだ。その行動を恐れてはいけない。

【　X　】

　僕が皆さんと同世代の頃、どんなふうに世界と出会い、結果として自分を再発見する糸口をつかんだか。それについて思いつくままに話したい。そこから皆さんが、自分自身の現在と未来に照らし合わせて、何かヒントになることを受け取ってくれたら、とても嬉《うれ》しい。
　小さい頃に僕が初めて出会った世界は昆虫の世界だった。いまや虫は嫌われ者だけれど、一歩外に出れば豊かで神秘的な虫の世界が広がっていた。虫たちもまた、［　④　］がわれわれに対して送り込んでいる信号の一つだ。僕はその信号に関心をもち、虫を採ることで外の世界に飛びだし、対話することを学んだ。卵や幼虫を採集して飼育もした。そうやってひたすら昆虫のことを深く知ろうとした。
　ファーブルの『昆虫記』は知っていると思う。僕も皆さんくらいの頃に虫を通じてジャン＝アンリ・ファーブル（一八二三～一九一五）の本に出会った。ファーブルは⑤おもしろい人で、いうなれば権威に対する反逆者だった。
　当時のヨーロッパは※2チャールズ・ダーウィン（一八〇九～一八八二）の進化論が権威を持ち始めていた時期だ。生物が自然環境との関わりの中で共通の祖先から長い時間をかけて変化してきたことを明らかにした進化論は、学問的には一つの大発見だった。
　ところがファーブルは『昆虫記』で「進化論に⑥お灸《きゅう》を据える」というタイトルの一章を書いている。ダーウィンの進化論は自然の実態とかけ離れた観念的な理論にすぎないのではないか。それがファーブルの意見だ。
　『昆虫記』にあるように、ファーブルは南フランスの野山で小さな昆虫たちの生態を徹底的に観察した。
　例えばハチの仲間でも種類が違えば食べているものも全く違う。昆虫たちが自然の中で生きている多種多様な姿をありのまま、事細かに調べ続けていたファーブルにとって、ダーウィンの学説はあまりにも抽象的な机上《きじょう》の空論に見えたのだろう。⑦ファーブルはかなり本質的にダーウィンを批判している。
　結局、今に至るも学問としてはダーウィンの進化論は生物学の正統で

【国　語】（五〇分）〈満点：一〇〇点〉

一　次のⅠ・Ⅱに答えなさい。

Ⅰ　次の傍線部のカタカナは漢字に、漢字はひらがなに改めなさい。

① 映画ハイユウを目指す。　② コクルイの輸入が多い。

③ 庭の花をツむ。　④ 炎天下で弁当が傷む。

⑤ お彼岸に墓参りをする。　⑥ 新緑が目に映える。

Ⅱ　次の①～④の文の中にはそれぞれ誤った漢字が一字ずつあります。その字を抜き出して、正しく直しなさい。

① 距離を正しく即定する。　② 隣の芝布は青く見える。

③ 新人の勧迎会が行われた。　④ 山の頂上まで倒達した。

二　次の文章を読んで、後の問いに答えなさい。

「世界の波打ち際」に向けて自分を開いておく

誰でもおそらく中学生、高校生の頃に「自分」を発見する。と同時に、その反対側にある「①世界」と出会う。自分を包み込んでいるもっと大きな世界。自分がその中で生きている社会環境としての世界。あるいは人によっては自然環境としての世界かもしれない。

いずれにせよ、中学生、高校生の頃に、「自分」のまわりには「世界」というものがあるのだ、という感触を初めて本当に知ることになるのだと思う。それまでは(ア)生まれ育った「家」に守られていて、自分が無防備な状態で世界に直面しているという実感はない。

自分を発見すること。世界と出会うこと。この二つは［　②　］一体の出来事だ。世界と出会うことによって改めて自分を発見しなおす、と言ってもよい。

「世界と出会う」とは、もう少し詳しく言うと「自分にとって手も足も出ないような、人間のスケールを超えた、ある大きな力と出会う」ことだ。そういう経験がきっと皆さんにもあると思う。まだないという人も、近いうちにきっとある。「大きな力」とは何なのか、人によって違うだろうが、それに出会う瞬間は必ず訪れるにちがいない。

（　Ａ　）、(イ)自分の狭い殻《から》に閉じこもっていては、そういう機会が訪れても気づくことができない。だから、自分を(ウ)バリアで囲い込むのではなく、何か大きな力と出会う機会に向けて、常に自分を開いていてほしい。

「自分」はつねに「世界」のさまざまな波打ち際と接している。その波打ち際はいつも近くにある。それに向けて自分を開いておく。開く勇気を持つ。

たしかに、大きな津波が来たらどうするのか。逃げられないではないか。とすると「③世界の波打ち際に向けて自分を開く」のは一見、怖いこと、危険なことのように思えるかもしれない。

でも、そうではない。

東日本大震災の大津波では、(エ)防波堤を人工的に築いても役にたたないことがわかった。でもそれはコンクリートの防波堤を超える高さと威力の津波が来たからで、もっと高くて強固な防波堤を築くべきだ、という判断がいまだにある。けれども、本当にそうだろうか？　そんな教訓でよいのだろうか？

私たちは(オ)海という巨大な謎の世界と、自分たちが住んでいる見知った街を、防波堤という境界で分断してしまった。つまり、バリアを

解答用紙集

○月×日　△曜日　天気（合格日和）

◆ご利用のみなさまへ

＊解答用紙の公表を行っていない学校につきましては、弊社の責任において、解答用紙を制作いたしました。

＊編集上の理由により一部縮小掲載した解答用紙がございます。

＊編集上の理由により一部実物と異なる形式の解答用紙がございます。

人間の最も偉大な力とは、その一番の弱点を克服したところから生まれてくるものである。 ――カール・ヒルティ――

東京学参株式会社

獨協埼玉中学校（第1回）　2024年度

◇算数◇

※ 152％に拡大していただくと，解答欄は実物大になります。

1

(1)	(2)	(3)	(4)
	分　秒	通り	本
(5)	(6)	(7)	
	kg	① 個	② 個

2

(1)		(2)	
① 番目	② 個	① cm^3	② cm^3

3

(1)
円
(2)
g

(3)
〈考え方・式〉 答 %増量

4

(1)
電車X 秒速 m，電車Y 秒速 m
(2)
A地点から（ 東 ・ 西 ）に mの地点
(3)
〈考え方・式〉 答 m

獨協埼玉中学校(第1回)　2024年度

◇理科◇

※ 156%に拡大していただくと，解答欄は実物大になります。

1

(1)	①		②		③		(2)	
(3)		(4)					
(5)	→ → → → →					(6)	
(7)	A		B				
(8)		(9)					

2

(1)	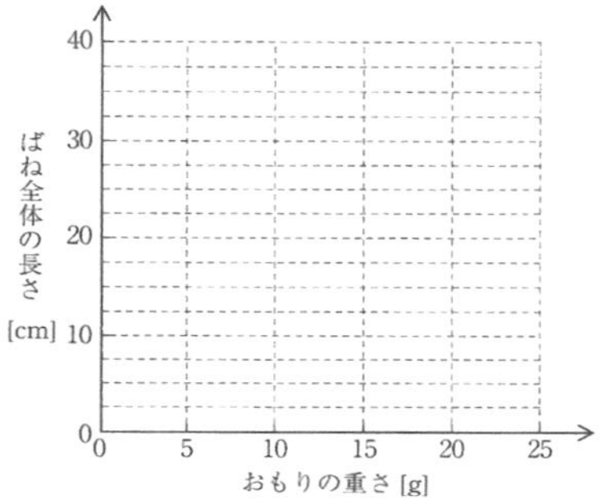	(2)	cm
		(3)	cm
		(4)	g
		(5)	cm
		(6)	cm
(7)	式・考え方	答え	cm

3

(1)							
(2)	10　18						
(3)		(4)		(5)		(6)	
(7)	式・考え方					答え	
(8)		(9)	①		②		③	

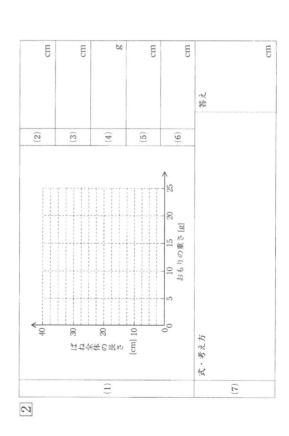

獨協埼玉中学校(第1回)　　2024年度

◇社会◇

※ 145％に拡大していただくと，解答欄は実物大になります。

1	(1)	①		②			
		③					
	(2)	①		②			
		③	あ		い		
		④					
	(3)						
	(4)	1		2			

2	(1)		(2)		(3)			
	(4)		(5)		(6)			
	(7)							
	(8)							
	(9)		(10)	①		②		

3	(1)		(2)			
	(3)		(4)	省		
	(5)		(6)			
	(7)					
	(8)		(9)	年	(10)	

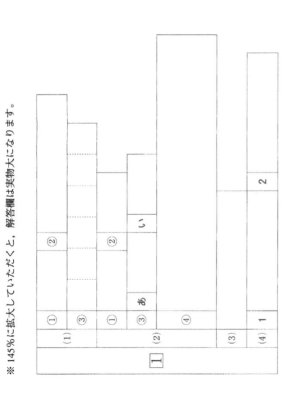

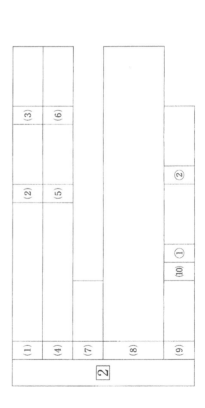

獨協埼玉中学校(第1回)　2024年度

◇国語◇

※ 152%に拡大していただくと，解答欄は実物大になります。

一

Ⅰ

①

②

③

④

⑤

⑥ く

Ⅱ

①

②

③

④

二

問一

問二

a

b

c

問三

問四

35

30

問五

問六

問七

問八

問九

問十

問十一

三

問一

a

b

問二

問三

10

問四

問五

40

問六

問七

A

B

問八

問九

問十

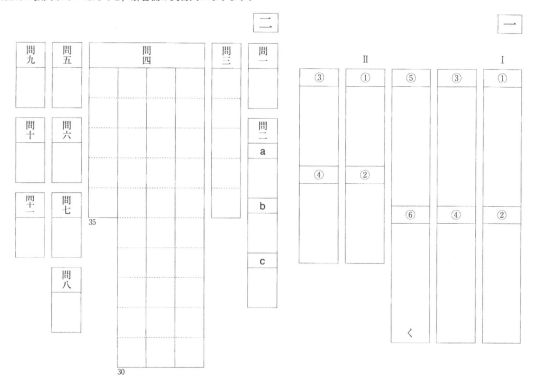

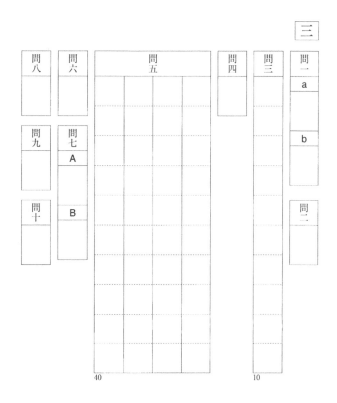

獨協埼玉中学校（第2回）　2024年度

◇算数◇

※ 152％に拡大していただくと，解答欄は実物大になります。

1

(1)	(2)	(3)	(4)
	m	cm	通り
(5)	(6)		(7)
g	①　cm	②　度	cm^2

2

(1)		(2)	
①ア：　イ：	②　個	①　通り	②　通り

3

(1)
円
(2)
最大　枚
(3)
〈考え方・式〉 答　回以上

4

(1)	
長針　度	短針　度
(2)	
時間目の授業の開始　分後	
(3)	
〈考え方・式〉 答　時　分　秒	

獨協埼玉中学校(第2回)　2024年度

◇理科◇

※ 145%に拡大していただくと，解答欄は実物大になります。

1

(1)	①		②		③		
(2)							
(3)	A		B		C		D
(4)	①		②				
(5)	①		②	変化前	変化後		
(6)	①		②				

2

(1)		(2)		(3)	
(4)	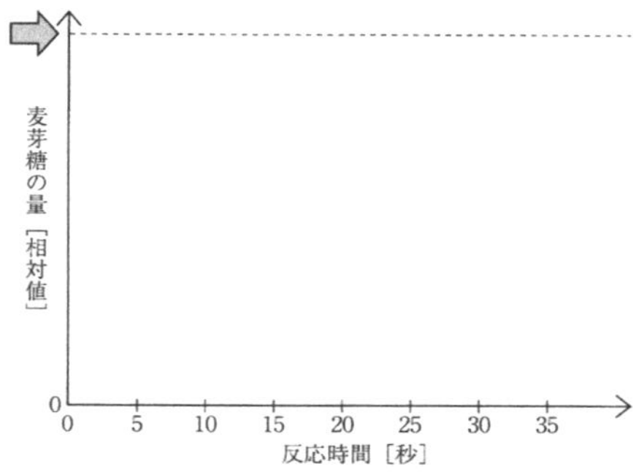	(5)	ア		
			イ		
			ウ		
			エ		
		(6)		g	

3

(1)		(2)					
(3)		(4)		(5)			
(6)		(7)	①	g	⑤	g	
(8)	g						

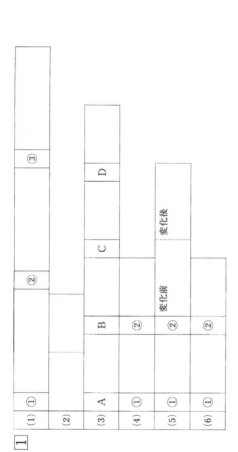

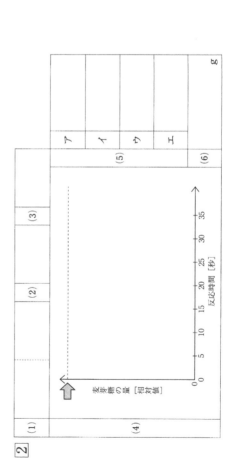

獨協埼玉中学校(第2回)　2024年度

◇社会◇

※ 145%に拡大していただくと，解答欄は実物大になります。

1	(1)	①		②	
	(2)				
	(3)				
	(4)	①		②	市
	(5)		(6)		
	(7)				
	(8)		(9)		

2	(1)						
	(2)		(3)		(4)		
	(5)	年	(6)		(7)		
	(8)						
	(9)		(10)		(11)		

3	(1)		(2)		(3)		(4)		
	(5)	①							
		②							
	(6)								
	(7)								
	(8)		(9)						

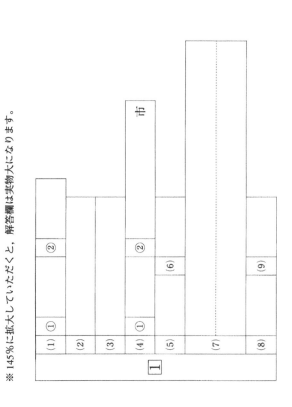

獨協埼玉中学校(第2回)　2024年度

◇国語◇

※ 149%に拡大していただくと，解答欄は実物大になります。

一

Ⅰ

①

②

る

③

④

⑤

め

⑥

Ⅱ

①

②

③

④

二

問一

問二

問三

問四

問五

問六

問七

Ⅰ

15

Ⅱ

30

問八

問九

問十

三

問一

問二

↓

↓

問三

問四

A

B

問五

a

b

c

問六

〜

問七

問八

問九

25

20

問十

問十一

ア

イ

ウ

エ

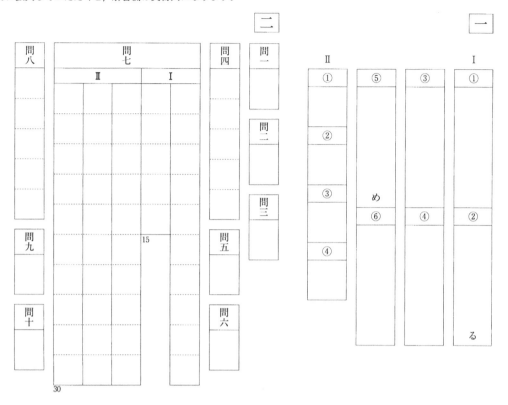

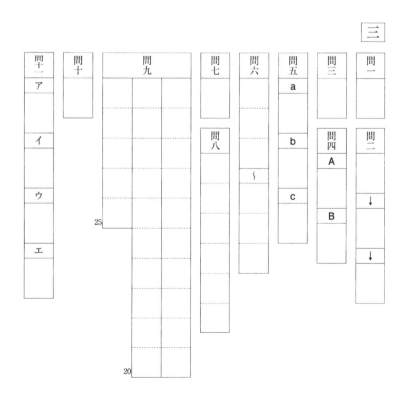

獨協埼玉中学校（第1回）　2023年度

◇算数◇

※ 152％に拡大していただくと，解答欄は実物大になります。

1

(1)	(2)	(3)	(4)
	g	通り	
(5)	(6)	(7)	
円	度	① cm^3	② cm^2

2

(1)		(2)	
① 回	②	① ： ：	② cm

3

(1)

ア	イ

＊

(2)

〈考え方・式〉

答 ＿＿＿＿車の方が＿＿＿＿円 得である

(3)

〈具体的な理由の説明〉

4

(1)

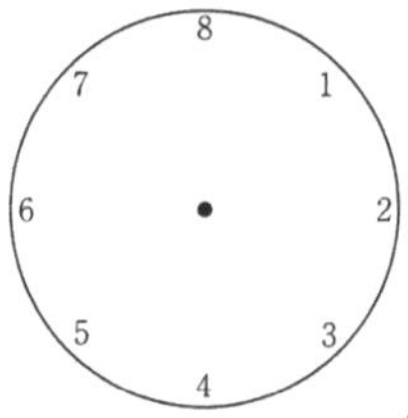

色は＿＿＿＿

(2)

時　分　秒

(3)

〈考え方・式〉

答 ＿＿＿＿時＿＿＿＿分＿＿＿＿秒

獨協埼玉中学校(第1回)　2023年度

◇理科◇

※ 159％に拡大していただくと，解答欄は実物大になります。

1

(1)		(2)			
(3)		(4)		(5)	g
(6)	Ⅰ	Ⅱ			
(7)	→ → →			(8)	

2

(1)		(2)	
(3)	g	(4)	g
(5)	式・考え方	答え	g
(6)	A g	B g	
(7)			

3

(1)

ア

赤道

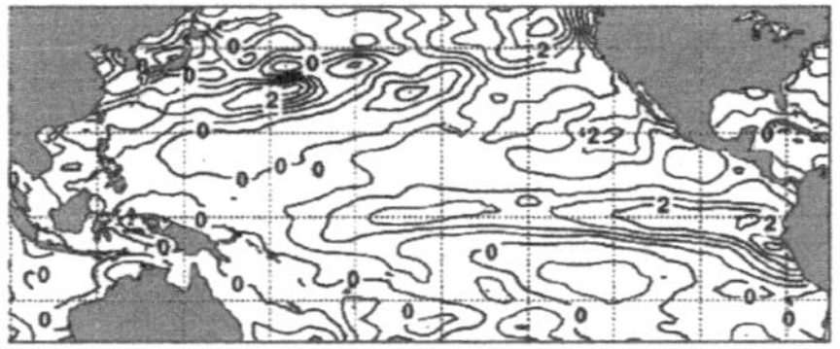

イ

赤道

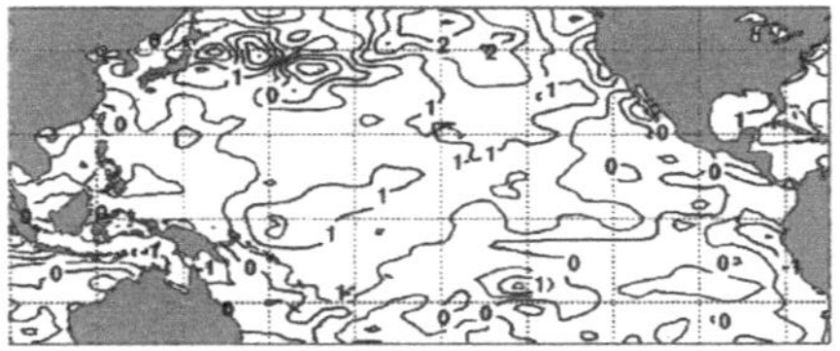

ウ

赤道

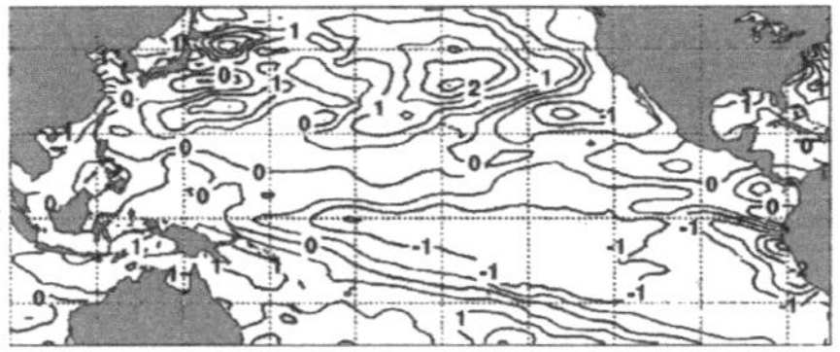

(2)		(3)	
(5)		(6)	℃
(7)		(8)	

(4)

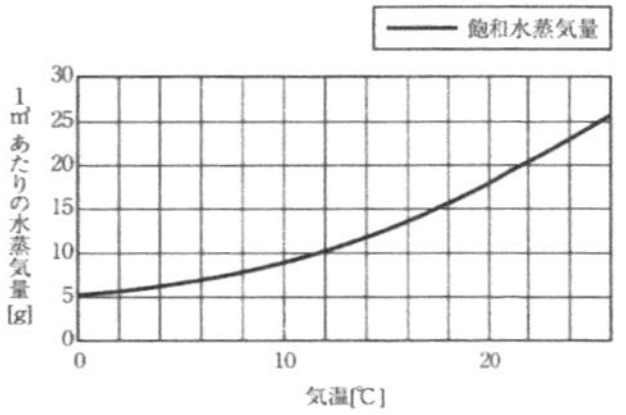

獨協埼玉中学校(第1回)　2023年度

◇社会◇

※ 147%に拡大していただくと，解答欄は実物大になります。

1	(1)						
	(2)	1		2			
	(3)		(4)	①		②	
	(5)		(6)				
	(7)	①					
		②	ういているもの				
			理由				

2	(1)		(2)		(3)	
	(4)		(5)			
	(6)		(7)			
	(8)	①				
		②				
	(9)		(10)	戦争		

3	(1)	①		②	庁
	(2)				
	(3)	①		②	
		③			
	(4)		(5)		
	(6)	①			
		②	〈署名数〉	〈請求先〉	

２０２３年度　獨協埼玉中学校(第１回)

◇国語◇

※　１４５％に拡大していただくと、解答欄は実物大になります。

一

Ⅰ　①　②　③　る

④　⑤　⑥　う

Ⅱ　①　②　③　④

二

問一

問二　A　B　C

問三

問四

問五

問六　60　70

問七

問八

問九

問十

三

問一　a　b　c

問二

問三

問四

問五

問六　9

問七

問八　30　40

問九　Ⅱ　Ⅲ

問十

獨協埼玉中学校（第2回）　2023年度

◇算数◇

※ 152％に拡大していただくと，解答欄は実物大になります。

1

(1)	(2)	(3)	(4)
		通り	g

(5)	(6)		(7)
km	① 度	② cm^2	cm^3

2

(1)		
①		②
(i) A：　箱，B：　箱	(ii) A：　箱，B：　箱	通り

(2)	
①	②

3

(1)

(2)

(3)
〈考え方・式〉 答　　：

4

(1)	
① 分間	② 分間

(2)
ア：　　，イ：

(3)
〈考え方・式〉 答　　％

獨協埼玉中学校(第2回)　2023年度

◇理科◇

※ 156％に拡大していただくと，解答欄は実物大になります。

1

(1)	①	cm	②	g
(2)	①		②	
(3)		(4)		
(5)		(6)		
(7)		(8)		

2

(1)	①	1	2	3	4	5
		組合せ				
	②	式・考え方				答え
	③					
(2)	①	動物	②			
	③		④			

3

(1)	①		②			
(2)	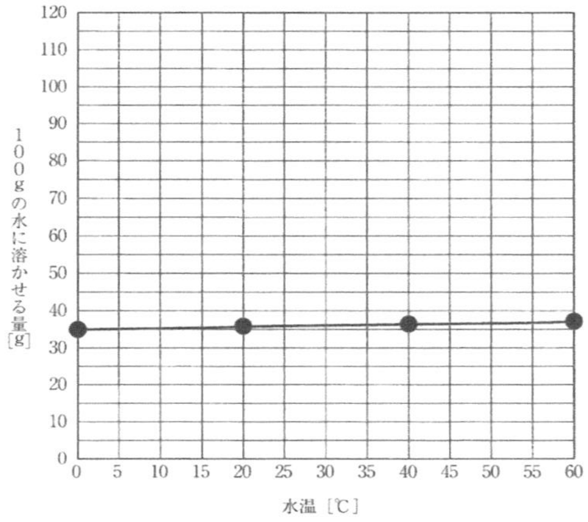					
(3)		(4)		(5)		
(6)	式・考え方				答え	g
(7)						

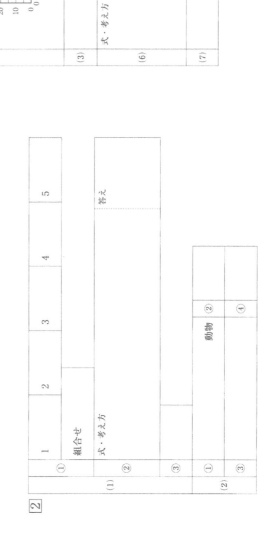

獨協埼玉中学校(第2回)　2023年度

◇社会◇

※ 145%に拡大していただくと，解答欄は実物大になります。

1

(1)	①		②		
(2)	市	(3)		(4)	
(5)		(6)			
(7)					
(8)					
(9)		(10)	海流		

2

(1)					
(2)					
(3)		(4)		(5)	
(6)		(7)			
(8)					
(9)		(10)		(11)	

3

(1)	選挙			
(2)	①	国会	②	
	③		④	
	⑤			
(3)	月　日	(4)		
(5)				
(6)				

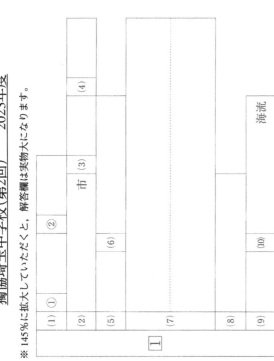

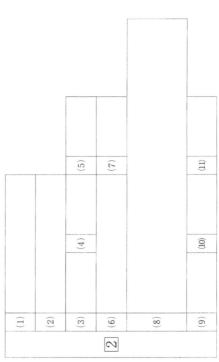

獨協埼玉中学校（第２回）　２０２３年度

◇国語◇

※ １４５％に拡大していただくと、解答欄は実物大になります。

一

Ⅰ ① ② いる ③ ④ ⑤ める ⑥

Ⅱ ① ② ③ ④

二

問一　問二　問三 1 2 3　問四

問五

問六 ため。 (50) (60)

問七　問八　問九

問十 ア イ ウ エ

三

問一

問二 (45) (50)

問三 ための石。 (20)

問四　問五　問六 → → →

問七 Ⅰ Ⅱ　問八　問九　問十

獨協埼玉中学校(第1回)　2022年度

◇算数◇

※ 154%に拡大していただくと，解答欄は実物大になります。

1

(1)	(2)	(3)	(4)
	%	点	通り
(5)	(6)	(7)	(8)
時速　km	個	cm^2	

2

(1)			
①　cm^3	②(ア)	(イ)	(ウ)

(2)	
①　本	②　本

3

(1)

m

(2)

〈考え方・式〉

答　分後

(3)

〈考え方・式〉

答　m

4

(1)

円

(2)

(3)

(A)　(B)

〈理由の説明〉

独協埼玉中学校(第1回)　2022年度

◇理科◇

※ 159%に拡大していただくと，解答欄は実物大になります。

1

(1)		(2)		(3)		(4)	g

	操作	発生する気体	性質
(5)	①		
	②		
	③		

(6)	下向きの面	大きさ　g
(7)	倍	(8)　倍以上
(9)		

2

(1)		(2)		(3)	
(4)		(5)	①	②	
(6)		(7)			

3

(1)		(2)		(3)	①　②
(4)		(5)		(6)	時ごろ

(7)	式・考え方 答え　km

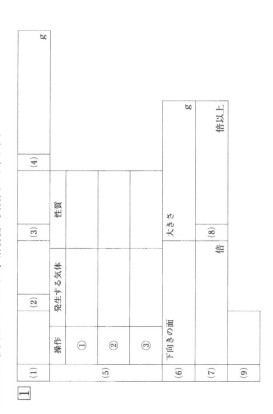

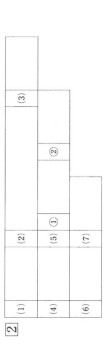

獨協埼玉中学校(第1回)　2022年度

◇社会◇

※ 152%に拡大していただくと，解答欄は実物大になります。

1	(1)	①		②		(2)	①	②	
	(3)								
	(4)					(5)			
	(6)	①		②					
	(7)	①							
		②							

2	(1)		(2)		(3)	
	(4)		(5)			
	(6)					
	(7)	①		②		
	(8)		(9)			
	(10)					

3	(1)		(2)			
	(3)				(4)	
	(5)					
	(6)					
	(7)					
	(8)		(9)		(10)	

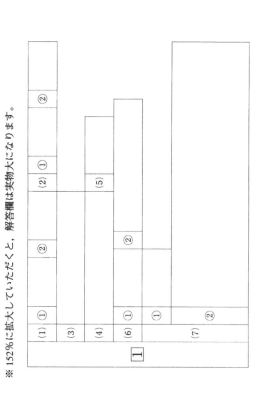

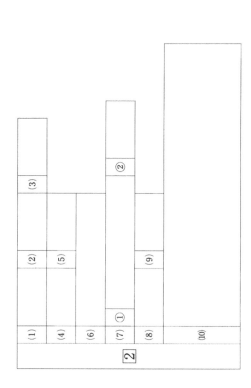

◇国語◇

獨協埼玉中学校（第1回）　２０２２年度

※１４７％に拡大していただくと，解答欄は実物大になります。

一

I　①　②　③　える　④　⑤　⑥

II　①　②　③　④

二

問一　問二　問三　問四　A　B　C　D

問五　20　30

問六

問七

問八

問九　ア　イ　ウ　エ　オ

三

問一　問二　問三　問四　I　II　III　IV

問五　・

問六

問七　50　60

問八

問九

問十

獨協埼玉中学校（第2回）　2022年度

◇算数◇

※ 154％に拡大していただくと，解答欄は実物大になります。

1

(1)	(2)	(3)	(4)
	本	%	通り
(5)	(6)	(7)	(8)
A =　　B =	cm	度	cm^3

2

(1)	
① cm	② cm^2

(2)

①

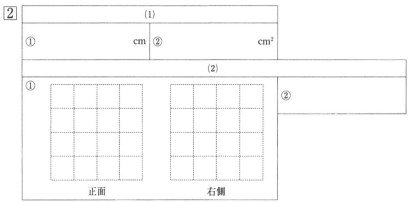

正面

右側

②

3

(1)
毎時　km

(2)

〈考え方・式〉

答 毎時　km

(3)

〈考え方・式〉

答　分間

4

(1)
番目

(2)

ア	イ	ウ
エ	オ	カ
キ		

(3)

〈考え方・式〉

答

獨協埼玉中学校(第2回)　　2022年度

◇理科◇

※ 159%に拡大していただくと，解答欄は実物大になります。

1

(1)	①	電流計　A	電圧計　V
	②	電流計　A	電圧計　V

(2)		(3)	
(4)	①	②	

(5)	式・考え方 答え　g

(6)

(7)

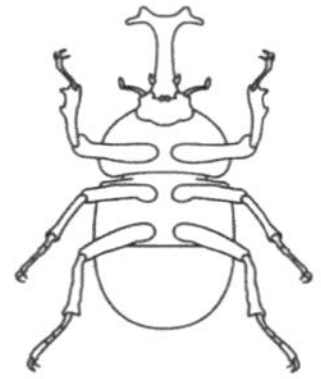

(8)

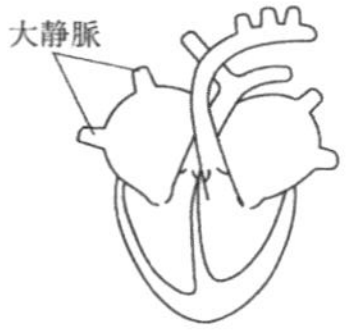

(9)

2

(1)		(2)	B	C	
(3)		(4)		(5)	
(6)					
(7)		(8)			
(9)		(10)			

3

(1)		(2)			
(3)		(4)		(5)	
(6)		(7)	hPa		
(8)		(9)			

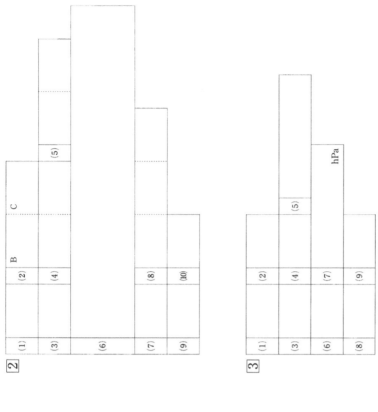

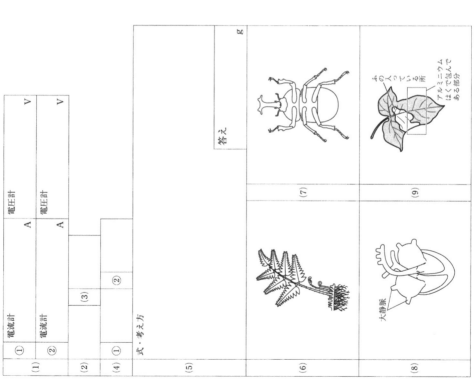

獨協埼玉中学校(第2回)　2022年度

◇社会◇

※ 156％に拡大していただくと，解答欄は実物大になります。

1							
(1)							
(2)	記号						
	理由						
(3)		(4)					
(5)		(6)					
(7)	①		②	川			
	③		④		⑤		

2							
(1)		(2)		(3)		(4)	
(5)		(6)		(7)			
(8)	年						
(9)	名称						
	説明						
(10)		(11)					

3				
(1)	月　日	(2)		
(3)		(4)		
(5)		(6)		
(7)				
(8)	①			
	②			
(9)				

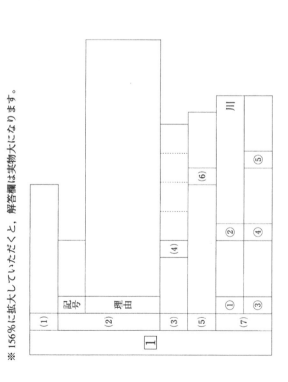

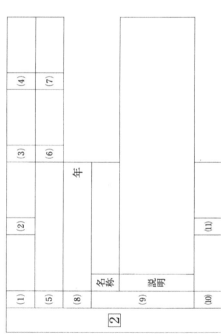

◇国語◇

獨協埼玉中学校(第２回)　２０２２年度

※１４９％に拡大していただくと、解答欄は実物大になります。

一

Ⅰ ①　り ②　③

Ⅱ ④　⑤　し ⑥

Ⅲ ⑦　⑧　⑨　⑩

二

問一

問二 A　B　C

問三

問四　50

問五

問六

問七

問八

問九

問十

三

問一

問二

問三

問四

問五

問六　30

問七

問八 1 2

問九

問十 ア　イ　ウ　エ

〈ダウンロードコンテンツについて〉

本問題集のダウンロードコンテンツ、弊社ホームページで配信しております。現在ご利用いただけるのは「2025年度受験用」に対応したもので、**2025年3月末日**までダウンロード可能です。弊社ホームページにアクセスの上、ご利用ください。
※配信期間が終了いたしますと、ご利用いただけませんのでご了承ください。

中学別入試過去問題シリーズ
獨協埼玉中学校　2025年度
ISBN978-4-8141-3230-0

[発行所] 東京学参株式会社
〒153-0043　東京都目黒区東山2-6-4

書籍の内容についてのお問い合わせは右のQRコードから　⇒

※書籍の内容についてのお電話でのお問い合わせ、本書の内容を超えたご質問には対応できませんのでご了承ください。

2024年4月30日　初版